Introducción a la Lingüística

Ariel

Ariel Lingüística

Milagros Fernández Pérez

Introducción a la Lingüística

Dimensiones del lenguaje
y vías de estudio

Editorial Ariel, S.A.
Barcelona

Diseño cubierta: Vicente Morales

1.ª edición: junio 1999

© 1999: Milagros Fernández Pérez

Derechos exclusivos de edición en español
reservados para todo el mundo:
© 1999: Editorial Ariel, S. A.
Córcega, 270 - 08008 Barcelona

ISBN: 84-344-8235-5

Depósito legal: B. 23.807 - 1999

Impreso en España

Ninguna parte de esta publicación, incluido el diseño
de la cubierta, puede ser reproducida, almacenada o transmitida
en manera alguna ni por ningún medio, ya sea eléctrico,
químico, mecánico, óptico, de grabación o de fotocopia,
sin permiso previo del editor.

*A todos mis alumnos,
grandes maestros,
provocadores.*

INTRODUCCIÓN

Algunas consideraciones sobre la enseñanza y el aprendizaje de la lingüística

Este manual introductorio al campo de la Lingüística se ha elaborado desde una perspectiva global e integradora que facilite la presentación ordenada, estructurada y graduada de los contenidos. De manera que la interrelación entre las distintas dimensiones de la materia define el eje vertebrador del libro. Su novedad estriba en haber asumido cuatro parámetros fundamentales orientadores en la enseñanza y en el aprendizaje de la Lingüística, a saber, 1) la idoneidad de moldes propedéuticos para ubicar primero en coordenadas generales los aspectos que se estudian, y para abordar paulatinamente los detalles y las particularidades; 2) la importancia de acoplar el discurrir de la enseñanza al sentido del aprendizaje, así que desde los hechos lingüísticos materiales se accede gradualmente y de modo natural a niveles de generalización, conceptualización y teoría; 3) la importancia de plasmar el dinamismo y la vitalidad del conocimiento, lo que se trasluce si se conjuga el respeto por la tradición con la actualidad de las aportaciones, y si se trazan grandes líneas de investigación y de progreso, que hagan ver que el saber no se agota; y 4) el valor de utilidad que se atribuye a los contenidos y a los procedimientos que se enseñan, seleccionando y filtrando sólo aquellos que permiten avanzar en la comprensión de los hechos, de forma que no se acumula información que posteriormente se arrincona o no se maneja.

Más específicamente, nuestra *Introducción a la Lingüística* está cimentada en ciertos presupuestos de lo que debe ser la formación básica en este campo y, en esa línea, trata de responder a distintos frentes de exigencia sobre la enseñanza de la Lingüística y sobre su papel en la preparación de universitarios.

En primer lugar, el libro se ha perfilado en el marco de una concepción amplia, pero unitaria, de la materia, con objeto de facilitar el entramado imprescindible para situar e interconectar los variados aspectos y dimensiones involucrados en la complejidad de los hechos lingüísticos. El propósito es acomodarse tanto a las necesidades de aprendices no iniciados, como a las exigencias de aquellos estudiantes universitarios ocupados de la lengua y/o de la comunicación, a los que, cuando menos, se les proporciona un andamiaje para afrontar la diversidad consustancial a los fenómenos verbales.

En segundo lugar, el norte que ha guiado la organización del libro responde a la pretensión de situar el quehacer y los logros de la Lingüística actual en coordenadas de progreso, extensión y avance paulatino y natural del conocimiento. El cauce de aproximación es *a través del lenguaje* (lo que se hace patente en la primera parte del manual), mientras que los planteamientos metodológicos y las áreas y escuelas dentro de la *Lingüística* surgirán como consecuencia lógica de desarrollos de conocimiento acerca de los fenómenos (a lo que se dedica la segunda parte de esta *Introducción*). De esta forma, además de dar cabida al avance y progreso en el saber, se manifiesta el dinamismo y la vitalidad de la disciplina y se evidencia la riqueza del enfoque integral y genérico sobre el campo, frente a las limitaciones de estudios extremadamente especializados o ceñidos en su elaboración a las áreas de la *Lingüística*. Nuestro título de *Dimensiones del lenguaje y vías de estudio* quiere reflejar la importancia de los problemas del lenguaje para el crecimiento y desarrollo de la disciplina. Por otra parte, este planteamiento de «enseñar Lingüística *a través del lenguaje*» canaliza el aprendizaje en la secuenciación y en la parsimonia acordes con las condiciones de los estudiantes y con el avance propio del conocimiento: los aprendices hacen el mismo recorrido que han hecho los lingüistas.

En tercer lugar, la labor de estructuración del conocimiento sobre la materia *Lingüística general* que aquí se ofrece obedece a una visión técnica (= valorada, de especialista) del campo en su amplitud y en su actualidad, que no se limita a la pura presentación aditiva de diferentes contribuciones o de diversas escuelas. Antes bien, son pautas internas —que tienen que ver con los objetos de estudio, con los métodos o con las metas más sobresalientes, definitorias o determinantes según los casos— las que han conducido la organización del manual en dos partes (LA LINGÜÍSTICA Y SU MATERIA DE ESTUDIO, la primera, y LA LINGÜÍSTICA: SU DESARROLLO DISCIPLINAR Y SU CONFIGURACIÓN ACTUAL, la segunda), así como la correspondiente distribución de contenidos en capítulos. Y sobre argumentos también internos descansa la presentación ordenada y graduada del conocimiento en el campo, ya que el objetivo es subrayar lo definitorio y crucial, dejando a un lado lo efímero y sustancial, y ello con el propósito de comprobar que el saber paulatinamente sedimentado se extrae de las realidades lingüísticas contempladas con curiosidad. Esta concepción casa con una presentación selectiva de contenidos, que no es meramente acumulativa e informativa, y da razón de ser al molde propedéutico en el que se proyectan.

Al final, esta *Introducción a la Lingüística* quiere poner de relieve no sólo una aproximación particular a la materia, sino sobre todo una interpretación específica de cómo abordar los fenómenos y el conocimiento, o, en otras palabras, cómo enseñar y cómo aprender Lingüística. Más concretamente, su diseño y estructura se acomoda —en lo fundamental, y tratándose de la primera parte— al planteamiento de la asignatura de Lingüística impartida a alumnos de primer curso en los estudios de Filología, y con la intención de dar cabida a dos elementos esenciales para el interés inicial y la formación futura de nuestros alumnos. De un lado, llegan a la universidad sin conocimientos previos de Lingüística; de otro lado, en muchos casos, será la materia troncal la única ocasión para adentrarse en el ámbito; además, y de cualquier modo, será lo aprendido en esa asignatura de primero lo que conduzca a decisiones posteriores respecto de la selección de optativas, por la curiosidad despertada y con conocimiento de causa acerca de los contenidos que las definen. El temario responde así a una presentación global y abarcadora del quehacer de la Lingüística en la actualidad, canalizado a través de diferentes dimensiones de estudio del lenguaje, que no son sino facetas de la naturaleza compleja de los hechos lingüísticos. El modo de proceder —en el desarrollo de los temas y en su secuenciación— se ajusta a la estrategia de tomar punto de partida en los fenómenos lingüísticos en su realidad, para, posteriormente y en distintas fases, ir reconociendo y elaborando nociones y procedimientos que hagan factible la ordenación de propiedades o la generalización de observaciones. Con esto se garantiza la ligazón del conocimiento técnico a los fenómenos reales, y desaparece el riesgo de tomar el estudio lingüístico como especulativo y excesivamente abstracto.[1] De ahí que, después de un capítulo inicial introductorio sobre la riqueza y la complejidad de los hechos lingüísticos, el capítulo 2 esté dedicado a la faceta social, la que manifiesta directamente la realidad material de las lenguas; sólo una vez reconocidas constantes en la presencia de «códigos», será posible adentrarse en la composición y organización interna de tales códigos.

Más detalladamente, en el bloque de **Preliminares. El lenguaje y la Lingüística** se hace ya patente que el saber y la vitalidad en Lingüís-

---

[1]. Romper con esa idea es fundamental en los primeros cursos, aunque insistiendo siempre en que el saber y el conocimiento son conceptuales, no materiales, lo que no quiere decir que no provengan de la realidad ('conocer es hacerse una imagen de...', 'conocer es construir una representación de...').

tica son resultados naturales de la curiosidad por los hechos comunicativos. Desde la complejidad de fenómenos lingüísticos reales y diversos, y por la necesidad de abarcarlos, se llega a la delimitación más inmediata de aspectos básicos implicados en las lenguas. De esta forma, se presentan los componentes fundamentales que definen la naturaleza del *lenguaje*, a saber, su base social, su base representacional y simbólica, su base psicológica y su base neuronal; y se van configurando al tiempo las áreas de la *Lingüística* ocupadas de aquellos sustentos.

En el capítulo de **El lenguaje: su naturaleza social**, el elemento conductor es la *variación lingüística*, contemplada ya como definitoria de la realidad interindividual de las lenguas. Sin abandonar el principio de partir de hechos lingüísticos reales, se insiste en la dimensión comunicativa de las lenguas y en la variedad de los usos según los contextos en que se desenvuelva la comunicación («La variación intraidiomática y sus vertientes —internas y externas—», y «La variación interidiomática en su realidad sociolingüística y tipológico-geográfica»). Surgen así conceptos como *norma, lengua oficial, lecto, sinstratía, praxis lingüística*, y aparecen ámbitos como *Sociolingüística, Dialectología, Geolingüística,* o *Lingüística tipológica*, como algo necesario e imprescindible para interpretar la variedad lingüística ligada al carácter interindividual de las lenguas.

En el capítulo 3, **El lenguaje y su carácter simbólico**, dedicado a la dimensión representacional de los hechos lingüísticos, los alumnos habrán asumido la presencia de los códigos en la comunicación real y habrán comprendido los fundamentos de su importancia simbólica en cada caso. Dicho de otro modo, los *signos*, la *articulación*, el *plano del contenido*, no se presentan sin más como conceptos elegantes, precisos y científicos, provenientes del estructuralismo, sino que tienen su utilidad y su base real en la necesidad de describir los códigos, para comprender en ellos la diversidad comunicativa que manifiesta la realidad social de las lenguas. En este bloque se realza la importancia de la función comunicativa y del papel codificador de las lenguas. A partir de la evidencia de que mediante los hechos de lengua transmitimos experiencias, sentimientos, fenómenos del mundo —siendo los elementos lingüísticos *representantes* de esas realidades—, se justifica el carácter simbólico del lenguaje («Las lenguas como sistemas de comunicación» y «Las lenguas como sistemas semióticos»). Se hace, de esta forma, necesario estudiar la organización sistemática de los *signos lingüísticos*, tanto en el *sistema* (en el conjunto global del que forman parte) como en el *sintagma* (la estructura de combinación concreta en la que aparecen). La metodología de *análisis estructural* y las áreas de la *Gramática*, la *Fonología*, o la *Semántica* se delinean naturalmente como técnicas imprescindibles en la indagación y en la descripción de los sistemas sígnicos que componen las lenguas. Asimismo, ante la diversidad funcional de los mensajes y la carga simbólica que comportan los usos lingüísticos, las variedades y las lenguas, no podemos sustraernos a los factores y parámetros implicados en la faceta representacional de los usos lingüísticos concretos, en sus circunstancias, contexto y propósitos («Las lenguas —y sus usos— como símbolos en la comunicación y en la sociedad»); en paralelo surgirán áreas como la *Pragmática* o la *(Psico)Sociología del lenguaje*.

La situación del capítulo 4, **El lenguaje y su naturaleza neuropsicológica**, centrado en la dimensión psicológica y en la dimensión neuronal del lenguaje, se explica por razones de novedad y desarrollos más recientes en Lingüística, lo que sin duda puede ser indicativo de la importancia de priorizar las facetas social y simbólica.[2] En este cuarto bloque se consideran las bases biológicas de la capacidad del lenguaje, filogenética («Fundamentos biológicos del lenguaje»), y ontogenéticamente («Carácter psicológico del lenguaje: la adquisición de la lengua»), se justifica su naturaleza neuro-cerebral («Carácter neuronal del lenguaje: su asiento cerebral») y, sobre aquellas bases, se abordan sus posibles deficiencias y limitaciones («La naturaleza neuropsicológica del lenguaje y las patologías lingüísticas»).

La demostración de los elementos lingüísticos como representaciones de la realidad conduce al reconocimiento del lenguaje como medio cognitivo, como habilidad que permite componer y reconstruir conceptualmente el mundo. La actualización de la potencia innata de comunicación y razonamiento que conviene a la especie se plasma en la habilidad para adquirir una *(adquisición de la lengua primera)* o más lenguas *(bilingüismo, plurilingüismo)*. Asimismo, el ajuste a ciertos requisitos de entorno (ha de ser idiomáticamente rico e interactivo) y de características del proceso (se irán superando estadios dentro del llamado «período crítico») para desarrollar la habilidad lingüística y, a la par, otras funciones cognitivas (como discriminar colores o reconocer objetos), manifiesta la interrelación entre lo mental (lo psicológico) y lo conductual, así como la ligazón entre lo mental y lo cerebral (las etapas de adquisición del lenguaje y de otras habilidades corren paralelas a procesos de desarrollo anatómico y neuronal). El terreno disciplinar de la *Psicolingüística* resulta, pues, crucial para dar cabida a todas estas cuestiones.

2. De cualquier modo, los aspectos relacionados con la naturaleza neuropsicológica del lenguaje y que definen los contenidos de los temas 4 y 5 resultan extraordinariamente atractivos para los alumnos, y no parecen exigir ineludiblemente una formación previa o adicional en las dimensiones social y simbólica, por lo que bien podrían ubicarse al comienzo del temario. Sería un buen modo de seducir a los estudiantes en los primeros meses de curso.

Por otro lado, la base cerebral y anatómica exigida para desarrollar la habilidad lingüística se demuestra tanto filogenética como ontogenéticamente. La importancia del tracto vocálico y de ciertas condiciones neuro-cerebrales en la habilidad lingüística se pone de relieve cuando se comprueban limitaciones comunicativas en el caso de patologías (denominadas, entonces, «patologías lingüísticas»). Los órganos intervinientes en la producción del sonido articulado, así como el estudio de deficiencias en la producción y en la comprensión lingüísticas, son temas de interés que promueven la aparición de la *Fonética articulatoria*, de la *Neurolingüística* o de la *Afasiología lingüística*.

La segunda parte de esta *Introducción a la Lingüística* está dedicada al ámbito disciplinar en sí, a los enfoques, métodos, planteamientos y escuelas que han definido su quehacer en la Historia o lo caracterizan en la actualidad. Son tres los capítulos que constituyen esta unidad, a saber, el capítulo 5, ocupado del trazado de fundamentos históricos de la Lingüística a partir de dos criterios: cómo se conciben los hechos y con qué objetivo se estudian; y los capítulos 6 y 7, centrado, uno, en el desarrollo de la Lingüística actual, y atendiendo al prisma sobre los fenómenos, o a las pretensiones y metas prácticas de los estudios —«Ramas y Divisiones de la Lingüística» y «Lingüística aplicada»—, y destacando, el otro, la madurez de la Lingüística de hoy, que, volviéndose sobre sí, valora sus métodos y sus logros y perfila sus bases epistemológicas.

De modo más detallado, el bloque de **La Lingüística y sus fundamentos** tiene como cometido cimentar las bases historiográficas de la Lingüística, y de ahí que se tracen las tendencias metodológicas capitales y las orientaciones de los estudios que se han definido en la historia de la disciplina. Y es que son las filosofías sobre el objeto las que, combinadas con los propósitos de conocimiento, condicionan la variedad y la riqueza metodológicas que permiten el progreso en el campo. Las líneas maestras de concepciones ontológicas materialistas, idealistas, o mentalistas, y de pretensiones de conocimiento general, descriptivo, o aplicado, permiten reconocer tradiciones que atraviesan la Historia de la Lingüística y que conectan con planteamientos actuales en el ámbito, y ello sin perder de vista la variedad de escuelas y corrientes que en el discurrir cronológico se delinean como enfoques particulares por sus matices respecto de la filosofía general o por el especial acoplamiento entre propósito de los estudios e interpretación de los fenómenos. De este modo, la Historia de la Lingüística tiene valor epistemológico, se hace selecta en un sentido historiográfico.

El capítulo 6, **La Lingüística en la actualidad**, ocupado de la Lingüística de hoy, pone de relieve los aspectos más sintomáticos de la efervescencia y la vitalidad del campo en la actualidad. Una vez que se ha comprobado —a lo largo de las unidades de la primera parte— el interés de problemas lingüísticos, sean materiales o sean teóricos, con la consiguiente edificación de áreas de estudio ocupadas de su investigación, se recogen ahora las disciplinas lingüísticas, primero clasificándolas y definiéndolas mediante criterios de «finalidad» u «objeto de estudio», y después entrando a pormenorizar en su ámbito y en los intereses que mueven su desarrollo y escuelas. Los contenidos quieren guardar el paralelismo conveniente con las distintas vertientes de la naturaleza del lenguaje contempladas en la primera parte; de ahí las llamadas «Ramas de la Lingüística» —resultado de las necesidades de estudio de la naturaleza social y biológica del lenguaje—, y las denominadas «Divisiones de la Lingüística» —parejas al carácter representacional y simbólico del lenguaje—. Junto al criterio del «objeto de estudio», en el reconocimiento y justificación de disciplinas se maneja el criterio del objetivo o meta pretendida. Ésta es la base que sustenta el campo de las *aplicaciones* en Lingüística, en el que se tratan diferentes exigencias resolutivas dependiendo de los problemas planteados («Problemas reales de las lenguas derivados de su carácter social»; «Problemas reales de las lenguas derivados de su carácter neuropsicológico», y «Problemas reales de las lenguas en su procesamiento artificial»).

El grado de progreso alcanzado por la Lingüística en la actualidad, no sólo se plasma en el crecimiento y en su determinación por áreas exclusivas (las *ramas* y las *divisiones*, y el denso campo de las *aplicaciones*), sino que la madurez lograda en nuestro ámbito se manifiesta en el desarrollo de valoraciones internas de la Lingüística en su globalidad y de muchas de sus áreas y escuelas. De ahí que resulte inexcusable la presencia de contenidos de *Epistemología de la Lingüística* como muestra de la solvencia de la Lingüística en la actualidad. El capítulo 7, **Valoraciones explícitas en la Lingüística de hoy. Epistemología de la Lingüística**, se ha destinado a esta vertiente, incluyendo contenidos relativos a: parámetros de toda valoración epistemológica, naturaleza de la ciencia lingüística, y propiedades (empíricas, explicativas, racionales) de las investigaciones sobre el lenguaje.

Aunque los procesos de enseñanza y aprendizaje tienen un desarrollo complejo, que responde a móviles diversos y que se orienta hacia nortes muy variados tanto desde la perspectiva docente como en el plano discente, sin embargo es posible sistematizar un conjunto de parámetros reguladores de las actividades didácticas, ponderadas en su efectividad receptiva y formativa según su papel y su valor en el aprendizaje del conocimiento por parte de los alumnos. Entre esos aspectos hay que destacar los siguientes: 1) lo que se enseña ha de acomodarse —tanto en contenidos como en modos de presentación— al nivel que, por edad o por preparación, corresponda a los aprendices, y ello sin distorsionar o manipular —restándole rigor o fortaleza— el conocimiento; 2) los propósitos de formación han de estar claros, de modo que los conocimientos se adecuen y tamicen desde los objetivos informativos, de preparación práctica, de divulgación, de presentación crítica, de especialización, etc., que se buscan; 3) lo que se enseña ha de presentarse en un marco de utilidad que facilite su manejo y que haga ver su rentabilidad,[3] aunque no siempre 'lo útil' equivalga a 'lo que tiene una finalidad material'; en otras palabras, la respuesta a «para qué sirve» ha de acompañar a todo conocimiento que se enseña y aprende, mediante su uso y aplicación en distintas circunstancias, si bien las utilidades no siempre derivarán en herramientas y productos concretos.

Uno de los propósitos básicos de formación se cifra en, primero, despertar la curiosidad y el interés por los hechos lingüísticos, al tiempo que se van dibujando nociones técnicas y herramientas y métodos de estudio, y, sólo después, se procurará cierto dinamismo valorativo y crítico (con guías y direcciones claras y explícitas) que haga ver la vitalidad de la Lingüística en áreas, corrientes y planteamientos. De ahí que el manual se haya organizado alrededor del *lenguaje* y que las disciplinas surjan como producto de los objetos de indagación. De ahí también que la segunda parte del manual, destinada a proporcionar una panorámica del ámbito disciplinar, recoja —de modo ordenado según ciertos criterios— las áreas de la Lingüística diseminadas en los capítulos anteriores.

Para conseguir los objetivos de aprendizaje marcados según el diseño de esta *Introducción a la Lingüística*, las estrategias que se siguen de presentación, procesamiento, asimilación y manejo del conocimiento son diversas. Al lado de los contenidos de cada capítulo se proporcionan estudios complementarios para la lectura y el trabajo intelectual, que facilitarán la sedimentación, la ampliación y la profundización del saber. Hay, además, patrones y líneas de desarrollo de tareas que permitan a los alumnos ejercitarse para lograr la formación pretendida. Estos ejercicios y prácticas —que constituyen la vertiente imprescindible para rentabilizar lo aprendido y para que adquiera poso cognitivo— están dedicados a: *a*) trabajo con textos, sobre los que se plantean cuestiones que puedan indicar el grado de comprensión del mismo, o la soltura en la utilización de conceptos y procedimientos explicados; *b*) resolución de problemas descriptivos mediante la proyección de no-

---

3. Parece de extrema importancia insistir en la idea de que el conocimiento no se enseña ni se aprende para «aparcarlo» sino que se transmite y adquiere para hacerlo productivo, para usarlo. Incluso en docencia con propósitos puramente informativos, el saber permitirá situar, relacionar y hasta interpretar.

ciones y el uso de herramientas y métodos de la Lingüística, y c) comentarios de artículos de divulgación o de material audio-visual que versen sobre cuestiones lingüísticas de interés en cada capítulo. De manera que la flexibilidad de opciones permita atrapar la diversidad de estilos de aprendizaje.

Junto a los factores objetivables y hasta sistemáticos involucrados en los procesos de enseñanza —y que están relacionados con la exposición, selección y secuenciación flexibles del conocimiento, en consonancia con elementos paralelos (también objetivables) en los aprendices, tales como la edad, el nivel de preparación, o la madurez cognitiva—, hay que tener en cuenta la serie de condicionantes subjetivos (en los docentes y en los discentes), que dificultan —y muchas veces convierten en irreales— lo que pudieran ser situaciones ideales relativamente controlables en las actividades de enseñanza y aprendizaje, con sus posibles logros en la transmisión y asimilación del saber. Así, en ocasiones, las motivaciones particulares de los alumnos pueden no corresponderse con los propósitos concretos de enseñanza, ya sea porque falta voluntad activa en dejarse seducir por el conocimiento, o ya sea porque el docente no ha podido encajar los objetivos en las expectativas de los discentes (como causa de un hiato entre lo que es su norte de formación —por ejemplo, un propósito altamente especializado— y lo que es la preparación previa de los aprendices —que no dispongan de bases generales suficientes—; o debido a que la presentación de las enseñanzas no congenia con el estilo cognitivo al que están habituados); o ya sea porque no se dan las vibraciones necesarias, la química imprescindible, entre el profesor y los alumnos. Como es natural, las actividades de enseñanza y los procesos de aprendizaje exigen la comunicación e interacción interpersonal, por lo que en su análisis y organización no podemos limitarnos sin más a qué conocimiento se ofrece, a cómo se presenta y con qué objetivo se hace, sino que hay que tener presente el hecho de que la clase debe ordenarse en torno al diálogo y a la comunicación entre emisores y receptores, por lo que las intenciones y las actitudes de docentes y discentes girarán alrededor de la comprensión, el respeto y el entusiasmo en lo que se enseña y se aprende. De manera que si el enseñante está obligado a adoptar el prisma solidario de hacerse entender —muchas veces, pormenorizando y detallando hasta extremos que pudieran parecer de sentido común—, responsabilizándose de la adecuada asimilación y rentabilidad de lo explicado, el aprendiz tiene un compromiso de interés, dedicación y aprovechamiento por el conocimiento que se le ofrece —que se manifiesta en su actitud atenta, concentrada e inquisitiva cuando se trata de profundizar, aclarar o complementar algún aspecto—. Sobre estas bases dialógicas se asienta la docencia distendida y natural, con dosis de efectividad sin duda altas.

Los alumnos cada vez más numerosos en las aulas universitarias han incidido en la pérdida de ciertos nortes respecto de lo que debieran ser objetivos de formación. Hasta tal punto se han desdibujado las metas de la enseñanza universitaria que son variadas las voces respecto a concebirla como *continuación* —sin cambios cualitativos— *de la enseñanza secundaria*, o como «estadio de preparación para el mercado laboral». Y, como telón de fondo, la tan traída y llevada «calidad de la enseñanza». Si bien no se me escapan las dificultades de la docencia a grupos numerosos de alumnos con procedencia diversa y muchas veces 'derivados' de especialidades con *numerus clausus*, y aunque tampoco se me esconden los inconvenientes añadidos en una materia como la de *Lingüística*, desconocida o —lo que es peor— mal tratada en la enseñanza secundaria, no obstante, aun así, entiendo que la formación universitaria ha de ser cualitativamente diferente a la secundaria, y quiero creer que nuestros alumnos consiguen a lo largo de su carrera, no tanto información cuanto herramientas para alcanzar y valorar esa información. La crítica y el razonamiento son las bases del saber y hacia ese norte debe tender la enseñanza en la universidad. Si se alcanzan esos propósitos de formación, es decir, si nuestros licenciados disponen de principios de selección valorada, estarán preparados para ser creativos, para desarrollar ideas y proyectarlas, para sopesar modelos y patrones de aplicación, estarán así dispuestos para entrar en el mundo laboral. Otra cosa es que se pretenda una enseñanza en procedimientos y técnicas (únicos o diversos) con objeto de ponerlos en práctica sin más (sin diseccionarlos y valorarlos), en cuyo caso no tendremos universitarios sino tecnócratas autómatas, que cada cierto tiempo precisarán, sin duda, reciclarse.[4]

En líneas generales, hago mía lo que parece era la máxima de la enseñanza universitaria anglosajona: «El profesor debe explicar sólo y exclusivamente lo que a los alumnos les costaría demasiado tiempo o esfuerzo.» O, más ajustados a nuestra realidad y desde mi punto de vista, el profesor universitario debe insistir antes en patrones y principios de ordenación y relación del conocimiento que abundar en el saber en sí: las clases no son sólo focos de información sino sobre todo líneas de organización, y propuestas de principios y criterios para conectar y evaluar el saber y los métodos. Si la figura del profesor equivaliese a la función de

---

4. Ciertamente, esta visión ha calado incluso en Facultades de Letras. Es frecuente escuchar «esos contenidos son muy teóricos», con tintes despreciativos y lecturas de inutilidad. Confieso que me preocupa esa equivalencia que se ha establecido entre «teórico» y «no útil» o «no práctico»; me pregunto cómo es posible conseguir resultados 'útiles' sin una buena formación teórica, y, sobre todo, me pregunto dónde radican las ventajas prácticas de procedimientos y técnicas que se manejan exclusiva y automáticamente una y otra vez en una serie de ejercicios.

una enciclopedia, bastaría con pasar las clases en vídeo (y repetirlas cuantas veces fuera preciso), o prescindir del profesor e ir a la enciclopedia. La labor del profesor no está en mostrar todo el saber acumulado, sino en dar claves acerca de cómo rentabilizar (sobre «cómo es útil») el conocimiento, haciendo ver la importancia de descubrir sus fundamentos, de mejorar su sistematización y de profundizar en sus interconexiones. Precisamente, esos patrones de ordenación y esos cauces de interrelación y productividad serán moldes sobre los que el aprendiz diseña sus propios modelos y, paulatinamente, edifica lo que serán sus principios de razonamiento y vías particulares de extracción de ventajas y provecho a lo aprendido. De ahí la importancia en llamar la atención sobre los discentes, acomodando lo que ha de enseñarse a su nivel y a sus expectativas; de ahí también la necesidad de actitudes dialógicas en coordenadas de solidaridad que deben darse en las aulas.

En el caso particular de la enseñanza de la Lingüística, los factores que he venido resaltando parecen cruciales por la materia en sí y por las circunstancias que la rodean. En primer lugar, no podemos olvidar que los alumnos entran en la universidad sin conocimientos previos de la materia,[5] lo que —de una parte— nos responsabiliza plenamente de su dominio y soltura en el área al finalizar sus estudios, y —de otra— nos obliga a perfilar cuidadosamente los estadios y la cadencia en su acercamiento a los conocimientos técnicos sobre la lengua y sobre la disciplina que la estudia. En segundo lugar, conviene no perder de vista que los estudios universitarios no conducen estrictamente a una especialización sino a una preparación integral en un campo, de modo que la formación en Lingüística —sea general o sea en alguna de sus áreas— ha de plantearse no en un sentido de exclusividad y aislamiento sino en el sistema de aquellos estudios, con el valor que corresponda a su contribución en cada marco.[6] En tercer lugar, y en consonancia

---

5. Ésta es la situación de buena parte de la universidad española. La formación en Lingüística es nula, o —en el peor de los casos— la imagen de los derroteros del campo responde, bien a una concepción prescriptivista (en paralelo con la interpretación que se ha proporcionado de la Gramática: sólo lo correcto y lo que disfruta de raigambre histórica y literaria tiene interés —los 'dialectos' son despreciables, sólo hay una 'norma', la académica, que por tanto no es ella misma una 'variedad', sino LA LENGUA—), o bien a una visión de quehacer abstracto y complicado totalmente desconectado con los hechos de comunicación y en una órbita de especulación (producto, muy probablemente, de consideraciones generativistas, impropiamente presentadas en niveles de enseñanza secundaria).
6. Valor que, evidentemente, se definirá desde los presupuestos y argumentos que se puedan aducir desde la perspectiva de la Lingüística y no sólo desde las 'necesidades' o 'limitaciones' percibidas desde la Filología específica. Con otras palabras, el área de *Lingüística general* —u otras áreas transversales a las distintas Filologías— puede intervenir muy positivamente en la mejora y el complemento de formación lingüístico-literaria de las diversas Filologías, por lo que el papel de sus asignaturas y la composición de los programas debe ser producto del debate y la reflexión entre las áreas implicadas.

con lo anterior, los contenidos de Lingüística que se ofrezcan han de facilitar aproximaciones, métodos y conceptos utilizables en la práctica de los estudios (sean éstos filológicos, en ciencias de la información, en terapia del lenguaje y de la audición, en traducción, etc.), proporcionando así útiles para mejorar, complementar o profundizar en tales estudios. Esta imbricación de la Lingüística en las diferentes esferas de enseñanza permitirá que los alumnos rentabilicen sus conocimientos sobre el lenguaje y las lenguas en dimensiones y contextos comunicativos diversos.

Han sido tantas las personas que me han enseñado y de las que sigo aprendiendo, que no me sería posible incluirlas a todas en una nómina en el apartado de agradecimientos. Perviven en mi recuerdo sobre todo los maestros que destaparon el valor positivo del error, la función pedagógica y formativa de las equivocaciones. No sólo porque los errores o las deficiencias constituyen en sí cauces de aprendizaje sólido, sino ante todo porque su asunción entraña la voluntad de mejora —indispensable en el discente— y comporta así la imprescindible diferenciación entre resultados buenos y menos buenos (es decir, regulares y malos). Algo que desgraciadamente parece haberse olvidado en esta década.

Capítulo 1

PRELIMINARES.
EL LENGUAJE Y LA LINGÜÍSTICA

En este capítulo de generalidades se ofrecen las grandes líneas que componen la naturaleza compleja del *lenguaje*, incidiendo sobre todo en aquellos aspectos de base consolidada que tienen importancia metodológica capital para el desarrollo de la *Lingüística*. Comienza a hacerse patente la relevancia de diferenciar entre *realidad* que ha de estudiarse *(lenguaje)* y *disciplina* que la estudia *(Lingüística)*.

1. Introducción: complejidad de los hechos lingüísticos y enfoques de la Lingüística

La realidad primera que muestran los hechos lingüísticos en sus manifestaciones es su diversidad. Seamos especialistas o seamos legos en la materia, todos podemos observar, por ejemplo, que en el mundo se manejan numerosas lenguas: en torno a 7.000, según el catálogo de Barbara Grimes, 1992; que en un país o en una misma comunidad coexisten varios idiomas: como es el caso de Suiza, donde conviven francés, alemán, italiano y romanche, o la situación extrema de buena parte de los países de África, en los que perviven las distintas lenguas ligadas a las tribus y a las etnias; o el panorama lingüístico de Galicia, con el uso del gallego y del español; y que incluso cualquiera de nosotros, individualmente, dispone de «modos» de hablar o de idiomas que selecciona según los interlocutores o dependiendo del tema de conversación. Aún más, en ocasiones reconocemos dificultades comunicativas y detectamos problemas lingüísticos a causa de la pronunciación, debido al ritmo y a la fluidez —lo que es característico en la tartamudez o *disfemia*—, o como resultado de un problema auditivo —propio de la sordera o *hipoacusia*—.

El panorama de heterogeneidad y de complejidad derivada que dibujan estas apreciaciones pone de relieve la necesidad de abordar de alguna manera el estudio de dichos fenómenos para comprenderlos. De ahí que para englobar la diversidad de lenguas se haya introducido la noción de *multilingüismo*, que se convierte en decisiva como desencadenante del interés por los *tipos lingüísticos* constantes en las coordenadas de variabilidad, y que, asimismo, se hace esencial para descubrir condiciones de mantenimiento y permanencia de las lenguas y perfilar, así, una *ecología lingüística*. En un sentido similar, la presencia de distintos idiomas en un país o en una comunidad se ha conceptualizado —dependiendo de la situación y de la distribución de usos en cada caso— como *diglosia* (o *poliglosia* si son más de dos), como *bilingüismo* (o *multilingüismo*), o como *dilalia* (o *polilalia*), lo que ha permitido comprobar la importancia de los factores sociales y políticos, junto a las motivaciones comunicativas, en el manejo, extensión y aceptación de las lenguas. En fin, la variedad de estilos, de planes del discurso, e incluso la «selección» de una lengua (y no otra) por parte de los hablantes, se ha recogido en la noción de *polilecto* (o *gramática polilectal*) y en torno a ella se han sistematizado los parámetros reguladores de la elección de *lecto* en cada caso, a saber: los interlocutores (si son conocidos o no, si son pocos o muchos), el canal comunicativo (oral, escrito, mediante imágenes), los propósitos, las intenciones (persuadir, mentir, disgustar...), o el tema del discurso. Todo ello ha redundado en que se conceda la atención debida a la *praxis comunicativa*, con objeto de comprender la efectividad informativa y sin perder de vista las posibles expectativas de los receptores. Por último, las deficiencias en la comunicación —diversas en sus causas y también en sus manifestaciones— se han interpretado también genéricamente catalogándolas como *patologías del lenguaje*, lo que ha facilitado su estudio lingüístico por razón de las características deficitarias (según sean fónicas, gramaticales, léxicas o pragmáticas), y lo que ha permitido valorar el grado de limitación según la constitución y el alcance del código o patrón que los pacientes manejan. De modo que la intervención *logopédica* se hace imprescindible en la evaluación de los trastornos y en su terapéutica.

Sin duda, las realidades lingüísticas tan variadas y complejas piden —para adentrarse en su explicación y conocimiento— pautas de disección, criterios de sistematización, principios de estructuración y organización, mecanismos y enfoques, que permitan reconocer constantes, propiedades o fundamentos reguladores de tal diversidad. Y es que en esta exigencia precisamente descansa el acceso al conocimiento, habida cuenta de que para conocer hay que entender, o lo que es lo mismo, percibir ciertos rasgos y características identificadores de un objeto en la realidad material que se ofrece. La psicología de la percepción ha venido insistiendo en la diversidad de «visiones» e «interpretaciones» ante una misma realidad mirada. Sin necesidad de acercarnos ahora a la distancia extrema de visiones provocada por el entorno vital y cultural (es famoso el caso de los pigmeos que «vieron» una nube de mosquitos cuando miraban la realidad de búfalos galopando en la sabana), baste con reflexionar en qué significa *conocer* a una persona, y en cómo la individualizamos —cada uno de nosotros de manera particular— por rasgos que «vemos» en ella frente a los demás. Y baste con la comprobación de cómo la mirada ante un río arroja diferentes visiones dependiendo de las características resaltadas según el enfoque: el *conocimiento* del río desde la visión de un biólogo no es equivalente al que obtiene, desde su perspectiva, un geógrafo ni al que corresponde al prisma de un pescador; y es que los objetos de interés varían según los elementos identificadores seleccionados.

La distinción entre *materia* y *objeto de estudio* resulta, pues, crucial para abordar los fenómenos lingüísticos en su comprensión y conocimiento técnicos —no como hablantes sino como lingüistas—. Así que el *objeto*, que se delimita y perfila según una «visión» particular a partir de la *materia*, conduce al saber especializado —producto de la observación como curiosos, y no de la ejecución como hablantes—, cuya acumulación y progreso se hace, por tanto, natural ya que está en consonancia con las dimensiones y con la complejidad de los hechos lingüísticos. Son los *objetos de estudio* (fónicos, sociolingüísticos, sintácticos, logopédicos, pragmáticos) contemplados como interesantes desde la *materia real* los que hacen posible el detalle, la profundización y el avance en la descripción y el conocimiento de los fenómenos. La Lingüística se ha desarrollado y enriquecido a través de la sucesión de *frentes de interés* en los hechos lingüísticos, y su vitalidad y efervescencia como cualquier otro campo científico se comprueba en esa proliferación de *núcleos de atención*, que piden diferentes *métodos* según la *finalidad* perseguida.

Las pautas para delinear y definir *objetos de estudio* a partir de las realidades lingüísticas han sido diversas a lo largo de la Historia de la Lingüística, y lo son en la Lingüística actual. Hay casos en los que las *unidades* se identifican y definen mediante disección y segmentación de las cadenas lingüísticas: sucede en *Fonética*, cuyos elementos se delimitan en la pronunciación por sus propiedades articulatorias o por sus características acústicas; y ocurre también en la *Morfología* flexiva tradicional, en la que los afijos se aíslan por su ocurrencia sistemática en las palabras. En otras ocasiones se han elaborado *objetos* a través de procesos de abstracción o de idealización por lo que se prescinde de elementos de variación y heterogeneidad: así se ha procedido en ciertos enfoques estructurales —que se centran en un código para describir la *Gramática* de una lengua—, o en la corriente generativista —que, explícitamente, se interesa por la «*competencia* del hablante-oyente ideal»—. Sea como fuere, los cauces de demarcación y definición de *objetos* están en consonancia, primero, con el grado de progreso de la disciplina: el interés lingüístico —y no sólo anatómico o médico— de las patologías del lenguaje surge una vez que se ha comprobado su carácter simbólico y porque se asumen «grados» en la habilidad comunicativa; y, en segundo lugar, tienen que ver con la naturaleza de los fenómenos y la perspectiva de estudio adoptada ante ellos: los aspectos que interesan en *Gramática* han de concebirse desde la naturaleza social del lenguaje —puesto que las reglas gramaticales son reglas de comunicación—, y, sin embargo, según se adopte un prisma *realista* (que integre lo rastreado en un buen número de datos), o la aproximación sea *ideal* o *intuitiva* (tomando un «patrón» de reglas como molde), la determinación del núcleo de interés no va a ser coincidente. De ahí que el campo de la *Gramática* en el Renacimiento no sea totalmente equivalente al ámbito de la disciplina en la actualidad, ya que, independientemente de que figuren unidades como *palabra* y *oración* entre sus dimensiones, se trata de *nociones* singulares en cada una de las etapas. Por otra parte, la sucesión de *órbitas de saber* como evidencia de la progresión en el conocimiento explica que conceptos de interés que en su momento lo fueron, en la actualidad se contemplen ya como realidades: la *palabra* es en la lingüística de hoy un hecho material, una realidad, tanto que para reconocerla como unidad técnica es obligado matizar su valor mediante algún calificativo (palabra «fonológica», palabra «gramatical», palabra «léxica»).

2. Naturaleza social y naturaleza biológica del lenguaje

En un acercamiento inicial a los hechos de lenguaje, con ánimo de indagar acerca de su naturaleza y sobre sus bases y origen, podemos resaltar dos fundamentos soporte de su ontología: un fundamento biológico (natural) y un fundamento social (humano). El carácter natural y el carácter social implicados en la naturaleza del lenguaje han venido reconociéndose desde los albores de la Historia de la Lingüística, ya sea concediendo prioridad a una de las vertientes o ya sea considerando la presencia de los dos sustentos en la ontología compleja de la realidad lingüística. El hecho mismo de poder rastrear cada una de estas bases desde los primeros desarrollos de la disciplina refleja que, por una parte, la regularidad más inmediata comprobable desde la observación de los fenómenos lingüísticos es que tales fenómenos existen en coordenadas sociales, ya que sólo son si comunican, si permiten la interacción interindividual;[1] además, por otra parte, la realidad de hechos comunicativos, lingüísticos, se produce entre los seres humanos, evidencia indiscutible de la capacidad de la especie para la habilidad del lenguaje, de modo que son los mismos hechos los que manifiestan la regularidad de «adscripción natural» producto del sustento biológico que les corresponde.

Las evidencias incontestables respecto de la naturaleza biológica y social del lenguaje no siempre se han tenido en cuenta de modo simultáneo a la hora de interpretar la habilidad comunicativa. Antes bien, con frecuencia se proponen concepciones parciales del lenguaje que, sin embargo, quieren ser exclusivas. Noam Chomsky, por ejemplo, ha defendido la «propiedad científica» de interpretar el lenguaje (o «la facultad del lenguaje») en su ensamblaje formal, como constructo de conocimiento común a todos los humanos —de carácter «mental», aunque con raíces «naturales»— constatable en situaciones *ideales*, y en cualquier caso sin que tengan interés sus usos y su diversidad. Algunas consideraciones textuales al respecto son suficientemente ilustrativas:

> Estudiamos el lenguaje como un instrumento o herramienta *(tool)*, intentando describir su estructura sin referencia explícita alguna al modo de hacer uso de ese instrumento [...] A lo que parece, no hay ninguna otra base que produzca una teoría-de-la-estructura-lingüística rigurosa, efectiva y «reveladora» [...] cabe esperar que este estudio formal de la estructura del lenguaje proyecte luz sobre el uso real del lenguaje, es decir, sobre el proceso de comprender las oraciones (Chomsky, 1957, 123).
>
> A significant notion of «language» as an object of rational inquiry can be developed only in the basis of rather far-reaching abstraction [...] My own view is this. We may imagine an ideal homogeneous speech community in which there is no variation in style or dialect. We may suppose further that knowledge of the language of this speech community is uniformly represented in the mind of each of its members, as one element in a system of cognitive structures. Let us refer to this representation of the knowledge of these ideal speaker-hearers as the grammar of the language. We must be careful to distinguish the grammar, regarded as a structure postulated in the mind, from the linguist's grammar, which is an explicit articulated theory (Chomsky, 1980, 219-220).
>
> En el estudio del lenguaje procedemos en abstracto, al nivel de la

---

1. La actividad lingüística y los productos derivados tienen relevancia si comportan significados y transmiten información. En circunstancias anómalas de distorsión expresiva o de limitaciones comunicativas —caso de patologías del lenguaje— habrá que describir los déficit y ponderarlos, pero será imprescindible hacerlo en marcos concretos de transmisión de información: las coordenadas comunicativas estarán, pues, presentes.

mente, y también esperamos ganar terreno en la comprensión de cómo las entidades construidas a este nivel de abstracción, sus propiedades y los principios que las gobiernan, pueden explicarse en términos de propiedades del cerebro (Chomsky, 1988, 17).

It seems not unreasonable to conjecture that language may approximate a «perfect» system [...] If this intuition is accurate, it would make good sense to press it to the limits to see what can be discovered about this curious and increasingly mysterious component of the human mind (Chomsky, 1995, 379).

La síntesis de Mario Bunge (1983, 14) es una excelente plasmación de algunas visiones que, en su limitación, pretenden globalidad:[2]

Cuestiones básicas	Estructuralismo	Mentalismo	Psicología biológica y social
Un L es	un conjunto de fonemas	un conjunto infinito de oraciones	un sistema de señales significativas
Un L sirve de	medio de comunicación	espejo de la mente	herramienta para pensar y comunicar
Las gramáticas	describen y codifican lenguajes	generan y transforman oraciones, y las explican y predicen	describen y codifican lenguajes
Un L está en	la cultura	la mente	el cerebro-en-sociedad
Los universales lingüísticos son	universales culturales	universales mentales innatos	rasgos evolutivos e históricos compartidos
La facultad del lenguaje está	relacionada con otras facultades cognoscitivas	no relacionada con otras facultades cognoscitivas	relacionada con todas las capacidades sensorio-motrices y cognoscitivas
Un L se adquiere	aprendiendo por inducción	naciendo	aprendiendo por imitación, asociación, inducción, hipótesis, etcétera.
La teoría del aprendizaje es	optativa	innecesaria, y quizá imposible	necesaria
Las gramáticas se descubren por	inducción a partir de *corpora*	introspección y conjetura	análisis de *corpora*, así como conjetura

2. Señala M. Bunge que: «No hay duda de que todas estas concepciones del lenguaje son útiles. Tampoco hay duda de que cada una de ellas es parcial, porque el lenguaje es un objeto multidimensional [...] Y, cuando abordamos una cuestión general, como "¿Qué es el lenguaje?", debemos tener en cuenta la totalidad» (1983, 15).

Hay, no obstante, acercamientos que contemplan la base natural y la base social como imprescindibles en la consideración integral del lenguaje. Edward Sapir (1921, 14 y ss.) representa esta visión global:

> El lenguaje es un método exclusivamente humano, y no instintivo, de comunicar ideas, emociones y deseos por medio de un sistema de símbolos producidos de manera deliberada. Estos símbolos son ante todo auditivos, y son producidos por los llamados «órganos del habla» [...]
> El habla no es una actividad simple, realizada por uno o más órganos biológicamente adaptados para ese objeto. Es una red muy compleja y siempre cambiante de adaptaciones diversas —en el cerebro, en el sistema nervioso y en los órganos articulatorios y auditivos— que tiende a la deseada meta de la comunicación de ideas [...]
> Sin embargo, un sonido del habla localizado en el cerebro, aun cuando esté asociado con los movimientos particulares de los «órganos del habla» necesarios para producirlo, dista mucho todavía de constituir un elemento del lenguaje; es preciso, además, que se asocie con algún elemento o con algún grupo de elementos de la experiencia, por ejemplo con una imagen visual o una clase de imágenes visuales, o bien con una sensación de relación, antes de que adquiera un significado lingüístico, por rudimentario que sea. Este «elemento» de la experiencia es el contenido o «significado» de la unidad lingüística [...]
> No tenemos más remedio que aceptar el lenguaje como un sistema funcional plenamente formado dentro de la constitución psíquica o «espiritual» del hombre. No podemos definirlo como una entidad en términos puramente psico-físicos, por más que la base psico-física sea esencial para su funcionamiento en el individuo.

A partir de la doble faz de la naturaleza del lenguaje —lo que conduce, no lo olvidemos, a *objetos de interés* y *estudio* distintos— es posible adentrarse en observaciones más detalladas y con nuevos enfoques en cada una de las bases, con objeto de delimitar fundamentos y dimensiones específicos que particularizan ciertos focos de atención hasta ahora no considerados. Una buena parte de estos sustentos específicos ha venido perfilándose a lo largo de la Historia de la Lingüística, en paralelo con la atribución de bases naturales y sociales al lenguaje, de modo que alrededor del sustrato social se han sistematizado dimensiones *culturales, simbólicas* y *sociológicas*; y en torno al biológico se han estructurado dimensiones *neuronales* y *psicológicas* (integradas, en algunos casos, en una sola faceta, la *neuropsicológica*).

2.1. Fundamentos culturales, simbólicos, psicológicos y neuronales del lenguaje

Estos sustentos ontológicos más específicos se justifican asimismo en la realidad fenoménica más inmediata, de la que se derivan sin necesidad de altas dosis de abstracción. En efecto, el carácter *antropológico-cultural* de las lenguas se halla plasmado en las diferencias de formalización y organización que manifiestan, tanto en lo que concierne a sus unidades individuales como en lo que atañe al diseño y a la elaboración de discursos. Los moldes léxicos y gramaticales que a continuación se dan como ilustración muestran las discrepancias:

Español	abuelo		abuela	
Sueco	*farfar*	*morfar*	*farmor*	*mormor*
	padre del padre	padre de la madre	madre del padre	madre de la madre

Español	en Roma	a Roma	de Roma
Italiano		*a Roma*	*da Roma*

Pero, además, los entornos antropológico-culturales aparecen ligados a planteamientos discursivos peculiares, sin duda debido a los parámetros de interacción y de expectativas propios de los contextos idiomáticos. Se dice, así, que el inglés elabora sus mensajes en torno a «opinion-oriented» donde otras lenguas organizan la información «truth-oriented»; cuando el inglés comenta *I guess it's true* ('supongo que es verdad'), el polaco dice *to prawda* ('es verdad'). Las diferencias interculturales e interidiomáticas a la hora de interaccionar han de considerarse objetivamente, sin juicios de valor de unos códigos sobre otros; a este respecto, Anna Wierzbicka manifiesta su discrepancia en tildar al inglés de «cortés» frente a otras lenguas como el lituano:

> In my view, it is ethnocentric to say that Lithuanian is less courteous than English [...]: simply, the rules of courtesy are different in each language (Wierzbicka, 1991, 43).

Asimismo, la dimensión *simbólica* se hace explícita en el papel de «ser representación de» que corresponde a las lenguas una vez que se ha asumido su carácter comunicativo: porque comunican (y ya que dan información), han de representar algo, han de simbolizar lo que transmiten. En una expresión como *Este mes tengo tres pruebas* se hace inexcusable que hablante y oyente compartan el código para comprender qué significan las palabras, cómo se ordenan y a qué se refieren «las pruebas» (si son artísticas, médicas, escritas), sólo así se hará efectiva la comunicación.

Por su parte, la faceta *sociológica* se hace patente, por ejemplo, en la elección de variedades o de lenguas en los usos lingüísticos concretos, con el significado social que dicha selección comporte, y según conduzca a ruptura, identificación, solidaridad, en el proceso comunicativo. Utilizar el gallego en manifestaciones comunicativas públicas, mientras en privado se maneja comúnmente el castellano, define un entramado de sociología del lenguaje —que indica que el gallego no es ni lengua inicial ni lengua habitual— distinto al que corresponde a los usos genuinos del gallego —lengua que de modo «natural» y por ser «inicial» se habla— y que, en ocasiones, se complementan con el recurso al castellano, sobre todo si los interlocutores no se expresan en aquella lengua. Sin duda, las actitudes y los comportamientos de los hablantes respecto de las lenguas se traslucen en las funciones que les atribuyen, así que la psicosociología del lenguaje es indisociable de las actividades lingüísticas. ¿Acaso no ubicamos geográfica y socialmente a los individuos por su variedad de lengua?; ¿cuántas veces nos hemos preguntado por qué no figuran «acentos» —de Canarias, Galicia, Andalucía— entre los locutores de televisión?

En lo que concierne a la base *anatómico-cerebro-neuronal* del lenguaje, las evidencias de patologías y deficiencias (anatómico-fonadoras, auditivas, cerebrales o nerviosas) que inhiben en distintos grados la habilidad lingüística son pruebas palpables de la naturaleza orgánica del lenguaje. La evolución del tracto bucofonador, que se muestra con ciertos paralelismos en la esfera filogenética y en la esfera ontogenética, suma garantías a dicha base física: sólo es posible el habla una vez que se ha configurado la cavidad faríngea —que falta en los primates no-homínidos y se define paulatinamente en los bebés a lo largo de los primeros meses de vida—.

Por último, la dimensión *psicológica* del lenguaje se reconoce en la misma potencialidad lingüística, particular y propia, en cada individuo. Cada uno de nosotros disponemos de un dominio específico de la lengua y de modos singulares en su manejo, todo ello en función de habilidades cognitivas, memoria, intenciones, personalidad, o estado anímico. La lengua tiene, pues, una base mental y, como otras funciones psicológicas, es ella misma una *habilidad* con alto grado de diversidad. Desde las diferencias individuales de competencia en una lengua, pasando por las situaciones de bilingüismo o de polilingüismo, hasta alcanzar aquellos casos de déficit en la habilidad sin que la base cerebral imprima —al menos en principio— tal variabilidad, constituyen sin duda indicadores del carácter psicológico del lenguaje.

2.2. La relevancia metodológica de la función comunicativa

La curiosidad por los hechos lingüísticos exige que no sólo se los conciba e interprete en su naturaleza y dimensiones, sino que sobre todo pide cauces y técnicas de indagación y estudio que permitan el análisis y la descripción. En este sentido, el primer requisito de orden metodológico que se impone en una aproximación realista, empírica y científica —lo que quiere decir que se basa en la demostración y en la justificación— al conocimiento de los fenómenos es la de enfocar y conducir su investigación a partir de su existencia, en el marco en el que «están» y «son». El principio de que el conocimiento se «encuentra en los hechos mismos» se hace clave en el cultivo de una Lingüística con garantías. El prisma de lingüistas como Eugenio Coseriu (1954, 219) responde a esa tesis:

> Objeto de la ciencia siguen siendo las «esencias», pero son «esencias» que hay que comprobar ahí donde se dan, es decir, en la realidad fenoménica del lenguaje [...] En otras palabras, no hay que eludir las «cosas», sino que, al contrario, hay que ir «hacia las cosas», porque las esencias no se hallan «más allá» o «detrás» de los fenómenos, sino *en* los fenómenos mismos: los fenómenos las manifiestan.

El punto de partida del *saber técnico* (como lingüistas) está en la vertiente existencial de los hechos que se estudian, o lo que es lo mismo, en la realidad social del lenguaje. La naturaleza social del lenguaje es, sin duda, el escaparate inicial de observación de problemas y cuestiones de interés en las lenguas. Los aspectos gramaticales de combinatoria y distribución de palabras en una estructura (por ejemplo, «artículo» + «sustantivo» + «cláusula de relativo») importan porque sólo en ese orden y constitución comunican, lo que se hace patente en su uso habitual. Los significados de las palabras se reconocen no tanto por las porciones referenciales o cognitivas que soportan cuanto por los contextos comunicativos en los que figuran; de ahí que los términos puedan variar su contenido y que tengan sentido las metáforas y el lenguaje literario. La realidad social de los hechos lingüísticos se hace imprescindible incluso en los casos de patologías lingüísticas —en las que el carácter orgánico y la faceta mental parecen prioritarios—, ya que sólo en coordenadas comunicativas será posible comprobar la existencia de las limitaciones, y sólo en ese marco se hará factible su recuperación.

Los hechos lingüísticos «están» (existen) y «son» (por sus aspectos de interés en cada caso) en el seno de coordenadas interindividuales gracias a la función de la comunicación que cumplen;[3] comunicación que, a su vez, descansa en la simbolización y representación de los acontecimientos y fenómenos reales así transmitidos. De ahí que el «saber técnico» relativo al carácter representacional del lenguaje haya de ir de la mano del conocimiento sobre su naturaleza social. Sobre estas bases existenciales que permiten la descripción será factible abordar las distintas esferas y vertientes implicadas en los hechos.

Puesto que el conocimiento se construye y avanza desde los niveles factuales y empíricos hacia los estratos más abstractos, de recibo es que las diferentes propuestas de aportación de saber se confronten con los fenómenos realmente existentes: la importancia metodológica de la naturaleza social del lenguaje se hace de este modo evidente, y en ese valor se justifica su ubicación al comienzo de este Manual. Tal relevancia —no siempre admitida en algunas escuelas y momentos de la Historia de la Lingüística (véase el cuadro de M. Bunge en §2)— viene siendo explícitamente afirmada por diferentes autores,[4] y sobre todo en estos últimos años. Las palabras de Harald Haarmann son contundentes:

> To abstain from the inspection of the sociocultural embedding of language in a theoretical framework, general or specialized, is equivalent to denying the most basic of its properties, and this is its ontological nature as phenomenon crucial to human relations. Under such conditions, any formal grammatical theory which degrades language to the status of a laboratory substance is not only limited in range, but it cannot even lay claim to being a genuine theory of language. There is one facet in the study of language which has to be acknowledged by any theoretician, simply because it is a matter of common sense: whatever insight a theoretician may achieve into the cognitive dimension of linguistic structures, this is definitely related to the sociocultural reality of language, since items of knowledge in the human brain are constructed through the cognition and interpretation of items of the real world in their sociocultural settings. If language were not a sociocultural phenomenon per se, there would be no sense in correlating meaning and grammar in the human brain (Haarmann, 1991, viii).

---

3. Si no comunican, o bien no se contemplan como hechos con relevancia lingüística (en *Fonética*, por ejemplo, el objeto de estudio lo constituyen no todos los sonidos sino sólo los sonidos «de las lenguas»), o bien se indaga sobre las causas que impiden aquel objetivo.

4. Entre otros, Coseriu (1966a, especialmente §3.2.2) resalta los peligros de «considerar las lenguas como separadas del hablar».

Por otra parte, el crecimiento y la acumulación de saber en el campo de la Lingüística se ha dado precisamente en este orden: primero se han alcanzado bases sólidas sobre la naturaleza social y el carácter simbólico, y posteriormente se han emprendido estudios acerca de los fundamentos y características psicológicas y neuronales implicados en el lenguaje. Si el desarrollo interno de la Lingüística ha pedido esa secuenciación, una formación coherente y bien imbricada en el ámbito no debe despreciar dicha ordenación.

3. **Multidimensionalidad del lenguaje y cauces de investigación. Objetos de estudio, temas de interés y áreas de la Lingüística**

Una vez que se han atribuido al lenguaje las bases ontológicas que por su naturaleza le convienen, los diferentes fundamentos permiten no sólo la visión de regularidades y sistematicidad en los fenómenos de las lenguas, sino también el reconocimiento y la observación de problemas lingüísticos relevantes. De manera que los objetos de estudio resaltados (sean las lenguas como estructuras simbólicas, sea el lenguaje como hecho psicológico, o sean moldes lingüísticos en sus dimensiones antropológicas) incitan prismas de aproximación específicos, que provocan la emergencia de problemas lingüísticos particulares y exigen desarrollos metodológicos en áreas de la Lingüística.

En cada una de las dimensiones asumidas, la concepción del objeto ha arrastrado la aparición de temas y problemas de estudio que de otro modo quizás no se hubieran planteado como tales. Ahí estriba precisamente la extensión y el progreso metodológicos de la Lingüística.

La dimensión antropológico-cultural ha dado origen —entre otros— al tema de la relación «lenguaje-visión de mundo» y ha pesado en la concepción del *relativismo* y *determinismo* lingüísticos, planteamientos éstos discutidos desde comienzos del siglo XX y en torno a los presupuestos defendidos por Benjamin L. Whorf (1897-1941) y Edward Sapir (1884-1939). En esencia, se trata de desentrañar el grado de implicación de las «hormas cognitivo-culturales» sobre las codificaciones lingüísticas, así como la incidencia que ello pudiera tener en la comparación y el trasvase entre lenguas —difícil si no imposible por sus especificidades, por su *relativismo*—. Por otra parte, en estos últimos años se han venido conduciendo investigaciones con una fuerte base antropológica —y en la vertiente discursiva y de los usos (ámbito de la *Pragmática*)— relativas a las fórmulas de respeto *(politeness)* que se contemplan desde un prisma interlingüístico. Y, naturalmente, desde bases antropológicas se han planteado los estudios tipológicos, conectando los «grupos» lingüísticos a determinadas «visiones de mundo». El conjunto de temas y las necesidades metodológicas de *comparación*, *contraste*, *formalización* y *'marca' de propiedades*, etc., ha propiciado el desarrollo y el asentamiento de áreas de la Lingüística como la *Antropología lingüística* o la más reciente *Tipología lingüística*.

La dimensión simbólica ha sido especialmente productiva en la emergencia de temas y problemas concernientes a la constitución interna de las lenguas, y muy especialmente a raíz de los planteamientos estructurales respecto de la consideración de las lenguas como sistemas de signos. El carácter de los *signos lingüísticos* y su organización en *planos* (de la expresión y del contenido) y *componentes* (fónico, gramatical y léxico) son problemas que han exigido la delimitación rigurosa de áreas con suficiente tradición como la *Fonética*, la *Fonología*, la *Morfología*, la *Sintaxis* y la *Lexicología*.

La naturaleza simbólica de las lenguas no se ciñe a lo que es su función representacional a través de los signos, o a lo que es la estructuración sistemática de estas unidades, sino que alcanza a la comunicación en su globalidad, de manera que también los usos lingüísticos están cargados de simbolismo, están regulados por codificaciones establecidas a partir de convicciones, actitudes o creencias sociales e individuales. Surge así la dimensión sociológica que incorpora temas relativos a estatutos y funciones atribuidos a las lenguas y a las variedades, según sus usos y según la consideración psico-social que aquéllos merezcan; que incorpora, asimismo, problemas de selección de léxico, de perspectiva de enunciación, o de línea argumental, con miras al éxito comunicativo y tratando de respetar el entorno dialógico que corresponde a las manifestaciones lingüísticas.[5] Áreas como la *Sociología del lenguaje* o la *Pragmática* resultan imprescindibles para acoger estos estudios.

Las dimensiones neuronal y psicológica han permitido enfocar temas de patologías lingüísticas, de localización del lenguaje en áreas del cerebro, de lateralidad de la habilidad en uno de los hemisferios cerebrales, de adquisición del lenguaje, o de procesamiento de lenguaje oral y de lenguaje escrito, problemas todos ellos cuyos requisitos metodológicos (en la observación —a través de medios tecnológicos diversos—, en la experimentación natural o guiada, o en las fases de comprobación y de justificación) han empujado la aparición y el progreso de áreas como la *Neurolingüística* y la *Psicolingüística*.

---

5. Hasta el extremo de que hay quienes afirman que «el significado no está en la palabra sino en quien la usa». Con su clarividencia habitual, José A. Marina se pregunta:
«¿Comprender es captar el significado de un signo o captar la intención de una persona? ¿Qué hago al hablar? Al decir una frase trivial: "Cada día te pareces más a tu madre", puedo estar haciendo un acto de crueldad. La frase es meramente informativa, pero el acto lingüístico es malintencionado» (J. A. Marina, 1998, 147).

Un esquema general que muestre el paralelismo —y la correspondiente distribución— entre bases ontológicas del lenguaje, algunos temas de interés planteados y las correspondientes áreas de la Lingüística cultivadas, es sin duda un excelente reflejo de que sobre la materia heterogénea y compleja se pueden reconocer principios organizativos y sistemáticos que primero permitan el conocimiento y después resulten de haber profundizado en el saber. Véase a este respecto el cuadro 1.

La importancia de reconocer vertientes en la complejidad —desde los prismas ontológicos reseñados— para la emergencia primero, y para el progreso y la consolidación después, de las áreas de la Lingüística, se explica por lo que significa «pretender conocimiento»: ya que se busca pormenorizar y profundizar, hay que estudiar por partes, ensayando métodos y probando distintas vías. Ahora bien, una vez que la Lingüística ha logrado un nivel suficiente de madurez, de acumulación de saber, y de filtrado de metodología productiva, está en condiciones —ella misma— para contemplar ciertas situaciones como cuestiones lingüísticas novedosas y relevantes. Ello quiere decir que no sólo las motivaciones de curiosidad ante los hechos han empujado el crecimiento de la Lingüística, sino que el campo disciplinar —en su progresión y debido al conocimiento logrado— ha permitido delimitar nuevos problemas y ha facilitado la aproximación a circunstancias peculiares, ya no sólo con objeto de describirlas sino porque ha de resolverlas. Este panorama es especialmente notable en el ámbito —ya asentado— de la *Lingüística aplicada*.

En la orientación *aplicada* se abordan problemas reales —son, por tanto, problemas complejos y multidisciplinares— que afectan al lenguaje, y que pueden ser atendidos, dado el grado de desarrollo de la Lingüística actual. El propósito, ahora, es resolver antes que teorizar o simplemente analizar, puesto que la concreción y la realidad de los inconvenientes así lo exige. Por tratarse de situaciones problemáticas con interés lingüístico, buena parte de los temas *aplicados* están en consonancia con las bases inmediatamente empíricas de las lenguas. Así, derivados de la naturaleza social y comunicativa del lenguaje, se plantean los aspectos y requisitos implicados en la enseñanza y en el aprendizaje de lenguas (ámbito de la *Glosodidáctica*), y surgen la actividad y el proceso de trasvase de información de unas lenguas a otras (ámbito de la *Traductología*), o los problemas de modernización, mantenimiento o normalización de lenguas (o variedades) (ámbito de la *Planificación lingüística*). Derivadas de la naturaleza neuropsicológica del lenguaje surgen las deficiencias lingüísticas, que han de evaluarse primero para hallar paliativos o diseñar la terapéutica apropiada después (ámbito de la *Lingüística clínica*). Pero no sólo la naturalidad de los fenómenos lingüísticos comporta situaciones inconvenientes o

CUADRO 1.

Naturaleza	Dimensiones	Algunos temas de interés	Disciplinas	
BIOLÓGICA	Psicológica	Adquisición de la lengua / Cognición y habilidad lingüística / Patologías lingüísticas	**Psicolingüística**	RAMAS
	Neuronal	Localización y lateralidad del lenguaje	**Neurolingüística**	
SOCIAL	Cultural	Lengua y visión de mundo / Modos de interacción / Usos lingüísticos y estratos sociales / Actitud, conciencia ante la lengua / Ontología de los elementos lingüísticos	Etnolingüística / Pragmática / Sociolingüística / Sociología del lenguaje / Fª del lenguaje	
	Simbólica	Constitución y estructura de las lenguas	Fonética / Fonología / Gramática / Lexicología	DIVISIONES

EL LENGUAJE Y LAS LENGUAS

LA LINGÜÍSTICA

deficitarias, sino que el progreso en general y el avance de la Lingüística en particular delinean problemas que exigen solución. El despegue tecnológico de los últimos años, asociado con el propio devenir metodológico en el campo de la Lingüística, ha provocado la atención al procesamiento artificial de las lenguas, al tratamiento informático de ingentes bases de datos lingüísticos, o a los medios automáticos de traducción (ámbito de la *Lingüística computacional*).

De modo paulatino, las aproximaciones a los hechos lingüísticos han permitido acumular saber teórico mediante sucesivos criterios de parcelación, sistematización y clasificación de las características, los factores, los aspectos, los componentes, o los procesos ligados a la actividad verbal, lo que explica la extensión y complejidad en las diferentes áreas de la Lingüística. Pero los acercamientos y enfoques a los hechos lingüísticos no se detienen aquí, y, por consiguiente, ni el conocimiento sobre el lenguaje ni las delimitaciones en el campo de la Lingüística están agotados. Esto quiere decir que podemos encontrarnos con nuevos campos, con diversas concepciones de una disciplina, o con ámbitos que se diluyen y no se consolidan; y todo ello en relación con el discurrir de las investigaciones y el conocimiento sobre el lenguaje.

Con miras a sistematizar aquellos parámetros relevantes en el progreso del conocimiento y en el avance del campo disciplinar conviene considerar que el *objeto de estudio* seleccionado, el *enfoque* desde el que se contempla, la *metodología* cultivada en su investigación, y el *objetivo* perseguido son elementos-clave en la construcción de la teoría y en el discurrir del área. Si se toma como núcleo de interés la *variación lingüística* en el marco de *coordenadas sociales* y si el enfoque es estructural, con la metodología acorde a esa perspectiva, y con propósitos descriptivos, los resultados de conocimiento no serán equivalentes a los logrados sobre ese mismo tema —la variación en el marco de coordenadas sociales— desde un enfoque materialista y mecanicista, que recurre a métodos y técnicas estadísticas y que se propone alcances predictivos. Todo ello repercute, como es natural, en el ámbito disciplinar, en el que se hace inexcusable tener presentes no sólo los componentes internos definitorios de las disciplinas (objeto de estudio, método y finalidad) sino el contexto intelectual y científico en que se desarrollan: la incardinación en una determinada corriente o escuela y la ubicación histórica de las áreas son factores cruciales en la valoración e interpretación ajustadas de los campos. De ahí que la *Gramática* del Renacimiento no se corresponda con la *Gramática* generativa actual; y que la *Sociolingüística* estructural responda a presupuestos distintos a los de la *Sociolingüística* cuantitativa.

4. ¿Qué se entiende por *Lingüística general*?

La ambigüedad y polivalencia de las etiquetas técnicas (que, paradójicamente, buscan la precisión) se hace patente —y se ve multiplicada— sobre todo en los casos de referencia a campos disciplinares genéricos,[6] que resultan de este modo interpretados de forma diversa y en sentido lato. La noción de *Lingüística general* no es una excepción, y son muchas las lecturas que se han asociado al ámbito. En unos casos se ha tomado «lo general» como «la totalidad», de forma que la *Lingüística general* equivale a la *Lingüística*. En otros casos se ha entendido «lo general» como «lo teórico» y se ha identificado Lingüística *general* y Lingüística *teórica*. En fin, podemos encontrar incluso interpretaciones de «lo general» en consonancia con corrientes y escuelas particulares, y, en el conjunto, caracterizaciones más o menos rigurosas del área. Edward Sapir, por ejemplo, representa la concepción empírica de *lo general*, al centrar los objetivos lingüísticos en principios, clases, propiedades, o rasgos, establecidos a partir de la investigación sobre lenguas particulares muy variadas. Incluso insiste en que ésa es la vía para alcanzar conclusiones ricas sobre las lenguas más cercanas:

> No todo lo que es extraño a la lengua que hablamos es en sí mismo ilógico o descabellado. Muchas veces, una perspectiva más amplia nos viene a revelar que precisamente las cosas más familiares son en realidad excepcionales y extrañas [...]
> Un sumario examen de otros idiomas, cercanos o remotos, no tardaría en poner de relieve que algunos de los trece conceptos incorporados casualmente en nuestra frase (o quizá todos ellos), no sólo pueden expresarse en forma diferente, sino que pueden agruparse de manera distinta

---

6. Las áreas de saber no específicas ni exclusivas de un campo científico particular descansan en las pretensiones, en las metas del conocimiento, objetivos en cualquier caso planteables y posibles en cualquier zona, independientemente del objeto de estudio y de los métodos. Así, caben objetivos *teóricos* en Física (Física *teórica*), en Lingüística (Lingüística *teórica*), o en Geografía (Geografía *teórica*), y objetivos *aplicados*, *generales*, o *descriptivos* en las investigaciones desarrolladas en esos u otros ámbitos científicos; de manera que la determinación de las áreas sólo empieza a hacerse nítida cuando se ponderan las posibilidades del objeto y de los métodos para alcanzar aquellos objetivos. Esto quiere decir que las disciplinas sustentadas en la orientación de los estudios son por naturaleza extensionales y con un grado notable de indeterminación, y de ahí la ambigüedad y la variedad de interpretaciones de las etiquetas.

Lo ocurrido con los marchamos *Morfología* y *Sintaxis* puede resultar ilustrativo de la situación comentada. En principio, estas denominaciones querían sustentar ámbitos justificados por 'dimensiones' y 'aspectos' de estudio («forma» y «función», respectivamente) en distintas áreas científicas (Biología, Anatomía, Química, Lingüística). La *Morfología* y la *Sintaxis* sólo se convierten en disciplinas propiamente (intensionalmente) lingüísticas una vez se justifican sobre la base de las unidades que estudian: morfema y palabra (Morfología) y unidades superiores (Sintaxis).

unos con otros; que algunos de ellos pueden omitirse por no ser indispensables; y que otros conceptos, que la lengua inglesa no considera dignos de ser expresados, pueden sentirse como absolutamente indispensables para que la proposición sea inteligible (Sapir, 1921, 105-106.) (La frase es *the farmer kills the duckling* ['el labrador mata al patito'], y los conceptos analizados son —entre otros— «tiempo», «sujeto», «acción», «número», «relaciones»; M. F. P.)

Noam Chomsky, por su parte, representa la concepción inmaterial y abstracta, puesto que plantea (planteaba en 1957 y 1965, y continúa planteando en la actualidad) los objetivos en términos de una teoría general del lenguaje:

> El resultado final de esas investigaciones debe ser una teoría de la estructura lingüística en la que los recursos descriptivos empleados en las gramáticas particulares sean presentados y estudiados de modo abstracto, sin referencia específica a las lenguas particulares. Una de las funciones de esta teoría es la de proporcionar un método general para seleccionar una gramática para cada lengua (Chomsky, 1957, 26).
>
> Numerosos universales formales y sustantivos son propiedades intrínsecas del sistema de adquisición del lenguaje, propiedades que proporcionan un esquema que es aplicado a los datos y que determina de modo extrariodinariamente restrictivo la forma general y, en parte, incluso los rasgos sustantivos de la gramática que puede emerger al presentar los rasgos apropiados. Una teoría general del tipo imperfectamente descrito antes y elaborado con más detalle en los capítulos siguientes y en otros estudios de gramática transformacional, puede, por tanto, ser considerada como una hipótesis específica, de molde racionalístico, respecto a la naturaleza de las estructuras y procesos mentales (Chomsky, 1965, 51).
>
> «The theory of a particular language is its *grammar*. The theory of languages and the expressions they generate is *Universal Grammar* (UG); UG is a theory of the initial state So of the relevant component of the language faculty (Chomsky, 1996, 167).

El enfoque generativista que lleva a considerar como objetivo una teoría —sea del lenguaje, de las gramáticas, o de las lenguas— ha prevalecido sobre el enfoque más realista de considerar tendencias en las lenguas, y de admitir distintas teorías en su estudio y descripción. Juan Carlos Moreno Cabrera (1991, 27 y ss.) evidencia el peso del generativismo al contemplar «la teoría general de la gramática», «la teoría general de las lenguas» y «la teoría general del lenguaje humano» como distintas vertientes de la noción *Lingüística general*. Según lo que aquí vamos a defender, «lo general en las lenguas» y «lo general en el lenguaje» (sin distinciones de vertientes «interna» y «externa» procedentes de Saussure y no siempre bien valoradas) va a ser objeto de interés de la

Lingüística general en su versión más actual (y más rica, entendemos), mientras que «la teoría general de la gramática» (propia de la corriente generativista) solamente tendría cabida en apartados metodológicos, referidos a la disciplina —se trate de Gramática o se trate de Lingüística—, en cuyo caso no estaríamos ni ante *teoría* sin más, ni ante objetivos *generales*, sino ante *epistemología*, ya que lo que se está contemplando y valorando no es el conocimiento sobre un objeto, sino los métodos, los enfoques y las interpretaciones en el modo de construir una disciplina.

Las dos concepciones más extendidas y habituales de la *Lingüística general* en el marco de la Lingüística actual remiten, de un lado, a una lectura amplia y extensional del campo, y, de otro, a una visión rigurosa e intensional de las investigaciones orientadas hacia «lo general». La interpretación amplia llega a establecer la equivalencia entre Lingüística *general* y *totalidad* de la Lingüística, o en casos más estrictos a identificar Lingüística *general* y Lingüística *teórica*. John Lyons, por ejemplo, aunque contrapone la *lingüística general* a la *lingüística descriptiva*, señala no obstante que

> en la práctica, apenas hay diferencia entre los términos 'lingüística teórica' y 'lingüística general', pues la mayoría de los que utilizan el primero dan por sentado que se proponen la formulación de una teoría satisfactoria sobre la estructura del lenguaje en general (J. Lyons, 1981, 30).

La concepción restringida limita el ámbito de la Lingüística *general* a los objetivos de las investigaciones que van más allá de la descripción de una lengua particular, de manera que la Lingüística *general* se contrapone así a la Lingüística *particular*. Hay incluso autores que ponen en duda la entidad del ámbito *general* en el campo de la Lingüística, como es el caso de Geoffrey Sampson (1980, 241):

> The true general theory of language is that there is no general theory of language: the only features common to all human languages are predictable consequences of principles belonging to other, established disciplines, so that there is no room in the intellectual arena for an independent theoretical subject called *general linguistics*.

Ciertamente, la equiparación de «lo general» con «lo teórico» comporta el riesgo de pretender *la teoría general* del lenguaje, riesgo propiciado por los planteamientos de N. Chomsky en su gramática generativa y que parecen haber pesado en la reflexión de G. Sampson. En la lingüística de estos últimos años, sin embargo, la idea de una teoría general ha dejado de tener peso y en su lugar se plantean objetivos empíricos de alcanzar propiedades, rasgos, principios y tendencias comunes a un buen número de lenguas (cfr. M. Fernández Pérez, 1999). La investigación de corte apriorístico (propia de los *universales racionales*) se ha visto sustituida por enfoques empíricos y de corte realista que permiten el establecimiento de *universales o tendencias empíricas*. No se trata, pues, de <u>la</u> teoría general del lenguaje sino de tipos de características y componentes, comunes —en cada caso— a un buen número de lenguas, lo que permite encuadrarlas en clases.

Precisamente, el estatuto de la *Lingüística general* como área con entidad y trazado debe mucho al desarrollo de los planteamientos «tipológicos» en estos últimos años, tanto que en un sentido riguroso y técnico habría que decir que la *Lingüística general* es la *Lingüística de los tipos* en las lenguas, la *Lingüística de la diversidad* comprendida en términos de moldes empíricos con sistematicidad en las lenguas. No obstante, y de la mano precisamente de aquellos autores precedentes inmediatos de la tipología —como Antoine Meillet, Joseph Vendryes, Edward Sapir o Eugenio Coseriu—,[7] la orientación *general* de las investigaciones en Lingüística había sido ya percibida y rigurosamente presentada. Así, E. Sapir considera que

> un análisis destructivo de lo familiar es el único método posible para llegar a tener una idea de modos de expresión fundamentalmente diversos. Cuando nos hemos acostumbrado a sentir lo que es anárquico, ilógico o falto de equilibrio en la estructura de nuestra propia lengua, estamos en buen camino para llegar a captar de manera comprensiva la expresión de las diversas clases de conceptos en una lengua extranjera (Sapir, 1921, 105);

y las ilustraciones de la variedad y riqueza de expresión justifican la necesidad de aquel enfoque general, plurilingüe y tipológico:

> Es curioso observar en qué gran medida difieren los diversos idiomas por lo que toca a la posibilidad de emplear el procedimiento de la composición. Tomando las cosas en sus principios generales, cualquiera creería que un recurso tan sencillo como el que vemos en las palabras inglesas *typewriter* y *blackbird* ('mirlo'; literalmente 'negropájaro') y cen-

---

7. A. Meillet (1866-1936) y J. Vendryes (1875-1960) forman parte de la notable escuela francesa de indoeuropeístas de comienzos del siglo XX; su orientación histórica y generalista, con la exigencia de moldes de comparación interlingüística, sentó las bases del enfoque tipológico actual. Esa línea, sobre todo en lo que concierne a teoría y método, ha tenido su continuación más inmediata en la figura de Eugenio Coseriu (1921). En cuanto a Edward Sapir (1884-1939), su labor antropológica y lingüística sobre pueblos amerindios (navajo, takelma, nootka, hupa...), no sólo constituye la cimentación más palmaria del enfoque tipológico, sino que además ha derivado en una de las tradiciones más fecundas de la lingüística americana.

tenares de palabras análogas debería ser un procedimiento gramatical poco menos que universal. Pero la realidad es otra. Existen muchísimos idiomas, como el esquimal y el nootka y —prescindiendo de excepciones de poca monta— las lenguas semíticas, que no pueden fabricar palabras compuestas a base de elementos radicales. Y hay algo todavía más curioso, y es el hecho de que muchos de esos idiomas no tienen la menor aversión a formaciones complejas de palabras, sino que, por el contrario, pueden llevar a cabo síntesis que dejan muy atrás las síntesis más tremendas de que son capaces el griego y el sánscrito (Sapir, 1921, 79).

La determinación técnica del campo por el abarque de sus pretensiones (como se expone en M. Fernández Pérez, 1986*b*) parece ser, pues, la más conveniente para lograr una visión ajustada y precisa de la *Lingüística general*. La andadura inicial del ámbito como área con entidad y relevancia ha tenido lugar en paralelo con los cultivos y el desarrollo de los planteamientos tipológicos, dado que estos presupuestos se formulan claramente orientados hacia clases de propiedades, componentes y procesos (fónicos, gramaticales y léxicos) constantes en distintos grupos de lenguas. Pero al lado de los diseños *generales* relativos a la constitución interna de las lenguas hay que tener en cuenta la tendencia —en estos últimos años— a la integración generalista de los estudios en *Psicolingüística, Sociolingüística, Pragmática* y *Neurolingüística*, lo que conduce a una ampliación del campo de acción de la Lingüística *general*: ya no sólo se asume el interés de abordar la diversidad sobre la base metodológica de «tipos» de propiedades en la organización interna de las lenguas, sino que resulta conveniente ese planteamiento cuando se trata de investigar los principios y las tendencias psicolingüísticos, sociolingüísticos o pragmáticos que los hechos lingüísticos comportan. En *Psicolingüística*, por ejemplo, los presupuestos de Dan Slobin sobre la adquisición de la lengua descansan en cuantiosos datos obtenidos de diferentes contextos idiomáticos (cfr. D. Slobin [ed., 1985, 1992, 1997]). En *Sociolingüística*, los principios de sociología del lenguaje (acerca de la distribución y funciones de los códigos) y las propiedades geolingüísticas (sustentadas en criterios de geografía humana que inciden en las lenguas) son nortes de generalización pretendidos en estos últimos años. La investigación translingüística de, entre otras, las fórmulas de respeto y cortesía en el campo de la *Pragmática* es sintómatica de objetivos generales en este ámbito (cfr. A. Wierzbicka, 1991). En fin, en el terreno de la *Neurolingüística*, el estudio interlingüístico de las afasias ha permitido comprobar variaciones en sus características (por ejemplo, en el síndrome de *agramatismo*), en consonancia con el tipo de lengua (cfr. L. Menn y L. Obler [eds., 1990]). De modo que la orientación hacia los datos empíricos que sustenten el hallazgo y la propuesta de «tendencias» se hace plausible y lícita no sólo en las «Divisiones de la Lingüística» (*Fonética, Fonología, Gramática y Lexicología*) sino también en las «Ramas» *(Psicolingüística, Sociolingüística, Neurolingüística, Pragmática)*.

En resumen, la Lingüística ha de ser *general* —ha de extender su abarque y su ámbito de acción— a numerosos y múltiples datos extraídos de distintas lenguas, sólo así logrará conocimiento acerca de la diversidad y podrá abordar la variación, que es en última instancia la materia que reviste los fenómenos comunicativos. Lo interesante está en dar respuestas a por qué tal grado de variabilidad, diseñando modelos no reduccionistas que describan y representen la riqueza de los hechos lingüísticos. En último extremo, el norte de la *Lingüística* ha de orientarse hacia teorías de las diferencias, que nos acerquen a la comprensión de la riqueza de las lenguas.

Lecturas complementarias

Bunge, Mario (1983): *Lingüística y filosofía*, Barcelona, Ariel, especialmente cap. 1.
Lúcida introducción a cuestiones de «existencia» de los hechos lingüísticos. Su claridad expositiva lo hace altamente recomendable en niveles iniciales de acercamiento al campo.

Coseriu, Eugenio (1966): «El hombre y su lenguaje»; y «El lenguaje y la comprensión de la existencia del hombre actual», caps. 1 y 2 de *El hombre y su lenguaje*, Madrid, Gredos, 1977.
Presentación rigurosa de las diferentes dimensiones en que se encuadra el lenguaje por ser posesión del hombre.

Fernández Pérez, Milagros (1986): «Las disciplinas lingüísticas», *Verba*, 13, 15-73.
Panorámica de las áreas que integran la Lingüística.

Haarmann, Harald (1991): *Basic Aspects of Language in Human Relations*, Berlín/Nueva York, Mouton de Gruyter, 1991, especialmente cap. 1.
Uno de los estudios más interesantes y brillantes sobre la naturaleza compleja del lenguaje.

Martín Vide, Carlos (1996): «Parámetros para la reflexión sobre el lenguaje humano: a modo de introducción», cap. 1 de *Elementos de Lingüística*, C. Martín Vide (ed.), Barcelona, Octaedro, 1996.
Diferentes concepciones de la naturaleza del lenguaje justificadas en su contribución al conocimiento.

Moreno Cabrera, Juan Carlos (1991): *Curso Universitario de Lingüística General*, 2 vols., Madrid, Síntesis, especialmente cap. 1.
Visión actual del campo de la «Lingüística General».

Sapir, Edward (1921): *El lenguaje*, México, F.C.E., 1974, especialmente cap. 1.
Concepción moderna y rigurosa de las distintas vertientes de la naturaleza del lenguaje.

Saussure, Ferdinand de (1916): *Curso de Lingüística General*, Madrid, Alianza, 1983, esp. caps. 3 y 5 de la «Introducción».
Concepción estructural clásica del lenguaje, que pone de relieve su naturaleza social y su carácter de código.

PRÁCTICAS Y EJERCICIOS

1. En el cuadro 1 elaborado por M. Bunge en *Lingüística y filosofía* (Barcelona, Ariel, 1983, pág. 14) sobre «Algunas opiniones conflictivas sobre el lenguaje» —y que hemos incluido en §2— figuran los términos *universal lingüístico, gramática, mentalismo* y *codificación*, todos ellos contextualizados en un determinado planteamiento o corriente. Haciendo uso de un *Diccionario de Lingüística*, defina y aclare los conceptos a los que remiten aquellas etiquetas.
2. E. Sapir (1921) dedica el primer capítulo de su libro a la «Definición del lenguaje» (véanse las páginas 9-31 de la traducción al español de M. y A. Alatorre, *El lenguaje. Introducción al estudio del habla*, México, F.C.E., 1974), con consideraciones variadas acerca de su naturaleza y complejidad. Pues bien, sobre el texto,
   a) Justifíquese la base social, la base psicológica y la base comunicativa del lenguaje; y
   b) Destáquense aquellos aspectos que parecen primordiales en la naturaleza del lenguaje.
3. Adúzcanse dos evidencias concretas —con ejemplos de situaciones reales— que demuestren la importancia de la naturaleza biológica del lenguaje. Proporciónense, asimismo, dos situaciones que justifiquen la relevancia de su naturaleza social.
4. Sobre el siguiente fragmento (extraído del libro de José A. Millán, *Húmeda cavidad seguido de rosas y puerros*, Salamanca, Universidad, 1996, pp. 39 y ss.):

   Existe en medio de nosotros una familia de lenguas que dominan centenares de miles de personas, con un amplísimo vocabulario y una estructura que poco tiene que ver con la nuestra. Son unas lenguas que sorprendentemente se han mantenido al margen de las grandes construcciones de la «cultura»: sin poesía o narrativa explícitas, pero perfectamente adecuadas para la comunicación entre las personas. Y además se trata de un caso único en que lenguas artificiales se han aceptado y han venido evolucionando (ya «naturalmente») desde hace siglos.
   Quienes creen que los sordos se comunican entre sí deletreando trabajosamente nuestros verbos y conjunciones se equivocan por completo. Los sordos trazan en el aire un sistema sígnico equivalente al del chino escrito: ideogramas complejos con reglas de yuxtaposición propias. El lenguaje de los signos comprende en todo el mundo unas cincuenta lenguas ininteligibles entre sí (el gestual norteamericano y el español, por ejemplo) y numerosos dialectos, algunos que coexisten dentro de una misma ciudad. Se trata de un medio de expresión que ha tenido una intrincada evolución histórica (el gestual norteamericano, por ejemplo, desciende del gestual francés, y no del inglés), y que ha incorporado neologismos a medida que los ha ido necesitando (hace años *cassette*, hoy tal vez sida...) Se trata, en suma, de uno de los sistemas de comunicación más apasionantes que se puedan encontrar.

Quienes, hace dos siglos, se plantearon la educación de los hombres privados del sentido del oído, partieron de los sistemas de comunicación en uso entre las minorías de «sordomudos» que sobrevivían de la mendicidad en las grandes ciudades, y crearon un sistema más extenso. Ante su asombro, los niños expuestos al lenguaje de signos lo adquirían con altísima velocidad (a los seis meses ya puede «balbucear» signos un niño sordo), y llegaba a un desarrollo cerebral equivalente al de los oyentes, que les permitía insertarse en un mundo de comunicación pleno, aunque aparte.

Las «palabras» del lenguaje gestual de los sordos se han construido sobre bases muy variadas: la imitación, por supuesto (*cerveza* se signa fingiendo la acción de retirar la espuma sobrante de la cima de un hipotético vaso), pero también el señalamiento: para *Portugal* se marca el perfil de la cara (identificando, pues, la cabeza con la Península). O bellas descripciones visuales: la acción de *irse* se indica haciendo con el pulgar y el índice el gesto de algo que empequeñece al alejarse. No faltan, claro, signos arbitrarios, aunque extrañamente apropiados: el de *divertido*, que yergue los dedos meñiques, y solamente ellos, de ambas manos en un movimiento de agitación.

Que confluyan metáforas verbales y visuales no es nada extraño, como el signo de *depresión* (en sentido anímico) que indica, también, como la palabra oral, algo que se hunde. Hay asimismo metáforas fósiles. En sordo, *ferrocarril* se mima como un penacho de humo que avanza, en la era del Talgo y del TAV.

Con mucho, la más bella introducción al mundo de los sordos es la obra de Oliver Sacks, *Seeing Voices*, Berkeley, University of California Press, 1989 (*Veo una voz*, Madrid, Anaya y Mario Muchnik, 1991).

a) Compruebe la naturaleza social y el carácter biológico en lo que se considera de las lenguas de signos;
b) Reconozca fundamentos simbólicos, culturales y psicológicos según lo que se afirma de esos sistemas;
c) ¿Está de acuerdo con que las lenguas de signos son sistemas «artificiales»?

5. Aduzca motivos y detalles respecto de la carga de significado y de las posibilidades de información eficaz en cada uno de los discursos escritos que a continuación se transcriben textualmente. Subraye elementos sociales y elementos psicológicos que pudieran tener relevancia para explicar las dificultades comunicativas de los fragmentos.

El caballo

Cuando el potro nacé en el establo y había una bolsa que dentro el potro. Pasa mucho rato el potro sabé muy poco andar y yegua ayuda a potro para andar y beber el leche. Pasa mas tiempo el potro ya cambiado el caballo y muy fuerte y tiene color marrón. El caballo come paja como otros el caballo y es muy alto y tiene 1,80 m de altura y tiene 1,02 m de ancho y tiene 3,30 m de largo y corre 80 km por una hora.

La «realidad» física, no menos que la «realidad» social, es en el fondo un constructo social y lingüístico; el conocimiento «científico», lejos de ser objetivo, refleja y codifica las ideologías y las relaciones de poder que lo han producido; las pretensiones de verdad de la ciencia son intrínsecamente autorreferenciales y están cargadas de presupuestos teóricos; en consecuencia, el discurso de la comunidad científica, a pesar de su innegable valor, no puede reclamar un estatuto epistemológico privilegiado con respecto a las narrativas contrahegemónicas que emanan de las comunidades disidentes o marginadas.

De esta manera, el grupo invariante de infinitas dimensiones socava la distinción entre el observador y lo observado; la π de Euclides y la G de Newton, que se habían considerado constantes y universales, ahora se perciben en su ineluctable historicidad; y el presunto observador aparece fatalmente descentrado, desconectado de cualquier vínculo epistémico con un punto espacio-temporal que ya no se puede definir sólo por la geometría.

PRIMERA PARTE

LA LINGÜÍSTICA Y SU MATERIA DE ESTUDIO

Capítulo 2

EL LENGUAJE Y SU NATURALEZA SOCIAL

Una vez introducidos los fundamentos esenciales que sustentan la rica y compleja naturaleza del lenguaje, en este segundo capítulo abordamos la vertiente existencial más inmediata de los hechos lingüísticos. El propósito de servir de «guía» a los no iniciados que mueve la elaboración del Manual está en el origen de abordar el estudio por la faceta más empírica y real, y sin duda consustancial al carácter social y comunicativo de las lenguas, habida cuenta de que «están» y «son» porque se dan interindividualmente, porque su naturaleza es social.

1. Naturaleza social del lenguaje y variedad en las lenguas

Ante los fenómenos lingüísticos reales, heterogéneos pero comunicativos, se hace imprescindible —para justificarlos como existentes primero, y para enfrentarse a su estudio después— reconocer pautas de unidad o estadios de codificación. La «unidad» y la «variedad» de la lengua se convierte en dialéctica esencial para entender que la variabilidad lingüística descansa en la delimitación de unidades relativas: dependiendo de los grupos, de las comunidades, de los individuos, así encontraremos conjuntos diversos de normas comunicativas, codificaciones en mayor o menor grado específicas y particulares. Para aproximarse a este panorama de dispersión y relativismo, los lingüistas han venido proponiendo enfoques y conceptualizaciones respecto de la *variación*, lo que ha servido para, de este modo, elaborar *objetos de estudio*.

En un primer acercamiento a lo unitario, a las pautas compartidas que permiten la comunicación, podemos delinear la noción de *código* como reflejo del conjunto de normas y reglas que posibilitan la construcción de mensajes por parte del emisor (proceso de *codificación*) y su comprensión por parte del receptor (proceso de *decodificación*). Según la extensión y el abarque de las agrupaciones de normas para constituir códigos, nos hallaremos ante códigos *intraidiomáticos* o ante códigos *interidiomáticos*.

Las codificaciones particulares intraidiomáticas tienen un abarque restringido, afectan a grupos y a hablantes (grupos sociales, individuos procedentes de un área geográfica determinada) de manera que entre tales codificaciones es posible la inteligibilidad, y ello porque en la mayoría de los casos los códigos son sólo específicos en alguna de sus partes. Las peculiaridades pueden ser léxicas (pensemos en algún código del español de Sudamérica), fónicas (el código propio del español de Andalucía), gramaticales (los códigos del español en Galicia —con ciertas formas verbales o singularidades en la colocación de pronombres—, o del español de Valladolid —con el uso peculiar de pronombres átonos—), o gramaticales y léxicas (curioso es el código de la lengua de los picapedreros).

Por su lado, cada código idiomático disfruta de un abarque amplio, como corresponde a su manejo por un número considerable de hablantes —quienes, en cada caso, se integran en unas coordenadas étnico-culturales específicas—, de modo que la variación interidiomática no se resuelve mediante códigos parciales intersecccionados en alguna de sus zonas, sino a través de códigos totales, diferentes unos de los otros, lo que, por tanto, no facilita su inteligibilidad. Esta presentación, no obstante, peca de extrema generalidad, ya que el criterio de la intercomprensión no siempre se ajusta en casos de un idioma (como el chino), y, al tiempo, se dan situaciones de idiomas diferentes pero inteligibles entre sí (lenguas nórdicas). Obviamente, hay otras pautas que funcionan en la demarcación interidiomática (véase §2 de este capítulo).

1.1. La variación intraidiomática y sus dimensiones

Sobre la base de esta aproximación inicial a la codificación en las lenguas y entre las lenguas —que es extremadamente rentable en el momento de estudiar la variación intraidiomática e interidiomática en su fenomenología—, los lingüistas han elaborado un patrón, un modelo de «lo unitario y lo variable» en las coordenadas comunicativas, con objeto de deslindar el *núcleo de interés* propio de la Lingüística. Ahora bien, aunque los autores han hecho descansar su visión de la unidad y la variación de las lenguas en su naturaleza social y en el carácter comunicativo —y, por tanto, compartido— de los hechos lingüísticos, sin embargo discrepan a la hora de atribuir propiedades a las reglas, de modo que ni el número ni el estatuto conferido a los códigos ha sido siempre el mismo. Las propuestas de Ferdinand de Saussure, Louis Hjelmslev y Eugenio Coseriu —en la corriente estructural—, y de William Labov y Leslie Milroy —desde planteamientos positivistas— son suficientemente ilustrativas a este respecto.

1.1.1. *Sistemática de la variación y conceptualizaciones estructurales.* Langue y parole. *Sistema, norma y habla*

Con su distinción entre *langue* y *parole*, F. Saussure admite un único nivel codificado, la *lengua*, siendo el *habla* ámbito de variación, heterogeneidad y materialización. Según Saussure (1916, cap. III de «Introducción», 29 y ss.),

> Al separar la lengua del habla *(langue et parole)*, se separa a la vez: 1.º, lo que es social de lo que es individual; 2.º, lo que es esencial de lo que es accesorio y más o menos accidental;

por lo que

> la lengua así delimitada es de naturaleza homogénea: es un sistema de signos en el que sólo es esencial la unión del sentido y de la imagen acústica, y donde las dos partes del signo son igualmente psíquicas.

Dado que la *lengua* representa lo unitario y homogéneo, constituye en términos metodológicos el *objeto* idóneo para ser estudiado y descrito estructuralmente. De esta forma se ha alcanzado un estadio de generalidad y unificación que admite sistematicidad y organización en su constitución y funcionamiento. Metodológicamente, sin duda, se ha elaborado un *objeto de conocimiento* abordable y analizable; pero convendría recapacitar sobre los fundamentos ontológicos en los que se ha hecho descansar la noción de *lengua*. En principio, su soporte empírico se atribuye al *habla*, siendo por tanto ésta la fuente de datos de construcción estructural de la *lengua*. Ahora bien, el carácter individual del *habla* y su variabilidad extrema mantienen una distancia insalvable con una *lengua* sistemática y perfectamente ordenada. El mismo Saussure reconoció este hecho, tratándolo como una paradoja que precisamente se conoce con el nombre de «paradoja saussureana»:

> Hay, pues, interdependencia entre lengua y habla; aquélla es a la vez el instrumento y el producto de ésta. Pero eso no les impide ser dos cosas absolutamente distintas.

La lengua existe en la colectividad en la forma de una serie de acuñaciones depositadas en cada cerebro, más o menos como un diccionario cuyos ejemplares, idénticos, fueran repartidos entre los individuos [...]. Es, pues, algo que está en cada uno de ellos, aunque común a todos y situado fuera de la voluntad de los depositarios. Este modo de existencia de la lengua puede quedar representado por la fórmula:

$$1 + 1 + 1 + 1... = I \text{ (modelo colectivo)}.$$

¿De qué modo está presente el habla en esta misma colectividad? El habla es la suma de todo lo que las gentes dicen, y comprende: *a*) combinaciones individuales, dependientes de la voluntad de los hablantes; *b*) actos de fonación igualmente voluntarios, necesarios para ejecutar tales combinaciones. No hay, pues, nada de colectivo en el habla; sus manifestaciones son individuales y momentáneas. En ella no hay nada más que la suma de los casos particulares según la fórmula:

$$(1 + 1' + 1'' + 1''' ...).$$

Por todas estas razones *sería quimérico reunir en un mismo punto de vista la lengua y el habla* (1916, cap. IV de «Introducción», 35 y ss.; la cursiva es mía).

La solución a este hiato entre el nivel de la realidad (el *habla*) y el nivel del molde unitario que la representa (la *lengua*) pasa ya sea por reconocer distintos estadios de *lengua* (coincidiendo con el relativismo de la noción de *código*) —en cuyo caso iría proporcionando «imágenes» del *habla*—, ya sea por admitir el concepto de *lengua* con validez exclusivamente metodológica (siendo un marco preciso y selecto por su organización sistemática) —en cuyo caso su vinculación ontológica con el *habla* (como su «horma» o su imagen») no tiene razón de ser, dado el grado de abstracción que se le ha atribuido—. Las dos soluciones se hallan delineadas en el *Cours de linguistique générale* de F. de Saussure, y ambas son aprovechadas en sentidos diferentes por E. Coseriu y L. Hjelmslev.[1]

E. Coseriu (1952) opta por la primera vía de solución al integrar en su propuesta diferentes niveles de codificación a partir de la realidad material que manifiesta el *habla*. Con las nociones de *sistema* y *norma*, y sobre todo con la especificación de normas según los factores de uni-

---

1. L. Hjelmslev (1943) enfoca «lo unitario» y «lo variable» en la lengua reconociendo la necesidad de dos teorías —la *teoría de la institución* y la *teoría de la ejecución*—, que aun siendo respectivamente parejas al carácter social y al carácter individual de los hechos comunicativos, no obstante se justifican por motivos metodológicos dado que están integradas por entidades opositivas, que se definen asimismo por ciertos rasgos positivos, y que respetan márgenes de discriminación.

cidad que pesen en cada caso (a saber, el tiempo, el espacio, el estrato social y la situación comunicativa individual), Coseriu ha desarrollado descripciones pormenorizadas de la unidad y variedad de las lenguas, y ha establecido la conjunción y las diferencias entre las bases ontológicas y metodológicas de los conceptos.

Las *normas*, o *variedades* (*temporales, geográficas, sociales* e *individuales*), son códigos («lenguas» en la terminología de Saussure) inmediatos al *habla*. Efectivamente, en cualquier circunstancia comunicativa se muestra siempre sobresaliendo una *norma* específica (sea la *estándar*, sea una norma *geográfica*, o sea una norma *de grupo*), imprescindible para que se dé la actividad verbal: siempre que hablamos lo hacemos en una variedad (o variedades) que primamos por diferentes motivos (procedencia, interacción, formalidad), así que el nivel de unidad representado por la *norma* (o *normas*) se extrae directamente del *habla*. Las *normas* no son sino generalizaciones, establecidas primero a partir del *habla* y posteriormente clasificadas a partir de las coordenadas que envuelven los hechos lingüísticos como hechos sociales que son. Pero este panorama ordenado de la realidad empírica que la *norma* (*temporal, espacial, social* o *situacional*) refleja se puede describir en lo que son sus características internas desde diferentes prismas y mediante procedimientos variados. Como es natural, las herramientas de Coseriu responden al enfoque estructural, mientras que en otros casos —como veremos— se han cultivado descripciones de corte cuantitativo y sociolingüístico.

La aproximación estructural exige la adopción de perspectivas metodológicas que centren «lo unitario», de modo que los conceptos de *sincronía, sintopía, sinstratía* y *sinfasía* se constituyen en ejes de la descripción. Tales moldes analíticos resaltan la abstracción de cada uno de los factores que provocan la variabilidad (como si el tiempo, el espacio, el estrato social o la situación comunicativa no incidieran en los hechos lingüísticos), permitiendo así el estudio ordenado y sistemático no sólo de la unidad sino también de la diversidad. De la confrontación de *sincronías* se obtiene una descripción *diacrónica*, el contraste de *sintopías* dibuja un panorama *diatópico*, las diferentes *sinstratías* perfilan la variación *diastrática*, y las *sinfasías* trazan en sus divergencias líneas de variación *diafásica*. Conviene no olvidar que el planteamiento y los útiles son estructurales, lo que quiere decir que la *norma* se describe en lo que ofrece de sistemático y opositivo (no se agota, pues, el análisis del código factual) desde cierto nivel de abstracción. El concepto de *norma espacial* no equivale, pues, al de *sintopía*, en el mismo sentido en que la *lengua* de Saussure no puede corresponderse con la *sincronía*. Las reflexiones de E. Coseriu (1957) resultan en esta cuestión concluyentes:

La lengua no es «por su naturaleza» sincrónica, ni diacrónica, pues no se trata de dos modos de ser contradictorios, ni hay objetos sincrónicos y objetos diacrónicos (1957, 49);

o, con otras palabras,

la descripción y la historia no son excluyentes desde el punto de vista del objeto; son excluyentes *como operaciones*, es decir que son *operaciones distintas* (Coseriu, 1957, 27);

y es que la *sincronía* (como la *diacronía, sintopía, sinstratía, diafasía*, etcétera) son perspectivas metodológicas, no características ontológicas, y así no pertenecen a la

teoría del lenguaje (o de la lengua) sino a la *teoría de la lingüística* (1957, 27).

En definitiva, la *norma* coseriana y la *langue* saussureana son nociones que quieren reflejar («dar una imagen de») lo que de unidad hay en la realidad, mientras que *sintopía* y *sincronía* son elaboraciones metodológicas que proveen descripciones estructurales (cfr. M. Fernández Pérez, 1997). La *norma geográfica* del español de Andalucía permite su análisis mediante la recogida de formas características, cuya distribución se traslada, posteriormente, a un mapa; y es posible, asimismo, la descripción de dicha norma configurando su *sintopía* —con los aspectos opositivos y funcionales propios— en contraste, por ejemplo, con la *sintopía* de la norma estándar, o de la norma del español de Asturias. La *norma temporal* del español medieval puede describirse configurando la *sincronía* correspondiente —con los elementos opositivos que integren su sistema—, o bien puede analizarse recopilando datos que se cuantifican e interpretan según figuren en obras de poesía, de ensayo, o en documentos.

Además de reconocer el nivel de codificación correspondiente a la *norma*, Coseriu incluye asimismo un estadio de codificación genérico representado en la noción de *sistema*. Y al igual que sucedía con el concepto saussureano de *langue*, también el de *sistema* resulta poco preciso y débilmente conectado a la realidad. En ocasiones, Coseriu le otorga carácter potencial, como si representara «lo genuino» y la «creatividad» de la lengua,[2] otras veces le atribuye carácter metodológico, estructural, ya que incluye sólo lo opositivo: dice Coseriu (1952, 96) que

---

2. Señala Coseriu (1952, 98) que: «El *sistema* es sistema de posibilidades, de coordenadas que indican caminos abiertos y caminos cerrados: puede considerarse como conjunto de "imposiciones", pero también, y quizá mejor, como *conjunto de libertades*, puesto que admite infinitas realizaciones y sólo exige que no afecten las condiciones funcionales del instrumento lingüístico: más bien que "imperativa", su índole es consultiva.»

el *sistema* [...] contiene sólo lo que en la *norma* es forma indispensable, oposición funcional, habiéndose eliminado por la nueva operación abstractiva todo lo que en la norma es simple costumbre, simple tradición constante, elemento común en todo el hablar de la comunidad considerada, pero sin valor funcional [...]. Es decir, que, al pasar de la norma al sistema, se elimina todo lo que es «variante facultativa» normal o «variante combinatoria», conservándose sólo lo que es «funcionalmente pertinente».

Y sólo en contadas ocasiones contempla el *sistema* como resultado de interseccionar *normas*. Es precisamente al adoptar perspectiva metodológica cuando Coseriu llega a reflejar el *sistema* como resultado de interseccionar *normas*. El diagrama que propone para integrar las variantes del fonema /o/ es ciertamente ilustrativo:

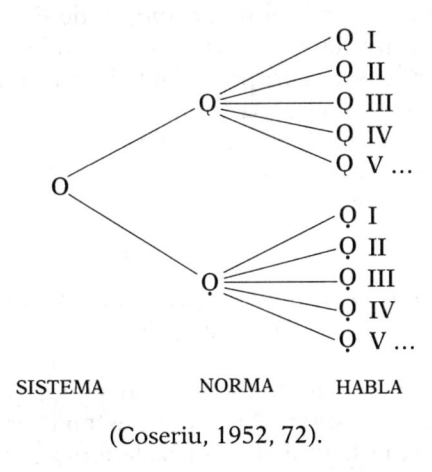

$$
\text{O} \begin{cases} \text{Q} \begin{cases} \text{Q I} \\ \text{Q II} \\ \text{Q III} \\ \text{Q IV} \\ \text{Q V} \ldots \end{cases} \\ \text{Q} \begin{cases} \text{Q I} \\ \text{Q II} \\ \text{Q III} \\ \text{Q IV} \\ \text{Q V} \ldots \end{cases} \end{cases}
$$

SISTEMA   NORMA   HABLA

(Coseriu, 1952, 72).

Quizás hayan sido las ambigüedades y malentendidos derivados de la noción de *sistema* los que han llevado al autor a introducir, en su lugar, los conceptos de *diasistema*, y *lengua funcional*, con interés exclusivamente metodológico y perfectamente imbricados en las perspectivas sincrónica, sintópica, sinstrática y sinfásica mencionadas. Así, considera que

> una lengua histórica no es nunca un solo sistema lingüístico, sino un *diasistema*, un conjunto más o menos complejo de «dialectos», «niveles» y «estilos de lengua» [...] Y hagamos notar que, normalmente, cada uno de estos sistemas es (más o menos) homogéneo desde un solo punto de vista (Coseriu, 1973, 306);

la descripción estructural ha de traslucir la multiplicidad de sistemas que conforman una lengua histórica, razón por la que ha de operarse con la noción de *lengua funcional*, es decir, se muestran cuerpos homogéneos y con valor funcional en el hablar:

> El objeto propio de la descripción lingüística entendida como descripción estructural y funcional es, precisamente, la «lengua funcional» —repitámoslo: un solo «dialecto», considerado en un «nivel» determinado y en un «estilo de lengua» determinado—, puesto que sólo en el ámbito de la lengua, y no en toda una lengua histórica, valen de manera no ambigua las oposiciones, estructuras y funciones que se comprueban en una tradición idiomática, así como sus conexiones sistemáticas (Coseriu, 1973, 308-309).

En síntesis, los planteamientos estructurales han permitido afrontar el estudio y la comprensión de la variación en las lenguas no sólo a través de conceptos —como el de *norma*, el de *dialecto* o el de *variedad*— que reflejan niveles y criterios de codificación distintos, sino también por los análisis que proporcionan de lo unitario en los códigos y de lo heterogéneo si aquéllos se comparan, objetivo que se logra desde los enfoques *sincrónico*, *sintópico*, *sinstrático*, *sinfásico* (reunidos en la noción de *lengua funcional*) y *diacrónico*, *diatópico*, *diastrático* y *diafásico*, respectivamente.

1.1.2. *Sistemática de la variación y generalizaciones positivistas. Correlaciones y redes sociolingüísticas*

Así como desde la corriente estructural se han propuesto modelos de conceptualización y abstracción para establecer objetos unitarios que permitan describir la variedad en las lenguas, también desde otros planteamientos se ha encarado el estudio de la cuestión. Los desarrollos relativamente recientes de la *Sociolingüística*, de la *Etnografía de la comunicación*, de la *Tipología lingüística* o de la *Pragmática* vienen siendo cruciales para adoptar nuevos enfoques y aproximaciones a la unidad y variedad de las lenguas. Y ya no tanto en la línea de elaborar un patrón teórico que refleje lo que sucede en las lenguas en general, sino más bien con el propósito de dar cabida a todas las vertientes (también externas) de variación y unidad. La cercanía de estas conceptualizaciones con los hechos reales está en cierta medida asegurada.

Los enfoques sociolingüísticos, sea en la versión norteamericana de William Labov —con centro en la *comunidad* como eje de variación— o sea en la versión británica de Leslie Milroy y James Milroy —con centro en los *individuos participando en redes socio-comunicativas*—, han atendido a la variación intralingüística, haciendo girar sus intereses alrededor de factores sociales correlacionados con usos lingüísticos determinados. Su propósito es describir la *variación sociolingüística* antes que proponer teoría y abstracciones acerca de la unidad y variedad en las lenguas. De ahí que el interés estribe sobre todo en los procedimientos, herramientas y técnicas de rastreo de datos y de análisis y descripción. No obstante, la sistematización de factores sociales parejos a ciertos elementos lingüísticos ha de darse en algún marco y ha de representarse técnicamente de algún modo; así surgen nociones como *comunidad de habla, sociolecto* y *variable, red sociocomunicativa, competencia comunicativa*, o *repertorio lingüístico*.

Ante la realidad de usos lingüísticos variados, el prisma sociolingüístico defiende la existencia de *comunidades de habla* justificadas por los principios, acuerdos y creencias compartidos por sus integrantes, lo que explica la aparición sistemática de ciertas características lingüísticas asociadas precisamente a los factores sociales (y sociológicos) propios de la *comunidad*. De modo que los conceptos de *comunidad de habla, comunidad lingüística* y *comunidad idiomática* se sustentan en criterios no sólo sociales sino también lingüísticos (cfr. J. Gumperz, 1971, 101 y ss.; H. López Morales, 1979, 47 y ss.): no basta con acuerdos y cooperación a nivel social, antes bien resulta imprescindible compartir peculiaridades lingüísticas. Según A. Svejcer (1986, 64),

> the concept of a language or speech community should be applied not to any social group but only to one which may be characterized by a certain aggregate of linguistic features.

La diferencia entre *comunidad de habla* y *comunidad lingüística* estriba en que

> a *language community* may be defined as a totality of socially interacting individuals who reveal a certain identity of linguistic features and a *speech community* as a group, differing of others not in the inventory of linguistic units but in their use in speech (Svejcer, 1986, 65).

Las *normas* de cada comunidad ligadas a parámetros sociales constituyen un *sociolecto*,[3] con *variables lingüísticas* y *variables sociales* correlacionadas. Por ejemplo, podemos encontrarnos ante una *comunidad de habla* cuyos usos lingüísticos manifiesten un *sociolecto* específico caracterizado por la variable lingüística [-s] (con sus variantes

---

3. El *sociolecto* se ha interpretado en diferentes sentidos en el campo de la Sociolingüística (cfr. F. García Marcos, 1993, 20). De entrada, y si nos limitamos a la carga representacional, el *sociolecto* equivale a la *norma (sociolingüística)*, pero en lo que concierne a su formulación en el marco de las escuelas su carácter no es coincidente: la base cuantitativa del *sociolecto* no figura en la *norma* (cfr. M. Fernández Pérez, 1997, 164).

[-s]/[-h]/[-0]) correlacionada con variables sociales como sexo (con sus dos variantes), edad (con tramos como los siguientes: 14-30 años/ 30-45/más de 45), procedencia (urbana/rural/costera), situación comunicativa (formal/informal); y de cuyos resultados de correspondencia (en términos estadísticos) podemos obtener interpretaciones relativas a que la variante [-s], asociada a situaciones formales y en individuos de más de 45 años, tiende a desaparecer, puesto que las otras dos variantes figuran como exclusivas en cualquier situación comunicativa por parte de hablantes de ambos sexos en edades inferiores a 45 años.

Lo prioritario en las sistematizaciones sociolingüísticas radica en los procedimientos estadísticos manejados, ya que la relevancia y la fiabilidad de las descripciones y de las interpretaciones posteriores se debe a los datos manejados, a su representatividad y a su significación al entrecruzar variables lingüísticas y variables sociales. Es por ello que en las investigaciones sociolingüísticas suele llevarse a cabo un sondeo previo (o «estudio exploratorio», cfr. F. Moreno Fernández, 1990, §2.1.4) que asegure el interés de los fenómenos que se quieren analizar. Pero además de las técnicas de recogida de datos, de clasificación y de cuantificación estadística —que garantizan resultados aceptables sobre la sistemacidad de la variación lingüística y ciertos parámetros sociales—, desde el enfoque sociolingüístico se han planteado asimismo problemas de concepción de la variación, si descansa en la *comunidad* o si ha de atribuirse al *individuo*. Lo que para Saussure constituía una paradoja, se resuelve desde la óptica sociolingüística centrando la variación en el *individuo* que participa en diferentes *redes sociocomunicativas*, disponiendo para ello de una *gramática polilectal*, o, lo que es lo mismo, siendo su *competencia comunicativa* amplia.

La visión laboviana de la variación reconocía los usos lingüísticos ligados a las comunidades de habla, de manera que los individuos se caracterizaban lingüísticamente desde su pertenencia a una determinada comunidad. Esta concepción de servidumbre unilateral y exclusiva de los hablantes respecto de su comunidad de habla no se corresponde con el dinamismo lingüístico real, y puede además conducir a lecturas de 'subordinación' e incardinación inamovible de los individuos a un grupo que se convierte así en gueto. Efectivamente, la visión de los usos lingüísticos a partir de únicamente la comunidad ha llevado de hecho a una interpretación 'esclava' y muchas veces 'fatalista' del habla de los individuos: si un hablante pertenece a una comunidad de habla desprestigiada, va a estar limitado y sujeto a las taras de los usos manejados; por el contrario, si un hablante pertenece a una comunidad de habla de prestigio, disfrutará de las ventajas y posibilidades de esa situación. La distinción entre *código restringido* y *código elaborado* propuesta por Basil Bernstein (cfr. Bernstein, 1966) se ha entendido en ocasiones en ese sentido 'determinista' e 'inevitable', al proyectar sobre los individuos lo que son características de la comunidad, y como si los hablantes hubieran de ubicarse definitiva y exclusivamente en una clase, en un grupo, en una comunidad.

Como reacción y complemento de la variación sociolingüística concebida alrededor de la comunidad de habla surge el acercamiento a los usos lingüísticos individuales, variables según la participación de los hablantes en diversas redes sociales y comunicativas. De modo que la variación no se sistematiza en el seno de comunidades, sino que se organiza desde los individuos y sus *redes* de interacción. El objeto de interés lo constituyen, pues, las retículas definitorias de los cauces de relación socio-comunicativa de los hablantes, y que, según su densidad (por el carácter de los vínculos) y su multiplicidad (por el número de conexiones), serán indicadoras de la orientación y estatuto de los usos lingüísticos. Así, según los vínculos sean unilaterales o sean plurales entre los individuos integrados en la red, hallaremos diferentes grados de densidad en las posibilidades de interrelación; y según los cauces de conexión e interacción sean escasos o sean numerosos, encontraremos redes con diferente nivel de multiplicidad. Con palabras de Jack Chambers (1995, 71):

> The number of the connections is the network density. Geographers first observed the significance of network density, the number of actual connections between members (or places) as a proportion of the maximum number that could exist [...]. The content of those connetions is the network multiplexity. Sociologists observed that the number of interconnections was no more important than their quality, what they called [...] their multiplexity, as in the distinction between nodding acquaintants and brothers, work-mates, team-mates, and other kinds of intimate relations.

Las ilustraciones extraídas de J. Chambers (1995, 72-73), y que se ofrecen en la figura 2.1, resultan indicadoras de la importancia de la densidad y la multiplicidad de las redes a la hora de interpretar la variación lingüística e incluso el cambio. En efecto, redes densas y múltiples reflejan vínculos sólidos que garantizan el mantenimiento de los usos lingüísticos. Por el contrario, las redes con bajo nivel de densidad o de multiplicidad están plasmando la escasa cohesión entre los miembros (que muy problemente participen de otras muchas redes) y son indicadoras de dispersión y cambio en los usos lingüísticos.

Los resultados de las investigaciones llevadas a cabo por Leslie Milroy en la ciudad de Belfast constituyen la plasmación idónea del valor metodológico de las *redes*. Así, teniendo en cuenta el grado de implica-

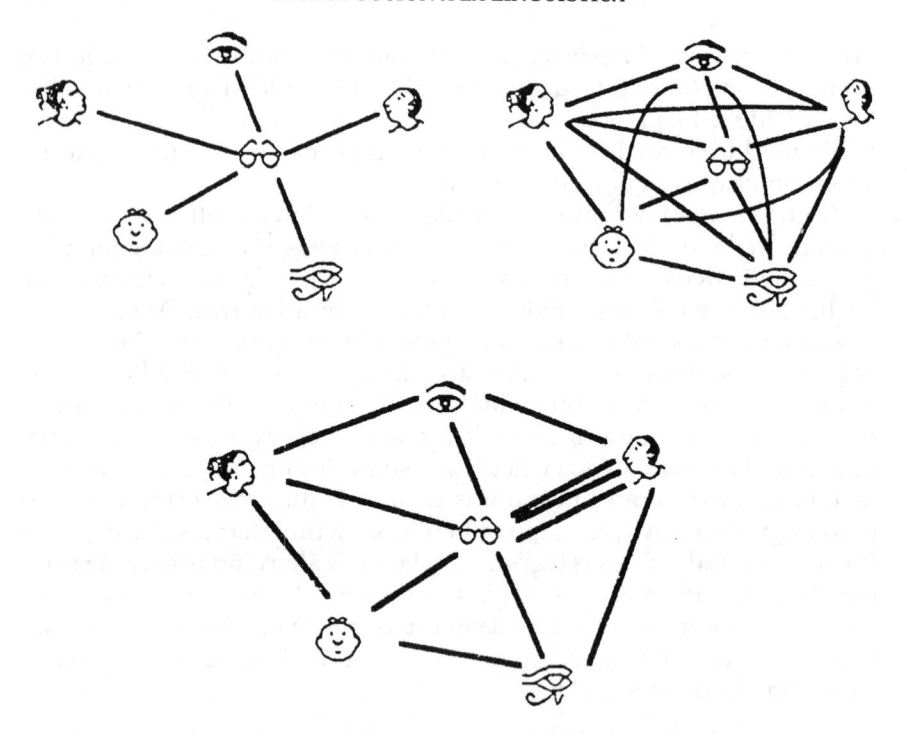

FIG. 2.1. *Redes socio-comunicativas. Densidad y multiplicidad*
(tomado de J. Chambers, 1995).

ción de los individuos en sus hábitos sociales a partir de parámetros como «relaciones de parentesco en la comunidad», «relaciones en el trabajo con convecinos», «relaciones en el trabajo con individuos del mismo sexo», «actividades regulares de recreo» o «relación con compañeros de trabajo en los ratos de ocio», ha llegado a explicaciones sobre los usos lingüísticos, distintos en mujeres y en hombres en la zona de Ballymacarret (cfr. L. Milroy, 1980, 70 y ss.). La densidad de las redes sociales en las que se mueven los hombres,[4] frente a la diversidad y amplitud de relaciones de las mujeres —que trabajan fuera del barrio—, hace que las formas lingüísticas más locales y vernáculas correspondan a los hombres, ya que las mujeres —al participar de redes abiertas— se acomodan a las formas más estándares. Suzanne Romaine justifica sintéticamente esta situación del modo siguiente:

---

4. «If the boys strayed outside territorial boundaries, they tended to become involved in fights with other corner groups; sometimes indeed they went beyond their area of three or four streets exactly for that reason» (L. Milroy, 1980, 80).

Las redes en que los individuos interactúan localmente dentro de un territorio bien definido y cuyos miembros están ligados entre sí por diversas facetas (parentesco, vecindad, trabajo, etc.) suponen una poderosa influencia en el mantenimiento de las normas locales. Si tales redes se rompen, la gente se abre más a la influencia del habla estándar. Los hablantes usan sus variedades locales para afirmar la identidad del grupo y su lealtad a él (Romaine, 1994, 105).

1.2. LA VARIACIÓN INTRAIDIOMÁTICA Y SUS VERTIENTES EXTERNAS

Al lado de las conceptualizaciones estructurales sobre la variación en general, y junto a las sistematizaciones estadísticas de la variación sociolingüística, la *variación lingüística intraidiomática* se ha enfocado asimismo desde un prisma descriptivo que resalta aquellos factores «más externos» implicados en la diversidad de usos en las lenguas, esto es, elementos como el 'tiempo', el 'espacio' o la 'situación', «exteriores» sólo relativamente y teniendo en cuenta que el factor social está indisolublemente ligado a los hechos de lengua. Claro que convendría discutir el carácter primigenio, interno, imprescindible, del ingrediente temporal;[5] pero permítasenos no entrar ahora en el tema y aceptar el argumento sociolingüístico de que la variación y el cambio es 'social' primero y temporal después; dicho de otro modo, que el factor 'tiempo' sólo tiene relevancia si hay variación, si hay cambio —que por definición ha de mostrarse 'socialmente' (cfr. U. Weinreich, W. Labov y M. Herzog, 1968)—.

Para representar la codificación, la unidad, en coordenadas de variación geográfica dentro de un idioma, vienen manejándose conceptos como *dialecto* y *geolecto* —lo que Coseriu denominaba *norma espacial*—, cuyo estudio y descripción se ha conducido por derroteros metodológicos variados.

La noción de *dialecto* (dejando a un lado el significado peyorativo que en ocasiones se le ha atribuido)[6] surgió vinculada a la variación espacial. La extraordinaria lucidez del lingüista americano Charles F. Hockett se trasluce en su insistencia sobre la necesidad de observar y representar la variedad fenoménica del lenguaje. En su opinión, el habla de una comunidad no es observable a no ser como colección de

---

5. El excelente trabajo de Francisco Moreno Fernández (1992) proporciona argumentos sólidos y, en cierto modo, concluyentes respecto de esta cuestión.
6. La visión despreciativa del «dialecto» como código que no alcanza el rango de «lengua» ya no es, afortunadamente, habitual cuando se tratan estos temas. En la reivindicación del respeto por las variedades, por los dialectos, con la ubicación en ese mismo conjunto del «dialecto estándar», ha tenido importancia capital el enfoque sociolingüístico.

idiolectos, siendo el *idiolecto* «the totality of speech habits of a single person at a given time» (Hockett, 1958, 321), y teniendo en cuenta que

> We cannot observe the *habits* of a single individual: all that is directly observable is the speaking *behavior* of individuals (*op. cit.*, 322).

El *idiolecto* es, pues, la base, el punto de partida, para establecer en diferentes niveles de unicidad códigos resultantes de interseccionar diversos idiolectos. De modo que «A *language*, as just asserted, is a collection of more or less similar idiolects» (*op. cit.*, 322), y un *dialecto* no es sino un código en cuya constitución intervienen idiolectos altamente coincidentes:

> A *dialect* is just the same thing, with this difference: when both terms are used in a single discussion, the degree of similarity of the idiolects in a single dialect is presumed to be greater than that of all the idiolects in the language (*op. cit.*, 322).

Ciertamente, si nos atenemos a lo que transparenta en su etimología *dia*, 'a través de', *lecto*, 'modo de hablar', la etiqueta puede denotar intersecciones de normas de diferente carácter, de ahí que en los trabajos más recientes aparezca acompañado de alguna especificación (*dialecto* 'geográfico', 'social', 'temporal', 'individual') que indique su situación y permita aislarlo. Sin calificativo, la noción es neutra y genérica, equivale a *variedad*, a *norma*. Es por ello que parece recomendable su manejo fuera de escuelas y corrientes, antes de entrar en conceptos marcados por su asociación con metodologías concretas (cfr. M. Fernández Pérez, 1997). Esto explica que en estos últimos años haya empezado a reemplazarse su sentido de *variedad geográfica* por la más explícita noción de *geolecto*.

Sea como fuere, los conceptos aludidos reflejan unidades de codificación lingüística (intraidiomática) en el espacio, dan «imagen» de lo unitario en la realidad heterogénea de los usos lingüísticos según las coordenadas geográficas; ahora bien, los métodos manejados para describir el interior de esos códigos, o para analizar sistemáticamente la variación intraidiomática en el espacio, son diversos. Las técnicas estructurales —que priman los elementos y los rasgos por 'ser diferentes' y opositivos— orientan la perspectiva *sintópica* y el posterior contraste *diatópico*, de manera que donde la norma andaluza ofrece un subsistema sintópico tal que o bien funciona /s/ (variante de «seseo»), o bien funciona /θ/ (variante de «ceceo»), el dialecto estándar integra las dos unidades como opositivas, /s/ como palatal y /θ/ como dental: de esta confrontación estructural se obtiene el trazado *diatópico*, que en el caso particular de nuestra ilustración pone de relieve los estrechos márgenes de discriminación entre las dos unidades. Por su parte, las técnicas estadísticas y topográficas —propias de, por ejemplo, la aproximación geográfico-social de Peter Trudgill (cfr. Trudgill, 1983)— permiten la distribución ponderada de características lingüísticas en áreas espaciales, cuya descripción se facilita mediante mapas (véase la figura 2.2). Por fin, los procedimientos integradores del acercamiento

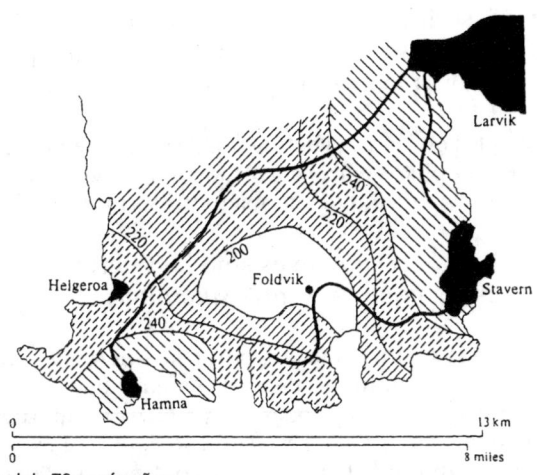

Hablantes de edad de 70 o más años
Variantes de pronunciación de [æ] en Brunlanes (Sur de Noruega)

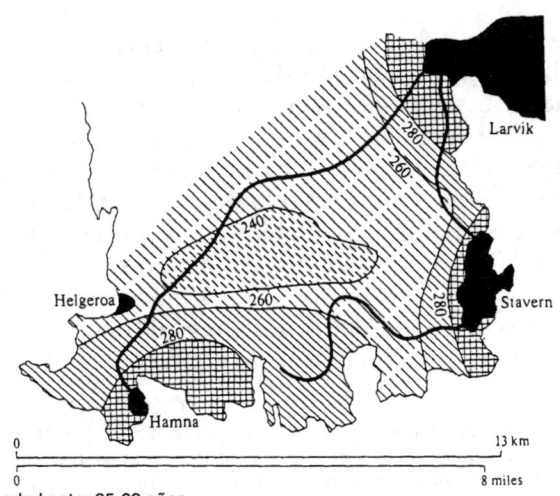

Hablantes de edad entre 25-69 años
Variantes de pronunciación de [æ] en Brunlanes (Sur de Noruega)

FIG. 2.2. *Representaciones geolingüísticas* (en P. Trudgill, 1983).

geolingüístico más reciente combinan la estadística, la valoración de factores de «geografía humana» (ingredientes económicos, políticos, sociológicos), y perspectivas generales de comportamiento y evolución de grupos sociales y de usos lingüísticos.[7]

En cuanto a la variación lingüística ligada a factores temporales, las codificaciones se han representado sobre todo mediante conceptos que tienen sus raíces en la corriente estructural. Las nociones de *estado de lengua*, *sincronía* y *diacronía* exigen abstracción y sistemática estructural para describir el interior de las *normas temporales*. Según E. Coseriu (1957, 18), sólo la perspectiva *sincrónica* permite estudiar un estado de lengua «ideal» («proyectado», «descrito»):

> No hay que confundir la definición de un concepto *(teoría)* con la descripción de los objetos que le corresponden, y menos aún con la descripción de *un solo momento* de un objeto (Coseriu, 1957, 26);

como es natural, la *diacronía* no es sino la descripción de la variación temporal a través del contraste entre *sincronías*:

> La diacronía [...] no puede ignorar la sincronía —mejor dicho, las «sincronías»: los infinitos «estados de lengua» que se ordenan a lo largo del llamado «eje de las sucesiones»—, y ello, no porque dependa de la sincronía como tal, sino porque, en este caso, ignorar la sincronía significa, precisamente, ignorar la lengua que se continúa en el tiempo: estar fuera del objeto (Coseriu, 1957, 280).

A pesar de la raigambre estructural —y casi exclusiva— del análisis de la diversidad lingüística en coordenadas temporales, sin embargo la progresión de investigaciones sobre variación sociolingüística —que ha proporcionado bases para trazar tendencias de evolución de usos y cambio efectivo en las lenguas— ha promovido un enfoque relativamente novedoso en el estudio y en la descripción de la variación lingüística a través del tiempo. Si el objetivo sociolingüístico es comprobar la variación y el cambio *real* ligado a factores sociales, desde ahí se habrán de proyectar los correspondientes parámetros en los usos lingüísticos de otros períodos, de manera que, al final, los cambios no se explican y describen sólo internamente (como era lo propio de la pers-

---

7. Desde estos presupuestos, el prisma geolingüístico se hace transversal a las variaciones intraidiomáticas que se observan en las distintas lenguas. La variación geográfica tiene interés por cuanto se dan constantes de uso y actitudes lingüísticas en los diversos grupos (justificados por criterios de 'geografía humana': comunidades 'urbanas', 'rurales', 'industriales', 'inmigrantes'), independientemente de la lengua que se estudie. Estamos, pues, ante una *Geolingüística general* según el diseño de especialistas como Colin Williams (1988) y Roland Breton (1991).

pectiva estructural), sino que sobre todo se justifican socialmente por los factores contextuales que los envuelven. Es la óptica *socio-histórica* que ha dado cabida a la denominada «historia externa» en el marco de la *Lingüística histórica*. Desde esta perspectiva, no se trata tanto de negar la importancia de los datos históricos internos,[8] como de considerarlos junto a factores sociales y estilísticos (o situacionales) que permitan una visión más completa del cambio lingüístico; y ello porque la sistemática de tales elementos permitirá reconocer similitudes y diferencias en los efectos condicionantes según las épocas, las variedades, o los hablantes (cfr. S. Romaine, 1982, 200 y ss.), lo que redundará en beneficio de una concepción integral del cambio en las lenguas. Sin duda, el mérito de la *Lingüística socio-histórica* no está en las técnicas estadísticas manejadas —como atinadamente señalaba S. Romaine en su trabajo de 1981— sino en el prisma integrador que exige para aunar elementos lingüísticos y extralingüísticos (cfr. M. Fernández Pérez, 1993, §2.3).

2. **La variación interidiomática y su vertiente comunicativo-sociolingüística**

La diferenciación interidiomática ha resultado ser —al menos, en apariencia— la más sencilla e inmediatamente aprehensible y reconocida: se delimitan *unidades idiomáticas* distintas cuando sus códigos también lo son, de modo que no permiten la inteligibilidad entre los hablantes. Pero esta situación virtual —con límites bien determinados y nítidos entre las lenguas por razón de «distancia» entre sus códigos— no siempre se plasma a través de idiomas «ideales» en la realidad de los hechos. Hay que tener en cuenta, en primer lugar, los códigos «fronterizos» o «mixtos» en muchas zonas de transición entre dos idiomas (por ejemplo, entre el español y el portugués en el noreste de Paraguay, lindando con el Brasil). En segundo lugar, hay códigos que no son en su totalidad divergentes —tanto que posibilitan la intercomprensión de los hablantes— y que, sin embargo, han venido considerándose *lenguas* distintas (la ilustración más clara la proporcionan las lenguas es-

---

[8] S. Romaine (1982, 122) defiende —frente a la opinión de Labov de negar valor a los datos históricos tomados de textos escritos— la relevancia de tales datos por cuanto pueden reflejar usos reales de la lengua:
   «Although historical data, of course, may be fragmentary and hence bad in the sense of incomplete, the only way in which thay can be bad in the other sense intended by Labov is by invidious or inappropriate comparison with the spoken language. Historical data can be valid in their own right (as can other instances of the written language) regardless of the extent to which they reflect or are removed from the productions of native speakers.»

candinavas, sueco, danés y noruego). Hay, en fin, ocasiones en las que se reconoce una lengua aun cuando los códigos que funcionan en su interior impiden la inteligibilidad (las variedades de chino mandarín y de chino cantonés no permiten la intercomprensión, si bien se reconoce una lengua, el chino, justificada en la vertiente escrita común); y hasta ocasiones en las que se perfilan y *elaboran* códigos y usos con miras a convertirlos en *lenguas* (es el caso paradigmático del noruego).

Como es natural, en el diseño del escaparate interlingüístico formado por la realidad idiomática constatada en el mundo intervienen factores sociológicos, políticos, educativos, antropológicos, indisolublemente ligados a los hechos comunicativos, y que han tenido su incidencia a través de la historia, que están pesando de modo relevante en el presente y que asimismo orientarán el futuro de tales códigos. Dichos factores alcanzan a cuántos hablan y a cómo hablan, pero también a cuál es la actitud ante la lengua y cuál el propósito con los actos de comunicación en diferentes funciones.

2.1. Los conceptos de *lengua por distancia* y *lengua por elaboración*

La ininteligibilidad, el número de hablantes, la tradición, o la producción literaria han sido elementos de demarcación de lenguas desde una perspectiva histórica. Este criterio ha servido para reconocer como lenguas (según la noción de *lengua simple* de Ulrich Ammon, 1987) el español, el italiano, o el catalán dentro del grupo de las lenguas románicas. Pero, además, las lenguas pueden definirse —independientemente de su tradición o de su literatura— por las variedades que las integran (es lo que U. Ammon denomina *lengua por agregación*). Precisamente, la atención prestada a las variedades con objeto de precisar una lengua, viene planteando una serie de cuestiones e interrogantes que es necesario solventar para determinar con rigor el carácter de *lengua* (= *idioma*) atribuido a un código.

En primer lugar está el problema de qué variedades definen y dan estatuto a la *lengua*. Sin duda, han de ser mutuamente inteligibles, pero pueden serlo sólo en la vertiente escrita —es el caso del chino, con variedades orales ininteligibles entre sí—, o sólo en la vertiente oral —lo que ocurre con el serbo-croata, con escritura cirílica (en las variedades serbias) y escritura latina (en las variedades croatas); o lo que sucede con el hindi-urdú, con escritura devangari (en las variedades hindis) y escritura persa (en las variedades urdús)—. Por otra parte, y en conexión con la exigencia de inteligibilidad entre las variedades, está la necesidad de ponderar y controlar la *distancia* entre éstas. De ahí la importancia de reconocer una *variedad estándar* que acorte distancias y posibles diferencias irrecuperables entre variedades; así se interpreta la situación del inglés con sus variedades en Australia, Estados Unidos e India: son variedades lingüísticas que por su tendencia hacia el estándar permiten seguir hablando de la misma *comunidad idiomática*; o la situación del español con sus variedades en diferentes *comunidades lingüísticas* que por su tendencia al estándar facilitan el reconocimiento de una misma *comunidad idiomática*.

En segundo lugar está la cuestión del reconocimiento de la variedad estándar y de las demás variedades para conferir solidez al *idioma*, a la *lengua*. En los casos prototípicos de lenguas maduras, con estándares fuertes asumidos, nos hallamos ante *lenguas por distancia* (*Abstand*, en la terminología de H. Kloss, 1967), perfectamente diferenciadas unas de otras;[9] pero en casos de lenguas no estandarizadas, con variedades diversificadas y en las que el criterio de la distancia no funciona (sea porque no hay variedad estándar o porque las variedades no están nítidamente deslindadas de otras ni asumidas como propias), resulta imprescindible el proceso de *elaboración*. Una *lengua por elaboración* (*Ausbau*, en la nomenclatura de H. Kloss, 1967), además de servir de símbolo de identidad a los hablantes, les facilita su comunicación reglada una vez organizadas y normalizadas las variedades en sus usos y funciones. Ammon (1987, 326) considera que las variedades, que se asumen como «lengua» después de un proceso de «elaboración», deben verse

> as a result of standardization, or more precisely: as a result of developing their own standard variety in each instance;

precisamente, el proceso de conformación del noruego —que con frecuencia se toma como paradigmático— manifiesta estadios de selección y elaboración del estándar que han hecho posible su estatuto de *idioma*, de *lengua*. En efecto, la variedad elegida, el *Nynorsk*, reúne condiciones para distanciarse del danés (de ahí que se la primase frente al *Bokmål*, variedad en principio más extendida) y convertirse en símbolo de identidad y vehículo de comunicación de los noruegos (cfr.

---

9. Claro que la *distancia* —medida por la orientación hacia el estándar o estándares— puede reducirse por motivos económicos y comunicativos, lo que evidentemente se da en el caso del inglés o del español, cuyas variedades no pierden de vista el patrón estándar. Pero esto mismo explica también en el caso del gallego las propuestas 'lusistas' cercanas al portugués: se trata de disminuir la *distancia* para ganar potencialidad comunicativa entre un mayor número de hablantes, y de ahí la prevalencia de un único estándar para gallego y portugués. Y a la inversa, la *distancia* puede incrementarse por razones simbólicas o de individualización (algunas propuestas de normativización del gallego respecto del portugués y del español pueden interpretarse en esta línea).

E. Haugen, 1966). Por otra parte, esta situación de elaboración de estándares en distintos contextos de variedades manejadas, con miras a convertirlos en símbolos de identidad y a reconocerlos incluso como lenguas, se ha dado con el checo y el eslovaco; y está dándose con las dos variedades del alemán, y con variedades del italiano y del francés en zonas como el Valle de Aosta, el Alto Adige, o Suiza (cfr. G. Berruto, 1989). Sin duda, toda lengua resultado de un proceso *Ausbau* puede —y debe— convertirse en lengua *Abstand*.

El componente sociológico —que tiene que ver con las actitudes, con las creencias y con el comportamiento de los hablantes respecto de las variedades y las lenguas— se vuelve, pues, crucial a la hora de usar, mantener y conferir rango a los códigos (sean variedades o sean lenguas). Como hemos señalado, es la comunidad étnico-cultural la que parece precisar una lengua por elaboración y son los hablantes los que hacen que el proceso culmine o fracase. Pero también respecto de las variedades, en torno a sus usos, las funciones que pueden cubrir y el prestigio que les conviene, los hablantes con sus creencias y su comportamiento dibujarán la realidad sociolingüística correspondiente. Los prejuicios lingüísticos —frecuentes incluso en situaciones de tolerancia— llevan a prestigiar la variedad castellana frente a otras variedades —como, por ejemplo, la andaluza—; no obstante, la conciencia lingüística y las actitudes de los hablantes pueden comportar significados de identificación con una variedad —la suya—, valorada a la par de las demás variedades. Tanto es así que la norma andaluza figura en los medios de comunicación y en los *curricula* educativos de aquella comunidad. Los comportamientos de los hablantes pueden asimismo traslucir actitudes de rechazo e inseguridad respecto de algunas normas, que se sienten ajenas e impropias, como sucede con la variedad estándar elaborada para el gallego.

2.2. Funciones y estatuto de los códigos. Los conceptos de *lengua nacional* y *lengua oficial*

Así pues, si bien desde una perspectiva aséptica y general los lingüistas asumen y defienden que las lenguas y sus variedades pueden cubrir toda la gama de usos, funcionar en circunstancias variadas —en la vertiente educativa, en las instituciones y en la administración, en la creación literaria, o en la familia— y disfrutar de rango similar —como identificador cultural, o con estatuto oficial—, lo cierto es que los hablantes, o, más técnicamente, la estructura sociológica de cada comunidad primará o prestigiará unos códigos sobre otros. De ahí las tipologías sociolingüísticas que se han propuesto para reflejar la realidad funcional y estatutaria de las lenguas, desde la clasificación ya clásica de W. Stewart (1968) hasta las más recientes de Cl. Hagège (1985) o G. Berruto (1989). El grueso de las diferencias en las clasificaciones es producto del manejo de distintos criterios o bien de una interpretación dispar de lo que son las *funciones* y lo que el *estatuto* de las lenguas y de las variedades. William Mackey (1989) entiende que el *estatus* debe corresponder a bases *de iure*, mientras las *funciones* descansan, en realidades, en bases *de facto*. En esta misma línea, U. Ammon (1989, 26) considera dos lecturas para el *estatus*:

> *Status* seems to have two basic meanings in numerous contexts: 'position (in the respective system)' or 'rank (in a hierarchy or in a rank order)'. Accordingly *social status* has, at least with respect to Ls, the two meanings: 1) 'position in a social system', 2) 'rank in a social hierarchy (in a social system)'.

De manera que es el rango, la posición en la jerarquía, lo que marca el reconocimiento de variedades como lenguas oficiales y de prestigio. Como es natural, en buena parte de los casos, la atribución de estatuto ha de derivar de las funciones y usos de las variedades en la realidad: la decisión *de iure* se justifica en usos *de facto*. No obstante, ese paralelismo no siempre se da: hay adscripciones de variedades y lenguas a rangos que no se sustentan en los usos reales. Con palabras de Ammon (1989, 26),

> *La* can, for instance, have the status of an official language of the country in a legal sense without being (fully) used accordingly, i.e. without having the (full) function of an official language;

precisamente, los ejemplos del hindi y del gaélico resultan ilustrativos de cómo hay lenguas oficiales que no son lenguas de uso habitual (cfr. R. Fasold, 1984, 24 y ss.). De ahí que se haga imprescindible la diferenciación entre «lengua oficial» y «lengua habitual», tal y como señala A. Svejcer:

> it is necessary to distinguish between the official (legal) status and the actual status of a language system. The former is determined by the legally sanctioned position of the language or its variety, while the latter by the totality of characteristics which may serve to indicate its actual position in the society (Svejcer, 1986, 132-133).

Si el *estatuto* equivale a la posición legal, al rango de la variedad o de la lengua en el sistema, la *función* está en correspondencia con los usos y propósitos de la variedad o de la lengua cuando se maneja, y según los papeles que se le hayan otorgado por parte de los hablantes (cfr. Ammon, 1989, 26 y ss.). En opinión de Cl. Hagège (1985, 8), las *funciones* se fijan a partir de situaciones más o menos naturales, pero podemos encontrarnos con intervenciones, con *afectaciones*, sobre los usos lingüísticos.[10] Así que una *lengua nacional* lo es por su función —simbólica y comunicativa—, mientras que una *lengua oficial* lo es como resultado de haber intervenido un criterio político; de modo que la distinción entre ambos tipos hace posible describir situaciones multilingües reales que evidencian diversas lenguas nacionales no coincidentes con la lengua (o lenguas) oficial(es). Esto es frecuente en países africanos, como evidencian los panoramas de Kenia —donde el inglés es la lengua oficial, pero son numerosas las lenguas nacionales, entre ellas el swahili— y de Tanzania —con el inglés y el swahili como lenguas oficiales, junto a diferentes lenguas nacionales—; pero es también panorama que podemos encontrar en otras latitudes —en la India son lenguas oficiales el hindi y el inglés, al lado de variadas lenguas nacionales—, e incluso con distinto significado en la distribución, como sucede en Irlanda, en donde el rango de lengua oficial atribuido al gaélico no ha propiciado su carácter de lengua nacional, ya que apenas se usa (cfr. R. Fasold, 1984; R. Hindley, 1990).

En esta diferente distribución de usos, funciones y rangos está el germen de situaciones de desequilibrio y de conflicto lingüístico entre variedades o entre lenguas que conviven. Junto a coordenadas de *bilin-*

10. La clasificación que propone Cl. Hagège (1985, 9) se recoge en el siguiente cuadro:

Typologie fonctionnelle des langues

| Choix politique | Culturel confessionel | Educatif | Scolaire |

Types de affectations

| Langue officielle | Littéraire religieuse | D'éducation | D'option scolaire |

Types de champs Lieux ou usagers	Langues
Groupe	Langue de groupe
Autochtones avant contact	Langue indigène
Capitale	Langue de la capitale
Région	Langue régionale
Ethnie	Langue ethnique
Nation	Langue nationale
1 pays ayant des langues distinctes	Langue véhiculaire
Plusieurs pays	Langue internationale
(+ prestige?)	Langue de civilisation

güismo (o de multilingüismo) y a panoramas *multilectales* en una misma comunidad, con equidad funcional y sin discriminación estatutaria entre los códigos, se encuentran —también en una misma comunidad— marcos *diglósicos* y *dilálicos*, con desigual adscripción de funciones a los códigos, lo que genera conflictos que han de resolverse mediante la planificación o la normalización lingüística convenientes. La clasificación de repertorios propuesta por G. Berruto (1989) se basa precisamente en casos de coexistencia de lenguas o de variedades en una comunidad, y la correspondiente gama de valores asociados. Distingue Berruto entre *bilingüismo social, diglosia, dilalia* y *bidialectalismo* a partir de criterios que tienen que ver con el carácter de las lenguas o variedades según su codificación, su estratificación social, sus usos, o su estandarización, de manera que —en síntesis— pueden darse las situaciones siguientes (cfr. Berruto, 1989, 558):

	Bilingüismo social	*Diglosia*	*Dilalia*	*Bidialectalismo*
1. Coexistencia de dos lenguas, por distancia y por elaboración	+	–	–	–
2. Variedades Alta y Baja muy diferentes		+	+	–
3. Ambos códigos se usan en conversación ordinaria	+	–	+	–
4. Diferenciación funcional clara entre los dos códigos	–	+	+	
5. Dominios superpuestos	+	–	+	+
6. Estandarización de la variedad Baja	+	–	–	
7. Variedad Baja socialmente marcada, estratificada		–	+	+
8. *Continuum* de subvariedades entre la Alta y la Baja		–	+	+
9. Prestigio alto de la variedad Alta		+/–	+	+

Como se deriva del cuadro, en casos de *bilingüismo social* no hay elementos de discriminación funcional o de atribución desigual de rango a los códigos, de manera que —en rigor— nos hallamos ante <u>coexistencia</u> de dos lenguas en una comunidad. Por el contrario, si se trata de *diglosia*, el que se dé una diferenciación funcional clara —de modo que no se usan los dos códigos en la conversación ordinaria ni tampoco tienen los dominios superpuestos—, la distribución misma hace patente el desequilibrio entre los códigos y de ahí que alguno de ellos no sea lengua por distancia y por elaboración (a pesar de su posible estandardización). La necesidad de *planificar* y *normalizar* los usos y las funciones de tales códigos en el marco de la comunidad[11] se hace así evidente. Por otra parte, la *dilalia* refleja un cuadro de usos indiferentes de las variedades en la conversación ordinaria, si bien hay diferenciación funcional; y también una superposición de dominios, quizás debido a que no hay un grado de estandardización suficiente como para tener conciencia del código «bajo». La exigencia de *planificación* en sentido pleno no es tan urgente en los casos de dilalia; no obstante, la planificación en la educación probablemente resultaría provechosa. Así, tomando los ejemplos que el mismo G. Berruto propone como ilustraciones de *dilalia*, la situación lingüística de muchas zonas de Alemania o de Italia, en donde las variedades están tan alejadas del estándar,[12] parece precisar la intervención oportuna para facilitar los primeros niveles de educación en la variedad correspondiente.[13]

2.3. La emergencia de códigos por motivos comunicativos y sociales. Los *sabires*

Además de merecer atención y estudio la variación interidiomática por la importancia de reconocer y justificar códigos *idiomáticos* o *lenguas* —y por razón de su valor funcional y estatutario—, la diversidad interlingüística ofrece —en sus coordenadas sociológicas y comunicativas— el campo abonado para la formación y emergencia de códigos

---

11. Aunque la definición de la *planificación* varía según el predominio del componente simbólico, social, político, económico, comunicativo, etc., resaltado en cada caso sobre los usos lingüísticos, no obstante, podemos —desde la óptica que nos corresponde como lingüistas— caracterizar el proceso siguiendo a H. Haarmann (1990, 106):
«Language planning is a continuous activity of controlling language variation under changing societal conditions.»
En cuanto a la *normalización*, lo más adecuado es interpretarla como una fase en el proceso de *planificación del estatus*: se trata de extender los usos y las funciones de la lengua, de modo que se normalice su presencia entre los hablantes y en distintos contextos (cfr. M. Fernández Pérez, 1994, esp. 90 y ss.).
12. Señala G. Berruto (1989, 560) que la situación de dilalia:
«It must also be considered as present in all the communities in which a standard language is closely connected with socio-economic mobility and is spreading more and more along the social classes to the detriment of dialects or regional vernaculars.»
13. Esto mismo habría que decir para el caso de variedades del español como la andaluza (cfr. F. García Marcos, 1995; y cfr. también J. A. de Molina, 1979).

mixtos, surgidos por necesidades de comunicación y sobre la base de condiciones sociológicas peculiares. Es lo que se conoce con el nombre genérico de *sabires*,[14] o más específicamente lenguas *pidgin* y *criollas*. En cualquier caso estamos ante códigos mixtos —resultado de haberse entremezclado diferentes lenguas o variedades— que funcionan por necesidades acuciantes de intercomprensión entre individuos pertenecientes a comunidades lingüísticas diferentes. Cuando el *sabir* adquiere cuerpo y rasgos propios (que muchas veces ya no recuerdan a los códigos primarios) estamos ante una lengua *pidgin*[15] que se mantiene y desarrolla porque una comunidad amplia la utiliza. Tanto es así que puede llegar a convertirse en lengua inicial adquirida en la segunda generación, en cuyo caso estamos ya ante una lengua *criolla*. Las lenguas *pidgin* se forman, pues, para cubrir urgencias de comunicación, pero posteriormente se adoptan en el marco de comunidades que las asumen como propias hasta el punto de tenerlas como marca de identidad y manejarlas en el ámbito familiar: una lengua *criolla* es un código con valor comunicativo, pero es también elemento identificador de una determinada comunidad, lo que no debe leerse como síntoma estricto de consolidación definitiva frente a la *pidgin*. En efecto, la atención prestada a estos códigos en estos últimos años ha dado fundamento a la opinión general de que las diferencias entre *pidgin* y *criollo* son difusas, sobre todo en lo que se refiere a su solidez, mantenimiento y vitalidad, y así S. Romaine (1988, 69) considera que

> the dichotomy between pidgin and creole stated in terms of the feature of vitality places undue emphasis on the criterion of native speakerhood, and that the extent to which there are structural differences between pidgins and creoles depend very much on the stage reached in their respective development.

Aunque son diversas las teorías sobre el origen de las lenguas *pidgin*, y aunque hay muchos aspectos motivo de polémica, los especialistas reconocen que se trata de «lenguas contractuales» que surgen

---

14. La denominación (*sabir* < *habibi*, 'señor') procede del pidgin manejado en la Edad Media en la costa africana del Mediterráneo, y que servía como lengua franca en operaciones bélicas, religiosas y comerciales.

15. Las explicaciones sobre el origen del término son variadas y, en opinión de P. Mühlhäusler (1986), en un mismo grado plausibles. La más extendida es la que lo toma como una 'corrupción' china del inglés *business*. Hay quienes defienden que se trata de una 'corrupción' china del portugués *ocupação*, mientras otros insisten en que lo es del hebreo *pidjom*. Por fin, las tres teorías menos conocidas lo remiten a una pronunciación especial (en los Mares del Sur) del inglés *beach*; al uso de la palabra *pidian* ('people') entre indios americanos; o al compuesto *pidgin*, de *pei* y *ts'in* ('pago en moneda'), utilizado en China (cfr. S. Romaine, 1988, 13).

en situaciones de intercambio social y económico al menos entre dos grupos que hablan lenguas diferentes, como resultado de un proceso de restricción y reducción de una de las lenguas de estos grupos, generalmente, la del grupo que ocupa una posición social más alta (W. Foley, 1988, 197).

Las situaciones de asimetría o desequilibrio social y económico —pero también lingüístico— en coordenadas contractuales y de intercambio comercial o de trabajo provocan la emergencia de *pidgin*; sus funciones son, por ello, reducidas y van a estar limitadas a los usos y necesidades que dieron lugar a su aparición. Según W. Foley (1988, 199),

> los pidgin funcionan básicamente, bien en el desempeño de actividades que les son necesarias a los individuos en el contexto de las plantaciones y del comercio (función directiva), bien para describir una situación concreta con el fin de obtener un resultado deseado (función referencial).

Tales peculiaridades sociológicas en la formación de lenguas *pidgin* y *criollas* permiten reconocer estadios y fases de desarrollo del proceso. Así se distinguen las variedades de *basilecto*, de *mesolecto* y de *acrolecto* dentro de un *continuum*, que, según su predominio en un estadio, indican la autonomía y singularidad del criollo —si abundan las variedades *basilectales* y *mesolectales*—, o bien su ligazón con otros códigos a través de sustratos de ciertos usos de lenguas estándares y de prestigio —en cuyo caso lo predominante son las variedades *acrolectales*— (cfr. S. Romaine, 1988, 158 y ss.).

Con independencia de las lenguas origen y de las circunstancias concretas de emergencia de los diferentes sabires, parecen haberse hallado principios constantes en la constitución de estos códigos, lo que se ha tomado como fundamento para la denominada *biohipótesis* o *hipótesis del bioprograma* (formulada por D. Bickerton [cfr. 1981 y 1984]), que corre pareja a los universales de adquisición del lenguaje, y que toma como evidencia de aquellas propiedades «universales» las características configuracionales de las lenguas criollas. A saber, 1) ausencia de flexión, las palabras se conectan mediante partículas; 2) orden de palabras «sujeto-verbo-objeto» (incluso en criollos del área de Hawai, con estratos de japonés o de tagalo —en los que el orden es, respectivamente, «sujeto-objeto-verbo» y «verbo-sujeto-objeto» o «verbo-objeto-sujeto»—); 3) focalización de lo informativamente relevante, con partículas que lo destacan o mediante su ubicación al inicio del discurso; 4) sistema tripartito de actualización: definido, especificador, o ausencia de actualizador; 5) flexión verbal de «tiempo» («anterioridad» y «no anterioridad»), «modo» («realis» e «irrealis») y «aspecto» («puntual» y «no puntual»); 6) complementación clausal de «realización» o «no realización»; 7) duplicación de negativos; 8) no se diferencian formas finitas y no-finitas en el verbo, y 9) las estructuras identificativas se construyen mediante formas existenciales y formas posesivas.

La investigación de las lenguas *pidgin* y *criollas* se ha visto, pues, conectada con la faceta psicológica y cognitiva del lenguaje a raíz de sus características de constitución comunes. En realidad, Derek Bickerton reduce a cuatro propiedades los rasgos semánticos (que no sintácticos, como es lo propio del LAD, 'Language Acquisition Device' de Chomsky) definitorios del bioprograma, y, según parece, presentes en las lenguas criollas: 1) distinción entre «específico» y «no específico», 2) distinción entre «estado» y «proceso», 3) distinción entre «puntual» y «no puntual», y 4) distinción entre «causativo» y «no causativo». Estas dimensiones «semántico-tácticas» no son, sin embargo, admitidas por todos los autores como principios programáticos, y por tanto «universales», de la capacidad biológica de lenguaje. Antes bien, se viene defendiendo que las características señaladas pueden resultar básicas o esenciales desde el punto de vista semiótico, y de ahí que en los procesos cognitivos correspondientes se aparezcan como rasgos permanentes, ya que son imprescindibles como «depósito» esquemático de simbolización para que los códigos cumplan con su misión comunicativa (cfr. a este respecto el interesante capítulo 7 del estudio de S. Romaine [1988], sobre todo, los §7.4 y §7.5).

3. La variación interidiomática y su vertiente constitutivo-clasificatoria. Lenguas del mundo y enfoque *tipológico*

Al tiempo que la variación interidiomática se ha convertido en núcleo de interés con miras a delimitar las lenguas por razón de su extensión, de su funcionalidad o de su estatuto, a la par ha venido siendo objeto de atención su clasificación y posible agrupación en tipos. De nuevo, junto a la variedad y diferenciación de idiomas —en rigor fundamentados y justificados—, se proponen estadios de unidad que se basan en raíces genealógicas comunes o en propiedades de constitución similares. Las clasificaciones genealógicas características de la Lingüística del siglo xix se han visto paulatinamente complementadas, y sobre todo en los últimos años, por tipologías que organizan las lenguas según su constitución. Anatole Lyovin (1997, 13) señala la complementariedad de las tareas de clasificación geneaológica y tipológica, resaltando la importancia de manejar criterios de constitución interna en el hallazgo de características y propiedades antes no contempladas:

Such a classification (typological classification, M.F.P.) is potentially much more revealing, since genetically related languages are not necessarily also similar in structure, whereas by claiming that two languages belong to the same *type* of language one does claim that they share at least some similarities.

Sin duda, la perspectiva tipológica es «a meaningful classificatory system», que permite no sólo «to arrange languages very neatly in their 'pigeonholes' or 'sample cases' like butterflies», sino sobre todo

> «to discover something new that we did not know before [...] to discover something new about the languages we are classifying or even display the truly important similarities and differences of these languages in a revealing and efficient way» (*ibidem*, 1).

Juan C. Moreno Cabrera (1995, 32) es suficientemente explícito al respecto: es la misma aproximación a la diversidad —derivada del prisma «transversal»— la que, de modo natural, acarrea nuevas aproximaciones y enfoques globalizadores (no sesgados o etnocéntricos) que den cabida a la heterogeneidad. Con sus palabras:

> la aplicación de los nuevos métodos desarrollados para el estudio de lenguas tipológicamente ajenas a las europeas a estas mismas lenguas es extraordinariamente fructífero. Entre otras cosas, porque supone enfocar desde una nueva perspectiva viejos problemas gramaticales y, lo que es aún mucho más importante, presentar como problemáticas zonas de las gramáticas de las lenguas europeas que no parecían serlo a la luz de los métodos tradicionales.

Pero además del importante cambio teórico y metodológico que comporta el abordar las peculiaridades de las lenguas desde la riqueza y la diversidad entre ellas —lo que obliga a perfilar paulatinamente la «teoría» y los principios de descripción, impidiendo, por tanto, una teoría o un prisma analítico desde una lengua—, está la orientación necesaria, como exigencia primera, hacia la existencia real de esos códigos repartidos a lo largo y ancho del globo. La cuestión de la ubicación areal de los idiomas que en la actualidad se manejan en el mundo ha venido ocupando a grupos de estudiosos en estos últimos años, resultado de lo cual son las múltiples fuentes de datos e información al respecto: las rigurosas enciclopedias y los atractivos y completos atlas —hoy a nuestra disposición— han compendiado un material precioso para, en primer lugar, facilitar información y, en segundo lugar, poder afrontar la comparación de rasgos de constitución entre las lenguas. La clasificación o distribución geográfica de las lenguas, así como su nomenclatura —o *glotonomia*— se erige de este modo en estadio inicial indispensable para llevar a cabo investigaciones interlingüísticas de ciertos rasgos de constitución, sobre las que se sustenten al final las diferencias y las posibles concomitancias entre las lenguas.

Las lenguas localizadas en los continentes (Europa, Asia, África, América y Oceanía) se agrupan en familias más o menos numerosas establecidas a partir de criterios históricos de procedencia. Se proponen —entre otras— las familias indoeuropea, caucásica y urálica, con lenguas que se extienden por Europa (lenguas «bálticas», «celtas», «germánicas», «eslavas» y «románicas») y Asia (las lenguas «índicas» —como el nepalí, el bengalí o el cingalés— y las lenguas «iranias» —como el persa o el kurdo—); las familias altaica, sino-tibetana y drávida, con lenguas ubicadas en Asia (por ejemplo, las lenguas «mongoles», «túrcicas», «chinas» y «tibetanas»); las familias afroasiática y niger-cordofana, con lenguas manejadas en África (por ejemplo, las lenguas «semitas», «bereberes», «voltaicas», «bantúes» y «cues»); las familias atabascana, esquimal-aleutiana y algonquina, en América del Norte, y las familias azteca, chibcha-páez y andina en América Central y América del Sur; y, finalmente, las familias malayo-polinesia, austronesia y papúa en Oceanía y el Pacífico. Naturalmente, hay lenguas con características singulares que no se acomodan en ninguna de estas familias, como es el caso del vasco o del japonés.

Los logros de conocimiento sobre la diversidad y la riqueza interlingüística han promovido la emergencia de la ya antigua cuestión sobre la lengua originaria, tema ahora planteado no conjeturalmente ni sobre argumentos espirituales o divinos, sino formulado con ciertas garantías a partir de evidencias empíricas tomadas de las distintas lenguas y que se conectan con comprobaciones y conclusiones acerca de la aparición del lenguaje en la especie humana.[16] Pero si la información acumulada sobre las lenguas del planeta se hace ciertamente útil e indispensable, es en el ámbito de la llamada *Tipología lingüística*. El enfoque descriptivo «transversal» conducido a través de aspectos de constitución de las lenguas ha permitido establecer, por ejemplo, concomitancias entre lenguas *ergativo-absolutivas* y frente a lenguas *nominati-*

---

16. El interés por las concomitancias interlingüísticas sobre bases empíricas no sólo ha incidido en la reformulación de la cuestión de los *universales*, sino que además ha recuperado y revalorizado el tema del *origen del lenguaje* en una doble vertiente. De un lado, se ha puesto de nuevo sobre el tapete la polémica respecto a la procedencia monogenética o poligenética de las lenguas (*vid.* el reciente dossier publicado en *Mundo Científico*, 189, abril de 1998, y elaborado por Merrit Ruhlen y Anne Szulmajster-Celnikier); y de otro lado, y una vez liberado el tema de los componentes metafísicos y religiosos que lo habían caracterizado en los siglos XVII y XVIII, se ha conectado con argumentos paleontológicos y evolutivos procedentes de los avances en las investigaciones filogenéticas sobre la aparición del lenguaje en la especie humana (*vid.* §1.1.2 del capítulo 4 de este manual).

vo-acusativas;[17] o entre lenguas con orden «sujeto-verbo-objeto» y frente a lenguas «objeto-verbo-sujeto» (o a lenguas «sujeto-objeto-verbo», lenguas «verbo-sujeto-objeto», y lenguas «verbo-objeto-sujeto»);[18] y entre lenguas «flexionales» y frente a lenguas «aislantes» y «aglutinantes»,[19] etc.; y ello al margen de su historia o de su ubicación geográfica.

El fundamento último de la clasificación tipológica —basada en criterios de unicidad constitutiva y estructural de las lenguas— no es otro que el del reconocimiento de un estadio más de *codificación (semiótica)* que permite hallar coincidencias interlingüísticas. Naturalmente, tal nivel de codificación no integra normas de producción o de uso de las lenguas, ni tampoco valores de función y rango que puedan atribuírseles, sino que antes bien incluye aquellas formalizaciones que en sentido estricto equivalen a selecciones, patrones y moldes de orga-

---

17. Los parámetros manejados tienen que ver con las funciones semánticas (con los 'actantes') asociadas al sujeto en construcciones transitivas e intransitivas, de modo que en las lenguas acusativas el esquema es: (Actante intransitivo = Agente transitivo) ≠ Paciente transitivo; por ejemplo, en latín *Pater venit / Pater matrem videt / Mater patrem videt.* Mientras que en las lenguas ergativas, corresponde el esquema (Actante intransitivo = Paciente transitivo) ≠ Agente intransitivo; por ejemplo, en chirbal —lengua pama nyungan, al noreste de Australia—:

Balan	*yabu*	*banaga-nyu*	*La madre volvió*		
clas.+abs.	madre+abs.	volver-no fut.			

Bayi	*numa*	*bangum*	*yabu-ngu*	*bura-n*	*La madre vio al padre*
clas.+abs.	padre+abs.	clas.+erg.	madre-erg.	ver-no fut.	

Balan	*yabu*	*bangul*	*numa-ngu*	*bura-n*	*El padre vio a la madre*
clas.+abs.	madre+abs.	clas.+erg.	padre-erg.	ver-no fut.	

18. El orden de constituyentes clausales es —en estos casos— el parámetro aglutinador de los 'tipos', y, así, junto a lenguas que tienen como canónica la ordenación SVO (por ejemplo, el español), hay otras que secuencializan habitualmente OVS [el hixkaryana —lengua tupí cariban, al noreste del Brasil en el Alto Maranhao—, *Toto* (hombre) *yahosiye* (alo-agarró-a él) *kamara* (jaguar), *El jaguar se llevó al hombre*], otras estructuran SOV [el turco —lengua altaica—, *Hasan* (Hasan) *öküz-ü* (buey-acusat.) *aldi* (compró), *Hasan compró el buey*], otras lo hacen en el patrón VSO [el galés —lengua celta—, *Agorodd* (abrió) *y* (el) *dyn* (hombre) *y* (la) *drws* (puerta), *El hombre abrió la puerta*], y, por fin, otras organizan en el molde VOS (el malgache —lengua malayo-polinesia hablada en Madagascar—, *Nahita* (vio) *ny* (el) *mpiatra* (estudiante) *ny* (la) *vehivavy* (mujer), *La mujer vio al estudiante.*

19. El criterio morfológico que pone en relación las categorías gramaticales con los segmentos fónicos de las palabras es el parámetro que se ha venido manejando desde el siglo XIX para distinguir «lenguas flexivas» (la relación es de varias a uno; por ejemplo, el español 'cant *o*' [1.ª per., sing., pres., indic., activ.]), «lenguas aglutinantes» (la relación es de una a uno; por ejemplo, el turco 'ev *ler in den*' [plur., de él (su), ablat.]) y «lenguas aislantes» (no se da tal relación; por ejemplo, el chino 'wo mai júzi chi', lit. 'yo comprar naranja comer', *Compré naranjas para comer*).

nización y estructuración interna de las lenguas. La pertinencia del objeto de interés en tipología radica en el enfoque hacia la configuración semiótica de las lenguas, atendiendo a su contenido, a su expresión, a sus constituyentes, a las relaciones y propiedades entre ellos, y observando *codificaciones* (= *formalizaciones*) coincidentes y divergentes. Sin duda, se trata de aquel nivel de unicidad que —en opinión de E. Coseriu (1952, 1957, 1968)— corresponde a las lenguas por su «carácter técnico», de modo que

> el tipo es una estructura lingüística objetiva, un plano funcional de la lengua: es, simplemente, el nivel de estructuración más alto de un técnica lingüística (Coseriu, 1968, 195);

así que, sobre los «modos técnicos» que definen las lenguas como «sistemas de posibilidades», cabe observar que

> los hechos realizados pueden ser, como tales, independientes unos de otros; no así, en cambio, las reglas o los principios de su realización, que son, simplemente, comunes. Además, no se trata de una «herencia», sino de la transmisión cultural de un saber (*ibidem*, 198);

en resumen, la semejanza entre las lenguas se explica

> por la aplicación de una técnica común, por haberse hecho históricamente según modos técnicos análogos.

La afirmación de unicidad interlingüística en términos estructurales, y la justificación de homogeneidad de codificación y formalización por razones de «esencia», de «ser como técnicas» que conviene a las lenguas, no esconde —ni, por tanto, debe oscurecer— la singularidad de cada lengua, ni las peculiaridades de su individualización, que son en última instancia las que le confieren carácter y sentido en el conjunto. Pues bien, la dialéctica de conjugar lo unitario y lo variable, de casar las generalizaciones con la individualización —inexcusable si se quiere respetar la realidad de las lenguas en el empeño de elaborar generalizaciones empíricas e incluso teoría con suficientes garantías de adecuación—, es la que define el quehacer tipológico en estos últimos años. Algunos autores hablan de «modo de abordar» los hechos, como una filosofía de concepción de los fenómenos lingüísticos en su variedad real, que arrastra una determinada metodología de corte fuertemente empírico y con procedimientos que permiten análisis gradativos (cfr. W. Croft, 1990, cap. 1). J. C. Moreno Cabrera (1995, 15 y ss.), a pesar de que no le atribuye a la *lingüística tipológica* carácter de «enfoque único y particular», no obstante sí le reconoce el beneficio de abordar conjuntamente la unidad y la diversidad, la teoría y las generalizaciones empíricas extraídas de los datos:

> Estudiar ambos aspectos de modo separado nunca será tan fructífero como hacerlo de modo conjunto, estableciendo así una dialéctica teórico-empírica que enriquece de modo significativo nuestros conocimientos sobre la naturaleza de las lenguas humanas (Moreno Cabrera, 1995, 16).

Así que el prisma ante lo homogéneo y lo diverso en la constitución de las lenguas y las vías metodológicas para afrontar su descripción en la órbita de la *tipología lingüística* se acomodan sin duda a las exigencias de la investigación en Lingüística, según las consideraciones de E. Coseriu (1978, 10):

> la teoría efectivamente tal no es, como a veces se piensa (y se dice), construcción *in abstracto* de modelos arbitrarios. Y menos aún puede serlo en una ciencia del hombre como la lingüística, cuyo fundamento, en lo que concierne a lo universal del lenguaje y de las lenguas, es el saber originario de los hablantes (y del propio lingüista en cuanto hablante). La teoría, en su sentido primario y genuino, es aprehensión de lo universal en lo concreto, en los «hechos» mismos. No hay, por consiguiente, ni distancia ni conflicto entre «hechos» (o investigación «empírica») y teoría, sino que la investigación empírica y la teoría son dos formas complementarias de la misma actividad. Una presentación e interpretación racional de un hecho es al mismo tiempo una contribución a la teoría; y una teoría auténtica es al mismo tiempo interpretación racional de «hechos» (cfr. también Coseriu, 1973, 58 y ss.).

La misma noción de *tipo*, bien entendida y con los requisitos que impone, ilustra la importancia de las tareas de combinar los datos con las generalizaciones y la teoría.

De entrada, se hace imprescindible ampliar la concepción clasificatoria más allá de lo taxonómico y categórico, de manera que los *tipos* no reflejen clases simples de lenguas sino propiedades constitutivas de los sistemas lingüísticos, que en cualquier caso se perfilan como moldes una vez que se ha descrito y comparado un número suficiente de códigos con diversidad notable y representativa. Más que agrupar lenguas en *tipos* por razón de su constitución interna —a lo que responderían clasificaciones como las mencionadas de «lenguas flexivas», «lenguas aglutinantes» y «lenguas aislantes»—, se seleccionan y elaboran *tipos* de características constitutivas que permiten abordar la unidad y la variedad interlingüística según su grado de acomodo a dichos patrones. Con palabras de William Croft (1990, 1), en lugar de una «typological classification», en la que a language is taken to belong to a single type, and a typology of languages is a definition of the types and an enumeration or classification of the languages into those types,

la definición estricta de *tipo* conduce al interés por

> the study of linguistic patterns that are found cross-linguistically, in particular, patterns than can be discovered solely by cross-linguistic comparison.

El objetivo no se centra tanto en la clasificación de las lenguas cuanto en la ordenación de propiedades, unidades, o mecanismos, que, de un lado, permiten aunar formalizaciones similares en las lenguas, y, de otro, permiten justificar las diferencias y particularidades de selección y codificación respecto de los patrones, sin distorsionar la realidad de los fenómenos lingüísticos. Joseph Greenberg (1974, 24) es explícito cuando abiertamente defiende la necesidad de desarrollar la investigación tipológica orientada hacia las características:

> The attempt to develop operationally effective typologies cannot be dissociated in practice from the need to device more meaningful and theoretically significant typologies. In general, the two 'desiderata' of greater objectivity of procedures and an improved and more revealing analysis of the linguistic properties being investigated are closely intertwined.

Centrada la pertinencia de la noción de *tipo* en la propuesta de «patrones de comparación» que no son sino «moldes construccionales» interlingüísticamente interesantes, se desencadena una serie de cuestiones metodológicas que vienen definiendo y perfilando el quehacer tipológico como detonante de la Lingüística (y, sobre todo, de la Gramática) de estos últimos años.

En primer lugar, para trabajar con propiedades interlingüísticamente relevantes se hace obligado acudir a un buen número de lenguas, que, además, sean lo suficientemente diversas como para evitar sesgos y etnocentrismos. La información, la descripción, o incluso la denominación y la ubicación geográfica sobre las lenguas del mundo era un campo apenas cubierto en los primeros años de la década de los ochenta; han sido las necesidades tipológicas las que han facilitado la cobertura de ese frente de formación, no sólo en cultura general sino sobre todo en conocimiento técnico: la Lingüística de las lenguas se obtiene de la variedad y no de *una* lengua o de un modelo.

En segundo lugar, los rasgos que integran los patrones de comparación se sustentan en prismas de generalización diversos y responden a parámetros de selección de propiedades también diferentes, lo que ha llevado a matizar los *universales lingüísticos* y a proponer tipologías gradativas (tipos en mayor o menor medida prototípicos), universales implicativos (rasgos transitivamente ordenados), o, ya de modo más específico, tipologías fónicas, morfológicas, sintácticas, léxicas y pragmáticas. En cualquier caso, la relación entre los datos empíricos y las generalizaciones en distintos niveles de abstracción está garantizada por la vigencia del método indagador: los datos permiten elaborar hipótesis (moldes de comparación), pero serán los mismos datos, ampliados extensional o intensionalmente, los que soporten los *tipos*. Precisamente, este acercamiento metodológico a la constitución de las lenguas —generalizante sobre una importante base empírica, y con procedimientos descriptivos que hacen factible la gradación— ha actuado de tal forma como revulsivo en la investigación gramatical que la *tipología* ha llegado a concebirse como una disciplina más en el conjunto de la Lingüística; en opinión de W. Croft (1990, 2), su objeto de estudio lo conforman «cross-linguistic patterns».

Efectivamente, la *Tipología lingüística* es «el modo» de hacer *Gramática general*. La *Lingüística histórica* de corte *diacrónico* justifica sus principios generales de la evolución y el cambio —la unidad en la diversidad— sobre la comparación entre diferentes *sincronías*, y, asimismo, la *Tipología*, o *Gramática general*, sostiene sus generalizaciones —se tomen como *universales* o como *tipos* de distinto grado de abarque— sobre la comparación interlingüística, intersistémica. Se trata de describir la variedad, las particularidades, desde la óptica de la unidad general, y para lograr —con los análisis particulares— demostraciones y evidencias que soporten los principios generales.[20]

Como resultado de la aproximación descriptiva interlingüística exigida, los hechos han de ser contemplados en coordenadas de concepción que garanticen la objetividad y la ausencia de sesgos, así como los análisis y descripciones acordes con la diversidad real, por lo que tal marco no podrá ser ni exclusivamente formal, ni únicamente generativo, ni sólo tradicional. Aún más, en algún sentido la *tipología* equivale a un modo de interpretar, a un enfoque —el interlingüístico y generalizante— sobre los hechos de constitución interna de las lenguas; como

---

20. La situación de propiedades, que se proponen como 'generales', en los distintos sistemas lingüísticos —con sus propias peculiaridades— se resuelve por vías metodológicas diversas: desde el reconocimiento de 'universales implicativos' o de 'principios de distinto grado de abarque' (como los 'genemas', 'areemas', 'tipemas', etc., valorados por J. C. Moreno Cabrera [1997,47]), hasta el recurso a 'elementos teóricos externos' como los llamados «principio de la opacidad» y «principio de la perspectiva» (propuestos y manejados por J. C. Moreno Cabrera [1987] y [1995]), según los cuales, cada lengua puede resaltar, o hacer transparentes unas propiedades y no otras; y sin que esto signifique que no se reconozcan las características más opacas.

dice W. Croft (1990, 2), la aproximación es indesligable del prisma funcional:

> typology is an approach to linguistic theorizing, or more precisely a methodology of linguistic analysis that gives rise to different kinds of linguistic theories than other «approaches» [...] This view of typology is closely allied to **functionalism**, the hypothesis that linguistic structure should be explained primarily in terms of linguistic funcion.

El estrecho vínculo entre *tipología* y concepción *funcionalista* de los hechos de constitución en las lenguas está en consonancia con cómo se abordan los fenómenos, en su esencia semiótica y representacional y en su finalidad comunicativa. Si han de proporcionarse explicaciones y generalizaciones de cierto nivel teórico sobre los datos, el recurso no puede ser otro que el funcional, el teleológico, como corresponde a la ontología semiótico-social que se atribuye a los fenómenos lingüísticos variados. El objetivo explicativo de elaborar *teoría* y de proporcionar principios y causas reguladoras de la diversidad se halla presente en buena parte de los trabajos de tipología. Bernard Comrie (1981, 8) habla de

> una propuesta integradora, en la cual no se trata de buscar explicaciones a los universales dentro de las propiedades formales del lenguaje, sino relacionando las propiedades formales del lenguaje en varios niveles (incluyendo el sintáctico y el fonológico) con el contexto extralingüístico en que funciona la lengua.

John Hawkins (1988, 322) se refiere también a las explicaciones que permitan delimitar la variabilidad de las lenguas:

> The trick is to understand how they all (a functional, or a processing motivation, etc., M.F.P.) work together to constrain the variation space within which the set of possible human languages can occur.

William Croft (1990, 44) insiste en la necesidad de complementar las descripciones con explicaciones sobre los límites de la homogeneidad y de la variedad interlingüística:

> The first step beyond typology as the classification of types and towards the explanation of the cross-linguistic variation that classification describes is the discovery of restrictions on possible language types.

Por el contrario, si la búsqueda de universales y la sistematización de principios tipológicos se basa en hipótesis —mentalistas, biológicas, racionales— sobre la esencia común de las lenguas, desaparecería en ese caso la ligazón entre *tipología* y *funcionalismo*, puesto que no se afrontaría el estudio de la variedad en su realidad (antes bien, se procedería a base de conjeturas), ni tampoco se concebirían los hechos en su naturaleza semiótico-social, de manera que las explicaciones y la teoría no estribarían en la *función* (en la comunicación), sino probablemente en la *forma*, en la *mecánica*, o en causas *naturales* diversas. Habría que preguntarse, no obstante, si esa labor y tal planteamiento responden en sentido estricto a la orientación y a los presupuestos *tipológicos*, en los que, por definición y en esencia, lo importante es la diversidad, siendo el norte el hallazgo de patrones y límites de variación constitutiva.

En síntesis, los cultivos y el desarrollo de la vertiente general de la *Lingüística* en estos últimos años —lo que se ha logrado a través de cauces descriptivos y empíricos— vienen haciendo factible la ordenación de la diversidad constitutiva de las lenguas en moldes y patrones —en *tipos*— de características fónicas, morfológicas, sintácticas, léxicas e incluso pragmáticas —el excelente trabajo de Anna Wierzbicka (1991) deja bien patente el valor de la diversidad interaccional en la efectividad comunicativa—, sin necesidad de recurrir a especulaciones sobre «universales hipotéticos» y sin que se oscurezcan, por esto mismo, las peculiaridades de cada lengua particular.

Lecturas complementarias

Ammon, Ulrich (1987): «Language Variety/Standard Variety-Dialect», en Ammon, Ulrich; Dittmar, Norbert, y Mattheier, Karl J. (eds.), *Sociolinguistics. An International Handbook of the Science of Language and Society*, Berlín/Nueva York, W. de Gruyter.
   El tratamiento más completo y claro sobre los criterios que soportan los conceptos de «lengua» y «variedad».
Berruto, Gaetano (1995): *Fondamenti di sociolinguistica*, Bari, Laterza.
   Manual de Sociolingüística elaborado por un especialista europeo de prestigio en el ámbito.
Biber, Douglas (1995): *Dimensions on register variation. A cross-linguistic variation*, Cambridge, Cambridge University Press.
   Visión integral y con un patrón metodológicamente útil de la variabilidad lingüística provocada por factores individuales.
Boix i Fuster, Emili y Vila i Moreno, F. Xavier (1998): *Sociolingüística de la llengua catalana*, Barcelona, Ariel.
   Manual muy recomendable para la vertiente psico-social y planificadora de los usos lingüísticos.
Chambers, Jack (1995): *Sociolinguistic Theory. Linguistic Variation and its Social Significance*, Oxford, Blackwell.
   Presentación ponderada de lo que constituye en la actualidad el núcleo de la teoría sociolingüística.

Coseriu, Eugenio (1952): «Sistema, norma y habla», en *Teoría del lenguaje y lingüística general*, Madrid, Gredos, 1967, 62-104.
   Acercamiento estructural riguroso a la variación intraidiomática.
Derbyshire, Desmond C. y Pullum, Geoffrey K. (eds.) (1991): *Handbook of Amazonian Languages*, 4 vols., Berlín, Mouton de Gruyter.
   Compendio ciertamente completo de las lenguas amazónicas.
Fasold, Ralph (1984): *La Sociolingüística de la Sociedad*, Madrid, Visor, 1996.
   Perspectiva sociológica sobre los hechos sociolingüísticos. Su tratamiento del concepto de «lengua nacional» se hace esencial.
Junyent, Carme (1993): *Las lenguas del mundo*, Barcelona, Octaedro.
   Nómina de un gran número de lenguas existentes.
López García, Ángel (1990): «Las lenguas del mundo», en A. López García *et al.*, *Lingüística general y aplicada*, Universitat de València, 1990, cap. 1.
   Accesible y amena presentación de las lenguas en el mundo.
Moreno Cabrera, Juan Carlos (1990): *Lenguas del mundo*, Madrid, Visor.
   Relación de un buen número de lenguas del globo, con propuestas terminológicas convincentes.
— (1995): *La lingüística teórico-tipológica*, Madrid, Gredos.
   Bases epistemológicas y de método de la orientación tipológica en Lingüística.
— (1996): «Las lenguas del mundo», en Carlos Martín Vide (ed.), *Elementos de Lingüística*, Barcelona, Octaedro, cap. 2.
   Enfoques y líneas para abordar la sistematización de las lenguas del planeta.
Moreno Fernández, Francisco (1998): *Principios de sociolingüística y sociología del lenguaje*, Barcelona, Ariel, esp. caps. 1, 2 y 6.
   Excelente tratado del campo de la variación lingüística, con atención a factores sociales y a coordenadas de creencias y comportamientos.
Moseley, Cristopher y Asher, Robert E. (eds.) (1994): *Atlas of the World's Languages*, Londres/Nueva York, Routledge.
   Es el atlas más completo de todas las lenguas del globo. Proporciona información sobre múltiples aspectos, y, aunque por su tamaño no es de manejo cómodo, sus leyendas con tonalidades cromáticas facilitan el hallazgo ágil de datos.
Romaine, Suzanne (1994): *El lenguaje en la sociedad. Una introducción a la Sociolingüística*, Barcelona, Ariel, 1996.
   La amenidad caracteriza esta introducción a aspectos y problemas sociolingüísticos.
Svejcer, Alexander D. (1986): *Contemporary Sociolinguistics. Theory, problems, methods*, Amsterdam, Benjamins.
   Una de las introducciones más claras y útiles al campo de la Sociolingüística.
Tovar, Antonio (1961-1984): *Estudios de tipología lingüística. Sobre el euskera, el español y otras lenguas del Viejo y el Nuevo Mundo*, Ed. de J. Bustamante García, Madrid, Istmo, 1997.
   Ensayos de tipología lingüística de una personalidad curiosa y brillante en los estudios interlingüísticos.
Walter, Henriette (1995): *La aventura de las lenguas en Occidente. Su origen, su historia y su geografía*, Madrid, Espasa-Calpe, 1997.
   Presentación completa y atractiva de los avatares y de la situación actual de las lenguas en Europa.
Wurm, Stephen A.; Mühlhaüsler, Peter, y Tryon, Darrell T. (1996): *Atlas of Languages of Intercultural Communication in the Pacific, Asia, and*

the Americas, 2 vols. (vol. I: Maps; vol. II/1-2: Texts), Berlín, Mouton de Gruyter.
La enciclopedia-atlas más completa y llamativa de las lenguas más numerosas y menos conocidas. Excelente fuente de información.

PRÁCTICAS Y EJERCICIOS

1. El fragmento que a continuación se muestra recoge el uso habitual del español por parte de un hablante argentino:

    ¿No te das cuenta? Ésta es una familia de locos. ¿Vos sabés quién vivió en este altillo [a l t í £ o] durante ochenta años? La niña Escolástica. Vos sabés que antes se estilaba tener algún loco encerrado en la pieza del fondo. Escolástica era una loca mansa. ¿Sabés lo que pasó? Vení, mirá: son los restos de la legión Lavalle [l a β á £ e] en la quebrada de Humahuaca.

    Sobre el fragmento, *a)* aplique convenientemente el concepto de *norma* de Coseriu en las vertientes que crea oportunas; y *b)* relacione los elementos subrayados con los correspondientes en la(s) variedad(es) estándar(es).

2. En los dos textos siguientes se alude a diferentes interpretaciones de la noción de *lengua*; *a)* identifíquense los criterios en que se asienta el concepto en cada caso; *b)* relaciónense las concepciones coincidentes en los dos textos, y *c)* indíquese a qué áreas de la Lingüística —de las estudiadas— interesarían esas nociones de *lengua*.

TEXTO 1

No es raro oír hablar de lenguas simples y lenguas complejas, o de lenguas primitivas y lenguas cultas, o, peor aún, de lenguas «con gramática» y lenguas «sin gramática». Sin embargo, la lingüística del siglo XX ha dejado bien claro que no existe nada en la estructura de la lengua que haga que unas sean «mejores» o «más completas» y ni siquiera «más adecuadas para determinadas funciones». Cada lengua es un sistema que puede cumplir perfectamente la función para la que ha sido creado: la comunicación. Y esta función, sea entre los vecinos de un barrio o internacional, puede ser realizada por cualquier lengua: son los factores económicos, políticos, sociales, culturales, etc., los que determinan que una lengua sea usada internacionalmente y otra tenga una base territorial restringida, pero cualquier lengua hablada en el lugar más recóndito de la Tierra podría ser utilizada como medio de comunicación internacional si se pusiesen los medios para ello. No podemos olvidar que lenguas como el inglés o el alemán, que hoy son utilizadas como medios de comunicación en el ámbito de la ciencia, hace poco tiempo que son consideradas adecuadas para ello, mientras que el latín, que sí desempeñaba esta función, es ahora una lengua con ámbitos de uso muy restringidos. Y, más recientemente, podemos ver cómo lenguas consideradas como «primitivas» —como el suahelí en Tanzania, el tagalo en Filipinas o el indonesio en Indonesia, entre otras— están sufriendo una enorme transformación a fin de poder ser usadas como lenguas oficiales en sus países respectivos (Carme Yunyent, *Las lenguas del mundo. Una introducción*, Barcelona, Octaedro, 1993, pp. 15-16).

TEXTO 2

El hablante ingenuo de nuestra época puede seguir considerando su propia lengua superior a otras lenguas; puede seguir pensando que la lengua por él hablada corresponde a la esencia misma de las cosas mejor que otras lenguas; pero los hablantes de lenguas extranjeras ya no son para él «los mudos», «los no hablantes», «los bárbaros»: simplemente hablan *otras* lenguas. Mediante el reconocimiento de otras lenguas, el hombre se ha hecho consciente de su propia historicidad y la pertenencia a una comunidad lingüística es para él algo esencial. Mediante el lenguaje, por tanto, el hombre ha llegado a su historicidad; y hasta ha hecho del lenguaje un símbolo de esta historicidad: las comunidades idiomáticas se han convertido en *pueblos* o *naciones*. Asimismo, se ha reconocido a las lenguas el «status» de objetos históricos. Los antiguos concebían las lenguas de manera inmediata, como modalidades del hablar, es decir, mediante conceptos verbales o adverbiales (cf. ελληνιξειν, *graece [loqui]*); el hombre moderno concibe las lenguas más bien sustantivamente (cf. EL *español*, DAS *Deutsche*, LE *français*, L'*italiano*). El hecho de que esto también entraña riesgos, en particular el de la «cosificación» de la lengua, o sea, del desconocimiento del lenguaje como actividad, es otro aspecto de la misma actitud, que no podemos discutir aquí (Eugenio Coseriu, «El lenguaje y la comprensión de la existencia», en *El hombre y su lenguaje*, Madrid, Gredos, 1977, p. 57).

3. En los enunciados siguientes hallamos evidencia de fenómenos extendidos como «laísmo», «loísmo» y «dequeísmo»:

   Madre, he de decirla que de los gastos del viaje no debe preocuparse.
   Al ministro Belloch lo comunicaron que Roldán se había negado a declarar.
   Pienso de que el partido de esta jornada ha sido uno de los mejores.

   a) ¿De qué modo considera interesantes estos hechos la *Sociolingüística*?
   b) ¿Cómo podrían tener incidencia los resultados del estudio sociolingüístico en pautas (academicistas) de corrección?

4. Considere *a)* en términos prescriptivos, y *b)* en términos sociolingüísticos cada una de las secuencias siguientes:

   La dio un regalo para su madre.
   Si avisarían, alguien hubiese ido a recogerles.

5. Tomando como punto de partida las opiniones de Javier Marías en «Lección pasada de moda» (*Mano de sombra*, Madrid, Alfaguara, 1997, 310-312), considere los beneficios de la presencia de usos lingüísticos reales —que incluyan distintas variedades— en los medios de comunicación (TV y radio) y en los distintos niveles de enseñanza. Reflexione acerca de qué significa *comunicarse en una lengua* (¿«hablar» en esa lengua?, ¿hacerse entender según los contextos e interlocutores?).
6. Sobre el trabajo de Francisco Torres Montes, «Desviaciones de la norma del español peninsular» (en *Estudios AEES*, 47, 1996, 12-19) *a)* clasifique los ejemplos aducidos a partir de factores sociales/situacionales de variación lin-

güística, y *b*) confronte las consideraciones vertidas en el estudio con la visión de Javier Marías en «Lección de lengua» (*Mano de sombra*, Madrid, Alfaguara, 1997, 247-249).
7. Sobre material literario (como puede ser *La colmena* de Camilo José Cela, *El Jarama* de Rafael Sánchez Ferlosio, *El camino* de Miguel Delibes, u otras obras, según sus preferencias) o sobre usos lingüísticos reales, recoja datos que le permitan dibujar una *norma* —sea social o sea individual (en este caso, teniendo en cuenta diferentes contextos comunicativos)—. Procure una descripción estructural de esa *norma*, elabore su *sinstratía* y muestre un panorama de variación *diastrática* comparándola con la *sinstratía* correspondiente a la variedad estándar.
8. El proceso de normalización lingüística en Galicia ha conducido a un incremento notable en el número de conocedores del gallego —sobre todo en las zonas urbanas y casi siempre aprendido como segunda lengua—, pero a un descenso preocupante en el uso de la lengua en la esfera familiar en el ámbito rural. Valore cómo puede afectar esta situación al gallego como *lengua inicial* y a su carácter de *símbolo de identidad*.
9. Las discusiones sobre el *bilingüismo* en las comunidades centran numerosos debates en medios políticos, académicos, y, naturalmente, en medios de comunicación. El artículo de Francesc Vallverdú «Por un bilingüismo equilibrado» (*El País*, 17 de julio de 1996) enjuicia distintas opiniones al respecto desde un punto de vista abierto, integrador y sin olvidar las ventajas del bilingüismo. Determine los elementos y parámetros que definen su postura.
10. En las enciclopedias de lenguas del mundo que se proporcionan en la bibliografía, seleccione tres lenguas de América del Sur, tres lenguas de África y tres lenguas de Europa. Recoja información acerca del número de hablantes y de su distribución geográfico-política en cada caso. Compare las distintas situaciones en lo que concierne a facilidades de pervivencia y a necesidades de planificación.

Capítulo 3

EL LENGUAJE Y SU CARÁCTER SIMBÓLICO

En este capítulo se comprueba la importancia del papel representacional de las lenguas. Puesto que simbolizan lo extralingüístico para hacerlo comunicable, los elementos lingüísticos han de estar ordenados; y es, precisamente, su estructuración sistemática la que permite su análisis y su descripción mediante procedimientos técnicos bien acotados. La faceta simbólica de los hechos lingüísticos ha sido la tradicionalmente cultivada y en mayor medida desarrollada en la totalidad de la Lingüística. No obstante, su valor en el diseño de principios analíticos genuinos y en el perfil de la «autonomía» de la Lingüística no debe oscurecer las coordenadas reales en las que encaja todo proceso de simbolización: primero ha de disponerse de porciones cognitivas que quieren comunicarse, hacerse intersubjetivas, y sólo después surgirá la necesidad de representarlas, de plasmarlas de algún modo. La esfera —abstracta— del carácter simbólico de las lenguas está cimentada en la percepción y en la comunicación. De ahí la ubicación de este capítulo en el conjunto de esta primera parte.

1. **Carácter representacional del lenguaje y organización sistemática de las lenguas. Comunicación y cognición**

Al lado del principio realista básico de que los hechos lingüísticos y las lenguas existen porque comunican, conviene resaltar, en primer lugar, que ese proceso es pertinente por cuanto se transmite conocimiento —de acontecimientos, sensaciones, deseos, inquietudes, o propósitos—; y en segundo lugar, que lo transmitido, ese conocimiento ya compartido, no es sino representación de la realidad o de los referentes tratados. Así que los hechos de comunicación giran siempre alrededor de los procesos de *cognición* y *codificación*. Ciertamente, los mensajes se dan —son relevantes comunicativamente hablando— si comportan conocimiento mediante ordenaciones y estructuración de unidades previamente regladas; pero ¿qué simbolizan, qué representan esas unidades y sus reglas?, ¿de dónde procede lo que se comunica, qué conocimiento se transmite? Los aspectos relativos al carácter simbólico de las lenguas —y, por ende, a los referentes del conocimiento presentado— son elementos indisociables de su naturaleza social y comunicativa, y de ahí su papel clave en la comprensión integral de la actividad de transmisión de información y de la materialidad intersubjetiva de los hechos lingüísticos.

Como hemos señalado anteriormente a propósito del «conocimiento técnico» en Lingüística (cap. 1, §1.1), *conocer* equivale a *representar*, a *hacerse una imagen de*, a *diferenciar marcando límites* entre los objetos y entidades, de modo que siempre que se desarrolla un proceso de conocimiento se establecen *codificaciones* que asocien el referente —lo que se ha discriminado porque se ha conocido— con los rasgos, propiedades o características que lo simbolizan e individualizan.[1] Por tanto, todo proceso de cognición lleva asociado un proceso de codificación, de simbolización, lo que, proyectado en un estadio cero, significa que conocer la realidad va de la mano de adquirir la lengua. Sin entrar de lleno en el tema de la relación «lenguaje-pensamiento» y sin profundizar en los niveles de desarrollo cognitivo y adquisición de la lengua —que tocaremos en el siguiente capítulo—, sí es importante adelantar que la realidad se conoce a través del lenguaje, por su representación en la lengua. Dice E. Coseriu (1966*a*, 18) que no debe pasarse por alto que

> el lenguaje, a pesar de su autonomía, es, precisamente, una forma de conocimiento de la «realidad» extralingüística.

De entrada, pues, el conocimiento transmitido procede de la realidad, tiene su origen en ella: las unidades lingüísticas codificadas simbolizan distintas porciones de la realidad extralingüística una vez conocida y discriminada. Con palabras de E. Coseriu (1966*b*, 45):

> el lenguaje como tal no proporciona información sobre las cosas designadas, sino que sólo puede *representarlas*. La estructuración lingüística es ya conocimiento, pero, precisamente, sólo la primera etapa del conocimiento, un conocimiento sólo diferenciador, en el que algo se aprehende

---

[1]. Podrán ser rasgos físicos (o morales) tratándose de personas; rasgos visuales, de color, tratándose de lugares; o propiedades y utilidades, tratándose de herramientas.

simplemente como en sí mismo idéntico (uniforme) y como diferente de lo demás.

Es importante recordar que estamos refiriéndonos únicamente a un «estadio cero» en el papel cognitivo y simbólico del lenguaje, ya que en fases más complejas podemos hallar representaciones y «modos de conocimiento» que responden a otros cauces (simbolismos matemáticos, químicos, de señales de tráfico, etc.); y podemos, en esos casos, encontrarnos con la dimensión «técnica» del lenguaje, cuando se maneja precisamente para transmitir conocimiento científico. Como señala E. Coseriu (1966b, 64),

> El lenguaje puede definirse como [...] la primera aprehensión del mundo por parte del hombre [...] Y como a p r e h e n s i ó n del mundo, es supuesto y condición de la i n t e r p r e t a c i ó n del mundo [...] La interpretación comienza *en* el lenguaje y *por* el lenguaje. Pero el lenguaje mismo, el lenguaje *como tal*, no es interpretación. Las lenguas contienen, sin duda, mucho, o incluso muchísimo, que es resultado de un pensamiento reflexivo [...] pero en este caso ya no se trata de lenguaje como tal, sino de lenguaje técnico, es decir, de la expresión lingüística de saberes extralingüísticos.

No obstante, hay autores que incluso en el plano científico defienden la importancia crucial del lenguaje:

> There still seems to be a widespread misconception among natural scientists, some of whom claim that language is not necessary for empirical or theoretical research. However, even though the results of information processing in chemistry, mathematics, or astronomy may find their expression in specialized symbols and formulas, the procedures and the relation of findings to other knowledge have to be explained through the channel of language, either in terms of the spoken or the written code, not to speak of the teaching of natural sciences. This basic role of language which may serve the most general purpose (e.g. in everyday communication) and may fulfill the most specialized functions (e.g. teaching mathematics) illustrates the comprehensiveness and flexibility of this sign system (H. Haarmann, 1991, 50).

Puede decirse que la actividad individual de *cognición* se muestra objetiva, y se hace empírica y comprobable cuando mediante las *codificaciones* lingüísticas se comparte en mensajes —se hace pública—; así que *comunicación* y *cognición* son fases indisociables de un mismo proceso, el de intersubjetivizar lo individualmente representado y, por tanto, conocido.

La simbolización, la representación —de la realidad, de los sentimientos, de entidades, o de abstracciones— resulta, pues, clave cuando se delimita conocimiento, cuando ese conocimiento se codifica (sea lingüísticamente o sea de otro modo) y, naturalmente, cuando se comunica. No hay comunicación sin elementos que representen el conocimiento, de ahí que aquéllos hayan de estar organizados, para ese fin, en códigos. Contemplados los hechos lingüísticos desde la perspectiva de la comunicación, el prisma inicial de interés conduce, por tanto, a *objetos de estudio* ordenados y sistemáticos que contienen unidades simbólicas, representantes de referentes variados.

1.1. Cognición y codificación lingüística. Conceptualización y «visión de mundo»

En el mismo sentido en que los modos de conocer o los rasgos que cada uno selecciona para «hacerse la imagen» son distintos y pocas veces coincidentes, también cuando se trata de comprobar la representación que —a través de variados simbolismos— han elaborado los diversos sistemas de comunicación, confirmaremos esa diversidad. En efecto, los sistemas de comunicación (sean verbales o de otro tipo) ofrecen una gama amplia de elementos simbólicos diferentes entre sí por su carácter, por sus cualidades y por su carga referencial. Por ejemplo, la señal de tráfico «dirección prohibida» tiene carácter visual y sólo refiere ese mensaje, mientras que la cadena lingüística /kása/ tiene carácter auditivo y su carga referencial es amplia y diversa (denota todos los objetos que reconocemos como «casa», y denota asimismo «el contraer matrimonio», y hasta puede referir «en zonas seseantes» la «caza»). Incluso entre lenguas hallaremos diferencias notables a la hora de codificar lingüísticamente lo que es la realidad extralingüística; tanto es así que suele afirmarse que las lenguas se distinguen por su diversa parcelación y formalización de la realidad, y es habitual asociar la singularidad lingüística con peculiaridades en la «visión de mundo» de la comunidad, hasta el punto de vincular determinísticamente *percepción* y *codificación*. Por ejemplo, las distintas formalizaciones lingüísticas de términos de color se han ligado a factores de relevancia cromática según el entorno; las formas lingüísticas de relaciones de parentesco se han atribuido a la importancia de líneas hereditarias en algunas sociedades,[2] explicándose en cualquier caso esas codificaciones lin-

---

[2] En sueco se formalizan cuatro significados —*farfar, morfar, farmor* y *mormor*— donde en español se delimitan lingüísticamente dos, *abuelo* y *abuela*.
    Una situación similar la ofrece el latín respecto de los significados *tío* y *tía* del español, ya que son cuatro las parcelaciones lingüísticas según sea el parentesco por vía paterna o por vía materna: *patruus, avunculus, amita* y *matertera*.

güísticas por la percepción del mundo circundante, y limitando —o ampliando, según se mire— las formas lingüísticas o las percepciones dependiendo del entorno cultural. Lo cierto es que la cuestión de la discriminación de colores desde la perspectiva estrictamente lingüística apenas si ha recibido atención cuidadosa. El trabajo ya clásico de B. Berlin y P. Kay (1969), en el que los autores concluían —sobre bases experimentales y con demostraciones diversas— la universalidad de focalizaciones básicas en el espectro de los colores, de modo que la variedad en los términos lingüísticos de color se derivaba de dichos focos, se ha visto matizado y hasta puesto en entredicho por investigaciones posteriores sobre el tema. Así, A. Wierzbicka (1990) explica lo unitario en las percepciones a partir de

> certain universals of human existence and which in this way lend meaning to what otherwise would be no more than a mysterious play of rods and cones in human retina, and of the cells in the neural pathways between the retine and the brain, impenetrable to ordinary human beings and unrelated to anything in their experience or their culture (1990, 145).

Los primitivos conceptuales integran, en opinión de Wierzbicka, elementos abstractos como ALGUNO, ALGO, HACER, SUCEDER, DECIR, LUGAR, TIEMPO, CAUSA, TODO, PARTE, que sin duda se proyectan de modo particular y heterogéneo en formalizaciones lingüísticas dependiendo de las lenguas, o de la parcela de la lengua, en las que se codifiquen. Hay que tener, pues, presentes los «conceptos de entorno» (así denominados por la autora) para lograr una explicación lingüística —de los significados— sobre los términos de color en las lenguas; los conceptos de entorno pertinentes en esta área de la lengua son «fuego», «cielo», «sol», «agua», «vegetación», ya que a través de ellos se canaliza la conceptualización de los colores en las distintas lenguas:

> Color perception is, by and large, the same for all human groupings [...] But color conceptualizacion is different in different cultures, although there are also somo striking similarities» (A. Wierzbicka, 1990, 103).

El significado se obtiene, por tanto, de los prototipos conceptuales a los que los colores se refieran, de manera que los términos rusos *goluboj* y *sinij* no equivalen, sin más, al inglés *blue*, ni tampoco son intercambiables por el japonés *aoi*: mientras en ruso intervienen el «cielo» y la «luz» en la caracterización del prototipo conceptual de los contenidos —de ahí que se reconozcan como 'azul luminoso' y 'azul mate', respectivamente—, en inglés la conceptualización descansa sobre los referentes «cielo» y «agua» (pero no «luz»), y en japonés responde a «cielo», «agua» y «tierra», y de ahí que *aoi* contenga 'azul' —azul «cielo» y azul «marino»—, pero también 'verde' —en las señales de tráfico, o en situaciones de 'verdor' transitorio, por ejemplo, en plantas después de la lluvia—. Asimismo, el término galés *gwyrdd* (que no equivale exactamente al *green* inglés) define su significado a partir del prototipo conceptual en el que intervienen «tierra» y «agua», con referencia a los resultados de la segunda sobre la primera:

> things are growing out of the ground, rain comes, everything gets wet, and then everything glistens with wetness (Wierzbicka, 1990, 118);

la pertinencia de 'lo acuoso' no sólo la halla nuestra autora para explicar el significado de *gwyrdd* en galés, sino que resulta esencial para definir el contenido de *latuy* (frente a *rara?*) en hanunóo (lengua filipina —mesofilipina, del grupo mangiano— que se habla al sur de la isla de Mindoro):

> To understand words such as *latuy* and *rara?* we have to understand the conceptual prototypes to which these words refer. The prototype of *latuy* refers to fresh, juicy plants, whereas the association between redness and dryness can be explained if we assume that the word *rara?* refers, in its semantic structure, to fire and to burning (A. Wierzbicka, 1990, 119).[3]

Como se hace patente, que la relevancia perceptiva no sea idéntica no quiere decir que la capacidad perceptual no sea la misma: podemos no conceder pertinencia a ciertas características o rasgos, pero eso no quiere decir que no los percibamos; y, en el mismo sentido, que una lengua no codifique formalmente ciertas parcelas extralingüísticas no quiere decir que no puedan expresarse lingüísticamente tales referentes.[4] De modo que las diferencias se cifran en lo conceptualizado y co-

---

3. En la misma línea de A. Wierzbicka, de proporcionar explicaciones lingüísticas para reconocer unidad (universales) pero también diversidad en las lenguas, y sin que ello comporte intraducibilidad (la *efabilidad* del signo no se pone en duda en la actualidad), se encuadra el trabajo de J. Lucy (1992), que atiende no sólo a las codificaciones de colores en distintas lenguas, sino también a ejemplos ya habituales en el tema de las 'formalizaciones' y 'peculiaridades de codificación de la realidad', como es el caso de lenguas esquimales con la discriminación de distintas «nieves» por su textura y color (cfr. J. Lucy, 1992, 12 y ss., 148 y ss.).

4. Que el español no disponga, como el alemán, de dos verbos *essen* y *fressen* para reconocer la acción de «comer» en el caso de humanos y en el de animales, no quiere decir que no se perciban las diferencias. Asimismo, que el español formalice un contenido, *abuelo*, frente al sueco, *farfar* y *morfar*, no quiere decir que no se distinga entre línea paterna y materna.

dificado, ya sea por la relevancia perceptiva o ya sea lingüísticamente. La «hipótesis Sapir-Whorf» así llamada (aunque no formulada en sentido estricto por ninguno de los dos autores) ha conducido a lecturas extremas sobre la consideración determinista y relativista de la relación lengua-cultura: sobre la base de la estrecha relación entre «lengua» y «visión/percepción de mundo» se ha llegado a afirmar que sólo es posible percibir las realidades formalizadas lingüísticamente. No obstante, investigaciones recientes rigurosas y detalladas —como las mencionadas, de J. Lucy (1992) o de A. Wierzbicka (1990)— han situado en el lugar debido la concepción de Benjamin Whorf, del mismo modo que ya trabajos previos, como el de R. Brown y E. Lenneberg (1954), lo habían procurado. Las reflexiones de R. Brown y E. Lenneberg (1954, 455) sobre la percepción de los 'tipos de nieve' y su expresión en lenguas esquimales frente a, por ejemplo, el inglés, son de claridad meridiana respecto de las meditadas ideas de B. Whorf:

> The Eskimo's three «nows» are sufficient evidence from which to infer that he discriminates three varieties of snow [...]
> What can be said of the English speaker's ability to distinguish the same three kinds of snow? [...] The fact that English speakers do not have different names for several kinds of snow cannot be taken to mean that they are unable to see the differences.
> Whorf himself must have been able to see snow as the Eskimos did since his article describes and pictures the referents for the words.

En efecto, ni B. Whorf ni E. Sapir llegaron a defender posturas extremas sobre la conexión entre lengua y visión de mundo. E. Sapir (1921, 247-248) llega a poner en duda la relación causal entre lenguaje y cultura:

> no creo tampoco que exista una verdadera relación causal entre la cultura y el lenguaje. La cultura puede definirse como *aquello* que una sociedad hace y piensa. El lenguaje, en cambio, es un *cómo* peculiar del pensamiento [...].
> Mientras no se descubran y expongan tales esquemas puramente formales de la cultura, lo mejor que podemos hacer es mantener separadas la corriente del lenguaje y la de la cultura [...] Es decir que son del todo inútiles los intentos de relacionar ciertos tipos de morfología lingüística con determinadas etapas paralelas de desarrollo cultural.

En síntesis, el proceso de comunicación debe ser contemplado desde la perspectiva de cognición y conceptualización que supone «lo que se transmite», y desde la vertiente de codificación que exigen los elementos simbólicos empleados para ser comprendidos intersubjetivamente. La faceta social, en la que hallamos plasmación de lo percibido y conceptualizado a través de lo codificado, sigue siendo imprescindible para acercarse de manera realista a la semiótica de los sistemas de comunicación (sean de lenguas orales o sean de otro tipo).

1.2. Bases semióticas de la comunicación: sistemas verbales y no-verbales

Junto al sustento en «lo compartido» que se atribuye al *código* desde un prisma exclusivamente social, su importancia se cifra ahora —desde la perspectiva de su función *representacional*— en la constitución y las dimensiones simbólicas que lo caracterizan. Parece, así, conveniente centrar en tres cuestiones las vertientes de interés de la semiótica de los códigos. En primer lugar, ¿qué eje orienta la codificación: el entorno cultural, la percepción cognitiva o la lengua? En segundo lugar, ¿qué simbolizan los códigos: unos modos culturales —de percibir, de conceptualizar, de «ver el mundo»—, el conocimiento de la realidad —sea conocimiento común o sea científico—, o valores predominantes en una comunidad? Y, en tercer lugar, ¿qué se codifica, la realidad, el conocimiento, o la lengua?

El deseo de dar respuesta a esos interrogantes ha propiciado el desarrollo de la *Semiótica*, disciplina que se ocupa de la sistemática, organización, bases referenciales y función de los códigos en diferentes medios.[5] Dependiendo precisamente de los «medios», encontraremos distintos ejes orientadores de los códigos: en el caso de coordenadas artísticas —cine, literatura, artes plásticas—, el predominio de la creatividad exige definir el valor de los símbolos manejados por los autores para comprender sus obras; si se trata de símbolos míticos y religiosos, serán la historia y la cultura las piedras de toque para interpretar esos códigos; mientras que en los estadios iniciales de aprendizaje, serán los símbolos lingüísticos los que orienten la conceptualización primera de la realidad. Como es natural, las bases referenciales de las unidades, de las reglas para conformarlas y para combinarlas, o de las construcciones simbólicas más complejas, son muy variadas, si bien siempre remi-

---

5. No vamos a discutir sobre la extensión y las bases precisas e intensionales que hayan de corresponder al campo de la *Semiótica*. Reconocemos el interés que para el área tienen los elementos simbólicos y los valores (independientemente de la órbita en que funcionen) compartidos. La definición de Umberto Eco (1968, 40) refleja esa concepción: «la semiótica estudia todos los procesos culturales como procesos de comunicación; tiende a demostrar que bajo los *procesos* culturales hay unos *sistemas*; la dialéctica entre sistema y proceso nos lleva a afirmar la dialéctica entre código y mensaje» (cfr. también U. Eco, 1976, 50 y ss.).

ten en última instancia a hechos culturales —sean creativos o artísticos, sean creencias y valores, o se trate de conocimiento especializado— contemplados en un proceso particular de cognición. Así, en la composición de los códigos lingüísticos hallamos elementos (palabras, o, más técnicamente, *signos*) y construcciones (oraciones, discursos) cuyos referentes están en la realidad extralingüística; en el caso de códigos matemáticos, sus símbolos refieren operaciones y unidades en un ámbito singular de saber y cognición; y tratándose de códigos de valores —de respeto o de relaciones interpersonales, por ejemplo— que funcionan en una sociedad, hay que buscar las referencias de los comportamientos y de las acciones en la tradición cultural y en la organización de la comunidad.[6]

Como consecuencia de la diversidad de medios para perfilar símbolos y de la multiplicidad de referentes que éstos denotan, además de reconocer que en los distintos códigos hay representación y formalización de materias y entidades variadas, se comprueban asimismo distintos niveles de codificación, desde el estadio de la realidad hasta el de las ideas y el del conocimiento más abstracto. De manera que, efectivamente, se codifica la realidad, ya sea conceptualizándola —reconociéndola en sus partes—, ya interpretándola —mediante códigos culturales o científicos—, o recreándola —códigos artísticos—; pero también se codifica el conocimiento a través de los distintos sistemas de simbolización manejados en cada área del saber: pensemos en las fórmulas químicas o en los símbolos matemáticos; y se codifican asimismo las lenguas mediante signos y estructuras peculiares en cada caso. Hay, incluso, símbolos que representan otros símbolos, lo que es característico de los llamados *códigos sustitutivos* como la escritura, el código Morse, o el Braille.

El interés por la naturaleza representacional de los códigos comunicativos se ha ceñido —según el sustento general de la *Semiótica* en significados culturales, y teniendo en cuenta las ilustraciones hasta ahora manejadas— a la comunicación humana; y sin embargo no podemos sustraernos a la evidencia de «comunicación» o de «indicadores» en el mundo de los seres vivos.[7] También en esas esferas funcionan

---

6. Conviene no perder de vista que estamos ejemplificando desde un prisma general, sin entrar en el pormenor de que los códigos son en buena parte de los casos «mixtos», ya que su riqueza y densidad radica en gran medida en la combinación de referentes procedentes de fuentes variadas. H. Haarmann (1991, 45) afirma rotundamente que: «The diversity of sign system is greater, the more differentiated the level of social evolution in a community. Consequently, the greatest variety of sign systems, both language and non-language related, is found in modern industrialized society.»

7. El campo de la *Zoosemiótica* es un terreno que suscita gran interés y curiosidad; la labor de Thomas Sebeok ha resultado clave en el ámbito (cfr., por ejemplo, Sebeok, 1977), pero en los últimos años una pléyade de especialistas ha llevado a cabo trabajos ciertamente sugerentes y atractivos sobre la comunicación animal (cfr. al respecto las en-

elementos transmisores de información: hay entre los animales y en el mundo vegetal señales que significan, que comportan contenidos y mensajes; se trata, pues, de símbolos que reflejan estados, acontecimientos o situaciones, de manera que en esa señalización y representación están sin duda comunicando. Desde los indicadores llamativos y cromáticos de los vegetales con el fin de facilitar el transporte del polen mediante la atracción de los insectos, pasando por la danza de las abejas para localizar la fuente de néctar y su cantidad, y por los gritos de algunos animales que comportan llamadas de peligro o apareamiento, hasta llegar a supuestos «diálogos» en el caso de delfines o de algunos primates, en cualquier caso nos encontramos con elementos simbólicos que soportan mensajes variados.

Que la transmisión de información descanse en la presencia de símbolos codificados, no debe inducir la creencia de situaciones equivalentes en lo que concierne a la capacidad, organización y alcance funcional entre los distintos sistemas de comunicación de los seres vivos sociales. A este respecto, los contrastes plasmados por —entre otros— Charles F. Hockett y S. Altmann (1968) y David McNeill (1970) evidencian esas diferencias formales y funcionales a partir de una serie de parámetros. En concreto, la comparación de D. McNeill enfrenta al lenguaje oral la danza de las abejas, el canto de la alondra, las llamadas del gibón y los fenómenos paralingüísticos, manejando para ello 13 rasgos (vid. cuadro 3A), de los cuales resulta decisivo para individualizar el sistema lingüístico humano el denominado «dualidad de estructuración». En efecto, la característica estructural de organización interna de las lenguas verbales que las define por articular sus unidades (los *signos*) de dos modos diferentes, no se halla en los sistemas de comunicación animal. Por otra parte, y recogiendo el parámetro de la «reflexividad» —que no se contempla en el contraste de McNeill, pero sí en la propuesta de Ch. Hockett & S. Altmann (1968)—[8] también las lenguas humanas se diferencian de los sistemas de comunicación animal, en

---

tradas *Invertebrates: Communication*, *Apes and Language*, *Animal Communication*, *Fish: Communication*, *Honey Bees: Dance-Languages*, *Primate Communication* en R. Asher (ed.) (1994)).

8. Ch. Hockett y S. Altmann (1968) manejan 16 propiedades —todas ellas presentes en las lenguas humanas orales— que sirven de marco de referencia para establecer el contraste entre distintos sistemas de comunicación animal. Se trata de las siguientes características: 1) canal auditivo-vocal, 2) transmisión irradiada y recepción direccional, 3) transitoriedad, 4) intercambiabilidad, 5) retroalimentación total, 6) especialización, 7) semanticidad, 8) arbitrariedad, 9) carácter discreto, 10) desplazamiento, 11) carácter abierto, 12) transmisión tradicional, 13) dualidad, 14) prevaricación, 15) reflexividad, y 16) capacidad de ser aprendido. La importancia de esta propuesta podemos comprobarla si atendemos a los parámetros utilizados por D. McNeill (1970) y reflejados en el cuadro 3.1: recurre a las 13 primeras características de Hockett y Altmann.

CUADRO 3.1

	Danza de la abeja	Canto de la alondra de la pradera occidental	Llamadas del gibón	Fenómenos paralingüísticos	Lenguaje
1. Canal auditivo-vocal	No	Sí	Sí	Sí	Sí
2. Tramsmisión irradiada y recepción direccional	Sí	Sí	Sí	Sí	
3. Desvanecimiento rápido (transitoriedad)	?	Sí	Sí repetido	Sí	Sí
4. Intercambiabilidad	Limitada	?	Sí	En gran parte sí	Sí
5. Retroalimentación total	?	Sí	Sí	Sí	Sí
6. Especialización	?	Sí	Sí	Si?	Sí
7. Semanticidad	Sí	En parte	Sí	Si?	Sí
8. Arbitrariedad	No	Sí, si es semántica	Sí	En parte	Sí
9. Carácter discreto	No	?	Sí	En gran parte no	Sí
10. Desplazamiento	Sí, siempre	?	No	En parte	Sí, a menudo
11. Productividad	Sí	?	No	Sí	Sí
12. Transmisión tradicional	Probablemente no	?	?	Sí	Sí
13. Dualidad de estructuración	No	?	No	No	Sí

este caso por motivos de alcance funcional, ya que la capacidad de referirse a sí mismo sólo es posible en el lenguaje humano.[9] En definitiva, la naturaleza y cualidades de los elementos del código y lo que de ello derive sobre sus posibilidades de estructuración resultan determinantes para definir las características semióticas del sistema. Se hace, pues, imprescindible establecer clases y tipos de elementos simbólicos con objeto de —al mismo tiempo— justificar diferentes vías de representación y codificación.

1.2.1. *Elementos del código: tipos de señales*

Los criterios utilizados para ordenar las unidades y los cauces de simbolización han resultado de la atención a la variedad de modos de «compartir», «codificar» y transmitir conocimiento, a los principios de interacción —social y cultural—, a la lengua, y a la creatividad. Una de las pautas que se han seguido se centra en el *canal* de transmisión y distingue entre sistemas orales, visuales, gestuales, auditivos, y táctiles, con la consiguiente necesidad de reconocer símbolos de diferente formato en cada sistema. Son sistemas orales las lenguas o los silbos, con elementos tales que, no obstante su presentación secuencial, responden a límites discretos exigidos para su discriminación; son visuales las artes plásticas, con cualidades espaciales, cromáticas, dimensionales, estéticas, en sus símbolos; son gestuales las lenguas de signos, con símbolos configurados en ciertas disposiciones corporales; son auditivos la música o las señales (de tráfico) acústicas, con elementos definidos por cualidades sonoras específicas; y son táctiles los sistemas de comunicación escrita para ciegos, como el Braille, con señales caracterizadas por sus perfiles y punteado. Un segundo criterio atiende a la *representación o meta-representación* de los elementos del código, de modo que se diferencia entre códigos directos y códigos sustitutivos. Estos últimos reflejan elementos de otro código: las grafías son símbolos de los sonidos; y el deletreo manual simboliza la escritura, que a su vez está en representación de los sonidos. Pero el criterio más productivo y relevante en esta clasificación de señales es el que alcanza a la *relación de los símbolos*

---

9. Otras diferencias de alcance funcional entre, por ejemplo, el lenguaje de las abejas y el lenguaje humano radican en la intercambiabilidad, el diálogo y la diversificación, y el carácter ilimitado de los mensajes. No obstante, estudios recientes demuestran la complejidad y diferenciación contextual de la información en el caso de animales, y así, elementos visuales, olfativos, táctiles, etc., determinan los mensajes y la orientación de la comunicación. Según el ave que esté escuchando, el mensaje será interpretado de un modo u otro: la hembra se sentirá atraída por el canto de un macho de su especie; además, el canto de los machos se interpreta de distinto modo por parte de los machos que ya están instalados y por parte de los que buscan nuevo territorio (cfr. R. Demers, 1988).

con los referentes, según que sea o no natural, y según la motivación y fundamento más o menos arbitrario del símbolo, lo que da lugar a la distinción —en el conjunto de señales— entre *indicios*, *símbolos* y *signos*.

Los *indicios* (o *síntomas*) son indicadores naturales —puesto que son consecuencia— de las realidades que reflejan: la fiebre, por ejemplo, es síntoma de infección, y el humo lo es de fuego. En estos casos hay un vínculo natural entre el símbolo y la realidad representada.

Los *símbolos* y los *signos* son representantes elaborados de los referentes que denotan; se dice que tienen carácter convencional porque su función significativa se obtiene en el marco de valores que corresponde al código del que forman parte: la atribución de «precaución» al color ámbar se sustenta en el subsistema de las señales de tráfico y por contraposición a «vía libre» adscrita al color verde y a «prohibido el paso» en el color rojo. La distinción entre *símbolos* y *signos* se ha hecho descansar en la «transparencia» y la «opacidad» con que se reflejan los referentes respectivos: tratándose de símbolos, estaremos ante representaciones de la realidad inmediatamente legibles e interpretables, mientras que si son signos, los elementos semióticos no mantienen una relación translúcida con la realidad denotada, por lo que resulta imprescindible conocer el vínculo *arbitrario* para interpretar las significaciones de tales signos. Por ejemplo, la señal de tráfico

indicadora de «precaución: escuela, niños» resulta clara y transparente en su significado, lo mismo que las señales

«salida de emergencia» y «escaleras mecánicas» en unos grandes almacenes; por contra, la señal de tráfico «dirección prohibida»

o la cadena fónica /líbRo/ no permiten una interpretación inmediata de los referentes, sino que obligan a entrar en los correspondientes códigos para describir los vínculos arbitrarios entre lo denotado y los signos.

1.2.2. *Arbitrariedad e iconicidad en las codificaciones*

Aunque la relación con los referentes ha servido de base para establecer la distinción entre *símbolo* y *signo*, no obstante, los límites entre *arbitrariedad* e *iconicidad* no se han mostrado nunca suficientemente precisos.[10] De un lado, la mayoría de los símbolos exigen —para aceptar su significación transparente— conocer previamente los valores que funcionan en la sociedad en la que dichos símbolos disfrutan de interpretación directa; así, para llegar a los mensajes contenidos en los ejemplos anteriores hay que situarse en el marco de comunidades desarrolladas que cuentan con escuelas y grandes almacenes.[11] De otro lado, hay señales que fueron símbolos en algún momento y que en la actualidad han perdido la carga de transparencia porque ha evolucionado el entorno —en sus hábitos, en la vertiente social, o en el plano cultural—; Raffaele Simone (1990, 36) explica el signo «sábado» en la lengua de signos española

---

10. La polémica sobre la arbitrariedad de los elementos y de las construcciones lingüísticas, presente a lo largo de la Historia de la Lingüística detrás de las etiquetas de «convencionalistas» y «naturalistas», se agudizó con el desarrollo de los presupuestos estructurales. Las matizaciones de É. Benveniste (1939) a la naturaleza del signo lingüístico incidieron en la importancia de considerar los vínculos con los referentes. Asimismo, las concepciones de Ch. Peirce y Ch. Morris (cfr. Morris, 1938) acerca de la relevancia icónica de los elementos representacionales y el reconocimiento de la variedad de sistemas simbólicos reales, que contienen elementos mixtos y muy diversos, han provocado que la cuestión aparezca desdibujada, ya que antes que límites precisos, lo que ofrecen los sistemas comunicativos son gradaciones y mezclas de arbitrariedad e iconicidad.

11. En esta misma línea están símbolos como la cruz (o media luna) roja, la cruz verde de la farmacia, o las inscripciones en escudos y banderas, cuya posible iconicidad sólo se hace transparente si se conocen las convenciones o los valores culturales a los que aluden.

SÁBADO

opaco ahora, pero probablemente transparente si tenemos en cuenta que

representaba con un cierto grado de iconicidad un rasgo que se consideraba típico de los sábados, o sea, el afeitado.

Esa variación de los símbolos y signos en la relación icónica o arbitraria con los referentes dependiendo de los valores culturales circundantes se manifiesta asimismo si comparamos una configuración sígnica idéntica en dos lenguas de signos, como la americana y la china: la misma forma que para los americanos significa «secreto», para los chinos refiere «padre»; la misma forma que para los americanos significa «empujar», para los chinos denota «ayudar» (*vid*. D. Crystal, 1991, cap. 35).

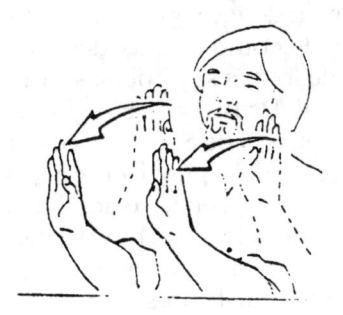

Hay, en fin, en los diferentes sistemas comunicativos dosis variadas de símbolos y de signos —las ilustraciones propuestas tomadas del código de circulación y de las lenguas de signos lo evidencian—, de modo que la cuestión de la *iconicidad* y la *arbitrariedad* ha de contemplarse desde la perspectiva de un *continuum* antes que en términos discretos de fronteras y límites marcados y definitivos.

Si bien en el conjunto de sistemas de comunicación se ha operado con la asunción del *continuum* y con la mezcla entre rasgos icónicos y rasgos arbitrarios, en los sistemas de representación correspondientes a las lenguas verbales se ha venido defendiendo desde Saussure el carácter arbitrario de los signos lingüísticos, tanto en lo que se refiere a su relación con la realidad denotada como en lo concerniente a la propia constitución interna del signo. En efecto, F. Saussure (1916, 88), después de admitir la importancia del proceso cognitivo —por el cual la lengua no es sin más una nomenclatura— concibe el *signo lingüístico* como unidad configurada por un *significante* (o «imagen acústica») y un *significado* (o «concepto»), y dice que

> El lazo que une el significante al significado es arbitrario; o bien, puesto que entendemos por *signo* el total resultante de la asociación de un significante con un significado, podemos decir más simplemente: *el signo lingüístico es arbitrario* (1916, 90);

aunque aclarando que por *arbitrario*

> queremos decir que es *inmotivado*, es decir, arbitrario con relación al significado, con el cual no guarda en la realidad ningún lazo natural (1916, 91).

Además, Saussure ciñe el interés de los signos al *valor* que les corresponde en el sistema del que forman parte (*vid*. 1916, cap. IV, 2.ª parte) y apenas concede importancia a casos de dudosa arbitrariedad como las onomatopeyas o las exclamaciones (cfr. 1916, 91-92), de modo que su visión de los signos lingüísticos se fundamenta en justificar estas unidades como *formas* definidas antes por sus relaciones en el sistema —de lo que se obtiene su valor— que por sus vínculos con los referentes. F. Droste y J. Fought (1993) señalan un prisma *intensional* en la propuesta de Saussure centrada sobre todo en la relación entre las dos facetas del signo, frente al prisma *extensional* de otras aproximaciones interesadas en la relación entre signo y realidad. Para estos autores, la cuestión de la «arbitrariedad« e «iconicidad» ha de contemplarse cuidadosamente en cada una de esas dimensiones —interna y externa—, puesto que la presencia de dichas características es peculiar si tenemos en cuenta sólo el signo o si, por el contrario, consideramos el signo en relación con la realidad denotada.

La importancia atribuida a la *arbitrariedad* desde el prisma interno de la constitución de los signos —de manera que el sistema lingüístico se presenta como autónomo e inmanente— ha traído como consecuencia la desconexión de la lengua respecto de la realidad, o, planteándolo en términos más rigurosos, ha dado lugar a la desconsideración y al desprecio de aspectos y factores sustanciales por «externos», «no sistemáticos» y «extralingüísticos». La relación del signo con su referente no ha recibido la atención precisa desde la aproximación saussureana porque lo urgente era delimitar con rigor un objeto de estudio preciso para la Lingüística. Derivaciones y extensiones de los planteamientos estructurales inmanentes y autónomos hicieron ver, paulatinamente, la necesidad de complementar —e incluso fundamentar— el estudio interno de los sistemas lingüísticos con la investigación sobre las sustancias y las realidades denotadas por los elementos sígnicos. El Círculo Lingüístico de Praga y la lingüística estructural de corte «realista» desarrollada por E. Coseriu son buenos ejemplos de esa complementación.[12] Pero ha sido en la Lingüística más reciente cuando con mayor énfasis se ha insistido en el papel de la iconicidad en las lenguas, si bien no restringiendo la motivación al signo tomado individualmente, sino contemplándola en las expresiones lingüísticas, y sobre la base de las limitaciones inherentes a un planteamiento únicamente arbitrario, que no daría cuenta de que, por ejemplo, el orden lingüístico (obligado o no) transparenta en muchos casos el discurrir real de los acontecimientos, y así el español «Sigue así y ya verás» o el latín «Veni, vidi, vici» responden a secuenciaciones reales mostradas icónicamente en las expresiones lingüísticas. Asimismo, los ejemplos típicos de reduplicación, *requetebién*, *tatarabuelo*, *rico-rico*, son ilustraciones de iconicidad en las lenguas; pero también se toman algunas características fónicas como indicadores 'naturales' de fluidez ([r]), pequeñez ([y]); y hay, sobre todo, señales claras de propósitos comunicativos especiales, como el volumen de la voz, o la rapidez del discurso (cfr. R. Simone, 1990, 59 y ss., y 1995*b*, 157 y ss.).

La reivindicación de aspectos icónicos en las lenguas se ha dado a la

---

12. Como veremos en el §2 y, sobre todo, en el §3 de este capítulo, la corriente estructural del Círculo Lingüístico de Praga fue pionera en el interés por los «usos» y por los valores que adquieren las expresiones en la praxis comunicativa. Por su parte, E. Coseriu (1954, 219) considera básica la relación entre *sustancia* y *forma* para llegar a unidades justificadas en la descripción lingüística: «no hay que eludir las "cosas", sino que, al contrario, hay que "ir hacia las cosas", porque las esencias no se hallan "más allá" o "detrás" de los fenómenos, sino *en* los fenómenos mismos: los fenómenos *las* manifiestan. En este plano, justamente, *lo mórfico se comprueba en lo hilético*, la "forma" es manifestada por y en una "sustancia", así como, por otra parte, lo hilético alcanza la cognoscibilidad sólo gracias a lo mórfico».

Y, en otro lugar (1954, 167-168), reconoce la necesidad de vincular estrechamente *Fonética* y *Fonología*, dado que «el estudio de la llamada "sustancia" implica un conocimiento previo de la "forma", y que el estudio de la "forma" no puede hacerse sin referencia a la "sustancia" fónica».

De ahí que concluya, «el punto de vista de la fonética es necesariamente lingüístico —puesto que no se ocupa de los "ruidos"—, y su finalidad no es la de describir ciertos sonidos *como tales*, sino *como lenguaje* [...] no es ciencia de una "sustancia" simplemente acústica, sino de una sustancia organizada lingüísticamente» (E. Coseriu, 1954, 168).

par del progreso en la orientación «tipológica» de base empírica, con el enfoque realista y «natural» que la caracteriza;[13] y es que han sido precisamente los datos proporcionados por los diferentes sistemas lingüísticos los que han servido para perfilar principios de «naturalidad» (o «iconicidad») en marcos de convención. Se ha llegado, así, a reconocer rasgos icónicos debidos, en primer lugar, al *physical determinism*:

> the constraints imposed by the psycho-physical equipment of speakers, their bodily nature, their way of processing knowledge and viewing the world (R. Simone, 1995a, x);

debidos, en segundo lugar, a la *depictional demand*:

> the need for the event(s) talked upon to be somehow reflected in language, with the immense evolutionary advantage for our species to be able to inspect linguistic utterances instead of things. As a consequence of this demand, a certain degree of diagrammaticity seems to be compulsory in syntax if we want to 'read' states of affairs in utterances rather than in the outside world (R. Simone, 1995, x);

y debidos, en tercer lugar, al *principle of predicative effectiveness*:

> this impels users of (both verbal and gestural) languages to prefer linguistic choices that are more effective for them, i.e. that more vividly render some aspects of the world described or that express more neatly their own hierarchy of relevance (R. Simone, 1995a, x).

Parece, pues, que hay indicadores transparentes, icónicos, en las lenguas que aclaran los propósitos y funciones comunicativas; tanto es así que, en opinión de Thomas Givón (1995, 48),

> If structure is not arbitrarily wired in, but is there to perform a function, then structure must in some way reflect —or be constrained by— the function it performs.

Es, precisamente, el objetivo comunicativo el que ordena, según distintas reglas, el grado de iconicidad de las expresiones lingüísticas. Los principios de «relevancia» (cfr. N. Sperber y D. Wilson, 1986), de «ge-

---

13. Se habla de «sintaxis natural» (cfr. J. Haiman, 1985), de «morfología natural» (cfr. W. Wurzel (1984), J. Bybee [1985]), de «fonología natural» (cfr. B. Hurch y R. Rhodes [eds.] [1991]), lo que quiere decir que el punto de partida lo constituyen las sustancias, las secuencias reales, sobre las que se trabaja para establecer sistematizaciones, y también explicaciones icónicas a partir de ciertos principios reguladores de la comunicación (generalidad, relevancia, cantidad, proximidad, etc. (Cfr. J. Bybee [1985] y T. Givón [1995]).

neralidad» (cfr. J. Bybee [1985]), de «cantidad», o de «proximidad» (cfr. T. Givón [1995]), organizan la transparencia de las secuencias respecto de la realidad que objetiva y funcionalmente quieren transmitir. Sin duda, esa posibilidad de reflejar traslúcidamente —o de esconder ironizando o prevaricando— propósitos e intenciones en los mensajes y mediante elementos inmediatamente perceptibles no es sino resultado, como indica R. Simone,

> de la huella del usuario que las lenguas en sí llevan grabadas; por eso, se puede quizás pensar que un estudio profundo de la iconicidad puede aclarar en cierta medida los mecanismos globales de la cognición humana (Simone, 1990, 61).[14]

Las distintas parcelaciones y distribuciones de los pronombres demostrativos, de los pronombres personales, o de las formas temporales, que se codifican de modo particular en distintas lenguas, son excelentes ejemplos de motivaciones representacionales por dar cabida a porciones cognitivas más o menos específicas. H. Haarmann, en su excelente y ameno estudio sobre la relatividad de los signos pone de relieve una serie de parámetros («cognitivos») que intervienen en la formalización de los elementos deícticos en las lenguas (1990a, cap. 3 §1.10). Entre otros, son de destacar los siguientes: campo de visión, relaciones espaciales, determinación de lo mostrado y respeto. En esquimal de Groenlandia el sistema demostrativo es extremadamente complejo, ya que se codifican distinciones cognitivas espaciales muy particulares (*avane* «al norte», *qamane* «aquí mismo», *mâne* «aquí», *qavane* «al sur», *uvane* «allí», etc.), que además se combinan con la perspectiva, sea del emisor, sea del receptor, o sea desde lo mostrado y en relación con el receptor. En esquimal de Siberia se trasluce la precisión y el carácter definido de lo mostrado, y así *k'agna* «eso, indefinido», *amna* «aquello, no visto, desconocido», *imna* «aquello, ausente, en el pasado, desconocido». En español, las connotaciones enfáticas tienen incidencia en el valor despreciativo de *éste* cuando se refiere a personas: *Lo ha explicado éste*; *La chaqueta es de éste*.

La aproximación realista a los hechos lingüísticos (gramaticales, sobre todo), con el revulsivo de los aspectos *icónicos* presentes en las estructuraciones lingüísticas, viene admitiendo, no obstante, la pre-

---

14. Autores como Droste y Fought (1993) reconocen una categorización motivada desde la lengua y hacia la realidad, es lo que denominan «conceptuality»: «it is linguistic thinking that creates the means to handle the unruly material reality offers us» (1993, 191); de modo que «The *cat* means CAT and *dog* means DOG is indeed intentionally unmotivated [...]. However, that the sign *cat* isolates a single entity in reality and the sign *cats* creates a set depends on our way of looking at the world around us —that is, a linguistically based way of seeing an experiencing» (Droste y Fought, 1993, 195).

sencia de la *arbitrariedad* y de otros parámetros que resultan fundamentales en la descripción de los fenómenos y en la comprensión de las lenguas como sistemas.[15] Y es que, sin lugar a dudas, las discusiones actuales acerca de la *iconicidad* y *transparencia* de las expresiones lingüísticas no podrían plantearse si previamente no se hubiera prestado la debida atención a la *arbitrariedad* de los signos lingüísticos. La consideración semiótica de las lenguas ha de conducirse, primero, a través del carácter inmotivado de los elementos sígnicos, de modo que el sistema en su organización interna pueda sostenerse en sí mismo, a base de *formas* y *relaciones*. En una fase ulterior del estudio semiótico será posible y necesario acudir a los cauces de conexión entre las expresiones lingüísticas y los entornos (sociales, culturales, comunicativos), con objeto de aquilatar el carácter representacional que pudiera corresponderles al estar regulada su variedad por diferentes reflejos de la realidad con propósitos comunicativos específicos.[16]

El *continuum* de «iconicidad-arbitrariedad» presente en las lenguas se justifica porque, como explícitamente señala José A. Marina (1998, 190), «el lenguaje procede de la experiencia y remite a la experiencia». Como es natural, en los estadios más cercanos a la percepción consciente de la realidad y a su representación translúcida con intenciones comunicativas e interaccionales sobre los interlocutores es en donde hallamos las mayores dosis de motivación y de iconicidad. No es extraño, pues, que lo icónico figure y sobresalga cuando se considera el uso individual de la lengua, con ciertos propósitos comunicativos, y que de ello se concluya que «el hablante se retrata cuando habla». Tanto es así que ni siquiera ciertas expresiones leídas «representan» lo mismo que si son pronunciadas; a este respecto, dice José A. Marina (1998, 147):

> El proceso de autonomización del lenguaje ha hecho que hablemos del significado como de algo que estuviera pegado a la palabra como una etiqueta o como la dirección en una carta. «A significa B». Pero es evidente que no significa lo mismo una palabra leída que una palabra pronunciada. «Te amo», leída, es una expresión que puede analizarse lingüística-

---

15. En la calidad *mixta* del sistema, por la intervención de diferentes parámetros en la constitución de los elementos y en la ordenación de las estructuras, insiste W. Dressler (1995) al estudiar diferentes dimensiones y sentidos de la *iconicidad*.
16. U. Eco (1976 §3.5) critica la prevalencia de la *iconicidad* y afirma la necesaria presencia de la *arbitrariedad* a través de la convención: «Los signos icónicos están motivados y regidos por convenciones; a veces siguen reglas preestablecidas, pero con mayor frecuencia parecen ser ellos los que instauran reglas» (1976, 323); y es que «incluso en los casos de representación más 'realista' se pueden individuar bloques de unidades expresivas que remiten no tanto a lo que SE VE del objeto, sino a lo que SE SABE o a lo que se ha aprendido a ver» (1976, 313).

mente. Dicha es un acto de un sujeto que expresa una declaración, que es falsa o verdadera, precipitada o seria. ¿Comprender es captar el significado de un signo o captar la intención de una persona?

Sin duda, la carga más importante de iconicidad en la lengua corresponde al sujeto, al individuo que la maneja y al receptor que comprende porque percibe los símbolos motivados e intencionales de los mensajes.

2. **La estructura semiótica de las lenguas**

La aproximación estructural delineada en la Lingüística europea —y, asimismo, extendida y proyectada de modo singular en la Lingüística americana— desde los años veinte y a partir de la obra clave de Ferdinand de Saussure *Cours de Linguistique Générale* publicada en 1916 permitió afrontar el estudio de la constitución semiótica del lenguaje con garantías de rigor, objetividad y justificación. De manera que los pilares se cimentaron en torno a las unidades-eje de representación en las lenguas, los *signos*, teniendo en cuenta su papel en la emergencia de los sistemas, atendiendo a su conformación y contemplando sus relaciones y su valor en el entramado. Pero, además, desde perspectivas de uso —que consideran la sistematicidad y la carga simbólica más allá de los *signos* individuales— adoptadas por corrientes complementarias del enfoque estructural más ortodoxo (como son el Círculo Lingüístico de Praga —desde sus primeros cultivos en Fonología que datan de 1924, pasando por trabajos posteriores sobre «dimensiones» de los usos y sobre valores informativos de las estructuras gramaticales, hasta las aportaciones más actuales sobre intenciones y propósitos simbolizados en los discursos— o la concepción «realista» de Eugenio Coseriu plasmada en sus numerosas y fértiles contribuciones), el estudio semiótico se ha visto incrementado por el valor, la carga simbólica, el peso funcional, que cabe atribuir a las expresiones complejas y a los usos lingüísticos (en los que obviamente intervienen *signos*).

2.1. LA CONSTITUCIÓN INTERNA DE LAS LENGUAS. LOS PRINCIPIOS
DE ANÁLISIS ESTRUCTURAL

La atribución a la Lingüística de un objeto de estudio claramente perfilado y metodológicamente accesible y describible, que es propia del planteamiento estructural saussureano (cfr. Saussure, 1916, cap. III «Introducción»; *vid*. §1.1.1 del capítulo 2 de este Manual), conduce naturalmente a la concepción de ese objeto —la *langue*— como un sistema, como un conjunto de elementos sígnicos ordenados y estructurados, en donde la piedra de toque para justificarlos la constituye el *valor* que les conviene como *formas* que son (cfr. Saussure, 1916, cap. IV, 2.ª parte). Según F. Saussure, la *lengua* se constituye «entre dos masas amorfas» —el pensamiento y el sonido—, elaborando sus unidades de modo arbitrario,

> en el terreno limítrofe donde los elementos de dos órdenes se combinan; *esta combinación produce una forma, no una sustancia* (1916, 142).

Dichos elementos no son, pues, materiales sino *formales*, identificados y definidos por su *valor* —por las relaciones y diferencias que mantengan— en el sistema lingüístico del que formen parte.

Para lograr en la vertiente descriptiva la correspondiente proyección y utilidad de las consideraciones teóricas —de modo que se obtengan resultados analíticos de unidades *formales* con sus *valores* en el sistema—, en la corriente estructural se aplican ciertos procedimientos y herramientas metodológicas que facilitan la delimitación justificada de tales unidades. Se trata de los principios de *oposición, funcionalidad, sistematicidad* y *neutralización*, que, ejecutados convenientemente sobre el habla, permiten el acceso a las *formas* que con sus *valores* se integran en el sistema y pueden funcionar en distintas estructuras.

El *principio de oposición* demarca unidades formales que se configuran por «ser lo que otras no son»:

> se puede decir que una unidad A existe como tal en una lengua, en la expresión o en el contenido, si se halla en oposición con otra u otras: si en la misma lengua existe al menos una unidad B que, distinguiéndose de A por medio de un elemento funcional, se le «opone» como otra unidad (E. Coseriu, 1973, 218);

así, desde el momento en que sobre una cadena oral como [mésa reðónda] podemos reconocer el elemento /m/ por no ser el elemento /p/, está proyectándose el principio de oposición, que conduce a aislar esas dos *formas lingüísticas*. La denominada «prueba de la conmutación» permite comprobar que, efectivamente, se trata de unidades opositivas, ya que /mésa/ no es /pésa/. Para establecer relaciones de oposición en la lengua y desarrollar adecuadamente el principio de diferenciación que interesa es necesario reunir las propiedades comunes que comparten las unidades opositivas —sólo se oponen los elementos que tienen una base común, que pertenecen a un mismo grupo, los demás se distinguen—, por lo que, además de definirse por «lo que no son», se caracterizan positivamente por su pertenencia a una clase (cfr. E. Coseriu, 1973, 224). Así, /a/ se caracteriza primero por ser /vocal/ y sólo después se opone a /e/ por ser /central/; y, en un sentido similar, el «femenino» se opone al «masculino» porque ambas propiedades lo son de «género», lo que explica que «masculino» no se oponga a «singular» o a «realidad» —valores de «número» y de «modo», respectivamente—.

El *principio de funcionalidad* deslinda unidades que se caracterizan por desempeñar un papel determinado: precisamente, los rasgos que las definen indican que sólo ellas pueden cubrir ese hueco funcional. En la misma cadena oral que hemos tomado como objeto de descripción, [mésa reðónda], el elemento [ϵ] desempeña un papel que también corresponde a [e] (por la prueba de la conmutación, la unidad resultante es la misma [reðónda] o [reðónda]), de modo que ninguna de ellas es funcional; ahora bien, si en lugar de /e/ apareciese /a/, entonces la funcionalidad de los elementos sería ya diferente, ya que /mésa/ no es /mása/. La situación es similar a la de [ð] en [reðónda], que no varía su entidad funcional si aparece [d]; pero, si en lugar de /e/ (sea [ϵ] o sea [e]) y en lugar de /d/ (sea [ð] o sea [d]) aparecen /o/ y /t/, entonces estamos ante un resultado distinto: /redonda/ no es /rotonda/. Ahí sí tenemos unidades funcionales. La definición más precisa y rigurosa de los *hechos funcionales* proporcionada por E. Coseriu (1973, 190) sintetiza las ilustraciones:

> una diferencia material cualquiera es «hecho de lengua» si es funcional en la lengua considerada, es decir, si pueden corresponderle también diferencias en el significado; y una diferencia en el contenido es hecho de lengua si en la misma lengua le corresponden también diferencias específicas en la expresión material.[17]

El *principio de sistematicidad* permite la comprobación de unidades y características *formales* que funcionan en la lengua porque son opositivas, lo que hace que se repitan en diferentes condiciones a lo largo y ancho del sistema. Según E. Coseriu (1973, 227),

> este principio afirma que, en un sistema lingüístico, las diferencias funcionales se presentan comúnmente, o con frecuencia, de manera «sistemática»: se repiten para una serie de unidades análogas.

---

17. Conviene tener presente ya desde ahora que la correspondencia entre «expresión» y «contenido» no siempre es de uno a uno, por lo que será preciso recurrir a otros aspectos para comprobar la «funcionalidad» de elementos que no responden directamente a la prueba de la conmutación (E. Coseriu habla de considerar las «combinaciones» y «posiciones» de las unidades [cfr. 1973, 200 y ss.]).

Retomando el ejemplo que venimos manejando, y aplicando el principio de sistematicidad, veremos que la funcionalidad atribuida a /e/ radica en las mismas bases que la funcionalidad atribuida a /o/: en ambos casos se trata de unidades sonoras formales que se caracterizan por las propiedades comunes /vocal/, /media/, y por los rasgos opositivos /anterior/ y /posterior/, respectivamente; rasgos opositivos estos últimos que se repiten en la contraposición de las unidades /i/ y /u/. Asimismo, si consideramos las formas /m/ y /p/ en su funcionalidad, veremos que los rasgos /consonante/ y /labial/ están en ambas, mientras que los rasgos opositivos /nasal/ frente a /oral/ los hallamos en los pares /n/ frente a /t/ (/kána/ no es /káta/) y /n/ frente a /c/ (/níɲo/ no es /níco/).

El *principio de neutralización* justifica una vez más la naturaleza *formal* —con base real—[18] de los elementos funcionales y opositivos, desde el momento en que da entrada a la posibilidad de que, en ciertas posiciones no relevantes, algunas unidades opositivas pierdan su carácter discreto y se confundan. Sólo los elementos formales y opositivos permiten explicar las situaciones de *neutralización*, o lo que es lo mismo, sólo cabe la neutralización si previamente se han definido con claridad los límites formales y opositivos de las unidades que se neutralizan, y es que en la neutralización lo que permanece es la base común, la *base de comparación* del par opositivo. Por ejemplo, en una cadena oral como [karpéta aθúl], las unidades sonoras /vibrante/ y /lateral/ situadas trabando sílaba se caracterizarán precisamente con esos rasgos, desapareciendo los opositivos /simple/ frente a /múltiple/ (en el caso de /vibrante/) y /dental/ frente a /palatal/ (en el caso de /lateral/): estamos ante *archifonemas* (/kaRpéta aθúL/), resultado de haberse suspendido la oposición inicial entre dichas unidades formales.[19]

2.1.1. *La descripción estructural y las unidades monoplanas*

El punto de partida en el análisis estructural es el *habla*, la realidad material sonora de los enunciados lingüísticos. Sobre esos fenómenos materiales heterogéneos, y manejando los principios expuestos, se reconocen las *formas*, las unidades *funcionales* y *opositivas*, que constituyen, como *valores* que son, el objeto propio de la Lingüística de corte

---

18. E. Coseriu (1973, 239) se refiere explícitamente a la ligazón entre «habla» y «lengua» a través de las situaciones de neutralización: «la neutralización es, como tal, un hecho de habla, pero la "neutralizabilidad" es un hecho de lengua: una posibilidad de la lengua que se realiza en el hablar».

19. Fijémonos en que el criterio manejado sigue respondiendo a la prueba de la conmutación, que muestra la no-funcionalidad ni de [vibrante simple] y [vibrante múltiple] ni de [lateral dental] y [lateral palatal] en distribuciones como las señaladas: es indiferente que se realice una u otra, la unidad resultante no varía.

estructural. En los ejemplos aducidos nos hemos limitado hasta ahora a trabajar con la faceta sonora de la lengua, de modo que arrancando de los sonidos reales —en lo que ofrecen sustancialmente, con los rasgos articulatorios y acústicos que convienen a su emisión— hemos perfilado *unidades sonoras funcionales*, o lo que es lo mismo, *formas* que se definen por su valor, junto a otras formas, en el sistema. Pero los hechos lingüísticos, en su riqueza y densidad interna, piden que la delimitación de unidades formales vaya más allá de las unidades fónicas.

Tomando como eje el signo lingüístico constituido por las dos facetas, el *significante* (o expresión) y el *significado* (o contenido), e insistiendo en la naturaleza *formal* de las dos caras (dice Saussure que el significante es una «imagen acústica» y que el significado es un «concepto»),[20] está claro que también los significados lingüísticos han de ser unidades «formales». Desde la sustancia del contenido —desordenada y asistemática— se han de deslindar *formas* de contenido que respondan a los requisitos estructurales de ser *opositivas, funcionales, sistemáticas* y *neutralizables*. En una zona del contenido como puede ser, por ejemplo, la correspondiente a la «valoración intelectual»[21] queremos deslindar los rasgos de significado formal que convienen a palabras como «listo», «diestro», «ingenioso» y «sagaz», siendo nuestro punto de partida características —en principio, sustanciales— como:

«QUE POSEE FACULTAD INTELECTIVA»
«QUE AJUSTA SU CONDUCTA A UNA REGLA PRAGMÁTICA»
«CON VITALIDAD Y PRONTITUD»
«CON INVENTIVA»
«PENETRANTE»
«QUE SABE HACER BIEN ALGO, CORPORAL O MANUALMENTE»
«SABER ESPECIALIZADO»

20. Señala Saussure (1916, 88) que «Lo que el signo lingüístico une no es una cosa y un nombre, sino un concepto y una imagen acústica. La imagen acústica no es el sonido material, cosa puramente física, sino su huella psíquica [...].
El signo lingüístico es, pues, una entidad psíquica de dos caras, que puede representarse por la siguiente figura:

Concepto
Imagen acústica

y añade (1916, 135) que «La lengua presenta [...] el extraño y sorprendente carácter de no ofrecer entidades perceptibles a primera vista, sin que por eso se pueda dudar de que existan y de que el juego de ellas es lo que la constituye».
21. Ejemplos tomados —aunque retocándolos para facilitar la tarea— de R. Trujillo (1970).

El análisis estructural nos obliga a comprobar el peso, la relevancia, de esas propiedades en cada uno de los lexemas, con objeto de atribuirles —sólo entonces— carácter formal. El primero de los rasgos, /QUE POSEE FACULTAD INTELECTIVA/ resulta claramente funcional, ya que es el definitorio de esta clase, la del campo semántico de la «valoración intelectual». En cuanto al segundo, /QUE AJUSTA SU CONDUCTA A UNA REGLA PRAGMÁTICA/, habría que señalar su funcionalidad en el lexema LISTO, ya que es el que permite su oposición con otros lexemas.[22] El tercero de los rasgos «CON VITALIDAD Y PRONTITUD» no resulta, sin embargo, funcional ya que no opone lexemas: se comprueba en LISTO y en DIESTRO, que se oponen, respectivamente, por los rasgos /QUE AJUSTA SU CONDUCTA A UNA REGLA PRAGMÁTICA/ y /QUE SABE HACER BIEN ALGO CORPORAL O MANUALMENTE/. El rasgo /CON INVENTIVA/ es opositivo, funcional, ya que individualiza al lexema INGENIOSO. En cuanto a /PENETRANTE/, no tiene carácter funcional en el lexema INGENIOSO (cuyo rasgo opositivo es /CON INVENTIVA/), pero sí es pertinente en el lexema SAGAZ. Finalmente, el rasgo «SABER ESPECIALIZADO» tampoco tiene carácter opositivo, ya que aun cuando figura en la definición sustancial de DIESTRO, este lexema se contrapone a los demás por el rasgo /QUE SABE HACER ALGO.../ ya visto.

De modo que la naturaleza formal de las unidades de contenido se obtiene de las dimensiones opositivas de los rasgos de significado en cada caso: son funcionales porque oponen unos lexemas a otros, y son opositivas porque, si se conmutan, el producto lexemático varía. Además, estas unidades responden a los principios de sistematicidad y neutralización, ya que los rasgos caracterizan y contraponen en otras condiciones a otros lexemas. Así, el lexema GENIAL presenta las mismas propiedades que INGENIOSO más algunas otras como «QUE SE ADELANTA A SU EDAD» y «CON CLARIDAD»; el rasgo «PENETRANTE» define asimismo los lexemas AGUDO y PERSPICAZ. Por otra parte, caben casos de neutralización en los que el rasgo o rasgos opositivos se suspendan y prevalezca un contenido neutro. Por ejemplo, en *Ese chico es el más listo de la clase*, el rasgo «QUE AJUSTA SU CONDUCTA A UNA REGLA PRAGMÁTICA» pierde relevancia, de manera que lo funcional estriba únicamente en «QUE POSEE FACULTAD INTELECTUAL» neutralizándose INTELIGENTE y LISTO.

En el reconocimiento y delimitación de unidades formales en el sistema no sólo han de interesar aquellos elementos derivados de la constitución básica del signo —los significantes y los significados—, sino que también han de recibir atención los signos como bloque, contemplados como unidades que pueden agruparse y combinarse. Sin lugar a dudas, el diagrama saussureano, ciertamente limitado a la composición del sig-

---

22. Por ejemplo, con el lexema «INTELIGENTE», con el que comparte la base de comparación.

no, no permitió el acercamiento a las estructuras y distribuciones sígnicas como para reconocer la importancia de unidades más allá de sonidos y de significados.[23] La propuesta de Louis Hjelmslev (1928) sobre las unidades formales básicas en las lenguas —aunque sumida en el olvido a favor del marco glosemático presentado por el autor en la década de los cuarenta— confiere a la dimensión combinatoria del signo el valor que le corresponde. Frente al esquema de Saussure

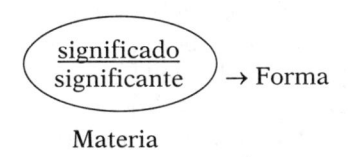

$$\underbrace{\frac{\text{significado}}{\text{significante}}}_{\text{Materia}} \rightarrow \text{Forma}$$

que presenta al signo aislado, como unidad individual con cierta composición, pero sin dar cabida a sus posibilidades de relación, L. Hjelmslev (1928) propone el diagrama siguiente:

	Sustancia		
Plano del contenido	Forma	figuras significado	unidades léxicas
Plano de la expresión	Forma	significante figuras	signo unidades fónicas
	Sustancia		

MATERIA

23. Muy probablemente resida aquí la explicación al escaso desarrollo de la Gramática en la corriente estructural ortodoxa durante las primeras décadas de su extensión y progreso en Europa. Coseriu (1973, 183) refleja el estado de desarrollo de las distintas áreas desde los presupuestos estructurales en el cuadro siguiente:

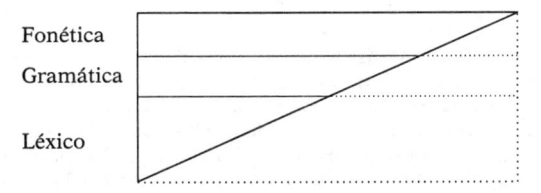

Fonética
Gramática
Léxico

La ventaja de la representación hjelmsleviana sobre las unidades funcionales básicas en las lenguas es evidente. De un lado están aquellas unidades formales que responden a una naturaleza fundamentalmente opositiva y que, en consecuencia, exigen el procedimiento de la conmutación —haciéndolo, de ese modo, rentable— para justificar su valor: se trata, en efecto, de elementos —sean de expresión o sean de contenido— que hacen descansar su funcionalidad en el cambio de la unidad resultante si se opera una conmutación, pero sin que pueda atribuírseles proporcionalidad (en el significado o en el significante) en dicho cambio, lo que indica que son unidades de una única cara. Son elementos que L. Hjelmslev (1928) denomina *figuras*.[24] Por ejemplo, la conmutación de /p/ por /m/ en /pésa/ da como producto /mésa/ sin que sea posible hallar alguna porción de significado asociada a las unidades conmutadas. Asimismo, la conmutación de /INFANTE/ por /ADULTO/ en «niño» da como resultado «hombre» sin que podamos asociar una porción de expresión a los elementos conmutados.

2.1.2. *La descripción estructural y las unidades biplanas (= signos)*

De otro lado, en la propuesta de Hjelmslev están aquellas unidades formales que responden a una naturaleza fundamentalmente sintagmática, basada en la combinatoria y la distribución. Se trata de los *signos lingüísticos*, unidades de dos caras —el significado y el significante— en asociación proporcional, lo que quiere decir que ni el significante puede ser fónico ni el significado puede ser léxico, ya que —por naturaleza— ni los elementos fónicos ni los léxicos se vinculan con porciones proporcionales respectivas en el otro plano. Los signos se reconocen como elementos formales por sus cualidades de relación (lo que les hace pertenecer a una clase y les permite una caracterización en términos positivos) y se justifican por su oposición a otros signos (lo que les confiere carácter opositivo y les permite entrar en situaciones de neutralización). Por ejemplo, en la secuencia «La casa de mis padres es pequeña» se reconocen signos como los siguientes:

$$\overline{\left(\begin{array}{c} \text{femenino} \\ \text{género} \end{array}\right)}$$

24. L. Hjelmslev (1928, 123) distingue —a partir de la concepción saussureana del signo lingüístico— entre «imagen fónica» e «imagen gramatical», siendo sólo esta última la *forma*, ya que «los fonemas son puras convenciones, no entran en la forma» *(ibidem)*.
De este modo, «El aspecto fónico es simplemente el conjunto de los fonemas, o incluso el sistema de fonemas que comporta un estado de lengua dado. El aspecto fónico puede tener su *estructura* propia, y que no se confunde, en modo alguno, con la forma» (1928, 122).

$$\left(\frac{\text{femenino}}{\text{género}}\right)$$

por la concordancia con el artículo y el adjetivo (o si se quiere por las sustancias en [-a] que lo manifiestan). Este signo descansa, pues, en la combinatoria de las palabras (sustantivo, adjetivo, artículo); y se justifica por las relaciones de oposición que mantiene con el signo

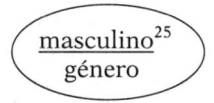

$$\left(\frac{\text{masculino}^{25}}{\text{género}}\right)$$

que obligaría a otras concordancias con artículo y adjetivo. Otro signo que puede reconocerse en la ilustración propuesta es el de

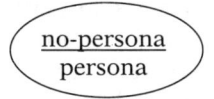

$$\left(\frac{\text{no-persona}}{\text{persona}}\right)$$

que manifiesta concordancias con un pronombre personal en 3.ª persona («Ella»); si conmutamos ese signo por el de

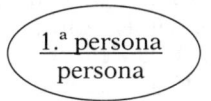

$$\left(\frac{\text{1.ª persona}}{\text{persona}}\right)$$

obtendremos exigencias de combinatoria que impedirían la distribución de los elementos de la secuencia. Un tercer signo, de carácter fuertemente sintagmático —ya que se trata de un signo sintáctico, de estricta conexión entre elementos—, es el que se reconoce en la «modificación» a través de la relación de subordinación que mantiene *de mis padres* con *casa*; podemos justificar este signo mediante conmutación y obtener *La casa y la familia son pequeñas*, en donde no tenemos ya subordinación sino coordinación.

Además de permitir contemplar la dimensión gramatical de las lenguas, la propuesta de L. Hjelmslev integra —con la distinción de los dos tipos básicos de unidad en la semiótica de las lenguas— el proceso de encadenamiento e incardinación de unos elementos lingüísticos en

---

25. Por ello es posible la neutralización: en la secuencia *El niño es un ser indefenso* no estamos ante un masculino sino ante un *archimorfema de género*.

otros. La cuestión de la *articulación lingüística* aparece felizmente resuelta mediante la distinción entre *figuras* y *signos*. Esa propiedad peculiar de las lenguas orales, la llamada *dualidad de estructuración*,[26] es la que precisamente facilita la constitución de unidades formales alrededor de dos *modos*. De un lado, conformándose en entidades de un determinado carácter —sea en la expresión o sea en el contenido—, y de otro lado, perfilándose por su capacidad relacional y construyéndose alrededor de dos caras, la del significante y la del significado. De manera que así encontramos en las lenguas *dos modos diferentes* de estructurarse los elementos formales, al margen de los múltiples encadenamientos e inclusiones de unas unidades en otras.[27]

En síntesis, las unidades lingüísticas estructurales —al tiempo que se delimitan sobre el *habla* mediante la aplicación de los principios de análisis indicados— se definen por sus *valores* en el sistema, sean partes de signo o sean signos en mayor o menor grado complejos; ahí descansa su naturaleza formal, en su identificación y justificación por requisitos opositivos, funcionales y sistemáticos. Pero como las unidades lingüísticas estructurales no son «ficciones», su proyección sustancial resulta importante para mostrarlas empíricamente. El estructuralismo «realista» de E. Coseriu destaca la necesidad metodológica de hacer descansar los *sonidos funcionales* sobre los *sonidos reales*, de modo que las abstracciones no se conviertan en ficciones:

> los fonemas se comprueban en los sonidos, pero no se identifican con las formas concretas que se dan en éstos, sino que son formas abstractas (abstraídas): son formas de la «lengua», que es ella misma una abstracción. Y el «sistema fonológico», como abstracción científica con base real, puede estructurarse con varios propósitos y desde varios puntos de vista: lo importante es no hacerlo sin referencia a la realidad, porque entonces se describiría una *ficción*, y no una *abstracción* (1954, 199);

---

26 O, en terminología de André Martinet, «doble articulación»: «un examen même rapide de la realité linguistique telle que nous la connaissons montre que le langage humain peut être décrit comme doublement articulé» (A. Martinet, 1949, 33).

27 No vamos a entrar en la polémica que hace unos años se desató en torno a la noción de *articulación* y sobre su proyección en diversos sistemas semióticos (cfr. E. Alarcos (1978), S. Gutiérrez (1981) y G. Rojo [1982]). Entendemos que para el interés de la organización estructural de las lenguas orales, el concepto es útil si se lee a partir de la relevancia de la *dualidad*, de los *dos modos*, por lo que ello implica en la diferente constitución de las unidades; e independientemente de los múltiples encadenamientos que de hecho se dan entre las unidades (cfr. G. Rojo [1982]). Una cosa es que los *fonemas* se articulen unos con otros para dar lugar a *sílabas*, o que las *palabras* se articulen entre sí para dar lugar a *frases*, o para dar lugar a *cláusulas*, como resultado de que unidades simples se agrupan para formar unidades complejas. Y otra cosa es que la articulación configure unidades cualitativamente diferentes, las que tienen sólo una faceta, o las que tienen dos caras.

y así, según E. Coseriu (1954, 220),

> una forma lingüística es una abstracción, pero no es «forma vacía», privada de atributos, sino que conserva, justamente, los atributos con los que se presenta concretamente en la sustancia.

El enfoque de Coseriu encaja a la perfección con los recientes planteamientos «naturales» en la *Lingüística* en general y en el campo de la *Gramática* en particular. Como botón de muestra, sirvan las consideraciones de Joan Bybee (1985) y de Andrew Carstairs (1987), quienes en el ámbito de la Morfología pretenden *formas (morphosyntactic properties)* que se sustentan en *sustancias (inflexional exponents)* previamente sistematizadas y organizadas sobre principios de «generalidad» y «relevancia» derivados de presupuestos cognitivos. Más concretamente, J. Bybee confiesa que su atención se centra en la «organización de paradigmas», y A. Carstairs señala:

> My aim [...] is to propose and defend certain empirical generalisations about the relationship between morphosyntactic properties and their exponents (1987, 7).

La aproximación coseriana a cómo han de fundamentarse y justificarse las unidades formales que técnicamente se delimitan congenia asimismo con el acercamiento a los «usos lingüísticos» propio de la Lingüística actual —y producto del enfoque «natural» que la caracteriza—, y que trataremos en el siguiente apartado.

Por otra parte, y para completar el escenario analítico de las unidades constitutivas de la estructura de las lenguas, se hace necesario acudir a su especificación y tipos en términos de *Lingüística descriptiva*, con objeto de pormenorizar en la descripción de los componentes de las lenguas particulares, y de modo que se evidencie la interconexión entre el prisma «general» y las exigencias analíticas de los hechos concretos. En el cuadro 3.2 se reflejan —según el modelo de la estratificación del lenguaje de L. Hjelmslev— las distintas unidades (establecidas en el plano de la Lingüística general y en el de la Lingüística descriptiva) derivadas de los dos modos de articulación, y, en correspondencia, aquellas áreas de la Lingüística ocupadas en su estudio.

CUADRO 3.2

Objetos Porciones cognitivas			
Sema Lexema	*figuras*	SUSTANCIA	Lexicología
Oración Cláusula Frase Palabra Morfema	*signos*	Contenido Expresión FORMA	Sintaxis Gramática Morfología
Palabra fonológica Sílaba Fonema Rasgo fónico	*figuras*		Fonología
Sonido		SUSTANCIA	Fonética
UNIDADES DE LINGÜÍSTICA GENERAL	UNIDADES DE LINGÜÍSTICA GENERAL	PLANOS ESTRATOS	ÁREAS DISCIPLINARES

3. Valores comunicativo-simbólicos de los usos lingüísticos y consideración social de las lenguas (y variedades)

El papel simbólico consustancial a los elementos lingüísticos no se limita a los signos lingüísticos en mayor o menor grado complejos, sino que se extiende a su selección y a sus funciones en los distintos usos y discursos. El planteamiento y la decisión respecto de la organización de los mensajes, así como su valor en un contexto y su rendimiento en relación con los interlocutores, responden asimismo a principios de simbolización de intenciones, propósitos, o actitudes, valores todos ellos que, en definitiva, regulan los intercambios lingüísticos, ya que también son convencionales y se hallan codificados en los diversos grupos y comunidades.[28]

Tanto es así que desde los presupuestos estructurales se quiso dar cabida a la posible sistemática de valores simbólicos de los mensajes, ya fuese desde la perspectiva del emisor, desde el punto de vista del receptor, o desde la consideración de la variedad o lengua utilizada. Las llamadas «dimensiones» *representativa*, *expresiva*, *apelativa*, *fática*, *metalingüística* y *estética* del lenguaje propuestas por Roman Jakobson (1960) reflejan la importancia concedida a factores contextuales, a intenciones y a propósitos en los productos discursivos. Dice R. Jakobson (1960, 352) que

> Hay que investigar el lenguaje en toda la variedad de sus funciones [...] Una esquematización de estas funciones exige un repaso conciso de los factores que constituyen todo hecho discursivo, cualquier acto de comunicación verbal. EL DESTINADOR manda un mensaje al DESTINATARIO. Para que sea operante, el mensaje requiere un CONTEXTO de referencia [...], que el destinatario pueda captar, ya verbal, ya susceptible de verbalización; un CÓDIGO del todo, o en parte cuando menos, común a destinador y destinatario [...]; y, por fin, un CONTACTO, un canal físico y una conexión psicológica entre el destinador y el destinatario, que permite tanto al uno como al otro establecer y mantener una conversación.[29]

---

28. Si bien es cierto que la diversidad de tales valores de comportamiento y de interacción no parece permitir una sistemática estructural —como la propuesta para la constitución interna de las lenguas—, no obstante, la codificación, o, lo que es lo mismo, la regularidad de los valores compartida intersubjetivamente, está fuera de toda duda. Resultan, así, extrañas las referencias a la «codificación» interna de los «significados» que contrastan con la «interpretación» de las palabras por el peso de factores «externos» (cfr. V. Escandell [1996], 14 y ss.; 37 y ss.). Como si los valores de relación social, de interpretación, o el conjunto de parámetros de interacción no respondieran a principios y reglas compartidos y, por tanto, internos.

29. Y añade R. Jakobson (1960, 353-354) que «La llamada función EMOTIVA o "expresiva", centrada en el DESTINADOR, apunta a una expresión directa de la actitud del hablante ante aquello de lo que está hablando [...] Si analizamos la lengua desde el punto de vista de la información que vehicula, no podemos restringir la noción de información al aspecto cognoscitivo del lenguaje».

Asimismo, las consideraciones sobre la «perspectiva funcional de la oración» propias de la Escuela de Praga evidencian la pertinencia del discurso en el núcleo de intereses de esta corriente. Los usos lingüísticos y los entornos en los que se producen proyectan las posibilidades del sistema. Brno Trnka (1940, 163) señala que

> It is only by being experienced that the logically structured mechanism of language, for the most parte very complex, becomes a functional totality, which is satisfactorily verifiable, being immediately given.

La relevancia de las realidades lingüísticas, de los usos de la lengua en la vida diaria, no sólo se contempla respecto del sistema y de la comunicación sino también por lo que transparentan de la actualidad y del futuro de la lengua y de su estructura, por lo que indican sobre su consideración psicosocial:

> Unequal degrees of language experience give rise to zones of different depths, which also have different structural developments. Differences in experiencing language are responsible, for instance, for the different developments of the dialect and the standard language, or, for that matter, of domestic and foreign elements of the vocabulary. Without considering language experience, one could not imagine how a certain language system could, to different degrees, influence other systems, or why that system could not only take over some items of some other language, in the quality of intentional foreignisms, structurally differentiated from the native elements in the background, but even, on other occasions, regard as preferable a complete assimilation of such elements (B. Trnka, 1940, 163).

Finalmente, los estudios de planificación lingüística sustentados en investigaciones de sociología del lenguaje —y desarrollados en el Círculo Lingüístico de Moscú y también en el Círculo Lingüístico de Praga— han resaltado las distintas funciones y rangos atribuidos a las lenguas utilizadas en un comunidad. Frantichek Daneš (1987) caracteriza la teoría de «evaluación de las variedades y de las lenguas» del Círculo Lingüístico de Praga por estar orientada según tres principios: *a*) funcionalismo, *b*) normativismo, y *c*) sincronismo dinámico; la *función* de los usos lingüísticos responde a su papel en el marco de la comunidad, deriva de las actitudes de los hablantes, de ahí que las *normas* sean ante todo «a genuine social phenomenon, connected with the institutional character of language» (1987, 207), y que por esto mismo hayan de verse en situación de estabilidad flexible (cfr. B. Havrànek, 1932, 1938).

Así pues, los mismos presupuestos estructurales habían dado pie a contemplar valores y funciones incluso en los fenómenos lingüísticos situados en coordenadas «externas»: la llamada «Lingüística externa» por Saussure admite que se le preste atención desde el mismo planteamiento estructural. F. Daneš (1994) se refiere a la *implicación*, a la *participación* de los hablantes en los intercambios lingüísticos, como hecho de interés reconocido en la Escuela de Praga, ya que resulta fundamental para

> 1) knowledge of the language system and of communicative abilities, 2) the actual use of this knowledge in the communicative processes of text production and text reception (as well as texts themselves, as results and points of departure, respectively, of those processes), and 3) the whole range of our mental faculties and processes (1994, 253).

Por otra parte, han sido precisamente esos prismas de aproximación a los *valores* en los usos lingüísticos —desde el esquema de la comunicación, centrándose en la carga informativa de ciertas organizaciones discursivas, y teniendo en cuenta la elección consciente e identificativa del código— los que han guiado posteriormente —y, sobre todo, en estos últimos años— los estudios especializados en el tema. En efecto, la carga simbólica de las palabras seleccionadas, de las estructuras manejadas, del mensaje planteado, y de la variedad o lengua elegida, ha de atribuirse a un conjunto de normas y principios codificados en distintos planos, permitiendo así el reconocimiento y la *identidad* de los intervinientes a través de los valores observados en los usos. H. Haarmann traza distintos niveles de «identidad» y de reconocimiento de valores a través del lenguaje, a saber, *a*) el nivel físico —relevancia de la edad o del sexo—; *b*) el nivel psicológico —importancia de la personalidad, la inteligencia—; *c*) el nivel geográfico —incidencia en el acento o la variedad—; *d*) el nivel nacional —con la atribución de funciones y rangos a las lenguas—; *e*) el nivel social —relevancia del estrato social, de las relaciones de solidaridad—; *f*) el nivel contextual —importancia de si la vertiente es oral o escrita, si los interlocutores son pocos o muchos—, y *g*) el nivel estilístico —según el tema del mensaje, según el propósito—, si bien el estadio básico y previo a todos los demás es el que corresponde al plano étnico, determinante de ciertos patrones y normas que inciden en la lengua y sus usos:

> ethnic identity is a multifaceted phenomenon which embraces the totality of an individual's ties to the community into which he/she is integrated in the course of socialization. Consequently, all basic experience of the environment among human beings, all kinds of behavior —verbal and non-verbal—, and the profile of people's ways of thinking (including attitudes and mentality) are not simply anthropocentric, but at the same time —and more precisely— ethnocentric (H. Haarmann, 1991, 40).

3.1. Entorno cultural y valores discursivos en las lenguas

Desde una perspectiva macrolingüística —como conviene al enfoque de Lingüística *general*— debemos señalar, en primer lugar, que todas las lenguas manifiestan ciertos valores particulares al priorizar de distinto modo las realidades y los comportamientos. Esos valores de concepción y percepción pueden incluso verse plasmados en formalizaciones sistemáticas y estructurales en la lengua. Y desde luego van a tener su peso e importancia en el planteamiento de los discursos y en la interacción con los interlocutores. Así, por ejemplo, dependiendo de las coordenadas étnico-culturales, es posible hallar distintos valores y hábitos respecto de la convergencia o diferencia de sexos, lo que puede tener su reflejo en la lengua de distintos modos. En sumerio había una variedad ordinaria, *Emegir*, y una variedad manejada por mujeres, *Emesal*, individualizada sobre todo por sus características fonéticas y léxicas (cfr. H. Haarmann, 1991, 188 y ss.). En japonés, el habla de las mujeres llega a ser peculiar en todos los niveles de la lengua, con gramaticalizaciones abundantes en el nivel morfológico y en el léxico: en el sistema pronominal hay formas exclusivas de mujeres (*atashi* o *atakushi* frente a *boku*, en la primera persona), y una gama amplia de elementos para marcar distintos grados de formalidad y respeto; el léxico está también, en ciertas zonas, especializado, y así donde las mujeres utilizan *onaka* para referirse al «estómago», los hombres usan *hara* (cfr. *harakiri*).

Asimismo, las funciones en el discurso y los modos de interacción pueden estar fuertemente ligados a valores sociales propios de la comunidad étnico-cultural, de modo que hay lenguas en las que el silencio tiene un significado social negativo, no de asentimiento sino de desacuerdo; en Burundi, en la comunidad de Kirundi no se sigue el principio de que «el que calla, otorga», sino que en discusiones de grupo, el silencio de los ancianos implica desacuerdo (cfr. E. Albert, 1964); en Finlandia, sin embargo, la conversación no se desenvuelve por turnos ni con interrupciones, ya que los interlocutores están habitualmente en silencio y no discrepan, lo que ha servido para atribuirles carácter indiferente, taciturno o incluso hostil a los finlandeses (cfr. A. Jaworski, 1997). Hay, por otra parte, lenguas que organizan en sentidos particulares y hasta contrapuestos los discursos públicos y divulgativos: tal y como vienen demostrando los estudios de corte empírico en el campo de la Retórica contrastiva, el inglés responde a un planteamiento en donde lo prioritario es la claridad y la facilidad de comprensión cara al receptor, frente a, por ejemplo, el español, que cuenta con la imaginación y la inteligencia de los lectores, de forma que el orden y la transparencia del discurso no es responsabilidad del emisor (cfr. M. Montaño-Harmon, 1991 y G. Vázquez Ayora, 1977). Y hay, en fin, diferencias notables entre lenguas a la hora de plantear y expresar lingüísticamente la «cortesía»; tanto, que la esfera de *politeness* se ha convertido en tema estrella en estos últimos años en ámbitos como el de la *Pragmática* y el de la *Etnolingüística*. Además de diferencias importantes entre las lenguas a la hora de formalizar unidades y procedimientos de comunicación en distintos niveles de formalidad y respeto, se ha comprobado asimismo riqueza de planteamientos del discurso y manejo desigual de fórmulas de educación en muchos casos e incluso entre lenguas próximas. Penelope Brown y Samuel Levinson (1987) aducen evidencias de lenguas eslavas y del hebreo para demostrar que el principio «the more indirect, the more polite» no es universal, y Anna Wierzbicka (1991) considera la cuestión en japonés, griego y javanés, hallando que en esta última lengua lo predominante y habitual es la «dissimulation» respondiendo al proverbio de «to look north and it south» (cfr. sobre todo el cap. 2: «Different cultures, different languages, different speech acts»). Incluso en un nivel tan individual como el que corresponde a los juicios de valor sobre los usos lingüísticos, a las evaluaciones —muchas veces resultado de emociones o de creencias personales— sobre la elección y el manejo de lenguas o de variedades, se encuentran condicionantes étnico-culturales: Harald Haarmann (1989) ha comprobado cómo entre estudiantes japoneses las actitudes respecto del inglés, del francés y del japonés varían según el sexo, de modo que las chicas valoran más positivamente que los chicos el francés y el japonés, mientras que los chicos evalúan al inglés en un rango superior al que le atribuyen las mujeres. Por otra parte, cada comunidad lingüística adopta actitudes positivas —y también negativas— respecto de su(s) lengua(s) y variedad(es), y así los franceses tienen su lengua por «elegante», los rusos califican a la suya de «preeminente» y los gallegos no estamos muy cómodos con la nuestra —algunos han hablado de auto-odio—.

3.2. Factores pragmáticos y disposición de los mensajes

Sin abandonar la perspectiva macrolingüística, pero dejando a un lado la incidencia de las coordenadas étnico-culturales, se ha venido resaltando una serie de elementos *pragmáticos* reguladores de las funciones comunicativas y de interacción en los usos lingüísticos. Además de los factores reseñados por Karl Bühler en 1934 —que tienen su base en el mismo esquema de la comunicación y que confieren la importancia debida al emisor (con sus emociones, creencias, o actitudes), al receptor (con su papel de interlocutor, de únicamente oyente, de ejecutor de «acciones» derivadas del mensaje), y al mensaje (con la orientación y propósitos que lo guían)—,[30] se han destacado en los estudios de *Pragmática* en estos últimos años dos parámetros clave en la organización y carga simbólica de los discursos y, en general, de los usos lingüísticos. Se trata del *contexto* (o *situación*) y del *propósito informativo* (o *meta*), que, en opinión de Michael Halliday (1974) (1985), comportan valores de extrema importancia para la comunicación e interacción efectivas. Con sus palabras:

> The different functions are, quite evidently, simultaneous and compatible. We should not be misled into equating «function of language» with «use of language». There are indefinitely many uses of language, which no linguistic theory has attempted to systematize; but the fact that language can serve such a variety of purposes is precisely because the language system is organized into this small set of highly generalized functional components. Whatever we are *using language for*, we need to make some refererence to the categories of our experience; we need to take on some role in the *interpersonal situation*; and we need to embody these in the form of text. [...] We draw on all these areas of linguistic potential at the same time (Halliday, 1974, 49-50; cursiva mía).

El discurso, dice Halliday, es un proceso multidimensional del que el *texto* es producto lógico y consecuente en su potencial informativo; de ahí que:

> Because it has this potential, a text is not a mere reflection of what lies beyond; it is an active partner in the reality-making and reality changing processes (Halliday, 1985, 318).

De este modo, y con objeto de precisar los ejes rectores de las funciones de los usos lingüísticos y de, al tiempo, mostrar su plasmación en ciertos moldes de expresión lingüística, se han hecho girar los principios y sistematizaciones alrededor del *emisor*, del *receptor*, del *contexto* y del *propósito*, que conducen el planteamiento y la forma del mensaje en

---

[30]. K. Bühler (1934, 51) dice explícitamente que «en la estructura de la situación verbal, tanto el emisor como autor del hecho de hablar, el emisor como *sujeto* de la acción verbal, como el receptor en cuanto interpelado, el receptor en cuanto *dirección* de la acción verbal, ocupan posiciones propias. No son simplemente una parte *acerca de lo cual* se produce la comunicación, sino que son las partes de ese intercambio» (subrayado mío); por eso, «cada una de las tres relaciones, cada una de las tres funciones de sentido de los signos lingüísticos inaugura y tematiza un campo propio de fenómenos y hechos lingüísticos [...] Pues "la expresión lingüística" y la "apelación lingüística" son objetos parciales de la lingüística en su conjunto, que, comparados con la representación lingüística en su conjunto, muestran estructuras propias» (Bühler, 1934, 52). Su atención a la «acción verbal» y al «producto lingüístico»; al «acto verbal» y a la «forma lingüística» (cfr. I, §4), y el considerar insuficiente la dicotomía *langue/parole*, está sin duda en consonancia con las dimensiones del lenguaje propuestas.

determinados sentidos. Así, se integra la concepción de P. Brown y G. Yule (1983) acerca de la carga informativa de los mensajes: además de significar (papel *transaccional*), son indicadores de las actitudes del emisor (papel *interactivo*).

En efecto, las intenciones comunicativas del hablante combinadas con el propósito informativo regulan la forma de los mensajes como *a*) impositivos *(¡cierra esa ventana!)* —en cuyo caso, y para una lengua como el español, hay formas gramaticalizadas como el imperativo o la exclamación—; *b*) corteses *(por favor, ¿podrías cerrar la ventana?)* —también en este caso el español dispone de elementos gramaticales como la modalidad de hipótesis y la interrogación cuasi-retórica—, o *c*) neutros, puramente constatativos *(¡qué frío hace!, la ventana está abierta)* —en cuyo caso nos encontramos con el modo de la evidencia, el indicativo, si bien hay una porción del mensaje resaltada por su aparición en primer lugar y por la modalidad exclamativa—.[31]

Asimismo, el destinatario y el propósito de interacción y efectividad comunicativa que sobre él se pretende resultan claves para perfilar mensajes interpretables en todas sus dimensiones y por ello mismo exitosos; el orden de palabras, la deíxis y la referencia son procedimientos gramaticales que en una lengua como el español agilizan y complementan la carga informativa, siempre y cuando las presuposiciones y los valores compartidos por los interlocutores funcionen de modo adecuado, y, así, por ejemplo, en la secuencia *En la tienda de la esquina compré flores* la carga informativa recae sobre el segmento *en la tienda de la esquina* (por ello se coloca en primer lugar), ya que se supone que las flores se venden en las floristerías y es, por tanto, una novedad informativa que en esa tienda, la de la esquina, ofrezcan flores; en la misma línea, la expresión *Para mañana hay que traer DOS cuadernos y UN lápiz*, en la que se destacan fónicamente —por la entonación— esos dos elementos, comporta una información específica sobre el número de útiles necesarios, lo que se consigue asimismo mediante procedimientos internos, en este caso fónicos;[32] finalmente, una secuencia como *La Cereza está ahí, donde la dejé* exige —para su función

---

31. En términos de J. Austin, el *mensaje locutivo* se presentaría mediante *actos ilocutivos* distintos, para conseguir efectos *perlocutivos* (cfr. Austin [1962]). Con sus palabras: «Es muy diferente que estemos aconsejando, o meramente sugiriendo, o realmente ordenando, o que estemos prometiendo en sentido estricto o sólo anunciando una vaga intención» (1962, 143).
32. Estas facetas de expresión de las funciones pragmáticas han sido consideradas por algunos autores como sistemáticas, estructurables, y, por ello, se ha hablado de «componente pragmático», de «pragmática gramatical», de «pragmática fónica» y de «pragmática lingüística» (cfr. S. Dik, 1978, y J. Calvo, 1994). Para una valoración de conjunto acerca de los aspectos informativos «sistemáticos» y «asistemáticos», véase T. Jiménez Juliá (1986).

comunicativa— la interpretación referencial de *La Cereza* (sea un libro, un animal, una prenda, etc.) y también la lectura de la deíxis *(ahí)*, por lo que las presuposiciones acerca de lo que el receptor conoce resultan fundamentales con miras a la efectividad informativa.

De entre las numerosas propuestas de corte pragmático que buscan sistematizar los elementos relevantes en el acto comunicativo, ha sido la llamada *etnografía del habla (o de la comunicación)* la que de manera más pormenorizada y ordenada ha encarado la descripción del *evento comunicativo*.[33] Los componentes del *evento* —que pueden recordarse mediante el acrónimo SPEAKING— definen, como veremos, la variedad de usos sobre la base de sus funciones y de su carácter sociosemiótico en las distintas coordenadas de interrelación verbal.

El parámetro de **S**ituación *(situation)* incluye las circunstancias físicas, de «escenario», que envuelven los actos lingüísticos, y que condicionan mecanismos y estrategias de comunicación. En una *situación* de discurso oral, dirigido a un público numeroso en donde apenas cabe el diálogo real, los mensajes se acompañan de elementos gestuales y repeticiones que los refuercen, y su receptividad se comprueba directamente según la disposición de los oyentes; en una clase, por ejemplo, no hay diálogo real constante, pero el planteamiento ha de ser dialógico: el profesor —si busca eficacia docente— ha de desarrollar algún mecanismo que le permita comprobar el grado de receptividad y comprensión de sus explicaciones, ya sea atendiendo a miradas expresivas o ya sea mediante preguntas rápidas que provoquen las reacciones y respuestas esperables. En una *situación* de discurso escrito, por el contrario, las estrategias se ciñen a la selección apropiada de los elementos léxicos y a la claridad y la ordenación coherente de los contenidos, con miras a lograr un alto grado de efectividad comunicativa aun no teniendo control inmediato de la receptividad de los mensajes.

El componente de los **P**artícipes *(participant)* integra las características relativas a los intervinientes en los actos comunicativos, según

---

[33] M. Saville-Troike (1982, 27) caracteriza el *evento comunicativo* como «the basic unit for descriptive purposes. A single event is defined by a unified set of components throughout, beginning with the same general purpose of communication, the same general topic, and involving the same participants, generally using the same language variety, maintaining the same tone or key and the same rules for interaction, in the same setting. An event terminates whenever there is a change in the major participants, their role-relationships, or the focus of attention. If there is no change in major participants and setting, the boundary between events is often marked by a period of silence and perhaps change of body position [...]

»Discovering what constitutes a communicative event and what classes of events are recognized within a speech community are part of doing ethnography of communication».

sean uno, varios, o muchos los interlocutores, según sean o no conocidos, según tengan o no posibilidad de respuesta, lo que repercute naturalmente en los usos lingüísticos y en la carga informativa que comportan. En un mensaje de publicidad, la emisión subjetivamente indeterminada se ofrece a un sinfín de destinatarios para que lleven a cabo una *acción* (consuman): por eso son informaciones directas, rápidas, con símbolos sociales —de poder, prestigio, fuerza, belleza— y de elaboración sugerente y llamativa; los mensajes se dirigen al gran público y no hay un emisor que condicione, incomode, o se responsabilice.

Los *fines* (**E**nd) y propósitos que se pretenden resultan elementos fundamentales en la construcción de discursos, puesto que una «orden» *(¡cierra la ventana!)* no se representa como un «argumento convincente» *(hace frío, nos vamos a resfriar)*, ni tampoco como una «exposición» *(estamos a 8 °C)*. Los objetivos neutros de representación, de apelación sobre los oyentes, o de expresión de intenciones o actitudes orientan el planteamiento de los discursos, regulando, por tanto, los usos lingüísticos.

El mismo **A**cto comunicativo *(communicative act)* en su forma y en su contenido resulta elemento de interés por cuanto refleja parámetros simbólicos mostrados en el discurso. Así, los mensajes expositivos pueden ser únicamente presentadores, o bien pueden adoptar un formato inquisidor para hacer intervenir al oyente —lo propio de las tertulias—; en los discursos podemos encontrarnos con secuencias ilustrativas y con secuencias reflexivas, dependiendo del tema, de la fase de la exposición, o de los propósitos.

El componente **K**ey es la clave que da el *tono* de presentación de los mensajes: según el grado de formalidad, de seriedad, de distanciamiento o cercanía, de solidaridad, respecto de los interlocutores y del tema, así los discursos responderán a un tono u otro. Las clases magistrales, por ejemplo, se rigen por claves de formalidad y distanciamiento, ya que se asume el supuesto de la especialización sin que sea necesario atraer a los oyentes. Las columnas de prensa escrita —por ejemplo, las de la última página de *El País*— se sustentan en tonos de familiaridad y cercanía respecto de los lectores, con objeto de comprometerlos con la temática y la opinión.

Los **I**nstrumentos de comunicación *(communication instruments)*, en concreto el *canal* y la *forma de habla*, piden estrategias diferentes para hacer llegar los mensajes. Los medios audiovisuales, la prensa, las conferencias para un público numeroso, piden vías de simbolización y de sugerencia diversas debido a los canales materiales y en consonancia con los receptores potenciales de la información. La publicidad, por ejemplo, en la prensa escrita basa sus reclamos en titulares sugerentes (muchas veces acompañados de fotografía) que incitan a leer la letra pequeña, de modo que esto fije el mensaje. En los medios audiovisuales, la rapidez pide agilidad y concentración de elementos, y así se componen mensajes rítmicos asociados a imágenes atractivas con un fondo musical que, al escucharlo repetidamente, hará recordar el mensaje.

Las **Normas de interacción** *(interaction norms)* constituyen un parámetro esencial en la elaboración de discursos comunicativamente eficaces, y ello porque asocian los usos lingüísticos —trátese de palabras, expresiones, o acentos— a los significados sociales que por hábito y norma se adscriben, contribuyendo así a que la interacción entre los interlocutores sea adecuada. Lo «políticamente correcto» exige que se eviten etiquetas con connotaciones racistas, sexistas o despreciativas, a riesgo de no lograr interaccionar cómoda y abiertamente con los interlocutores debido al simbolismo social de ciertas palabras.

Finalmente, los **Géneros** *(genre)*, los tipos de formato y composición en que se encuadren los discursos, resultan determinantes para los alcances comunicativos y los modos de interacción. Así, la clase magistral descansa en expectativas muy diferentes a las que sostienen la entrevista; los discursos escritos de formato epistolar responden a fórmulas retóricas muy distintas a las que se siguen en los diálogos de trabajo en equipo.

Sobre la base de los criterios claramente implicados en la regulación pragmática de los actos lingüísticos, y que resultan, pues, relevantes para valorar su carga simbólica y ponderar sus logros comunicativos, se han propuesto clasificaciones variadas de textos y discursos. Una buena parte de las pautas manejadas en la elaboración de tipologías proviene de los estudios clásicos en el ámbito de la Retórica,[34] de modo que los parámetros de *invención*, *disposición* y *elocución* resultan ejes aglutinadores cuando se trata de diferenciar «narraciones», «descripciones», «opiniones», o «argumentaciones». En general, se distingue —de entrada— entre discursos orales y escritos, ya que tanto su elaboración por parte del emisor como su recepción por parte de los destinatarios obedece a factores y circunstancias distintos. En la vertiente oral, hay que prestar atención a si el planteamiento es dialógico, conversacional, monológico, lo que permitirá diferenciar formatos de *tertulia*, de *debate*, de *entrevista*, de *conferencia magistral*, de *coloquio* (véase L. Cortés y A. M. Bañón, 1997, 1998). En la vertiente escrita, las técnicas de narración, descripción, argumentación, ejemplificación, definirán lo característico del *ensayo*, del formato *epistolar*, del *artículo*

---

34. No en vano se interesa la Retórica —la clásica y la actual, aunque esta última esté ligada a y se confunda con la Pragmática— por los modos adecuados de expresión que permitan persuadir al destinatario (cfr. A. Azaustre y J. Casas [1997]).

(de opinión o científico), de la *crónica* (véase M. Álvarez 1993, 1994, 1995 y 1997), si bien parece imprescindible una clasificación independiente de los textos periodísticos —así como también los 'géneros' literarios exigen una tipología aparte—, en los que la síntesis se conjuga con un elevado grado de entropía informativa al ofrecerse los mensajes de forma directa y llamativa (véase la interesante aportación de Jorques Jiménez [1998] en el III Congreso de Lingüística General).

3.3. VALORES SOCIALES DE LAS LENGUAS Y DE LAS VARIEDADES

El carácter simbólico de las lenguas no se limita a su constitución interna ni a la elección de unidades y diseño de los discursos, sino que *las actitudes* y los *comportamientos lingüísticos* son asimismo base para atribuir a las variedades y a las lenguas símbolos de prestigio, identidad, respeto, o rango. El campo de la *Sociología del lenguaje* —o con denominación más apropiada, de la *Psicología social del lenguaje*— adquiere de este modo una importancia capital para determinar la vertiente simbólica de las lenguas y de las variedades, ya sea contemplando las funciones adscritas a los usos o ya sea indagando sobre los juicios y las valoraciones de los hablantes al respecto.

Aunque por su naturaleza las evaluaciones y los juicios sobre los usos lingüísticos son individuales y, de hecho, se atribuyen a la «conciencia» y a la «lealtad» del hablante, no obstante, sobre ellos están pesando las escalas de valores —sociales, culturales, estéticos, etc.— que sociológicamente están presentes en la comunidad. Harald Haarmann (1991, 111) hace descansar algunos criterios de evaluación en bases culturales y de tradición, y los explica de muy diversos modos:

> Most if not all attributes which relate to a community's language in the judgments of its users belong to the range of culturally specific values. The criteria of evaluating a language as «beautiful» or «ugly», «rich» or «poor», «prestigious» or «of little value» all depend on cultural traditions and are linked to the functioning of ethnic identity [...]
> [...] Most of the positive values attributed to a native language by its users are purely sentimental [...]. As regards foreign languages, there is often a panorama of negative and positive stereotypes revealed in inclinations toward individual languages. In particular, negative evaluations of minority languages which are common among the members in numerically strong speech communities have a lasting effect on keeping a social distance. Negative values are not seldom extended to the speakers of other languages. Well known is the Greek term *barbaros*, which was originally applied to any foreigner whose language could not be understood.

Así que la *Sociología del lenguaje* desempeña un papel esencial para conocer la distribución psico-social de las variedades y las lenguas y sobre esa base plantear procesos de *planificación*. Los valores de prestigio, de vulgaridad, o de identidad, no se proponen desde las Academias sino que están cimentados en la estructura sociológica de los usos lingüísticos.

Como hemos visto en el capítulo 2, §2.1 y §2.2, las clasificaciones de las lenguas en tipologías sociolingüísticas por su distribución funcional tienen su base en la estructura sociológica de las comunidades, de modo que son las consideraciones simbólicas que los hablantes adjudican a las lenguas y a las variedades las que perfilan *lenguas nacionales* (o *lenguas de identidad*), *lenguas de comunicación* (o *lenguas aprendidas*), *lenguas de prestigio, lenguas minorizadas*, y a *variedades formales, variedades vernáculas, variedades dialectales*, etc. Así pues, lo que representan y simbolizan las lenguas y las variedades para sus hablantes debe contemplarse desde la perspectiva semiótica global de los usos lingüísticos como un capítulo más en el estudio de los valores propios de las lenguas. No sólo por su interés intrínseco sino también porque las valoraciones (inter)individuales sobre qué suponen las lenguas o variedades que se manejan son indicadores de su futuro. Y del futuro de la comunidad que las habla y las evalúa: si una comunidad decide que su lengua sea antes medio de comunicación que símbolo de identidad, con toda seguridad gane en número de hablantes a costa de perder determinación, como comunidad bien definida, por su código (pensemos en el inglés). Por el contrario, una comunidad puede valorar su lengua como marca de identidad, tratando de mantenerla como algo específico y definitorio del grupo aunque ello suponga no ganar en número de hablantes. En el caso del gallego parece que se dan las dos tendencias.

Lecturas complementarias

Clark, Herbert (1996): *Using language*, Cambridge, Cambridge University Press.
 Sugestivo planteamiento de cómo se recurre a medios verbales y no verbales para lograr objetivos concretos de comunicación. Muy recomendable para aproximarse a los valores discursivos.

Coseriu, Eugenio (1966): «El hombre y su lenguaje»; y «El lenguaje y la comprensión de la existencia del hombre actual», caps. 1 y 2 de *El hombre y su lenguaje*, Madrid, Gredos, 1977.
 La visión más rigurosa sobre los vínculos entre cognición, comunicación y codificación, y siempre a través de los hechos lingüísticos.

— (1973): *Lecciones de lingüística general*, Madrid, Gredos, 1981, caps. VII y VIII.
 Presentación técnica detallada de los principios de análisis estructural.

Duranti, Alessandro (1988): «La etnografía del habla: hacia una lingüística de la praxis», *Panorama de la lingüística moderna de la Universidad de Cambridge*, vol. IV, F. J. Newmeyer (ed.), Madrid, Visor, 1992, cap. 12.
   Presentación de presupuestos, nociones y alcances de la «etnografía de la comunicación».
Fernández Pérez, M. (1993): *Las categorías gramaticales (morfológicas) en español*, Anexo 35 de *Verba*, Universidade de Santiago de Compostela, pp. 5-20.
   Aproximación estrictamente estructural a las unidades lingüísticas.
Haarmann, Harald (1990): *Language in its cultural embedding. Explorations in the relativity of signs and signs systems*, Berlín/Nueva York, Mouton de Gruyter.
   Estudio de semiótica de las lenguas altamente recomendable. La claridad expositiva y los numerosos ejemplos lo convierten en uno de los mejores tratados en el campo.
Halliday, Michael (1978): *El lenguaje como semiótica social. La interpretación social del lenguaje y del significado*, México, FCE, 1982.
   Un clásico de la concepción semio-social de las lenguas. El enfrentarse con los usos resulta incuestionable.
Harris, Roy (1996): *Signs, Language and Communication. Integrational and Segregational Approaches*, Londres, Routledge.
   Un completo, aunque denso, estudio sobre la comunicación y los aspectos intervinientes en el proceso.
Marina, José Antonio (1998): *La selva del lenguaje. Introducción a un diccionario de los sentimientos*, Barcelona, Anagrama.
   Aproximación a los usos lingüísticos desde el individuo, sea emisor o sea receptor. Muy recomendable como introducción a la pragmática.
Moreno Cabrera, Juan Carlos (1991-1994): *Curso Universitario de Lingüística General*, 2 vols., Madrid, Síntesis.
   Aproximación semiótica a la estructura interna de las lenguas desde el prisma de su diversidad.
Simone, Raffaele (1990): *Fundamentos de lingüística*, Barcelona, Ariel, 1993, capítulos 2 y 3.
   Trazado claro y riguroso de las bases semióticas de las lenguas.
Wierzbicka, Anna (1991): *Cross-Cultural Pragmatics. The Semantics of Human Interaction*, Berlín/Nueva York, Mouton de Gruyter, 1991.
   Fundamentado y convincente estudio sobre valores de interacción lingüística en un buen número de lenguas.

PRÁCTICAS Y EJERCICIOS

1. Explique técnicamente y manejando las nociones de *morfema, signo, relaciones sintagmáticas* y *relaciones paradigmáticas*, la situación del segmento parte en las dos secuencias siguientes:

   La parte que te corresponde está en tu mesa.
   María parte mañana hacia Madrid.

2. Aplique los cuatro principios de análisis estructural (*funcionalidad, oposición, sistematicidad* y *neutralización*) a los morfemas de *temporalidad* y *modo* en los siguientes ejemplos:

Mañana *estudiaré* lo que me queda.
Mañana *estudio* lo que me queda.

3. Teniendo en cuenta las dos fases evolutivas de unidades fónicas en español que a continuación se ofrecen con las grafías y con las transcripciones de ejemplos ilustrativos,

   Castellano del siglo XIII

   /s/ : /z/   osso ('oso', animal)   oso ('oso', de 'osar')
   sordo: sonoro   ['oso]   [ózo]

   /b/ : /v/   uebos ('necesidad', lat. 'opus')   uevos ('huevos')
   oclusivo: fricativo [wébos]   [wévos]

   /ʃ/ : /ʒ/   fixo ('fijo')   fijo ('hijo')
   sordo: sonoro   [fíʃo]   [fíʒo]

   Castellano del siglo XVI

   /s/ (sin el correspondiente sonoro)
   /b/ (sin el correspondiente fricativo)
   /x/ (velar, habiendo perdido valor los palatales)

   ¿de qué modo habría de conducirse una descripción *diacrónica* para estos casos? Maneje en su explicación los conceptos de *lengua funcional* y *lengua histórica*.

4. Teniendo en cuenta que el sonido velar [ŋ] es funcional en gallego pero no lo es en español, indique las repercusiones de esta comprobación cuando se trate de enseñar gallego o español como segundas lenguas.

5. Indique los factores pragmáticos (intenciones, contexto, propósitos, interlocutores, etc.) que intervienen en la carga informativa de las secuencias siguientes:

   ¡Trae el café!
   Por favor, ¿puedes servir café?
   Son las 12, hora del café en todas partes.

   Debieras sentarte con cuidado.
   ¡Te digo que te sientes sin molestar!
   Vas a darte un golpe por ser tan impulsivo e inquieto.

   No me he explicado.
   No has entendido nada.

   Mi objetivo se cifra en ordenar el conjunto de aspectos y la serie de procesos que permitan alcanzar conclusiones fiables y convincentes.

Los argumentos aducidos, por ser incontestables, son prueba de la solidez de las propuestas y de la efectividad de los principios manejados.

6. Componga un diálogo en el que los intervinientes manejen diferentes variedades del español —por razón de su procedencia geográfica, debido a su edad, y por motivos de estatus y rango profesional—, y atribuya valores a esos códigos (sea por posibles intenciones de los hablantes o sea por creencias extendidas sobre las variedades).
7. Escriba una carta a un compañero de clase rogándole que le preste material de una asignatura que ha de preparar para septiembre. Redacte otra carta felicitándole por sus éxitos académicos a un profesor que en algún momento le impartió clase. Subraye los principios que ordenan y guían las respectivas composiciones epistolares.
8. Prepare una explicación oral sobre los pronombres personales cuyos destinatarios son niños de 10 años. Presente por escrito el mismo tema de los pronombres personales a chicos de 16 años. Ponga de relieve aquellos elementos determinantes a la hora de organizar los contenidos y en la selección de registros para los distintos discursos.

Capítulo 4

EL LENGUAJE Y SU NATURALEZA NEUROPSICOLÓGICA

En este capítulo se subraya la importancia de las bases cerebrales y mentales que convienen al lenguaje como *capacidad* propia de la especie humana y como *habilidad* característica en cada uno de nosotros. La consideración neuropsicológica de la función del lenguaje se vuelve clave no sólo para perfilar la concepción sobre su origen y su emergencia (en filogénesis y en ontogénesis), sino sobre todo para abordar su estudio en condiciones normales y en situaciones anómalas de desarrollo.

1. **Naturaleza neuropsicológica del lenguaje y habilidad lingüístico-cognitiva**

Junto a la materialidad de los hechos lingüísticos que se manifiestan como existentes en su realidad social y comunicativa —*están* porque comunican y cumplen este papel por su dimensión intersubjetiva—, conviene no olvidar que tales fenómenos no son sino producto de procesos físico-psíquicos que descansan en el cerebro. El lenguaje, además de su evidencia social, tiene también una base material neuro-cerebral, y estas dos vertientes de su naturaleza resultan imprescindibles para justificar su realidad y para contrastar empíricamente el conocimiento teórico que sobre los fenómenos lingüísticos se ofrezca.

Si bien a lo largo de la Historia de la Lingüística la perspectiva más común —ya que se manifestaba productiva y útil— ha respondido a primar la naturaleza social de las lenguas, no obstante se ha reconocido simultáneamente la importancia de la base cerebral —y, a veces, incluso la vertiente psicológica— en el estudio del lenguaje.[1] En cualquier caso, ha sido sobre todo en la Lingüística de este siglo cuando las aproximaciones respecto del asiento biológico del lenguaje y sobre la concepción de sus fundamentos neuropsicológicos han empezado a despuntar. Los avances y mejoras en los instrumentos y técnicas de observación son probablemente elementos decisivos para el interés y el desarrollo de este enfoque en la Lingüística actual; pero no sólo por cuanto permiten indagar en zonas hasta ahora escasamente atendidas, sino también por lo que facilitan de evidencias orgánicas para formular principios y consideraciones sobre la *habilidad*, sobre las *funciones* verbales de emisión y de comprensión, y que hasta ahora se mostraban como intuiciones o como hipótesis —las cuales, como mucho, se habían cimentado en la realidad intersubjetiva de los fenómenos lingüísticos—.

La orientación hacia los fundamentos biológicos del lenguaje significa la posibilidad de interrelacionar *lo social* y *lo orgánico* a través de los actos lingüísticos, como realidades tangibles (sociales) producto de procesos mentales característicos de esa habilidad dinámica que llamamos «lengua», y que tienen su sustrato físico (químico y anatómico) en la actividad cerebral correspondiente. Precisamente por cubrir funciones mentales cognoscitivas, por ser ella misma una *habilidad* —con entidad psicológica, por tanto—, la lengua tiene carácter representacional (sus elementos son símbolos) y no ha de identificarse ni con la sociedad ni con el cerebro, de modo que aunque el lenguaje esté en el cerebro y se manifieste en la realidad comunicativa, no obstante *los hechos lingüísticos no equivalen a procesos cerebrales, ni tampoco se identifican con estructuras o reglas sociales*. La importancia del carácter simbólico de la lengua se pone de manifiesto en buena parte de los planteamientos metodológicos con orientación descriptiva, cuyos análisis definen elementos lingüísticos por su *valor* en un sistema representacional, hasta tal punto que las lenguas cifran en esa constitución su autonomía («le système où tout se tient», que dicen los estructuralistas). De otra forma, la Lingüística no tendría razón de ser: los hechos de lengua han de exigir —por sus cualidades genuinas y por su valor propio— investigación particular y conocimiento exclusivo, sin que

---

1. Puede rastrearse el interés por los aspectos cerebrales implicados en la actividad lingüística a lo largo de la Historia de la Lingüística (cfr. Ch. Bouton, 1991); y asimismo la concepción del lenguaje como fenómeno psicológico, funcional, está presente en líneas —como la racionalista— que atraviesan el desarrollo histórico (véase, por ejemplo, la concepción de los 'modistae' en la Edad Media o la de los gramáticos de Port-Royal en el siglo XVII). Hay incluso concepciones que atribuyen al lenguaje bases naturales, biológicas, como es el caso de algunas corrientes de la Lingüística del XIX (el *biologicismo* de Schleicher y el *causalismo* de los neogramáticos).

ello suponga negar su depósito material en el cerebro y su existencia real en la sociedad. Prueba de la ubicación ajustada de la *habilidad lingüística* en el reciente quehacer de los investigadores la hallamos en las formulaciones tildadas de *cognitivistas* en gramática: en ellas, las estructuras y las reglas gramaticales se ordenan y se justifican jeráquicamente —e incluso se interpretan icónicamente— mediante evidencias de cognición y de actividad cerebral (cfr. por ejemplo T. Givón, 1995).

1.1. Fundamentos neuropsicológicos del lenguaje.
 Su importancia filogénetica y ontogenética

Afirmar que el lenguaje tiene una base biológica y que descansa en el cerebro apenas añade algo interesante respecto de los hechos lingüísticos si no se determina el vínculo, la relación, entre el lenguaje y el cerebro.[2] La cuestión crucial es, pues, la de la concepción de la relación «mente-cerebro», o, para el caso que nos ocupa, la relación «lenguaje-cerebro»; ya que dependiendo de cómo se interprete la procedencia de la habilidad, así se entenderá su ontogénesis y su filogénesis y así se establecerán y justificarán áreas como la *Psicolingüística* y la *Neurolingüística*. En efecto, si se entiende que «lo mental» es algo independiente de «lo cerebral», y que el lenguaje es «lo mental», está claro que sólo la Psicolingüística tendría razón de ser en el estudio del fenómeno. Asimismo, si se toman «lo cerebral» y «lo mental» como desconectados entre sí, y si se remite el fundamento del lenguaje a «lo cerebral», sólo la Neurolingüística sería necesaria. Por el contrario, si se concibe «lo psicológico», «lo mental», en relación con «lo cerebral», entonces el lenguaje tendría fundamentos psicológicos y cerebrales y serían necesarias la Psicolingüística y la Neurolingüística.

Dos han sido las tendencias filosóficas centrales que han prevalecido en la cuestión de la relación «mente-cuerpo», el *dualismo* y el *monismo*. Para los «dualistas», *mente* y *cerebro* son entidades independientes, ya sea en una posición extrema de total autonomía *(autonomismo)*, o ya sea en posiciones intermedias de independencia —pero con ciertos estados paralelos *(paralelismo)*—, de afección de una sobre la otra *(epifenomenismo)*, de dirección y/o control en algún sentido *(animismo)*, o de interacción *(interaccionismo)*. Para los «monistas», por el contrario, *mente* y *cerebro* son una misma entidad, ya se conciba en una postura estricta como absolutamente mental *(idealismo)* o

---

2. Del mismo modo que el interés de señalar que el lenguaje se muestra en la realidad social estriba en que a partir de esa materialidad *se reconocen* los códigos comunicativos y sobre ellos pueden construirse las reglas y las estructuras lingüísticas.

como absolutamente cerebral (*materialismo*), o ya se interprete —más matizadamente— que *mente* y *cerebro* son facetas de una misma entidad (*monismo neutral*, y *materialismo emergentista*).[3]

En lo que concierne a garantías de fiabilidad y de justificación, las concepciones dualistas tienen el inconveniente de tomar la mente como algo inmaterial y espiritual, sin sustento alguno en procesos físicos y materiales, de modo que ni el lenguaje ni ningún proceso cognitivo serían escrutables. Por su parte, las concepciones monistas facilitan la consideración de la mente como entidad con sustento material (excepto el idealismo, que defiende el principio de que todo es mental), de manera que el lenguaje —como otras habilidades— posee una base cerebral que indica su naturaleza biológica. Desde presupuestos del monismo materialista matizado es, así, posible conectar lenguaje y cerebro, y es también posible integrar una concepción del lenguaje que dé cabida a la teoría de la evolución de las especies y que respete las características generales y particulares, biológicas y sociales, de esa capacidad y de su correspondiente habilidad propias del ser humano. En efecto, el *materialismo emergentista* o *monismo psiconeural*, que defiende «lo mental» con sustento en «lo material» y justifica que «lo psicológico» surge de «lo cerebral», introduce planteamientos más ventajosos por su riqueza y pormenor cuando se aborda la naturaleza mental del lenguaje depositada en el cerebro, y como resultado de un proceso particular de emergencia y desarrollo en la evolución ontogénetica y filogenética.

Los avances científicos actuales no congenian con la independencia de las capacidades mentales y de los procesos cerebrales propugnada por las concepciones *dualistas*; de ahí que tales formulaciones se hayan visto apartadas o matizadas en algún sentido. Es el caso del «mentalismo» idealista de la lingüística generativa de los años sesenta y setenta —que de ningún modo se relacionaba con lo cerebral (y menos aún con lo social)— y que se ha visto corregido mediante referencias a la «base natural», a los «fundamentos biológicos» —que, sin embargo, no se especifican— (cfr. N. Chomsky, 1980, 1986). A este respecto señala Mario Bunge (1980, 35) que

> Hay numerosas pruebas de que la *faculté du langage* está íntimamente relacionada con otras funciones cognoscitivas, así como con las sensorio-motrices. Algunas de estas pruebas son psicológicas; otras, neurofisiológicas. Por esto es inapropiado estudiar la habilidad lingüística separada de otras habilidades del sistema nervioso.

---

3. Una síntesis clarificadora de estas concepciones la proporciona M. Bunge (1980, cap. 1); cfr. también Bunge (1989, cap. 2).

Sin duda, en el caso del lenguaje se hace inexcusable la conexión procesual entre cerebro y mente, ¿cómo se explicarían —si no— las limitaciones en la habilidad lingüística surgidas en paralelo con lesiones cerebrales?; por otro lado, si no se propone un fundamento material para la capacidad verbal, ¿bastaría su proyección social para justificar su naturaleza real?

Por su parte, las interpretaciones *monistas radicales* tienen el inconveniente de no reconocer más que una entidad —sea inmaterial, la «mente», o sea material, el «cerebro»—, de modo que la capacidad lingüística se ve reducida en su investigación a las conjeturas —por ser inescrutable—, o a procesos físico-químicos y a disposiciones anatómicas —por ser actividad orgánica—. Tratándose de las concepciones materialistas extremas, sus limitaciones son insalvables: al admitir un único objeto —el cerebro— y un solo tipo de procesos —los orgánicos— con productos exclusivamente físicos, no cabe conjugar la unidad y la diversidad de la habilidad lingüística en los seres humanos, ya que o bien se admite que la actividad cerebral es totalmente diferente entre los individuos —sin dar cabida a lo unitario y como si cada cerebro fuera único y muy distinto a los demás—, o bien se asume que los procesos son idénticos porque la configuración cerebral es la misma, en cuyo caso quedaría sin explicar la diferencia real en la habilidad lingüística. Asimismo, desde el prisma filogenético —y ya que se resalta únicamente lo orgánico, la actividad y los procesos físicos en el cerebro— no podrían explicarse los cambios ni los saltos evolutivos: aparecerían nuevos órganos, con procesos y actividades que en estadios anteriores no tenían lugar, pero sin aducir razones que puedan justificarlos. Las conexiones evolutivas entre órganos, la situaciones intermedias en procesos de cambio, o los órganos polifuncionales no tendrían cabida en los esquemas exclusivamente *fisicistas*. Desde tales presupuestos no sería posible conectar evolutivamente las «vejigas natatorias» (situadas junto a las agallas) de los peces con los «pulmones» de los mamíferos, ya que se trataría de órganos diferentes (cfr. P. Lieberman, 1991, Introducción y capítulo 2). Surgirían, asimismo, dificultades para establecer la frontera en los límites marcados entre primates no homínidos y homínidos, y con toda probabilidad el hombre de Neanderthal debería ser considerado primate no homínido, puesto que tiene dos cavidades orgánicas en paralelo con dos funciones —laringe para respirar y esófago para deglutir—: habría que aguardar el salto —en este caso, reductivo— de órganos para establecer la frontera, siendo la faringe un elemento determinante a la hora de justificar tal clasificación.

1.1.1. *Capacidad y habilidad* lingüística

La diferencia entre *órgano* y *función* se hace, sin lugar a dudas, imprescindible a la hora de abordar la relación de la actividad y los procesos físicos con las disposiciones no estrictamente físicas y con las habilidades mentales. En esta línea, se forja como crucial la distinción entre «función resultante» y «función emergente», que facilita la conexión con los procesos orgánicos mediante productos inmediatos —las «funciones resultantes» (digestión, respiración, locomoción, etc.) son resultados físicos con propiedades similares a las de los órganos—, o a través de habilidades cuyas cualidades son muy distintas a las características de los órganos —lo propio de «funciones emergentes» como la memoria, el pensamiento, el lenguaje, etc.—. Mario Bunge (1989, 82-83) define estas dos clases de «funciones» en los términos siguientes:

> Cuando dos o más cosas se combinan formando una tercera, ésta puede o no poseer propiedades que caracterizan a sus precursores. Por ejemplo, un añadido de arena a una playa no modifica cualitativamente a ésta. Pero si dos neuronas se conectan entre sí, pueden sincronizar sus actividades, o una de ellas puede excitar o inhibir a la otra. Estas propiedades sistémicas se llaman *emergentes*, y el proceso de su aparición se llama *emergencia*. En cambio, las propiedades de un sistema que también son poseídas por sus componentes se llaman *resultantes*.

Precisamente, en la dimensión que prima la importancia de las *funciones emergentes* como objetos de conocimiento que han de investigarse —su relevancia gnoseológica es indiscutible al no ser reductibles a órganos (cfr. M. Bunge, 1989, cap. 9)—, la concepción ontológica más apropiada para considerar el lenguaje como <u>capacidad común</u> a los humanos y como <u>habilidad individual</u> de cada uno de ellos es la del *materialismo emergentista*. En efecto, desde sus presupuestos,[4] al lenguaje

---

4. M. Bunge destaca tres principios básicos definitorios de la concepción: 1) los sucesos, procesos y situaciones mentales no son otra cosa que sucesos, procesos y situaciones cerebrales en los seres humanos; 2) esos sucesos, procesos y situaciones son emergentes en relación con las células cerebrales; o, lo que es lo mismo, son *funciones, propiedades sistémicas* de aquellas células; 3) las relaciones llamadas psicofísicas o relaciones «mente-cuerpo» resultan de interconectarse diferentes subsistemas del cerebro o un subsistema cerebral y algún otro componente del organismo (cfr. Bunge, 1980, 42 y ss.). Desde este punto de vista que interpreta «lo mental», «lo psicológico» como lo que surge de «lo cerebral», los mecanismos y procesos cognoscitivos remiten a una base material —la anatomía, fisiología y organización del cerebro en la especie humana—, que se define del modo siguiente: «un cerebro es un sistema y, por tanto, además de tener componentes posee una estructura y un medio. La estructura del cerebro incluye las conexiones neuronales. El resultado es un sistema con propiedades emergentes —como, por ejemplo, las capacidades de percibir, sentir, imaginar, recordar, desear, pensar, etc.— de las que carecen sus componentes celulares» (Bunge, 1980, 29).

se le atribuye una base material cerebral; el hecho de que todos los humanos presenten una configuración neuronal explica que todos posean la capacidad del lenguaje. Por otra parte, la arquitectura y el mapa neuronal varía de unos individuos a otros —y en un mismo individuo a lo largo de la vida— debido a la propiedad de la *plasticidad* que posee el cerebro, y en consonancia con su desarrollo gradual de manera particular en cada caso. Se define esta propiedad —que se ha destacado como rasgo vigente en el período vital exclusivo de los humanos (cfr. G. Fischbach, 1992, M. Nieto Sampedro, 1988 y P. Lieberman, 1991, cap. 3)— como

> la capacidad que tiene el SNC de cambiar su composición o su organización (estructura) y, en consecuencia, de modificar alguna de sus funciones (actividades) incluso en presencia de un medio (aproximadamente) constante [...] La plasticidad parece ser una característica que el córtex cerebral asociativo tiene desde el nacimiento hasta la senectud, hasta el extremo de que podemos caracterizar a este sistema como «el órgano capaz de formar nuevos órganos funcionales» [...] En términos psicológicos, la plasticidad es la capacidad para aprender y olvidar (M. Bunge, 1980, 64).

La diversa organización neuronal —que tiene sus raíces en la «plasticidad» del cerebro, del alguna forma «moldeado» por razones de entorno y por la variada repercusión de factores y estímulos en el desarrollo— corre, pues, pareja a la diversidad psicológica en general y a la habilidad del lenguaje en particular. De ahí que se expliciten observaciones como la siguiente:

> El cerebro de un niño no es un cerebro de adulto en miniatura, y existen pruebas considerables de que se produce una relación entre el desarrollo del cerebro y la aparición de la capacidad lingüística (M. L. Kean, 1988, 114),

con objeto de incidir en la relevancia del proceso de emergencia paulatina de la habilidad, y de relativizar la presencia del lenguaje como capacidad en el ser humano. Mientras que las concepciones innatistas sitúan la «facultad» del lenguaje en la pertenencia a la especie, y que los planteamientos conductistas derivan la «habilidad» verbal del aprendizaje y de los estímulos, hay formulaciones —como la de J. Piaget o la de L. Vygotsky— que hacen intervenir procesos de adecuación cerebral —tanto en la filogénesis como en la ontogénesis— y condicionantes contextuales en la emergencia del lenguaje. Su presencia como función actualizada se ofrece de este modo relativizada en el marco de etapas y de requisitos (orgánicos y sociales) que han de cubrirse. Así,

L. Vygotsky (1934) plantea su «psicología del desarrollo» sobre tres pilares: *a*) las funciones mentales superiores; *b*) el desarrollo cultural, y *c*) el control de los procesos personales de comportamiento (cfr. A. Kozulin [1986]). En esas bases sustenta el estudio de la relación entre lenguaje y pensamiento, indicando que

> El descubrimiento más importante del estudio genético del pensamiento y el habla es el hecho de que su relación sufre muchos cambios. El progreso en el pensamiento no es paralelo al progreso en el habla. Sus dos curvas de crecimiento se cruzan una y otra vez. Pueden alinearse y correr juntas, incluso fundirse por un tiempo, pero siempre vuelven a separarse. Esto es aplicable tanto a la filogenia como a la ontogenia. Los casos de deterioro patológico y de involución de funciones [...] indican también que la *relación* entre el pensamiento y el habla no es inmutable (L. Vygotsky, 1934, 97).

En síntesis, desde el *materialismo psiconeural* cabe contemplar el lenguaje no sólo como *capacidad* propia de la especie —posible por la especial disposición anatómica del tracto articulatorio y por la peculiar configuración del cerebro y del sistema nervioso con un alto grado de plasticidad potencial—, sino además como *habilidad* verbal manifestada individualmente en los actos comunicativos —y como producto de un proceso de desarrollo, con estímulos y entornos múltiples que provocan conexiones neuronales particulares gracias a la plasticidad cerebral—. De modo que así se conjuga lo que es predisposición, capacidad genuina desde el prisma filogenético, con lo que resulta del desarrollo paulatino de la habilidad lingüística —en conexión con otras habilidades cognitivas y en el seno de coordenadas sociales diversas— desde el prisma ontogenético. Que el ser humano posea esa capacidad, esa predisposición, no explica la diversidad de «grados» en la actualización de dicha facultad, de ahí que las propuestas innatistas —sean o no «matizadas»— que identifican la *capacidad* con conocimientos de rasgos (o de parámetros, o de constricciones) universales en las lenguas —por ejemplo, la «Gramática Universal», o el «LAD» (Language Acquisition Device) de la lingüística chomskiana—, deben superarse y sustituirse por aquellas que interpretan la capacidad innata del lenguaje en los siguientes términos:

> hemos nacido con un tracto vocal, las áreas de Wernicke y Broca, y sistemas neurales subsidiarios, a lo que se une un medio social (que conlleva una tradición) que estimula la adquisición y desarrollo de los lenguajes verbales (Los niños salvajes son mudos). Nuestro legado anatómico y social nos permite movilizar cuantos sistemas neurales sean precisos para producir o comprender el habla. No hace falta señalar que ese legado no

es constante. El cerebro y el tracto vocal deben haber evolucionado armónicamente uno con el otro y ambos en armonía con la sociedad» (M. Bunge, 1980, 215).

La perspectiva neuropsicológica adoptada no se limita a la materia cerebral y nerviosa como cimentación exclusiva de la función del lenguaje (y de las habilidades en general), sino que confiere a los factores sociales y a las circunstancias de entorno un relevante papel en el trazado de perfiles psicológicos y, naturalmente, en la emergencia de dominios funcionales que van más allá de un mapa de redes neuronales. Con palabras de Mario Bunge, la ontogénesis de las habilidades —tan diversas en sus desarrollos individuales— se explica por la intervención de elementos en el sentido siguiente:

> Cada humano recién nacido tiene un conjunto único de potencialidades. Dependiendo del medio él o ella se desarrollará hasta ser un granjero, un administrador o un intérprete. No es que él o ella esté destinado biológicamente, o predeterminado, a ejercer uno de esos oficios: no existen genes de granjeros, gerentes ni intérpretes. Las potencialidades genéticas son mucho más generales que todo esto: la potencialidad de aprender a efectuar *algún* trabajo manual, a negociar *algún* asunto, a hablar *alguna* lengua. Las circunstancias, que siempre son específicas, son las que canalizan esas potencialidades innatas, que son generales, hasta conseguir actualizarlas. No es que el medio elija o seleccione determinada potencialidad innata concreta, como la de ser capaz de aprender chino. Más que filtrar potencialidades especiales, lo que hace el medio es transformarlas en específicas gracias a que proporciona (o excluye) las posibilidades para que se desarrollen (1980, 169).

Además de dar cabida a la capital distinción entre *capacidad* y *habilidad*, y a su respectiva correlación con lo genérico de la especie —lo potencial, lo cerebral *(capacidad)*—, y con lo específico del individuo —lo dinamizado, lo funcional *(habilidad)*—, el materialismo emergentista ha integrado la vertiente «social» en la investigación orgánica y en la investigación psicológica, habida cuenta de la relevancia que le atribuye en la emergencia de las *funciones*. Esta incorporación ha permitido contemplar la actividad lingüística —social y comunicativa en primera instancia— como habilidad cognitiva comprobable y contrastable al lado de otras funciones de percepción y conocimiento, y sin por ello perder de vista su asiento en el cerebro. Así que al lenguaje se le reconoce carácter psicológico y carácter neuronal, o, en una formulación ontológica rigurosa, se le atribuye naturaleza neuropsicológica —a la par que naturaleza social—. Estas consideraciones relativas a cómo se concibe el origen, la existencia y la presencia de la habilidad lingüística, se hace extrema en el momento de enfocar el desarrollo del lenguaje en su ontogénesis y en su filogénesis, y cuando se abordan las patologías lingüísticas.

1.1.2. Bases para el estudio del origen del lenguaje. Requisitos filogenéticos y ontogenéticos

Desde los presupuestos del «monismo psiconeural» la *función* del lenguaje surge evolutivamente —en filogenia y en ontogenia— como resultado de repercusiones y exigencias del entorno social, cuyo peso en la maduración cerebral y en la configuración neuronal resulta clave para el aprovechamiento efectivo de las condiciones anatómicas en los órganos de articulación y de percepción, y de este modo se produzca la actividad verbal. Más específicamente, desde el prisma filogenético, el lenguaje surge asociado a la especie humana como consecuencia de relaciones sociales y de intercambio, que piden —cada vez más— comunicaciones complejas, elaboraciones creativas, o diseño de sistemas de valores. Autores como Philip Lieberman (1991) ponen de relieve desarrollos «culturales» que parecen cruciales para la riqueza comunicativa y para la aparición del lenguaje. Hay autores que consideran el altruismo humano —y sus derivaciones, como la moral o la empatía— resultado de emociones y cogniciones que no serían posibles sin el lenguaje humano (cfr. Kagan, 1987). P. Lieberman (1991, 66) señala a este respecto que

> The preadaptative basis for cognitive altruism probably is the biologically based animal altruism [...], but we have made use of human cognitive ability to extend the concept of relation and we equally derive moral fitness rather than philosophical fitness by virtue of concepts that would be impossible to explicate without human language. In other words, human language and cognition are necessary conditions for moral sense.

Ahora bien, el desarrollo funcional de la habilidad del lenguaje no hubiera sido posible —y no es posible, si lo vemos desde el prisma ontogenético— de no haberse dado la disposición anatómica oportuna. El tracto vocálico ha de conformarse de modo que aparezca una cavidad faríngea con conexiones nasal y bucal, que la lengua —que tiene su nacimiento en la faringe— ofrezca un tamaño medio, y que se perfilen dientes y labios para facilitar la explosión o la fricación en la salida del sonido. Todo lo cual se acomoda en una configuración anatómica tal que el hueso hioides tiende a la verticalidad, ligando —como es propio— la mandíbula con el inicio de la laringe (y no interrumpiendo de este modo la cavidad faríngea). Frente a esta constitución en los seres humanos adultos, los primates no homínidos —y los recién nacidos en sus primeros meses— presentan un tracto vocálico definido por la ausencia de cavidad faríngea, y ello porque la laringe está muy alta (el hueso hioides tiene su disposición en horizontal) coincidiendo el velo del paladar y la epiglotis. La lengua, como es natural, se integra completamente en el interior de la cavidad bucal y su tamaño es extremo. De ahí que los primates no homínidos —y también los bebés— apenas tengan cuello, y que puedan respirar y comer al mismo tiempo sin riesgo de atragantarse (véanse las figuras 4.1 que evidencian este contraste).

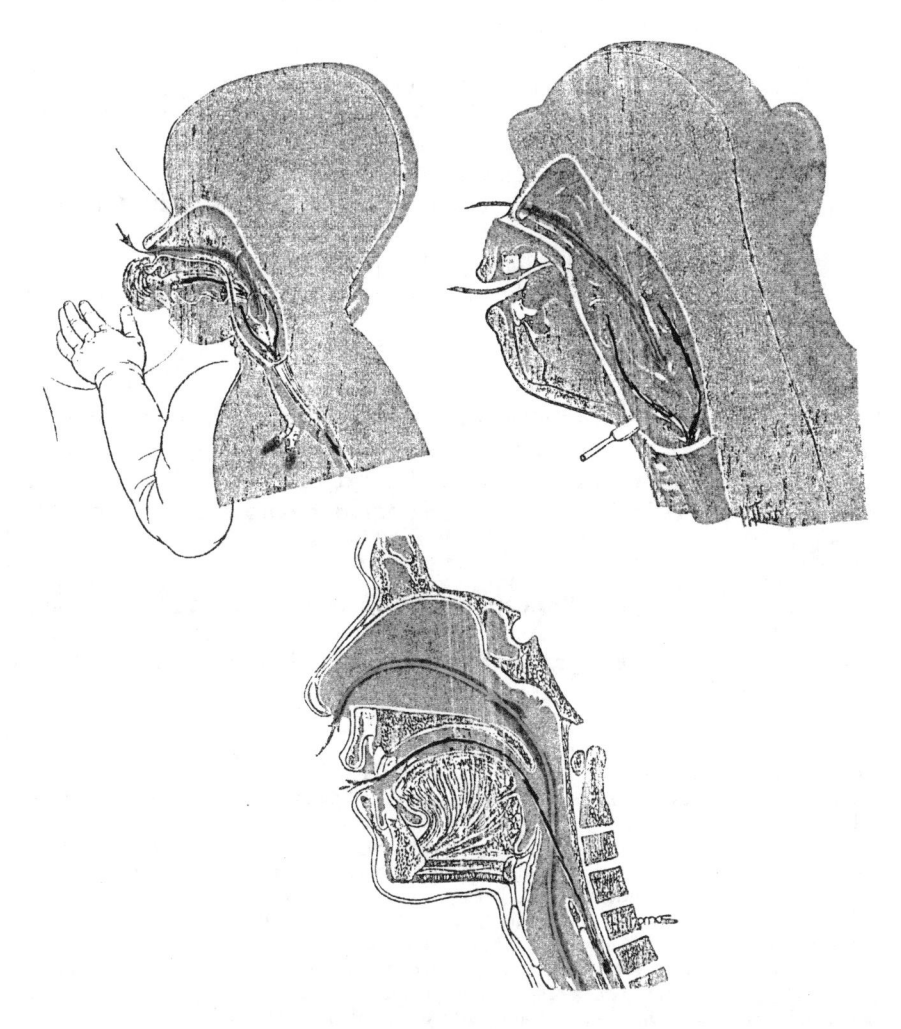

FIG. 4.1. *Tracto vocálico en bebés, primates y humanos adultos* (tomado de J. Laitman, 1986).

Desde la perspectiva filogenética, la situación evolutiva de la anatomía correspondiente al tracto articulatorio de la especie humana es ciertamente singular: de dos órganos bien diferenciados en sus funciones —el esófago para deglutir y ligado a la fisiología de la digestión, y la laringe para canalizar el aire necesario en la respiración— se ha pasado a un único órgano —la faringe— interviniente en las dos funciones fisiológicas, de modo que en algunas ocasiones se ha considerado el estadio evolutivo como una «regresión», por los problemas que plantea respirar y deglutir simultáneamente. El mismo Ch. Darwin (1859, 191) señalaba

> the strange fact that every particle of food and drink which we swallow has to pass over the orifice of the trachea, with some risk of falling into the lungs,

y, paralelamente, autores como P. Lieberman (1991, 56) admiten que

> The only thing to which the adult supralaryngeal vocal tract is better suited in humans than in other animals is the production of the sounds of human speech.

No obstante, si tenemos en cuenta la *función emergente* del lenguaje, factible —entre otros condicionantes— gracias a esa especial disposición del tracto vocal,[5] está claro que se trata no sólo de progresión evolutiva sino también de una posible ilustración de que «necesidades funcionales» van diseñando el órgano oportuno para cubrirlas,[6] de manera que

> system that was initially adapted for breathing and eating was preadapted for a new function —speech— by changes in the shape of the tongue, the position of the larynx, and the supporting skeletal structures (P. Lieberman, 1991, 56).

    5. Tal es la importancia de esa configuración, que se maneja como criterio decisivo en las investigaciones paleontológicas para determinar la aparición del lenguaje y la posibilidad de habla sobre distintos fósiles reconstruidos. Así, las discusiones sobre la aparición del lenguaje articulado o sobre la desaparición de la rama 'hombre de Neanderthal' por sus limitaciones en el tracto vocal —que le impedían el lenguaje articulado—, se basan precisamente en las características de la laringe, el hioides, la lengua, etc. (cfr. el clarificador trabajo de J. Laitman, 1986, y además P. Lieberman, 1991, cap. 2, y W. Dingwall, 1988).
    6. Respondiendo así a la «preadaptación» considerada por Darwin y ejemplificada precisamente a través de la evolución de las vejigas natatorias de los peces a los pulmones mamíferos (*vid.* §1.1 de este capítulo). De modo que en paralelo con el órgano de flotación que pasa a tener la función de la respiración (porque varía la conducta y el entorno), también en el caso de los humanos «Organs that were originally designed to facilitate breathing air and swallowing food and water were adapted to produce human speech» (P. Lieberman, 1991, 3).

Al lado de la especial configuración del tracto vocálico, en la que el lenguaje oral ha actuado como móvil selectivo,[7] hay que tener en cuenta asimismo los cambios evolutivos que se producen en la configuración cerebral y en las posibilidades de cognición y percepción.[8] Una de las características más notables en el cambio evolutivo del cerebro es su tamaño —y en proporción con el tamaño total del animal—, que, desde el detallado estudio de Jerison (1973), se toma como indicativo de la capacidad cognitiva relativa en las distintas especies,[9] lo que evidencia física y materialmente claras diferencias entre primates no homínidos y la especie humana. El tamaño lleva asociadas, además, variaciones importantes en la adscripción de funciones a áreas, y así

> in humans the neocortex is involved in the voluntary control of cortex. This is not so for other primates. In monkeys, for example, electrical stimulation of the neocortex does not affect vocalization (P. Lieberman, 1991, 21);

más concretamente, hay ciertas zonas cerebrales en el 'neocortex' —con estructura citoarquitectónica peculiar en los humanos según K. Brodmann (1909), *vid.* figura 4.2, página 168— que se especializan en los aspectos motores y de control del habla; y hay asimismo circuitos diversos que conectan distintas zonas y configuraciones cerebrales para cubrir múltiples tareas. En este sentido, las investigaciones en Neurofisiología comparativa y sobre limitaciones lingüísticas y/o cognitivas asociadas a diferentes síndromes resultan esenciales para conseguir evidencias y comprobaciones de las líneas evolutivas y de los cambios efectivos. Así que los modelos que representan la actividad cerebral a través de la imagen de circuitos conectando potencial y actualmente las diversas zonas, parecen ser los más fructíferos a la hora de explicar 'adaptaciones' después de una lesión y en el momento de representar la historia lógica de la evolución y de dar cabida a la propie-

---

7. Ha sido fuerza selectiva no sólo de los órganos de articulación sino también de algunas líneas evolutivas como la que corresponde al 'Hombre de Neanderthal', cuya desaparición quiere explicarse, y entre otras causas, por no disponer de lenguaje oral.
8. De todos modos, parece que el factor crucial en la aparición del habla es el tracto vocal, ya que en el caso de individuos con síndromes de Apert y Cruzon (su paladar se extiende a lo largo del hueso esfenoides, en la base del cráneo) no se consiguen las frecuencias necesarias para obtener los sonidos [i],[u], y sin que «the anomalous Apert's and Cruzon's positions furthermore do not appear to be detrimental to upright bipedal posture and locomotion, nor is brain size reduced» (P. Lieberman, 1991, 63).
9. Efectivamente, la imagen evolutiva más habitual representa la masa cerebral constituida a base de diferentes 'capas' paralelas a las diversas especies, que, desde las más simples hasta las más complejas celularmente, han ido engrosando las diferentes 'cortezas' del cerebro, y —al tiempo— han ido ampliando sus habilidades (*vid.* figura 4.2, página 168).

dad de la plasticidad vigente hasta la senectud en los seres humanos (cfr. M. Mesulam, 1985).

Como producto de la especialización refinada en paralelo con la lateralización cerebral —y en correspondencia con la actividad manual de trabajo en la piedra— surge la capacidad de percepción y discriminación del habla, de modo que

> There is a «right-ear» advantage -some of the sounds of human speech and certain non-human primate calls are more readily and accurately perceived when they are presented to the right ear, which is more directly connected to the left hemisphere of the brain. Non human primates can perceive some of the sounds that convey meaning in human language, but it is no clear whether they can identify and differenciate the full range of human speech sounds (P. Lieberman, 1991, 105).

En resumen, la concepción del *materialismo emergentista* casa con los planteamientos evolutivos darwinianos que enriquecen las explicaciones de las distintas fases y estadios de evolución. Frente al *innatismo*, que defiende que la habilidad lingüística nace con el ser humano,[10] y que no facilita el entrar en detalles para trazar niveles de dominio y hallar causas evolutivas, los presupuestos aquí presentados reconocen el peso de factores de entorno para la emergencia de habilidades, así como la necesidad de que los órganos físicos —y sus metas fisiológicas— se acomoden en el sentido oportuno. No sólo el tracto vocal, sino también el tamaño del cerebro, y más concretamente el córtex prefrontal, las configuraciones y conexiones a través de circuitos complejos y la lateralidad ciertamente perfilada, son elementos que explican la evolución paulatina de los primates no-homínidos a la especie humana, mediante un proceso que va desde los movimientos motores y musculares controlados pasando por la percepción y discriminación de sonidos de habla, hasta llegar a la actividad creadora. Philip Lieberman (1991, 111) señala que

> The enlargement and complexity of the human prefrontal cortex undoubtedly derive, in part, from the specific contributions of language to biological fitness. But the prefrontal cortex is also involved in all new, creative activity. It integrates information and appropriate motor respon-

---

10. Desde los presupuestos innatistas se interpreta la actividad cerebral a base de «módulos» con especialización y autonomía en ciertas tareas (como por ejemplo, el módulo 'sintáctico'). Pero frente al simplismo explicativo del innatismo, hay evidencias claras de un *continuum evolutivo*, que de ninguna manera admite la aparición brusca y especializada de «módulos» si no se tienen en cuenta factores de contextuales: «Broca's area is clearly *not* the modular "language organ" postulated by linguistic theory. Its functional circuitry includes phylogenetically "old" brain mechanisms, and it retains its "older" motoric involvement with precise one-handed skills» (Lieberman, 1991, 111).

ses, learns new responses, and derives general abstract principles. It is the brain's «think tank». We don't need it when everything is running smoothly and routinely, but it comes into action to solve problems and learn new responses.

Por otra parte, el trazado evolutivo para la emergencia de la habilidad lingüística desde el prisma filogenético se ve paralelamente reflejado en la línea de desarrollo de la lengua desde la perspectiva ontogenética. El influjo de estímulos y de condicionantes externos en el proceso de emergencia paulatina de la habilidad en el período infantil se hace patente si se confrontan situaciones peculiarmente contextualizadas, y se convierte en imagen idónea de lo que ha podido ser la evolución filogenética hacia la aparición del lenguaje en la especie humana. Los casos de niños salvajes que no desarrollan la habilidad; de niños gemelos que limitándose en su interacción construyen un código privado; de niños madrileños que adquieren tagalo por el contexto *(motheresse)* de la muchacha filipina; de la presencia de códigos restringidos y códigos elaborados, dependiendo del entorno, todo ello constituye evidencia del peso de las condiciones externas en la adquisición de la lengua.

1.2. Carácter psicológico del lenguaje. El desarrollo de la *habilidad* lingüística

Admitir que el lenguaje como función emergente tiene su base ontológica en la materia cerebral, no equivale a limitar sus propiedades y su carácter a la naturaleza físico-química de su fundamento; antes bien, y como es propio de las habilidades emergentes, el lenguaje se ofrece en su interés y riqueza —como objeto gnoseológico— al contemplarlo actualizado y edificado en su entidad psicológica y social. Los métodos de exploración e indagación serán acordes con su carácter mental y social, y los resultados de conocimiento serán sin duda complementarios —e incluso correlacionables— con los alcanzados en las investigaciones cerebrales paralelas. Son, pues, motivos gnoseológicos, de pertinencia del estudio de las habilidades como entidades psicosociales —e independientemente de su depósito en la materia cerebral—, y requisitos metodológicos derivados de las exigencias empíricas y de justificación que las funciones emergentes plantean, los que han promovido la aproximación autónoma a los fenómenos lingüísticos en su faceta psicológica, como hechos de habilidad verbal. Sobre ello se cimenta el cultivo independiente de la *Psicolingüística*, con sus temas, sus métodos y sus objetivos.

Es importante recordar que aun cuando la consideración global del lenguaje haya de ser monista, neuropsicológica —ya que no se origina en un vacío ideal sino en una base material, como es el cerebro—, esta concepción no impide el desarrollo autónomo de la *Psicolingüística* y de la *Neurolingüística*. En efecto, cada uno de los terrenos se define por su objeto de estudio, su metodología y sus fines particulares, y cada uno se cultiva y cataloga de modo relativamente independiente por parte de los estudiosos. Mientras la *Psicolingüística* es el área ocupada en cuestiones y aspectos concernientes a la adquisición y desarrollo del lenguaje en el contexto social, la *Neurolingüística* se centra en temas relativos a la capacidad lingüística como función localizada en una determinada configuración cerebral, neuronal, o fisiológica. Con otras palabras, mientras la *Psicolingüística* se ocupa de los fundamentos de la *habilidad* lingüística de los individuos, partiendo del carácter social del lenguaje, la *Neurolingüística* lo hace de las bases de la *capacidad* de lenguaje en el ser humano, arrancando del carácter natural del fenómeno. Los métodos y las técnicas utilizados en cada campo están en consonancia con las exigencias de los objetos, y —por tanto— junto a los métodos de observación directa o de experimentación de conducta, propios de la *Psicolingüística*, habrá que contar con los métodos, técnicas y aparatos de observación, análisis y experimentación no-subjetivos característicos de la *Neurolingüística* (tomografías, escáneres metabólicos, electroencefalogramas, etc.). En el mismo sentido, los objetivos a que aspiran cada una de las disciplinas estarán en relación con la atención al lenguaje como fenómeno social (la *Psicolingüística*) y como fenómeno natural (la *Neurolingüística*), de modo que la *Psicolingüística* no podrá —en principio— pretender la descripción de las patologías (del lenguaje) orgánicas, de la misma manera que tampoco la *Neurolingüística* podrá alcanzar un análisis completo de las patologías lingüísticas funcionales.

El foco de atención en el ámbito de la *Psicolingüística* ha venido iluminando la cuestión de la *adquisición* o *desarrollo* de la lengua en estas últimas décadas. Los enfoques han sido tan diversos como las concepciones asumidas sobre los sustentos ontológicos del lenguaje y la consiguiente relación entre «mente» y «cerebro». En una interpretación materialista del lenguaje —que lo fundamente exclusivamente en la conducta—, la adquisición lingüística se enfocará como proceso asociado a la imitación; por el contrario, una concepción idealista —que base el lenguaje en, únicamente, la capacidad de conocimiento que el ser humano posee— llevará a considerar la adquisición lingüística como un proceso ligado a la progresión cognoscitiva y espiritual; asimismo, una postura empirista-racionalista ante el lenguaje —que lo fundamente en las capacidades y en las habilidades cognitivas del ser humano (producto de su configuración cerebral y de su integración social)— desembocará en una aproximación a la adquisición del lenguaje vista como un proceso paulatino, con fases y estadios que exigen la intervención de factores naturales y sociales.

1.2.1. *Enfoques de la adquisición de la lengua por parte del niño*

En general, han venido agrupándose los diferentes acercamientos a la adquisición de la lengua en tres tendencias: la conductista, la innatista y la interaccionista (véase la rigurosa panorámica proporcionada por J. Bohannon y A. Warren-Leubecker, 1985).

El planteamiento conductista remite el desarrollo de la habilidad lingüística al aprendizaje por imitación, enseñanza y reforzamiento, de modo que el proceso es de «formación» antes que de «maduración». Con palabras de J. Bohannon y A. Warren-Leubecker (1985, 183),

> The time it takes children to acquire language is seen as a limitation of the training techniques of the parents rather than the maturation of the child. Moreover, behaviorists typically do not credit the child with knowledge of rules, with intentions or meaning, or with the ability to abstract important properties from the language environment. Rather, certain environmental stimuli evoke and strengthen certain responses in the child. The sequence of language acquisition, then, is determined primarily by the most salient environmental stimuli at any point in time and by the child's past experience with those stimuli. The learning principle of reinforcement, according to the behavioristic approach, plays the major role in the process of language acquisition.

La concepción innatista explica la adquisición de la lengua por la posesión de estructuras innatas que potencialmente la contienen: aún más, se defiende la existencia de un mecanismo (el LAD, 'Language Acquisition Device') fisiológico cerebral también innato como procesador especializado de la lengua;[11] así que la actividad de los niños en la emer-

---

11. N. Chomsky es el representante más palmario del planteamiento innatista, defendiendo por tanto la presencia de ciertos principios y mecanismos de adquisición de la lengua en el niño (cfr. N. Chomsky, 1965, 30 y ss.), y a los que hay que representar en un modelo explicativo del proceso. Según Chomsky (1965, 45), la teoría lingüística debe enfrentarse con «cuestiones acerca de la construcción de un hipotético ingenio de adquisición del lenguaje [...] Podemos suponer que se da al teorizador un pareamiento empírico de colecciones de datos lingüísticos primarios asociados con gramáticas construidas por INGENIO sobre la base de esos datos», de modo que se acomode al proceso de adquisición del lenguaje por parte del niño «que se basa en que el niño descubre lo que, desde un punto de vista formal, es una teoría profunda y abstracta —una gramática generativa de su lengua—, muchos de cuyos conceptos y principios están relacionados con la experiencia sólo remotamente» (N. Chomsky, 1965, 56).

gencia de la habilidad se vuelve extremadamente delicada por la responsabilidad de las decisiones que han de tomar:

> Children are regarded as «little linguists», who must use their inherent knowledge of languages to decipher a new tongue. Just as trained linguists must construct formal grammars of languages from relatively limited samples of speech, children use their natural tendencies to search for important linguistic distinctions that will allow them to discover the grammar of their linguistic communities (J. Bohannon y A. Warren-Leubecker, 1985, 185).

Por su parte, el planteamiento interaccionista concibe la adquisición de la lengua como resultado de la intervención de diferentes factores (sociales, biológicos, cognitivos), que se repercuten entre sí y que pesan sobre la habilidad lingüística, del mismo modo que la función del lenguaje tiene incidencia sobre ellos. Dependiendo del peso otorgado a factores de desarrollo cognitivo y a aspectos sociales, suele distinguirse una concepción interaccionista cognitivista y una concepción interaccionista social, representadas respectivamente por J. Piaget y L. Vygotsky, que en cualquier caso recurren a datos empíricos que soporten sus conclusiones.

En primer lugar, la aproximación cognitiva-interaccionista establece una dependencia entre la emergencia del lenguaje y la progresión cognitiva general, de modo que la capacidad lingüística se aborda no tanto en lo que pueda tener de innato como en lo que es su desarrollo y su conformación promovidos a través de la maduración cognitiva. El germen de esta visión se halla en la teoría del desarrollo cognitivo de Jean Piaget —también llamada «constructivismo»—, en la que se defiende que las estructuras de percepción y conocimiento son producto de la continua interacción entre el nivel básico de funcionamiento sensorial por parte del niño y su entorno habitual, lingüístico y no-lingüístico. Por su parte, la aproximación social-interaccionista identifica el desarrollo del lenguaje con la adquisición de reglas que el niño abstrae e interioriza a partir del entorno social en el que crece. Esas reglas que, en principio, son sociales, adquieren carácter privado cuando el niño las asume y las utiliza para mejorar su interacción social. Hay, pues, un camino de ida y vuelta entre la adquisición del lenguaje y la relación con el contexto social y, por consiguiente, no se puede defender una dependencia de la habilidad verbal respecto al desarrollo cognitivo; más bien habría interdependencia.

Si bien los dos planteamientos han resultado ciertamente fructíferos en los estudios sobre adquisición de la lengua y en los avances recientes del *cognitivismo* —sea en la vertiente de la *Psicolingüística cognitiva* o sea en la órbita de la *Lingüística cognitiva*—, no obstante hay importantes diferencias en algunos aspectos de sustento y de relación entre «pensamiento» y «lenguaje». Mientras Jean Piaget defiende que primero ha de desarrollarse cierta capacidad cognitiva para que después el niño se socialice y vaya surgiendo la habilidad lingüística, Leo Vygotsky parte del «carácter dialogal del aprendizaje», de modo que las funciones (el pensamiento, el lenguaje, el razonamiento) surgen, se desarrollan y cambian como consecuencia de su interrelación y de los influjos contextuales y culturales. No hay, pues, sentido determinista de la cognición al lenguaje, y sí se resalta el papel de la experiencia y de las interacciones en procesos —los de 'pensar' y 'hablar'— siempre dinámicos. A este respecto señala Vygotsky que

> El descubrimiento de que los significados de las palabras evolucionan saca el estudio del pensamiento y el habla de ese callejón sin salida. Los significados de las palabras son formaciones dinámicas, no estáticas. Cambian conforme el niño se desarrolla: cambian también con las formas diversas en que funciona el pensamiento (1934, 202).

Así que lo esencial está en los condicionantes de la socialización del niño y no en los factores genéticos de su desarrollo; de ahí que Vygotsky considere como «principales defectos de la teoría de Piaget» el que

> en ella se echan de menos la realidad y las relaciones entre el niño y esa realidad. El proceso de socialización aparece como una comunicación directa de las almas que es ajena a la actividad práctica del niño.
> La adquisición del conocimiento y de las formas lógicas que supone se consideran productos de la adaptación de una serie de pensamientos a otra. La confrontación práctica con la realidad no juega ningún papel en este proceso. Si se dejara abandonado a sí mismo, un niño desarrollaría sólo un pensamiento delirante. La realidad nunca le enseñaría lógica alguna (L. Vygotsky, 1934, 85).

Desde las formulaciones interaccionistas, la habilidad lingüística se comprueba siempre en su emergencia gradual

> as a result of the continuining interaction between the child's current level of cognitive functioning and his current linguistic, and non linguistic, environment (J. Bohannon y A. Warren-Leubecker, 1985, 189);

de manera que la adquisición de reglas resulta de

> an orderly, although complex, interactive process in which social interaction assists language acquisition and the acquisition of language allows more mature social interaction (*ibid.*, 196).

De las tres concepciones, la orientación interaccionista es la que tiene mayor predicamento en la Lingüística actual,[12] quizás porque es la en mayor medida se adecua al fundamento psiconeural atribuido al lenguaje. Además, las dos aproximaciones —sea el enfoque «interaccionista cognitivo», o sea el «interaccionista social»— han contribuido de modo relevante al planteamiento riguroso de la adquisición del lenguaje.

Es necesario subrayar que aun cuando no se dispone de evidencia definitiva a favor o en contra de uno de los enfoques en exclusiva, lo cierto es que hay aspectos procedentes de las distintas tendencias que se integran y se asumen en diferentes casos y estudios sobre adquisición del lenguaje. Así, en el proceso de desarrollo del lenguaje en el niño hay etapas de progreso lingüístico que pueden ponerse en paralelo con los estadios de maduración cognitiva de Piaget. Por otra parte, en ese proceso de adquisición lingüística hay fases que sólo se explican por una predisposición innata y fases en las que hay que contar con el entorno y la imitación. Por ejemplo, el hecho de que en una primera etapa —del nacimiento hasta los seis meses, aproximadamente— todos los bebés (incluso los sordos) balbuceen, mientras que en una segunda etapa —a partir de los seis meses y hasta el año y medio, aproximadamente—, sólo los bebés que no presentan problemas de audición comienzan con vocalizaciones propias del entorno lingüístico, para continuar con emisiones sonoras más complejas hasta llegar a las palabras, está demostrando que los seres humanos poseen una capacidad comunicativa inherente, innata, pero su actualización y dinamización sólo es posible si se dan las condiciones oportunas de integración en un entorno social, en un contexto lingüístico, lo que hace posible el desarrollo de la habilidad lingüística a través de la imitación. En el caso de los bebés sordos no se dan las condiciones idóneas al existir impedimentos orgánicos para la imitación. Como tampoco en el caso de Genie —una niña de Los Ángeles que había estado encerrada desde su infancia hasta que se la descubrió cuando tenía 13 años— se hizo factible su integración social al haber sufrido un aislamiento material que le impidió la adquisición de la lengua en el período pertinente (el llamado *período crítico*): Genie no sabía hablar, y si bien pudo aprender posteriormente, el grado de dominio de la lengua no llegó a ser el esperado.

---

12. Una mayor aceptación si tenemos en cuenta los estudios descriptivos en torno a la adquisición de lenguas. Pero conviene matizar que hay también especialistas partidarios y defensores del innatismo, y hay asimismo evidencias que tratan de sustentarlo. Es el caso de la llamada *hipótesis del bioprograma* de Derek Bickerton (*vid.* §2.3 del cap. 2) y de los estudios de corte «tipológico» sobre la coincidencia de estadios y mecanismos de adquisición en diferentes lenguas llevados a cabo bajo la dirección de Dan Slobin (cfr. Slobin (ed.) (1985), (1992) y (1997).

1.2.2. La adquisición de la lengua. Fases y estadios evolutivos

Desde presupuestos que combinan el innatismo moderado con el desarrollo paulatino producto de la maduración cognitiva y del entorno social, y que reconocen que el lenguaje sólo es capacidad interesante si se actualiza hasta convertirse en una habilidad, la teoría sobre la adquisición establece fases en el proceso, con estadios que reflejan el desarrollo gradual.[13]

La primera fase de adquisición, calificada de *prelingüística*, y que se extiende desde el nacimiento hasta el año o año y medio, se caracteriza por ser la antesala, el período de preparación y ensayo, hacia la emergencia de la habilidad en un entorno idiomático específico. Se distinguen en este primer período dos etapas: la de los balbuceos (hasta los seis meses, aproximadamente) y la de las vocalizaciones y emisiones sonoras propias del entorno lingüístico. Ya en esta fase inicial hay evidencia respecto tanto del carácter innato de la comunicación como del aprendizaje por imitación que la adquisición de la lengua exige y, así, en los primeros meses todos los bebés balbucean (incluso los sordos), y llegan a emitir sonidos de todas las lenguas e incluso —como ya había puesto de relieve R. Jakobson (1941)— sonidos que no pertenecen al caudal de ninguna de ellas: las posiciones de los órganos de articulación son insospechadas y con resultados que nunca más se volverán a conseguir. Mientras que en torno al quinto o sexto mes —cuando empiezan a primar sonidos del entorno idiomático en el que crecen— pueden detectarse limitaciones auditivas en aquellos bebés que han dejado de balbucear,[14] de manera que la *capacidad* para el lenguaje empieza a actualizarse en *habilidad*, siempre y cuando se den las condiciones requeridas. La incidencia del contexto lingüístico particular en las emisiones de bebés en torno a los ocho meses es un asunto suficientemente estudiado como para admitir la relevancia del entorno y de los procesos de imitación en el desarrollo del lenguaje. De modo que:

---

13. David Ingram (1989, 34 y ss.) insiste en la necesidad de manejar con rigor las etiquetas de *estadio*, *nivel* y *período*, de manera que se distingan propuestas de reconocimiento de 'fases de adquisición' sustentadas en márgenes de edad, en grados de dominio de la lengua, en datos empíricos suficientes, etc.; la noción de *estadio* debiera, así, restringirse a la teoría, a la esquematización de procesos de adquisición (cuando, por ejemplo, se generaliza en tipos de *estadio*: 'continuo', 'de aceleración', 'de sucesión', 'de implicación', etcétera); mientras que las nociones de *nivel* y *período* han de aplicarse en los estudios descriptivos, para delimitar puntos y bloques de desarrollo según los datos aportados.

14. De ahí la publicidad televisiva de hace unos años que insistía en la importancia de la atención a esta ruptura del balbuceo por parte de los padres, para —cuanto antes— detectar posibles casos de hipoacusia.

A los ocho meses el niño usa las dimensiones fonéticas y entonativas del lenguaje de los adultos que lo rodean. La maduración del niño no refleja únicamente la emergencia de lo que está unido a la especie, sino también aspectos específicos de las estructuras y funcionamientos lingüísticos, ya que los adultos pueden reconocer algunos de los esquemas de su propia lengua (B. Boysson-Bardies, 1982, 334).

Claro que si hay problemas orgánicos como, por ejemplo, sordera, surgirán inconvenientes o imposibilidades en el desarrollo verbal; y, asimismo, si hay ausencias o restricciones en el entorno lingüístico —porque falte totalmente (caso de los «niños salvajes»), o porque esté empobrecido (algunos casos de gemelos)—,[15] las limitaciones tendrán dificultades en su resolución.

Por otra parte, y en lo que atañe a la percepción del habla, ya desde el primer mes el bebé distingue entre la voz humana y otros ruidos, y antes de los dos meses diferencia voces extrañas de voces conocidas; también se ha comprobado que los bebés —incluso de días— responden a estímulos sonoros, en el sentido de que pueden asociar sonidos (por ejemplo, [ba], [ga]) con el hecho de succionar, de mamar, tanto que responden con la succión siempre que escuchan esos sonidos, aun cuando no se les ofrezca alimento. Sin duda, la capacidad y la disposición para la comunicación se manifiesta desde fases muy tempranas, y, como indica J. Sachs (1985, 51), con diferentes propósitos,

> from quite an early point the child attempts to communicate about objects and interactions, using consistent sounds patterns both to call attention to what he is interested in and to change other people's behavior.

Es lo que Elisabeth Bates (1979) ha llamado dimensión *protodeclarativa*, cuando el bebé pide de algún modo la atención para interaccionar, y dimensión *protoimperativa*, cuando solicita alguna cosa señalando.

La segunda fase corresponde al *período holofrástico* y comprende desde los nueve o diez meses hasta el año y medio o dos años. Se caracteriza esta etapa por el uso de palabras aisladas que comportan mensajes complejos, y por la gradual elaboración de un léxico particular, que varía de unos niños a otros. Según E. Keller (1985, 199),

> Quant à l'utilisation et à la frequence des mots, elles varient beaucoup selon les enfants. C'est ainsi que le vocabulaire d'un enfant peut être for-

---

15. El caso de Genie es suficientemente conocido (cfr. S. Curtiss, 1977), así como el de las gemelas Poto y Cabenga (cfr. S. Savic, 1980; D. Crystal, 1987, cap. 43), pero también hay estudios sobre casos de niños «salvajes» (cfr. L. Malson, 1964). Todos ellos ponen de manifiesto la necesidad de desarrollar la habilidad del lenguaje en el llamado *período crítico* para lograr el dominio de la lengua en un nivel aceptable.

mé presque uniquement de substantifs, tandis que celui d'un autre enfant peut au contraire inclure des nombreux mots porteurs d'une connotation sociale, tels que «bonjour», «salut», etc. Ces différences reflètent probablement les conditions de vie qui sont déterminées par l'environnement particulier à chaque enfant.

David Ingram (1989) atribuye esas diferencias en el acervo léxico a tres fuentes: *a*) la «variación de actuación», ya que hay factores individuales de preferencia por subsistemas lingüísticos particulares; *b*) la «variación de entorno», debida al contexto y a las influencias idiomáticas generales y particulares —como la incidencia de determinadas formas por su frecuencia— que recibe el niño, y *c*) la «variación lingüística», derivada de las mismas peculiaridades de la lengua que se está adquiriendo.[16] Teniendo en cuenta estos parámetros, el número de palabras manejadas en el primer año puede oscilar entre las 20 y las 60 unidades, si bien habrá que tener presentes los típicos estadios de «continuidad», «aceleración», «descanso» o «transición» que convienen a todo proceso de desarrollo —trátese del componente fónico, del léxico o de la gramática—, y que D. Ingram (1989, 35) refleja como sigue:

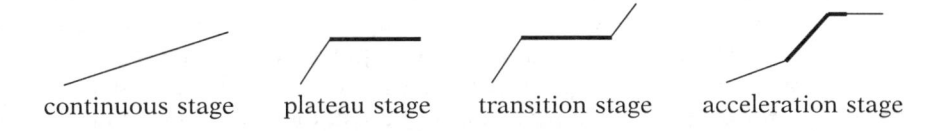

| continuous stage | plateau stage | transition stage | acceleration stage |

Esto quiere decir que —dependiendo del estadio— hay situaciones de proliferación de palabras, circunstancias dubitativas e incluso de retroceso respecto al afianzamiento de lexías y casos que parecen de estancamiento, todo lo cual forma parte del carácter «procesual» de la adquisición.

La tercera fase, de emergencia y progreso de las *estructuras sintácticas*, comprende desde los dos a los cinco años y se caracteriza, inicialmente, por el uso del llamado «lenguaje telegráfico», con la utilización de estructuras y combinaciones reducidas para conseguir significados complejos. Posteriormente, las construcciones se amoldan a generalizaciones y a analogías diversas, con una gradación tal que desde oraciones simples —con sus modalidades de afirmación, negación, interrogación— se pasa a oraciones incrustadas, hasta llegar a oraciones coordinadas y a relaciones proposicionales complejas. Reconocida la

---

16. Las tres fuentes de variabilidad son esenciales para abordar las importantes (y, muchas veces, marcadas) diferencias individuales en el proceso de adquisición (cfr. B. Goldfield y C. Snow, 1985).

importancia capital de esta tercera fase en la adquisición de la lengua —tanto por su riqueza y diversidad casual, como por lo que comporta en el avance construccional y por lo que esto implica en el dominio del código—, hay autores que ponderan el desarrollo gramatical según ciertas pautas y establecen, sobre esta base, estadios de progreso. R. Brown (1973) distingue cinco estadios evolutivos para el componente gramatical, recurriendo a criterios como el de «medir» las expresiones significativas *MLU (Mean Length of Utterance)*. Según R. Brown (1973, 53-54),

> The mean lenght of utterance (MLU) is an excellent simple index of grammatical development because almost every new kind of knowledge increases lenght: the number of semantic roles expressed in a sentence, the addition of obligatory morphemes, coding modulations of meaning, the addition of negative forms and auxiliaries used in interrogative and negative modalities, and, of course, embedding and coordinating. All alike have the common effect of the surface form of the sentence of increasing lenght (especially if measured in morphemes, which includes bound forms like inflections rather than words).

Al margen de los inconvenientes que pueda plantear este tipo de mediciones extremadamente extensionales y superficiales —está claro que la variedad interlingüística imposibilita un patrón de ponderación basado en una lengua, como, por ejemplo, el inglés—, no obstante su relevancia es indiscutible a la hora de delimitar estadios de progreso en relación con las características lingüísticas que manifieste el niño en su habilidad y antes que por razones cronológicas.

Así como hay rasgos que definen el desarrollo expresivo gramatical en esta tercera fase, en lo que concierne a la faceta de comprensión hay que reseñar la notable progresión respecto de la expresión, y, así, limitándonos al léxico, se dan proporciones de 22 palabras nuevas aprendidas (comprendidas) por 10 emitidas (realmente manejadas) en el margen de un mes.[17]

Por último, se reconoce la *fase avanzada*, a partir de los cinco años, con la elaboración paulatina de estructuras sintácticas complejas, con la introducción de papeles pragmáticos —a partir de los cinco o seis años se reconoce el *yo* frente a los otros—, y con ciertas aptitudes meta-

---

17. Progresión que se mantiene en otras fases y, también, en el aprendizaje de segundas lenguas: resulta previo y más ágil el proceso de comprensión que el de expresión. Por otra parte, en la investigación de la adquisición de la lengua se recurre a técnicas que aseguran la comprensión, y que, en consecuencia, garantizan la interiorización de los mecanismos de construcción, sin riesgo de que sean producto de la repetición automática. Es lo que sucede con la pruebas de comprensión de la negación o de los cuantificadores (cfr. P. de Villiers y J. de Villiers, 1979).

lingüísticas que hacen que se evalúe la aceptabilidad de las oraciones —entre los cuatro y los ocho años—.

En resumen, la teoría actual sobre la adquisición de la lengua se modela sobre la asunción de que en el proceso intervienen factores diversos —biológicos, cognitivos, sociales, afectivos, contextuales— que canalizan el desarrollo de la capacidad en el período «sensible» o también llamado «período crítico» —desde el nacimiento hasta los 11 o 12 años aproximadamente—, y en paralelo con las ventajas de la plasticidad cerebral y de la acomodación y maduración de los órganos articulatorios y sensoriales. Por otra parte, y si bien se pueden establecer generalizaciones acerca de fases de adquisición y en torno a características constantes al margen de las lenguas concretas,[18] no obstante la diversidad en los procesos de adquisición es un hecho reconocido y aceptado en su relevancia en los trabajos sobre el tema en estos últimos años. Aún más, los estudios descriptivos orientados a evidenciar las divergencias se hacen imprescindibles desde la construcción y las garantías de la teoría:

> «The fact of individual differences in language acquisition has implications for theories of language development. Assessing the extent and the type of individual differences in language acquisition will help us to construct a theory that incorporates the full range of patterns children exhibit and processes they employ in the task of learning to talk (B. Goldfield y C. Snow, 1985, 324);

lo que naturalmente manifiesta el peso de factores contextuales e individuales en el proceso de desarrollo gradual de la habilidad, frente a planteamientos unitaristas y excesivamente homogéneos derivados de una concepción innatista radical. En este sentido, David Ingram (1989, 27 y ss.) subraya la idoneidad de la distinción ya establecida por T. Wasow entre «lenguaje del niño» y «adquisición del lenguaje», e insiste en la necesidad de combinar los dos frentes para lograr una teoría de la adquisición suficientemente rica que responda a todos los aspectos interdisciplinares que entran en juego, y no sólo a los psicolingüísticos —primando los «datos», el «lenguaje del niño»— o a los estrictamente lingüísticos —resaltando cuestiones teóricas como los «universales»— (cfr. D. Ingram, 1989, 60 y ss.).

---

18. Con ese objetivo generalizador se llevan a cabo investigaciones descriptivas y estudios longitudinales múltiples de procesos de adquisición en distintas lenguas. Hay en la actualidad una importante base de datos de adquisición y programas de transcripción y tratamiento de materiales (véase para el español el trabajo de S. López Ornat, 1994), lo que sirve de base no sólo para establecer la teoría sino sobre todo para reconocer paralelismos entre unidades y procesos adquiridos (cfr. D. Slobin [ed.] [1985], [1992] y [1997]).

1.2.3. *Relevancia de parámetros psicológicos en las destrezas comunicativas y en el dominio de la lengua*

Si los factores de percepción, cognición, memoria, aprendizaje, estimulación y contexto resultan cruciales para entender y describir la emergencia de la lengua inicial, asimismo se hacen imprescindibles para aproximarse a la habilidad comunicativa en dos o más lenguas y para enfrentarse a los procesos de expresión y comprensión lingüísticas. En efecto, las situaciones de bilingüismo y plurilingüismo individual se contemplan y valoran desde prismas cognitivos y perceptuales, que sirven de base y funcionan como criterios de clasificación y evaluación de la habilidad lingüística múltiple; y, así, las tipologías de *bilingüismo coordinado* y *bilingüismo compuesto* descansan en las delimitaciones cognitivas que le sirven de fundamento: en el primer caso se supone un concepto por cada elemento de significado en cada lengua, mientras que en el *compuesto* se defiende una conceptualización genérica desde el punto de vista cognitivo que conduce a diferentes expresiones dependiendo de las lenguas (cfr. U. Weinreich [1953] y S. Ervin y C. Osgood [1954]). Esta clasificación figura, por otra parte, ligada a distintos contextos de adquisición. Mientras el *bilingüismo compuesto* es resultado de un proceso de adquisición paralelo respecto de las dos lenguas —utilizándose las dos en el seno de la familia o aprendiendo una de ellas desde los primeros años de escuela—, el *bilingüismo coordinado* deriva de momentos de adquisición y de aprendizaje diferentes para cada lengua, con adscripción de entornos culturales totalmente alejados entre ellas (cfr. H. Baetens Beardsmore, 1982, 26).

En la misma línea, las clasificaciones complementarias —muchas de ellas con la pretensión de limar inconvenientes de la distinción de U. Weinreich— que distinguieron entre *bilingüismo natural* (las dos lenguas iniciales y con un grado de dominio similar) y *bilingüismo secundario* (las destrezas no son las mismas en las dos lenguas, sino que una de ellas figura como «primaria»), o entre *bilingüismo receptivo (pasivo)* y *bilingüismo productivo* o entre *bilingüismo incipiente, ascendente* y *recesivo (o cubierto)* (cfr. H. Baetens Beardsmore (1982, cap. 1), responden a parámetros esenciales cuando se trata de abordar el estudio del bilingüismo, a saber, la edad, el contexto, la competencia, la relación «signo-significado», el orden de adquisición, la función de las lenguas y la actitud hacia ellas (*vid.* Ch. Hoffmann, 1991, 18 y ss.; y S. Romaine, 1989). Parámetros que, en cualquier caso, descansan en bases psicológicas, motivacionales, de personalidad y habilidad, en las que se hallan precisamente elementos decisivos y reguladores del aprendizaje de segundas lenguas (cfr. H. Stern, 1983, cap. 17), tales como el «estilo cognitivo», la «personalidad», la «motivación», o el desarrollo intelectual.

EL LENGUAJE Y SU NATURALEZA NEUROPSICOLÓGICA 163

En lo que se refiere a las actividades de expresión y comprensión lingüísticas y a los procesos psicológicos asociados, los modelos que se han diseñado para representarlos integran componentes cognitivos, perceptuales y memorísticos, que conectan la habilidad lingüística con otras habilidades y disposiciones. El procesamiento lingüístico en general —sea de señales gráficas o auditivas, o sea en las vertientes de comprensión y expresión de enunciados, de conceptos, o de objetos— está indisolublemente ligado a la percepción, a la memoria, y a ciertas habilidades cognitivas. Está vinculado a la percepción porque sólo se procesa lo que se reconoce, lo que se discrimina e identifica. Michael Garman (1990, 263) aclara que la *percepción* en el procesamiento lingüístico obliga a la *discriminación* («percibir la diferencia entre X e Y») y a la *identificación* («percibir que todos los X_s son muestras de X»), de modo que nos hallamos ante el valor estricto que conviene a *percibir*, como *interpretación* y no sólo sensación. Con palabras de Mario Bunge (1980, 121),

> sentir es detectar procesos corporales, mientras que percibir es detectar e interpretar las señales que normalmente se originan en procesos que son externos al SNC. Por esto, ver una cosa *como* un pájaro, o sentir el ruido que hace *como* su canto son maneras de percibir la cosa [...] Resumiendo: percibir no es sólo copiar, también es construir [...] Los ladrillos de estas construcciones perceptuales son las sensaciones, la memoria y las expectativas.

El procesamiento lingüístico se encuentra ligado a la memoria porque el recurso a la información y a los «moldes» perfilados y acumulados es imprescindible no sólo para reconocer imágenes o cadenas fónicas, sino también para componer enunciados y comprender mensajes. M. Garman (1990, 405) entiende la *memoria* respecto de la *percepción* según una imagen «distribuida» que permita la interrelación de aspectos y la correspondiente posibilidad de «corrección» tanto en un sentido como en el otro:

> en vez de colocar la «percepción» en uno de los extremos de la «caja del oyente» y la «memoria/conocimiento» en el otro, supondremos que las capacidades de la memoria están ligadas a todos los aspectos y niveles de actividad que ocurren dentro de la caja y que, a su vez, están interrelacionados unos con otros.

Así que la memoria no es mero almacenamiento de información, sino antes bien una actividad creativa y selectiva que condiciona y está condicionada por la percepción (cfr. D. Hebb, 1968). En opinión de M. Bunge (1980, 153 y ss.), la memoria humana no es como la de los computadores; el recuerdo introduce modificaciones importantes en el pasado; no lo revive fielmente; unas veces embellece los recuerdos sin saberlo, otras los potencia, casi siempre les da una coherencia y plausibilidad que no tenían cuando surgieron [...] la memoria no es un mero registrar pasivo, sino una actividad de determinados sistemas neurales. Esta actividad no es reproductiva, sino que en unos aspectos es creativa, mientras que en otros es destructiva.

Finalmente, el procesamiento del lenguaje se encuentra estrechamente conectado a algunas habilidades cognitivas porque, por ejemplo, las percepciones visuales y auditivas resultan necesarias para el procesamiento de señales gráficas y de señales sonoras, pero, además, la organización del pensamiento, la categorización de la realidad, y «el saber» de los individuos son elementos esenciales que intervienen en la expresión y comprensión lingüísticas. «Pensar» y «saber» son aspectos cognitivos clave para la disposición comunicativa de los humanos: el procesamiento de mensajes lleva asociadas representaciones de los acontecimientos transmitidos, que deberán haber sido *interpretados*, *conocidos de algún modo, categorizados* en algún sentido, a partir de «pensamientos» y «saberes» sobre ellos. La *conceptualización* es —como decíamos en los apartados 1.1 y 1.2.2 del capítulo 3— actividad paralela a la de codificación lingüística, y resulta así previa al procesamiento efectivo de los mensajes.

Los principios de conocimiento habitual que facilitan la conceptualización y la categorización del entorno físico y de valores son producto del aprendizaje, en el mismo sentido en que lo son los principios de «saberes» y conocimientos no-comunes, de manera que, por esto mismo, son diversos, cambiantes, corregibles y recuperables, según los propósitos, las motivaciones y las expectativas (cfr. M. Bunge, 1980, esp. cap. 7). Es posible, no obstante, proponer bases y principios reguladores de la cognición que permitan, consiguientemente, sistematizar su incidencia en el procesamiento del lenguaje. Los presupuestos de la llamada *Lingüística cognitiva* —con planteamientos sugestivos en la Lingüística actual— responden precisamente a la organización efectiva de dimensiones y parámetros perceptuales, motores y cognitivos.

En lo que concierne a la esfera específica de la comprensión, los modelos que han venido diseñándose para reflejar el proceso (cfr. M. Garman, 1990, cap. 6) sitúan los elementos del mensaje lingüístico en el

contexto de comprensión de otras partes [...], en el contexto de nuestro conocimiento general de los acontecimientos y de los objetos de los que se está hablando (Garman, 1990, 400);

ya que está claro que:

> Si es verdad que reconocemos las palabras, y percibimos el habla mediante nuestro almacén de memoria para las formas lingüísticas, también es verdad que percibimos aspectos del mundo que nos rodea, en tanto se presenta ante nosotros por medios no lingüísticos, a través del conocimiento que tenemos almacenado sobre la manera en que funciona el mundo (*ibidem*, 400).

Uno de los principios cognitivos generales que parece operar en el producto final de la comprensión de mensajes lingüísticos es el de la *relevancia*, ponderado en su utilidad por Neil Sperber y Deirdre Wilson (1986, 119) del modo siguiente:

> The value of our theoretical notion of relevance will ultimately depend on the value of the psychological models which make use of it, and, in particular, on the value of the theory of verbal comprehension that it allows us to formulate;

sea como fuere, el principio de relevancia formulado en 1986 para abordar conjuntamente la órbita cognitiva y la dimensión comunicativa en los usos lingüísticos, se ha desdoblado —a raíz de las críticas y consideraciones al respecto vertidas— en dos parámetros, siendo el de la *relevancia cognitiva* el fundamental y previo para reconocer la habilidad del lenguaje. En su «Postface» aclaran N. Sperber y D. Wilson (1995, 261) que:

> When we claim that human cognition tends to be geared to the maximisation of relevance, we mean that cognitive resources tend to be allocated to the processing of the most relevant inputs available, whether from internal or external sources. In other words, human cognition tends to be geared to the maximisation of the cumulative relevance of inputs it processes [...]
> Why assume that human cognition tends to be geared to the maximisation of relevance? The answer comes in two stages, one to do with the design of biological mechanisms in general, the other with efficiency in cognitive mechanisms.

Así que, sin duda, las expectativas, las intenciones, el conocimiento del contexto, y las categorizaciones —compartidas, diversificadas o inferidas— son factores clave en el proceso de comprensión de mensajes lingüísticos.

También en lo que toca a la faceta de producción en la actividad lingüística, los modelos más recientes (cfr. M. Garman, 1990, cap. 7) integran no sólo los componentes lingüísticos —léxico, gramatical y fónico—, sino también aquellos aspectos psicológicos y cognitivos que intervienen en el proceso (cfr. J. Stemberger, 1985), valorando la interrelación entre razonamiento u organización mental y producción lingüística en términos de velocidad y ritmo: si la expresión es rápida, entonces hay que suponer procesos paralelos; en el caso de que sea lenta, los procesos han de contemplarse «en serie».

Las funciones psicológicas íntimamente ligadas a la función del lenguaje, e incluso la misma habilidad lingüística —en lo que tiene de procesamiento mental—, se comprueban en la realidad comunicativa y de interacción, o, lo que es lo mismo, se plasman en coordenadas sociales: no en vano las técnicas experimentales de estimulación variada sobre el comportamiento de individuos son las comúnmente manejadas en *Psicolingüística*. A este respecto hay que poner de relieve los avances metodológicos en el campo, ya que no sólo se llevan a cabo pruebas experimentales con niños para comprobar su respuesta a sonidos lingüísticos —como hemos indicado en el caso de bebés estimulados durante un tiempo con ciertos sonidos—, o para «medir» la fase de adquisición en la que se hallan —es lo propio de tests y baterías de pruebas de evaluación del lenguaje, a las que se acompaña de material de inducción—, sino que también se han confeccionado pruebas valorativas de «errores» y «titubeos» con hablantes para justificar empíricamente algunos modelos de producción (cfr. M. Garman, 1990, cap. 7; cfr. asimismo, F. Goldman-Eisler, 1968 y V. Fromkin [ed.], 1973). Ahora bien, como las funciones mentales surgen de la actividad cerebral, se han diseñado asimismo en el campo de la *Neurolingüística* modelos acerca del procesamiento cerebral del lenguaje y del conocimiento. La complementariedad entre las imágenes representacionales ofrecidas por la *Psicolingüística* y las elaboradas por la *Neurolingüística* debe resultar, pues, natural y se hace patente en casos como el de A. Luria, que califica sus modelos —y su ámbito de trabajo— como *neuropsicológicos*.

2. **El asiento cerebral del lenguaje. Las «áreas» de la actividad lingüística**

Los procesos y las actividades cerebrales —producto de la especial constitución y del desarrollo físico-químico de la materia— son esenciales para comprender más acabadamente la emergencia de la habilidad lingüística y sus infinitas actualizaciones. En efecto, desde el prisma filogenético, la disposición anatómica del tracto vocálico y los requisitos de la masa cerebral —sobre su tamaño y sobre las capas de la corteza y su incidencia en la química y en la plasticidad del cerebro— resultan claves para explicar la aparición del lenguaje en la especie humana. En paralelo, desde la óptica ontogenética, ha de cubrirse el período de crecimiento y maduración de los órganos requerido para que paulatinamente vaya delineándose la función del lenguaje. Suelen considerarse dos estadios fundamentales en la maduración orgánica del cerebro. En el primer año de vida parece que el desarrollo más notable corresponde a las áreas cerebrales motoras, lo que explica las repeticiones ecolálicas en los niños; posteriormente, y de modo gradual, las conexiones entre las áreas motoras —como la de Broca— y las áreas sensoriales —como la de Wernicke— permiten ir controlando las emisiones orales a partir de las impresiones acústicas asociadas. En torno al segundo año se van desarrollando áreas frontales cercanas al área de Broca, que están relacionadas con zonas subcorticales reguladoras de emociones y afectos, lo que facilitará la expresión espontánea. Por otra parte, las conexiones en las zonas temporal, occipital y parietal —cada vez más perfiladas— hacen posibles relaciones sensoriales diversas, en las que descansa la delimitación y el aprendizaje de significados: de ahí el incremento de vocabulario observado entre los dos y los tres años. Por último, la multiplicación de conexiones en el área 39 —situada en el giro angular, entre las áreas de asociación visual y auditiva— será crucial en el momento de leer y escribir, puesto que aquellas conexiones transmodales serán imprescindibles en la elaboración y el reconocimiento de símbolos (acústicos y visuales) (véanse las figuras 4.2 y 4.3).

Los procesos de filogénesis y de ontogénesis del lenguaje se conducen, pues, gracias a la disposición paulatina de los órganos vocales y a la constitución oportuna del órgano motor de la actividad lingüística, el cerebro. Las áreas cerebrales, ciertas propiedades —como la de la plasticidad—, algunas reacciones físico-químicas, o procesos y componentes celulares que están involucrados en la habilidad lingüística, se vuelven así capitales en el estudio de la función, vista ésta no sólo como posesión en depósito (como *capacidad*), sino sobre todo como proceso y actividad en vertientes de emisión y comprensión.

En consonancia con lo señalado respecto de la *Psicolingüística*, el interés de la *Neurolingüística* se centra en el estudio de la materia, elaborando su objeto desde la relevancia para el lenguaje sobre la composición y los procesos del cerebro. Con otras palabras, la *Neurolingüística* trabaja sobre entidades materiales —no sobre funciones emergentes—, a las que se atribuye pertinencia gnoseológica por ser base ontológica del lenguaje, y a las que se accede mediante métodos específicos de observación y no sólo a través de procedimientos experimentales sobre la conducta. De cualquier modo, también en *Neurolingüística* se diseñan teorías y modelos de representación del funcionamiento del cerebro en el procesamiento lingüístico, confluyendo —o estableciéndose relaciones de complementariedad— con la *Psicolingüística*.

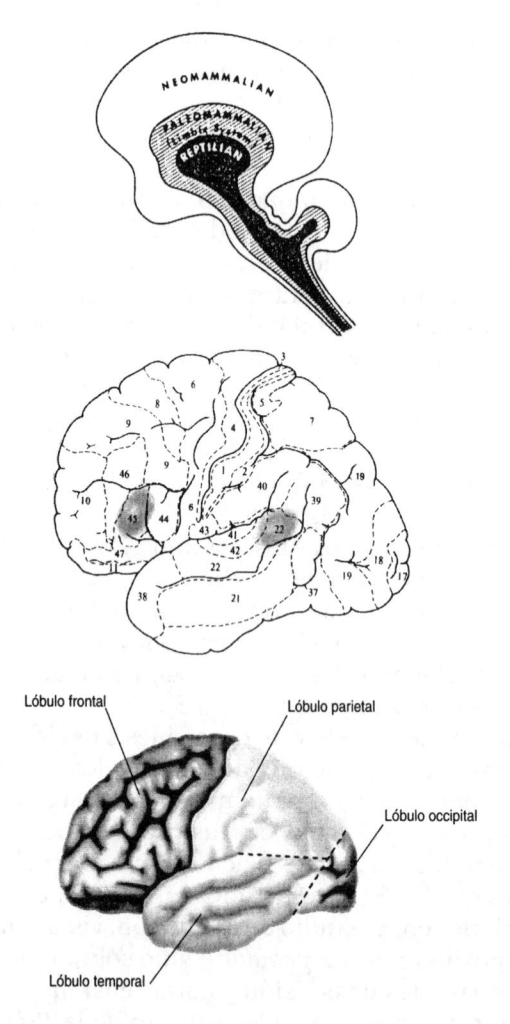

FIG. 4.2. *Capas cerebrales en perspectiva evolutiva. Áreas de K. Brodmann. Lóbulos cerebrales.*

El objeto central que define la importancia del «depósito» del lenguaje en el cerebro, y que ha venido perfilando el ámbito de la *Neurolingüística*, es la *localización* de la función lingüística en áreas cerebrales. Asimismo, al tiempo que ha de situarse la actividad lingüística en ciertas zonas de la masa cerebral, se plantea la necesidad de ubicar el proceso en uno de los hemisferios, y así surge otra faceta del objeto, la relativa a la *lateralización* del lenguaje. El propósito no es otro que el de hallar correlatos cerebrales de los procesos lingüísticos, y sólo en esta-

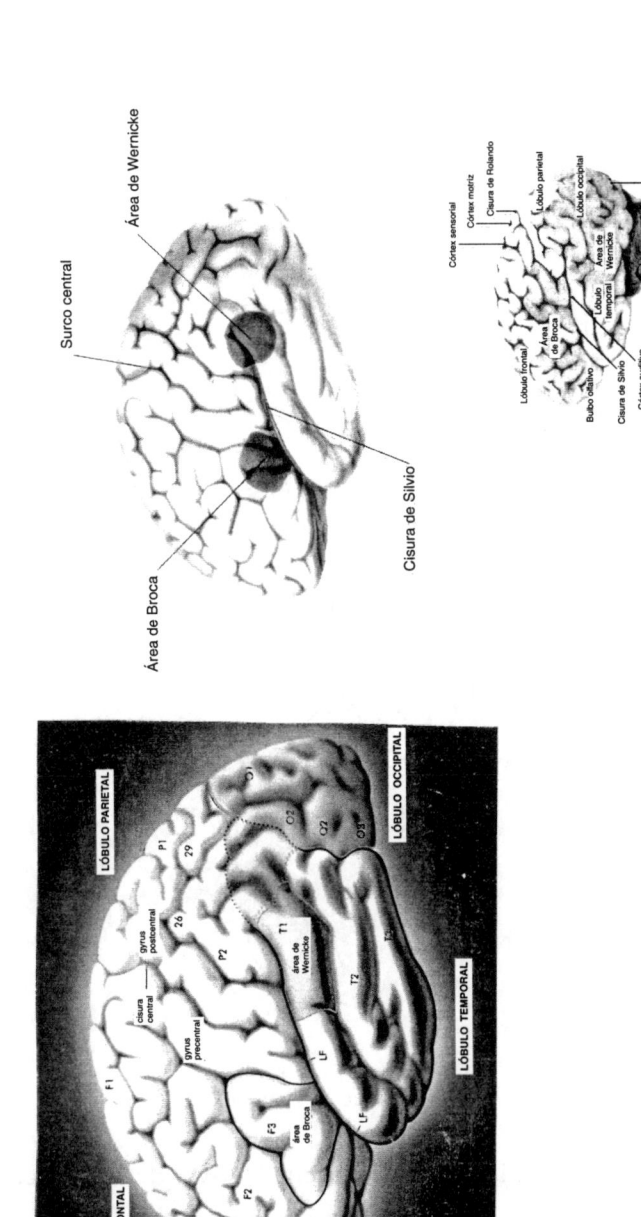

FIG. 4.3. Cerebro en general. Áreas de Broca y de Wernicke.

170 INTRODUCCIÓN A LA LINGÜÍSTICA

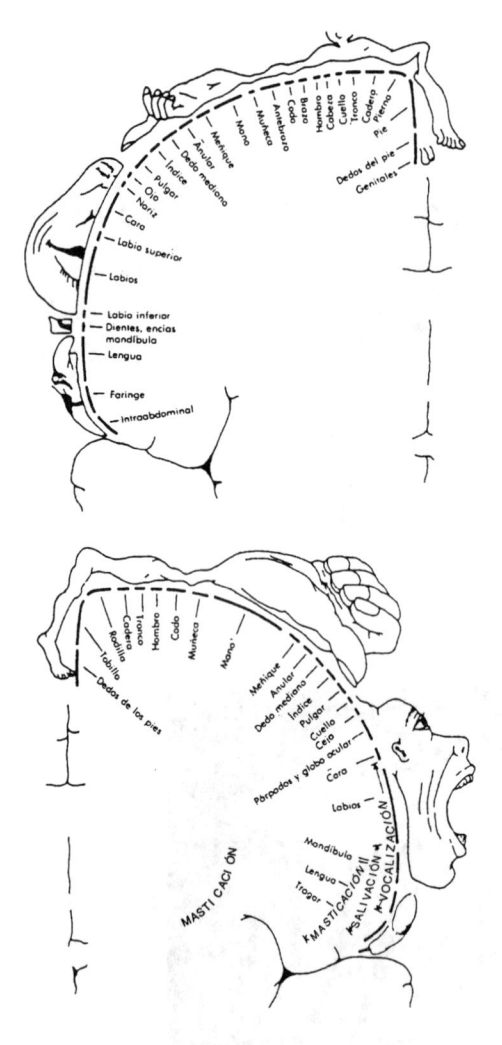

FIG. 4.4. *Homúnculo de W. Penfield.*

dios avanzados de conocimiento se persiguen objetivos de elaboración de teorías y modelos.

Puesto que se reconocen aspectos estructurales y dimensiones funcionales en la masa cerebral, y ya que se establecen correlatos entre zonas del cerebro y actividades de diversas partes del cuerpo, naturalmente los procesos lingüísticos han de vincularse a ciertas áreas y propiedades del cerebro. Del mismo modo que W. Penfield (cfr. W. Penfield y L. Roberts [1959]) en su famoso homúnculo (*vid.* figura 4.4) trató de relacionar parejamente la actividad corporal con distintas partes del cerebro, también se ha pretendido esa correlación en el caso del lenguaje; e incluso se han elaborado modelos de procesamiento que buscan representar el paralelismo.

2.1. LA *LOCALIZACIÓN* DEL LENGUAJE EN EL CEREBRO. ENFOQUES LOCALIZACIONISTAS Y ENFOQUES HOLISTAS

Las investigaciones llevadas a cabo a partir de la evidencia proporcionada por individuos con lesiones cerebrales y con las consiguientes limitaciones lingüísticas han conducido a resaltar dos áreas básicas implicadas en el lenguaje, el área de Broca y el área de Wernicke (áreas 45 y 22, respectivamente; *vid.* figura 4.3), situadas, una, en el lóbulo frontal y otra en el lóbulo temporal, y activas, la primera, en el proceso de expresión y, la segunda, en el de comprensión. Además de estas áreas fundamentales, hay otras partes del cerebro que se asocian a componentes más específicos —como la entonación— o a tareas más particulares como la lectura o la escritura. La zona frontal (área 4 de Brodmann, *vid.* figura 4.2) tiene la función de activación muscular y motora para hablar y escribir. En el lóbulo occipital se sitúa el área 17, en la que se lleva a cabo el procesamiento visual necesariamente implicado en la escritura; asimismo, en el lóbulo temporal las áreas 41 y 42 reciben la estimulación auditiva imprescindible para la comprensión lingüística. Como ya hemos indicado, el área 39 es esencial en el procesamiento de símbolos escritos. Así pues, la implicación del cerebro en su globalidad en las actividades lingüísticas parece fuera de toda duda, y en mayor medida si tenemos en cuenta que algunas funciones lingüísticas están lateralizadas en el otro hemisferio, como es el caso de la entonación (cfr. Chr. Code, 1987).

No obstante, lo importante en cualquier caso es decidir el concepto de *correlación* que se establece entre la actividad en las áreas y los procesos lingüísticos: ¿se trata de una conexión paralela de modo que cada tarea lingüística, en las diversas fases de cumplimiento, se asocia parejamente con cambios químicos, celulares, o configuracionales en áreas cerebrales particulares?, ¿se trata de vínculos en un sentido genérico, admitiéndose por tanto la distinta naturaleza de las estructuras —físicas en un caso y mentales en el otro— y la inconveniencia de pretender correlatos absolutos?, ¿se trata, en fin, de hallar conexiones paralelas básicas mientras que la diversidad funcional no siempre ha de responder a correlatos materiales prefijados? Según la interpretación de las conexiones por la que se opte, así se atribuirá un papel más o menos decisivo a las áreas en las que se localiza el lenguaje, y así se llegará a concepciones distintas sobre la ubicación de la función del lenguaje en el cerebro, o lo que es lo mismo, se propondrán visiones holistas o localizacionistas acerca de la intervención del cerebro en la actividad lingüística.

La diferencia básica entre los enfoques *holistas* y *localizacionistas* pasa —como las mismas etiquetas transparentan— por el peso atribuido a todo el cerebro o sólo a algunas áreas en la actividad lingüística;[19] pero ésta no es sino la divergencia más aparente, ya que las consecuencias derivadas de la implicación total o parcial del cerebro avanzan distintas interpretaciones de «los correlatos». Donde los planteamientos holistas exigen considerar componentes *funcionales (psicológicos o lingüísticos)* que no se ligan directamente con un centro o con un proceso cerebral, los planteamientos localizacionistas cifran sus objetivos en la correlación entre áreas cerebrales y funciones. La productiva tensión entre las dos concepciones la presenta David Caplan en estos términos:

> los holistas, implícita o explícitamente, niegan que se puedan aislar las funciones psicolingüísticas que los localizacionistas quieren aislar; los localizacionistas, implícita o explícitamente, sostienen que esto es posible, y que solo así podría desarrollarse la disciplina (D. Caplan, 1987, 168).

Las discrepancias entre acercamientos holistas y localizacionistas se hacen también patentes cuando se trata de valorar los síntomas y los componentes funcionales en casos de *afasias*. Donde los holistas consideran las funciones no localizables sobre la materia cerebral —y aun admitiendo la importancia de los síntomas como indicadores de déficit—, los localizacionistas atribuyen a los síntomas un papel esencial en la elaboración de un modelo de conexiones entre componentes funcionales. D. Caplan (1987, 170) sintetiza las diferencias en los siguientes términos:

> localizar síntomas no implica indefectiblemente localizar funciones [...] La mayoría de los holistas y de los localizacionistas coincidía, por lo general, en la naturaleza y la localización de los síntomas, pero discrepaban sobre la naturaleza y la localización de las funciones del lenguaje.

---

19. Con palabras de Caplan (1987, 166-167), «Durante muchos años se ha pensado que el tema principal de las teorías neurolingüísticas era la discrepancia sobre las relaciones lenguaje-cerebro entre los "localizacionistas" y los "holistas". Se decía que los localizacionistas creían, más o menos, que la manera como el cerebro procesa el lenguaje es por medio del funcionamientos de centros y conexiones. El conexionismo es el arquetipo del localizacionismo. Por el contrario, los holistas sostenían que todo el cerebro (o, al menos, grandes zonas del cerebro) se encarga de las tareas individuales del funcionamiento del lenguaje».

Ciertamente, y aunque en la actualidad se acepte que los correlatos no son puramente anatómicos y que en el procesamiento del lenguaje intervienen factores variados, la cuestión de dónde y cómo integrar los aspectos lingüísticos en un marco funcional general, y cómo aquellas habilidades tienen su depósito, su imagen, o su desarrollo pormenorizado en el cerebro, es, no obstante, tarea de investigación que ha venido ocupando —y ocupa en la actualidad— a los estudiosos. Sobre ella se edifica el ámbito de la *Neurolingüística*.

A este respecto, O. Marin (1982, 48 y ss.) es explícito cuando dice que el cerebro ha sido un punto de partida en los estudios clásicos, como base material depositaria del lenguaje, y dadas sus características anatómicas y físico-químicas peculiares en la especie humana; ahora bien, lo interesante reside en la comprensión autónoma de la función, puesto que

> The contents, the organization, and even the components of behavior are not to be understood simply as the results of brain activity. Biology (the brain) does not fully explain human behavior without the simultaneous consideration of cultural, environmental, and even individual circumstantials factors (1982, 48).

La función pide, pues, estudio autónomo no sólo por motivos metodológicos sino también conceptuales. Por otra parte, evidencias variadas aducidas ponen en tela de juicio el interés de los planteamientos extremadamente anatómicos de la localización del lenguaje. Así, por ejemplo, en casos de *anomia* no es posible determinar el área cerebral afectada, suponiéndose alteraciones en la habilidad de hallar ítems léxicos a partir del conocimiento referencial (cfr. H. Goodglass y E. Baker 1976). Las situaciones de *ecolalia* en casos de «síndrome de adinamia» estudiadas por A. Luria (1947) tampoco aparecen definidas en la anatomía cerebral, y se explican como producto de problemas en los lóbulos frontales (depositarios de las 'intenciones' y de la 'planificación'), que impiden la espontaneidad pero no la repetición. Conviene concluir, pues, que la localización de la actividad lingüística no tiene por qué ser estática; y que, probablemente, el empeño en localizaciones anatómicas detalladas y absolutas no conduzca a conocimiento interesante sobre posibles funciones derivadas.

La consideración especial que el órgano —el cerebro— y el sistema nervioso exigen, frente a otros órganos y sistemas del cuerpo humano, no siempre ha desembocado en priorizaciones idénticas por parte de los estudiosos. En efecto, si bien los especialistas coinciden en reseñar el hecho de que las *funciones fisiológicas* primarias (sentir frío, dolor, miedo, hambre, percibir visual o auditivamente) derivadas del sistema nervioso suponen una distancia considerable respecto de la actividad del sustrato cerebral, no obstante la interpretación de la relevancia de esas *funciones* en términos de autonomía no siempre es habitual. En este sentido, O. Marin (1982, 54) compara las exigencias del sistema circulatorio, que describe sus funciones en términos hidrodinámicos y biomecánicos —en perfecta lógica con las características hemodinámicas, hidrostáticas y de permeabilidad de sus componentes—, con las necesidades planteadas por el sistema nervioso, donde

> the function is realized only indirectly, through the effect of muscles and sensory organs, which are only transducers in contact with the mechanical and other physical characteristics of environment. The functional units of behavior are incredible spatiotemporal complexes with no obvious or simple correlation with the activity of the neural substrate.

Como consecuencia de la distancia conceptual entre la actividad física y las funciones manifestadas en la conducta, el estudioso se enfrenta con problemas de distinto tipo a la hora de pretender las oportunas correlaciones. En primer lugar, las manifestaciones de conducta resultado de la actividad nerviosa han de ser descritas y analizadas y ha de comprenderse su estructura y su desarrollo. En segundo lugar, los niveles más altos de organización y sistemática de la conducta han de pormenorizarse hasta el extremo de poder codificarlos en lenguaje de células o de asambleas de células. En tercer lugar, las actividades nerviosas correlativas han de ser clasificadas y valoradas no sólo en los *loci*, sino también en su distribución temporal y topográfica. Finalmente, han de perfilarse criterios para el análisis de las unidades y los códigos en los que el tejido nervioso se expresa. A pesar de las dificultades intrínsecas de estas tareas —por el insuficiente conocimiento de la conducta, del lenguaje de las células, y de la distribución temporal y topográfica de la actividad nerviosa—, sin embargo trabajos como el de D. Hubel y T. Weisel (1962) sobre el córtex visual del gato demostraron la importancia de contemplar las neuronas en su sistema, con las interacciones, la especialización o la preadaptación que desarrollan en cada caso dependiendo de la detección de factores especiales. Hay, pues, un «lenguaje» —no sólo químico, sino también de estímulos externos— que las células comprenden, y parece ser que precisamente es ese lenguaje, que regula las sinapsis o conexiones neuronales, el que tiene una importancia crucial para la comprensión adecuada de las funciones nerviosas, y, por ende, de las funciones cognitivas (cfr. O. Marin, 1982, 55). El hallazgo y la sistematización de neurotransmisores, de su capacidad de acción, de sus interacciones, así como la composición química de las moléculas intervinientes en distintos tipos de neuronas, permitirá establecer «un diagrama de cableado funcional del cerebro», y cómo «esta red funcional nerviosa da origen a los fenómenos mentales» (cfr. G. Fischbach, 1992, 15).

No es de extrañar, pues, que las propuestas de correlación y los argumentos manejados respondan, en unos casos, a una prevalencia de la materia cerebral sobre la actividad funcional del lenguaje, mientras en otros lo hagan dando prioridad a las capacidades cognitivas, de modo que no hay por qué pretender centros y áreas específicos para todos los procesos. David Caplan (1987, cap. 2) reduce a cuatro los tipos de argumentos manejados a este respecto en el campo de la Neurolingüística. En primer lugar están aquellos que se plantean desde las estructuras lingüísticas y psicolingüísticas hacia las estructuras neurales:

> Un tipo de argumentación que relaciona el lenguaje y el cerebro se fija en los rasgos de la estructura del lenguaje y en la psicología del uso lingüístico y sostiene que estos rasgos sugieren que el cerebro está estructurado y funciona de una determinada manera (1987, 33).

En segundo lugar están las líneas argumentales que parten de la estructura y función neurales hacia la naturaleza del lenguaje y su procesamiento en el cerebro, constituyendo estos planteamientos una de las bases y de los modos de trabajar más habituales en el ámbito. En tercer lugar están las consideraciones que defienden 'estructuras paralelas' y que suponen una combinación de los dos tipos anteriores: las funciones llevan a zonas especializadas del cerebro, y las áreas cerebrales —por su composición y funcionamiento— dan indicaciones de peculiaridades funcionales:

> La diferencia entre este argumento y los dos tipos precedentes reside en que, en este caso [...] presenta análisis explícitos y detallados de estructuras tanto lingüísticas como neurales para extraer sus conclusiones, mientras que en los casos anteriores la línea de argumentación surgía más de un dominio del análisis y se aplicaba al otro (D. Caplan, 1987, 40).

Finalmente, los argumentos derivados del análisis de resultados de lesiones cerebrales conforman asimismo una de las zonas más fructíferas en Neurolingüística, la de la Afasiología. Aunque las aportaciones desde este prisma pueden ser ciertamente interesantes respecto de la intervención del cerebro en la actividad lingüística, conviene tener presente que se trabaja sobre situaciones especiales, y que el salto a lo que pueda ser la situación normal comporta riesgos. Así, hay casos en los que la lesión cerebral provoca —como mecanismo compensatorio— la aparición de una nueva función, de manera que no estamos ante un déficit derivado inmediatamente de la patología que podamos correlacionar con situaciones de «normalidad». Por otra parte, resulta difícil caracterizar de modo estricto una lesión a pesar de las avanzadas técnicas de observación disponibles en la actualidad: una lesión similar, en una misma zona, provoca limitaciones lingüísticas diferentes según los pacientes:

> cuando tratamos con pacientes es tan extremo el nivel de variabilidad de paciente a paciente, de una muestra de un elemento lingüístico a otra y de sesión a sesión, que algunos observadores han sugerido que es esta variabilidad en sí misma de lo que deben dar cuenta fundamentalmente nuestros análisis de los efectos de las lesiones cerebrales (D. Caplan, 1987, 43-44).

2.2. EL PROCESAMIENTO DEL LENGUAJE EN EL CEREBRO.
¿CÓMO SE REPRESENTA? ALGUNOS MODELOS

Las teorías y los modelos —cuyo cometido es reflejar la actividad lingüística en los procesos que desencadena en el cerebro— denotan el movimiento entre aquellos polos —holista y localizacionista—, de modo que su trazado gradual dibuja una línea de progreso a través de propuestas complementarias, lo que ha desembocado recientemente en una concepción localizacionista amplia, o, si se quiere, en una visión holista suficientemente pormenorizada. En efecto, desde los primeros planteamientos *conexionistas* radicalmente localizacionistas —que interpretaban la ubicación de los componentes funcionales en *centros* cerebrales específicos—, y hasta las bases conexionistas moderadas en la actualidad, se han elaborado modelos complementarios como los que establecen *jerarquías* entre componentes de la actividad lingüística, los que reconocen una función *global* que promueve, derivándolas, las diversas habilidades mentales, o los que interpretan las tareas implicadas en la actividad lingüística —comprensión, habla, lectura, escritura— como *procesos* que deben ser estudiados en sus partes.

Los inconvenientes que surgen en algunos casos con la reducción y la tabulación de las funciones lingüísticas a *centros* y *conexiones* cerebrales van siendo parcialmente solventados con distinciones más particularizadas de «tipos» de funciones. Como «centros» cerebrales, las áreas son base de «facultades del lenguaje», son depósito de tareas psicolingüísticas como lectura, escritura, habla y comprensión, que se conciben así como entidades individualmente ubicadas en la masa cerebral. Ahora bien, la diferenciación de las destrezas funcionales no basta para explicar situaciones de afásicos que pueden escribir su nombre pero no su dirección, o los que reconocen órdenes simples pero no complejas. Por este motivo, H. Head considera imprescindible distinguir entre «funciones primarias» —sensación, visión— con 'proyecciones topográficas', «funciones motoras o sensoriales» y «funciones altas», siendo las primeras las únicas que mantienen ciertas constantes neuroanatómicas de localización, mientras que tanto las funciones motoras o sensoriales como las funciones altas están integradas por componentes que en sentido estricto no permiten la localización. Aún más, en el caso de las «funciones altas» —en las que se incluyen las habilidades lingüísticas—, la cuestión de su ubicación en el cerebro resulta compleja y, con seguridad, escasamente indicativa de sus propiedades:

> We no longer have the comparatively simple task of associating some focus of destruction in the brain with loss of function in a definite part of the body or visual field, but are compelled to ask ourselves the much more difficult question: What form does it assume in accordance with the site of the lesion? We must first distinguish categorically the various defects in the use of language and then attempt as far as possible to determine their relation to the locality of the lesion in the left hemisphere (H. Head, 1926, 438).

Esta orientación hacia el reconocimiento de *jerarquías* entre las funciones y de *niveles* de actividad en el sistema nervioso había sido avanzada por J. Jackson en 1878, cuando trató de explicar casos de pacientes con *afasia de Broca* que, sin embargo, producían emisiones fluidas de secuencias estereotipadas, de frases habituales o de palabras «automáticas» (como obscenidades); en opinión de Jackson, hay que contemplar una función de nivel bajo, básica —cubierta por las estructuras primarias del sistema nervioso— frente a la jerarquía alta que correspondería a la *función proposicional*, y que se manifiesta limitada en esos pacientes. Asimismo, las propuestas de R. Jakobson (1941) y de J. Brown (1980) responden a la importante asunción de admitir prelaciones entre unidades, usos o componentes lingüísticos, lo que hace suponer cierta organización jerarquizada en procesos del sistema nervioso. En el modelo de R. Jakobson se ofrece una sistematización de los fonemas sustentada en el criterio de su capacidad de contraste, con una ordenación que implica primero la adquisición de aquellos fonemas que comportan el contraste máximo —oclusivos de distintos puntos de articulación y nasales—, y, sucesivamente, en distintas fases gradativas, el resto de los fonemas, hasta llegar a los que soportan el grado menor de contraste. En casos de afasias, el orden de pérdida es, precisamente, el inverso, con mayor o menor alcance en la desaparición de los fonemas según los casos particulares, lo que —de nuevo— manifiesta el reduccionismo del localizacionismo radical —los catalogaría genéricamente como *afasia de Broca*—, y hace sospechar, por otra parte, de la posible existencia de clases de «funciones lingüísticas», según su grado de mantenimiento en algunas situaciones patológicas. En un sentido similar, J. Brown elabora un modelo de raigambre jerárquica (*vid.* cuadro 4.5) tanto en lo que concierne a componentes lingüísticos como en lo que se refiere a la actividad en diversas zonas del cerebro, justificando esa ordenación desde un prisma «microgenético»,[20] y aduciendo evidencias de limitaciones lingüísticas que exigen mayor pormenor que el proporcionado por las «áreas» de Broca o de Wernicke. Así, lo que se denomina «afasia motora transcortical» —y que remite a una lesión en el nivel límbico (el más profundo de la masa cerebral) o en el neocórtex generaliza-

Cuadro 4.5. (Cfr. Caplan, 1987, 126)

		Síndrome	Nivel cortical
	Realización fonológica	Afasia de Broca	Neocórtex focal
	Diferenciación de las unidades sintácticas globales	Agrammatismo	Neocórtex generalizado o focal
Conducta asociada	Diferenciación del acto de habla	Afasia motora transcortical	Neocórtex límbico o generalizado
	Envoltura motora	Mutismo acinésico	Córtex límbico bilateral

20. Quiere esto decir que J. Brown respeta la sucesividad evolutiva (filogenética y ontogenética), integrando el orden de fases de desarrollo y maduración (del lenguaje y del cerebro) en su modelo. Con palabras de D. Caplan (1987, 125), «Los estadios iniciales de la producción del lenguaje estarían relacionados con estas áreas más primitivas, mientras que los estadios posteriores serían realizados por estructuras corticales más desarrolladas. Las estructuras neurales implicadas en estos procesos constituyen una secuencia, tanto filogenética como ontogenéticamente. La producción o la comprensión de una expresión son realizadas por estructuras neuroanatómicas que se activan en un orden establecido por su aparición en la evolución y en el desarrollo individual. Junto a esto, las estructuras del lenguaje se activan en un orden que va desde las más primitivas a las más complejas».

do— recoge situaciones de mutismo relativo: los pacientes pueden repetir en algunos casos, de modo que se trataría de un problema motor, de iniciación del habla espontánea.[21]

En el propósito de limar las inadecuaciones de los primeros localizacionistas y de conseguir la integración equilibrada de *funciones* en distintos componentes ordenados jerárquicamente —y sin limitarlas a correlatos cerebrales inmediatos—, destaca sobre todas —por su incidencia en los planteamientos más recientes de la localización del lenguaje—, la aportación *neuropsicológica* de A. R. Luria. Su modelo se acoge a la visión de la función del lenguaje como sistema, de modo que los componentes implicados no son entidades independientes sino que antes bien interactúan y se acomodan en niveles estructurados. Como sistema, la función del lenguaje está no sólo relacionada con otros sistemas —visual, auditivo—, sino que además está integrada en el cuadro psicológico general, y de ahí que Luria proponga «funciones complejas» como la *facultad para el habla articulada* o la *facultad para la comprensión del lenguaje*. Por otra parte, y aunque se resaltan determinadas áreas del cerebro como depósitos de ciertas funciones, no obstante hay tareas lingüísticas que exigen la compleja interacción de múltiples zonas de la masa cerebral. La organización de la tarea de «nombrar» es suficientemente ilustrativa de la riqueza de esta propuesta (*vid.* cuadro 4.6). La relevancia de la función perceptiva visual y de la función de control alternativo, así como el peso de las zonas temporal-occipital y córtex premotor, se justifican en casos como los siguientes: hay pacientes con lesiones en el área temporal-occipital que no pueden dibujar objetos que se han nombrado, pero que pueden copiar el dibujo línea a línea; asimismo, hay pacientes con lesiones en la parte inferior del córtex prefrontal (con problemas motores, de dinamismo) que no pueden denominar alternativamente diferentes objetos y cometen errores repetidos en el intento.

---

21. A. Luria (1947) había estudiado casos idénticos o similares que él catalogaba como «afasia dinámica frontal» y que caracterizaba del modo siguiente: «the central feature of the disturbances in these cases is that, while the ability to utter words and even to repeat sentences remain intact, the patient is completely deprived of spontaneous speech and seldom uses it for purposes of communication» (1947, 199); no obstante, Luria remitía el origen de estas limitaciones a problemas en las áreas frontales, encargadas del planteamiento motor de la actividad lingüística.

CUADRO 4.6. (Cfr. D. Caplan, 1987, 156)[22]

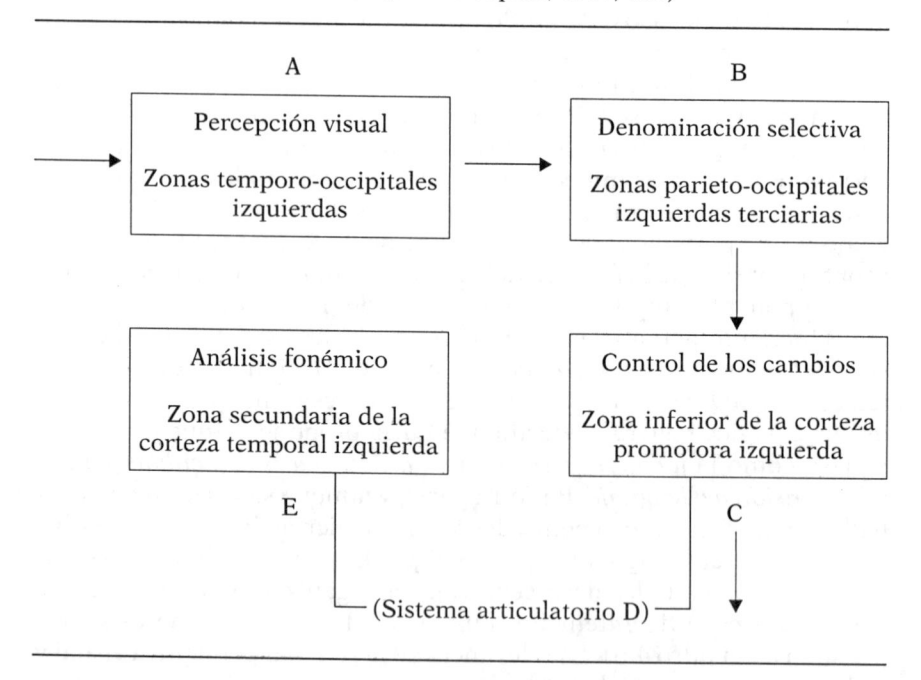

```
                    A                                    B
        ┌──────────────────────┐              ┌──────────────────────┐
        │  Percepción visual   │              │ Denominación selectiva│
  ────▶ │                      │  ──────────▶ │                      │
        │ Zonas temporo-occipitales│          │ Zonas parieto-occipitales│
        │      izquierdas      │              │  izquierdas terciarias│
        └──────────────────────┘              └──────────┬───────────┘
                                                         │
                                                         ▼
        ┌──────────────────────┐              ┌──────────────────────┐
        │   Análisis fonémico  │              │ Control de los cambios│
        │                      │              │                      │
        │  Zona secundaria de la│             │ Zona inferior de la corteza│
        │ corteza temporal izquierda│         │  promotora izquierda │
        └──────────┬───────────┘              └──────────┬───────────┘
                   E                                     C
                   └──── (Sistema articulatorio D) ──────┘
                                                         ▼
```

Como resultado del progreso en la observación y en el conocimiento pormenorizados de destrezas y limitaciones de la función del lenguaje, y, a la par, en consonancia con los avances en la investigación cerebral,[23] el enfoque actual sobre la cuestión de la *localización* del len-

22. Las áreas del cerebro en las que están localizados esos componentes se reflejan en el siguiente dibujo:

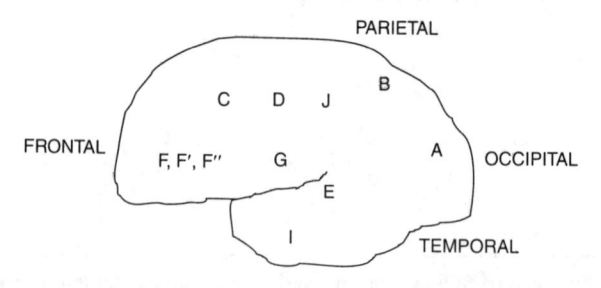

```
                        PARIETAL
              ┌─────────────────────┐
              │       C  D  J    B  │
      FRONTAL │  F, F', F''  G      A │ OCCIPITAL
              │           E         │
              └──────I──────────────┘
                        TEMPORAL
```

(Cfr. Caplan, 1987, 162).

23. Posibles en buena medida gracias al desarrollo de técnicas de observación y experimentación cada vez más fiables y potentes, como los diversos escáneres metabólicos (*vid*. el §2.3 de este capítulo 4).

guaje ha oscurecido la confrontación y diluido las diferencias entre visiones *holistas* y visiones *localizacionistas*, y ha incidido en la pertinencia de contemplar los procesos cerebrales desde los procesos funcionales —lingüísticos y no-lingüísticos—, de modo que las aproximaciones desde la conducta y el entorno abran cauces de indagación en el cerebro. En este marco, el eje de la discusión sobre el asiento cerebral del lenguaje se hace girar en torno a intereses genéricos o específicos de relación —según los problemas de actividad lingüística atendidos—, lo que da lugar a planteamientos particulares más amplios o más restringidos de la localización sin que ello suponga negar ni la importancia de ciertas áreas en procesos concretos, ni la intervención de múltiples zonas y circuitos neuronales extendidos por todo el sistema cerebral. Depende del propósito y de lo que se estudie en cada caso.

A esta concepción sistémica de la base cerebral que parece dominar en el campo de la *Neurolingüística* estos últimos años ha contribuido sin duda el notable progreso de la *Biología molecular*, lo que ha permitido adentrarse en la composición y condicionantes moleculares de las neuronas y ha facilitado acercamientos más detallados a las conexiones sinápticas entre células neuronales (cfr. Th. Hökfelt [1981], M. Nieto Sampedro [1988], G. Fischbach [1992]). El interés del cerebro no radica tanto en su anatomía, en su mapa de «proyecciones topográficas», cuanto en los circuitos de conexión neuronal habilitados gracias a la configuración citoarquitectónica de las células.[24] De ahí la imagen de *redes neurales distribuidas* y los modelos «de circuitos» que sobre ella se construyen (*vid.* el §1.2 del capítulo 6), queriendo reflejar las interconexiones entre millones de células en toda la masa cerebral. Philip Lieberman —quien hace una presentación relativamente detallada del planteamiento (cfr. 1991, 30 y ss.)— contrapone sus ventajas en inteligencia artificial frente al modelo modular de los generativistas. Igualmente positivas son las valoraciones de D. Caplan (1987, cap. 23), y de W. Bechtel y A. Abrahamsen (1991), si bien hay posturas críticas y escépticas respecto a la relevancia y utilidad de los «códigos» neuronales para comprender habilidades, como la de O. Marin (1982, 63):

> The skepticism expressed regarding the use of anatomical knowledge as a point of departure for the study of language is based upon the arguments, noted earlier, that justifiy the conceptual distinction existing between properties of bioelectrical neuronal circuit and behavioral levels that deal with categories, symbols, and complex procedural rules and

---

24. Las investigaciones citoarquitectónicas sobre la diferente estructura celular en diversas zonas del cerebro, en relación con funciones, fueron iniciadas por K. Brodmann a comienzos de siglo y continuadas desde la década de los sesenta por N. Geschwind, quien en su trabajo de 1979 demostró importantes asimetrías entre los dos hemisferios.

computational algorithms. Such conceptual distance is not reflected by the naïve descriptions of classical clinico-pathological cases or syndromes, or by the traditional textbook explanation for how the area of «comprehension of language» is connected to the «speech production area» by the arcuate fasciculus in order to allow verbal repetition.

En consonancia con la orientación hacia la composición citoarquitectónica del cerebro, hay que reseñar asimismo la tendencia a centrar el núcleo de la investigación no en un área concreta o en las relaciones entre áreas sino en tipos de «computación» y «proceso» posibles en zonas «focales» del cerebro. De ahí que algunos autores como D. Caplan (1987) traten de conjugar una visión no estricta de la localización de componentes lingüísticos —y se refiere, por ejemplo, a procesos abstractos como el de la comprensión sintáctica, presente a veces en lesiones focales— con la variabilidad de tales localizaciones dependiendo de los individuos, que puede inducir a pensar que no es posible sistematizar factores y rangos de localización. La formulación más adecuada de la cuestión parece ser, pues, la siguiente:

> En el caso de los aspectos centrales del procesamiento del lenguaje, lo que importa no es cómo está relacionada una región cerebral con las áreas sensoriales o motoras del cerebro, sino qué tipos de cómputos pueden producirse en esa región (Caplan, 1987, 470).

Por otra parte, las investigaciones descriptivas de casos particulares con limitaciones lingüísticas diversas han puesto de manifiesto la importancia de una serie de factores ambientales, genéticos, contextuales, o individuales, que pesan en la *localización* y también en la *lateralidad* del lenguaje, por lo que su consideración en cualquier estudio resulta obligada. En lo que se refiere a la localización estricta, David Caplan (1989, 469) dice explícitamente:

> Podemos decir, en conjunto, que existe, en efecto, una localización detallada, pero no está claro que determinados subcomponentes del procesamiento del lenguaje estén localizados en las mismas áreas del cerebro en todos los seres humanos adultos. Por el contrario, existen razones para creer que se produce una considerable variación con respecto a la exacta localización detallada de todos los componentes individuales del procesamiento. Diversas facetas de la estructura y procesamiento lingüísticos que podrían estar relacionados con localizaciones cerebrales determinadas —la relación entre un proceso y las funciones sensoriales; la distinción de las clases de vocabulario de las palabras léxicas y las funcionales— no parecen proyectarse en localizaciones cerebrales de una manera completamente sistemática.

2.3. La *lateralización* del lenguaje en los hemisferios cerebrales

En un sentido paralelo al que ha orientado los cambios en la visión de la *localización* del lenguaje, la cuestión de su *lateralidad* en los hemisferios cerebrales ha venido replanteándose en estas dos últimas décadas, sobre todo como resultado de estudios de casos particulares y que han ido mostrando los parámetros intervinientes en la ubicación de la función lingüística en cada uno de los lóbulos del cerebro. De modo que si bien la consideración del predominio del hemisferio cerebral izquierdo en la función lingüística ha constituido un logro de las investigaciones neurolingüísticas, asimismo conviene notar que las evidencias y la demostración de que la especialización y la preeminencia de uno de los hemisferios no coincide entre los humanos, constituye —en la actualidad— un alcance de considerable importancia en el campo. Algunos autores como David Caplan (1987, 410) llegan a afirmar explícitamente la relevancia de esta visión matizada de la «lateralidad»:

> El reconocimiento de la existencia de la dominancia verbal —el que un hemisferio sea el responsable básico del lenguaje— constituyó un descubrimiento primordial con respecto al fundamento neurológico del lenguaje. Un segundo hallazgo fundamental fue que la especialización y la dominancia hemisférica no son las mismas en todos los seres humanos adultos.

En efecto, el principio general que asociaba la lateralidad del lenguaje con la habilidad manual en el sentido de que los diestros lateralizan en el hemisferio izquierdo mientras los zurdos lo harían en el derecho, se ha puesto en entredicho a raíz de estudios y experimentos particulares con individuos de diferentes características (diestros, zurdos, ambidextros, de distintas edades, de diferente sexo). De entrada, y aunque el hemisferio izquierdo parece especializado en el lenguaje para la mayoría de individuos diestros, sin embargo el hemisferio derecho no siempre lateraliza la función lingüística de los zurdos sino que hay que tener presente una serie de condicionantes. Por otra parte, aun siendo el lóbulo izquierdo el habitualmente especializado en la actividad del lenguaje, no obstante el hemisferio derecho cubre también importantes aspectos del proceso lingüístico. A este respecto, D. Caplan (1987, 424) señala la conveniencia de distinguir claramente

> entre los procesos lingüísticos [...] que *se realizan* de manera rutinaria en el hemisferio derecho de los diestros y las funciones del lenguaje que *pueden* realizarse en el hemisferio derecho de los diestros.

Ciertamente, estudios llevados a cabo en pacientes comisutorizados (se les ha seccionado el cuerpo calloso que une los dos hemisferios) evidencian que aunque el lóbulo derecho no activa el arranque del habla, sin embargo sí que permite nombrar objetos (ubicados en el campo visual izquierdo) y sí que capacita para emparejar dibujos y palabras. De manera que el hemisferio derecho está involucrado (o, cuando menos, preparado) en el procesamiento de algunos aspectos del lenguaje.

Los factores que, según parece, hay que tener presentes para valorar la especialización del lenguaje en uno de los hemisferios son los siguientes: *a*) aspectos genéticos de la habilidad manual (herencia y definición de la habilidad), y de sexo; *b*) aspectos de desarrollo cognitivo ligados a la edad y al cultivo de otras habilidades (dominio de más de una lengua, habilidades musicales, destrezas matemáticas, desarrollo abstractivo, etc.), y *c*) aspectos ambientales y puramente individuales. Las investigaciones de C. Hardyck y L. Petrinovitch (1977), de H. Hécaen, M. DeAgostini y A. Monzón-Montes (1981), y de S. Segalowitz y M. Bryden (1983) —entre otros— han demostrado la relevancia de antecedentes familiares en la habilidad manual para lateralizar la función del lenguaje. En diestros sin antecedentes zurdos, el porcentaje más alto corresponde a la especialización en el hemisferio izquierdo; en zurdos sin antecedentes de habilidad manual en el miembro izquierdo, el lenguaje lateraliza también en el hemisferio izquierdo; ahora bien, si se trata de casos de zurdos hereditarios de la habilidad, la función del lenguaje está bilateralizada. Por otra parte, los factores de edad, educación o preferencias culturales están asimismo involucrados en las preferencias manuales y, posiblemente, en la especialización hemisférica de la habilidad lingüística. Los estudios de E. Lenneberg (1967) sobre niños con algún tipo de lesión en el hemisferio izquierdo, y considerando las repercusiones en su habilidad lingüística, proporcionaron evidencias clave acerca de la progresiva lateralización del lenguaje en relación con la edad —lo que, por otra parte, constituye un paralelismo interesante con la también definición paulatina de la habilidad manual—, y en consonancia con el alto grado de plasticidad cerebral que corresponde al período infantil. En efecto, la evidencia es concluyente respecto a que en una primera etapa los niños son ambidextros (el cerebro no está lateralizado), y la habilidad manual va definiéndose gradual y firmemente, si bien el número de zurdos disminuye conforme avanzamos en edad y sobre todo cuando los niños se escolarizan; de ahí que muchos autores hayan resaltado el papel de factores educativos y de entorno en los perfiles de la disposición manual. C. Hardyck y L. Petrinovitch (1977, 398) dicen a este respecto que

Handedness is not a simple phenomenon that is easily determined phenomenologically or by self-report. The development of preferred handedness can be markedly affected by such factors as family and cultural preferences, educational practices, the prevalence of certain types of devices more suitable for one hand than the other, genetic factors, and specific brain damage, to mention only the immediately obvious items.

En este sentido, algunos autores —como J. Brown y J. Jaffe (1975)— han reconocido una *lateralización continua* a lo largo de la vida, mostrada en el diferente estrato neural del cerebro en las distintas edades, y de lo que depende el grado de recuperación en el caso de afasias.

En cuanto al sexo, en los estudios más recientes se hacen cada vez más patentes las asimetrías entre los hemisferios derechos de hombres y de mujeres, lo que ha llevado a suponer diferencias en la lateralización del lenguaje, y, de modo importante, ha conducido a investigaciones detenidas sobre el papel de este hemisferio en la habilidad lingüística. Las funciones de «memorización» y de «percepción espacial» han sido capacidades que tradicionalmente se han vinculado al hemisferio derecho; por otro lado, se viene admitiendo que

> las mujeres no poseen una especialización funcional de los hemisferios tan marcada como la de los hombres, lo que explicaría en su caso la menor eficacia de ciertas funciones, en particular las del hemisferio derecho (D. Zaidel, 1984, 510),

y en ello radicaría que las aptitudes de percepción espacial sean superiores en hombres que en mujeres. Ligadas a estas diferencias de especialización, algunos estudiosos como J. Levy (1974) han planteado la distinta distribución de la habilidad del lenguaje según el sexo: tratándose de mujeres, la función no está lateralizada en el hemisferio izquierdo sino que el derecho cumple también un papel importante en algunos aspectos de la actividad lingüística. Esas diferencias en la especialización funcional paralelas al sexo tienen su justificación desde el prisma de la composición química y hormonal de los hemisferios. Los experimentos llevados a cabo sobre canarios —que manifiestan una marcada diferencia entre los hemisferios según sean machos o hembras— han permitido comprobar que la acción de la hormona masculina —la testosterona— provoca un desarrollo en el hemisferio izquierdo de las hembras y aumenta la frecuencia del canto (cfr. F. Nottebohm, 1981 y D. Zaidel, 1984). Las conclusiones pueden ser claramente trasvasables al caso de humanos, y ello a pesar de que la investigación sobre el dimorfismo sexual en la morfología neuronal se halla tarada por razones diversas que van desde el temor hasta convicciones ideológicas y morales (cfr. P. Churchland, 1986, 94 y ss.).

Como un resultado más del interés despertado por el hemisferio derecho se han alcanzado conclusiones respecto de su intervención en la habilidad lingüística, y así se le atribuye capacidad en la comprensión pero no en la expresión, se reconoce su peso en el componente entonativo —en paralelo con la habilidad musical, que parece estar lateralizada en este hemisferio—, y, en algunos casos, se le ha conferido relevancia en el procesamiento sintáctico rudimentario (cfr. Chr. Code, 1987, esp. caps. 3 y 4). Hasta tal punto se ha revalorizado el papel del hemisferio derecho en la función del lenguaje que se hace imprescindible contextualizar el tema de la *lateralización de la habilidad lingüística*. Con palabras de P. Churchland (1986, 193), la cuestión de si el hemisferio izquierdo lateraliza el lenguaje depende de qué signifique «lateralizado»:

> If it is defined to mean merely that the LH in many brains performs better on verbal tasks than the RH, then indeed language is lateralized to the LH. If it means that the RH has no significant linguistics *capacities* or that the RH contributes nothing to normal linguistic processing, or that the neural tissue in the LH is specialized for linguistic capacities but the neural tissue of the RH is not, then the claim is still *sub judice*. There is an abundance of provocative data and of ingenious tricks for investigating the brain, but exactly what it all means in terms of definable capacities remains deeply puzzling.

Al hilo de estas consideraciones, algunos autores hablan ya de «especialización complementaria» y no de «predominio del hemisferio izquierdo». Como botón de muestra, el capítulo uno del libro de Chris Code (1987) se titula «From cerebral dominance to complementary specialization». Desde estos presupuestos se llega a la concepción del cerebro como sistema y a atribuir al campo de la *Neurolingüística* el objetivo de

> an integrated understanding of the processing of language in the whole human brain (Chr. Code, 1987, 171; el subrayado es mío).

Las técnicas, el instrumental y los procedimientos manejados en el campo de la *Neurolingüística*, sea para observar, experimentar o comprobar, han permitido resultados objetivos —ya que se trata de medios tecnológicos avanzados—, pero no siempre representativos y claramente indicadores de disposiciones cerebrales comunes. De una parte está la limitación de trabajar con pacientes que han sufrido alguna lesión, con los correspondientes riesgos de confundir lo que ha podido ser una rehabilitación funcional de una zona cerebral con la situación en un caso de normalidad.[25] De otro lado está el peligro de interpretar como una adscripción fija lo que puede ser producto de distintos enfoques o estrategias de realización de tareas: es lo que se ha sugerido que sucede con algunos experimentos que buscan demostrar diferencias de lateralización debidas al sexo; en opinión de S. Segalowitz y M. Bryden (1983, 363),

> If men and women adopt different ways of approaching a particular task, we cannot be sure whether to attribute sex differences in laterality to differences in cerebral representation of language processes or to differences in the strategy employed. For this reason it is particularly important to understand the experimental procedure being employed and to attempt to control individual differences in strategy.

Finalmente, está el problema de ceñir el componente o el aspecto de la habilidad a la zona lesionada sin tener en cuenta que la patología puede únicamente dañar conexiones y que, en realidad, la actividad lingüística particular se halla localizada en otras áreas.

A pesar de las limitaciones e inconvenientes que pudiera plantear la población estudiada, no obstante el avance en el conocimiento de la actividad y de los procesos cerebrales implicados en la habilidad del lenguaje ha sido notable en estas últimas décadas. Los medios de observación y análisis, cada vez más mejorados y fiables, han desempeñado un papel importante en dicho progreso. Entre las técnicas manejadas —unas de corte puramente observacional, y otras de carácter experimental a través de conductas y tareas— son de destacar las siguientes: *a*) estimulación cerebral; *b*) electroencefalograma; *c*) estimulación lateralizada, sea por medios químicos o sea mediante pruebas de conducta; *d*) anestesia de un hemisferio, y *e*) diversas técnicas de escáner metabólico. Los problemas éticos de algunos de estos procedimientos se han visto solventados por la utilización cada vez más frecuente de los escáneres metabólicos (sean de emisión de fotones, SPECT, o de positrones, PET), que permiten imágenes de moléculas y de elementos neurotransmisores involucrados en las conexiones neuronales (cfr. D. Caplan, 1989, 27 y ss.).

De todas estas técnicas, las de estimulación lateralizada mediante

---

25. Sobre todo en el caso de experimentos con pacientes a los que se les ha seccionado el cuerpo calloso que conecta los dos hemisferios (comisurotomizados) para mostrar la capacidad lingüística del hemisferio derecho. Las pruebas consisten en hacer que el paciente manipule objetos sólo con una mano, con miras a comprobar si puede nombrarlos o escribirlos, y así se ha comprobado que con la mano izquierda puede ordenar con letras de plástico el nombre del objeto, si bien no puede nombrarlo ni escribirlo (cfr. M. Gazzaniga, 1983).

pruebas de conducta han resultado cruciales en el logro de evidencias que sustenten empíricamente las conclusiones sobre la especialización de los hemisferios. En concreto, las pruebas de escucha dicótica en casos normales y en casos de pacientes *comisurotomizados* —a los que se les ha extirpado el haz de fibras nerviosas que conecta los dos lóbulos— han proporcionado datos suficientes acerca de la intervención del hemisferio derecho en el componente entonativo; asimismo, las pruebas de visión dicóptica tanto en pacientes comisurotomizados como en situaciones de normalidad —haciendo uso de las lentes ideadas por E. Zaidel que impiden la intervención de las semirretinas externas y limitan la visión al campo central— han proporcionado resultados concluyentes respecto de la percepción de trazos generales en el hemisferio derecho, y en relación con las zonas implicadas en la escritura (cfr. M. Garman, 1990, cap. 2; E. Keller, 1985, 153 y ss.; y D. Zaidel, 1984).

3. **La naturaleza neuropsicológica del lenguaje y las patologías lingüísticas**

Si bien el estudio de la función del lenguaje y la investigación sobre su base material cerebral exigen aproximaciones independientes y pretensiones de conocimiento justificadas en distintas bases conceptuales —en relación con «lo intersubjetivo» tratándose de la función, y en relación con «lo físico», tratándose del cerebro—, cuando el objeto de interés lo constituyen las deficiencias y limitaciones patológicas en la habilidad del lenguaje se hace obligado el acercamiento integral que permita la globalización de todos los aspectos presentes en las realidades problemáticas. De otro modo no sería posible enfrentarse con rigor a las causas y a los componentes de diverso tipo asociados a los déficit. Para conocer en detalle su etiología y poder orientar la correspondiente terapéutica con miras a la recuperación, se hace inevitable atender a toda su complejidad, contemplando la amplia gama de factores de incidencia y las distintas vertientes de manifestación en el marco real de la deficiencia. La necesidad de considerar las patologías lingüísticas en su naturaleza neuropsicológica real se hace patente de inmediato en muchos casos de limitaciones que no presentan un origen claro, y se hace asimismo inexcusable en el momento de diseñar pruebas de diagnóstico y de terapia.

Aunque las deficiencias patológicas en la habilidad lingüística son objeto de interés por la urgencia de su solución en los pacientes afectados, constituyéndose así en tema de atención con objetivos terapéuticos dentro del ámbito de la llamada *Lingüística clínica*, no obstante, para solventar, es preciso —primero— analizar y describir y de ahí que los déficit lingüísticos sean asimismo materia de estudio teórico, focos de atención con el fin de alcanzar conocimiento y profundización en sus causas y en su desarrollo;[26] además de ser núcleos relevantes para comprobar —como hemos estado viendo— aspectos de localización y lateralidad del lenguaje en el cerebro.

3.1. CLASIFICACIÓN DE LAS PATOLOGÍAS DEL LENGUAJE

Ya que se trata de fenómenos reales, y a causa de su misma complejidad, la agrupación sistemática de las patologías del lenguaje no es tarea sencilla. De una parte, hay que señalar la diversidad de criterios, que no siempre proporcionan clasificaciones complementarias o compatibles entre sí. De otra parte, la variedad de déficit y el conocimiento de detalle muchas veces limitado conduce a tipologías excesivamente genéricas que no se acomodan a las peculiaridades de los casos concretos. Dependiendo del punto de vista adoptado —y según la finalidad de la sistematización—, se ha diferenciado entre *patologías orgánicas* y *patologías funcionales*; *patologías del habla* y *patologías del lenguaje*; *patologías de desviación del lenguaje* y *patologías de retraso del lenguaje*; y *patologías de la recepción*, *patologías de la producción* y *patologías centrales*.

La tipología de *orgánicas* frente a *funcionales* responde a la causa originaria de los déficit, según se puedan relacionar con problemas anatómicos, cerebrales, o bien hayan de atribuírseles motivos psicógenos; y, naturalmente, se trata de una clasificación que descansa en pautas, sobre todo, médicas, pero que no siempre resulta acorde con casos en los que se entremezclan causas orgánicas y causas funcionales, o con aquellas situaciones en las que no hallamos la correlación esperada, ya que aun existiendo distorsión física, no obstante el indi-

26. Esta circunstancia se da siempre que se plantea el reto de solucionar un problema real: hay que atender a sus causas, a su evolución y a su estado de desarrollo para planificar y orientar su solvencia (véase el §2 del capítulo 6). Centrándonos en el campo de la *Lingüística*, las situaciones problemáticas reales que surgen en torno a las actividades lingüísticas —y que han provocado la emergencia de las diferentes áreas de la *Lingüística aplicada*— piden, para ser resueltas, conocimiento específico de la *Lingüística teórica*. De modo que un asunto de 'conflicto entre lenguas' exige, para conducir la planificación de usos que mitiguen o hagan desaparecer el conflicto, disponer de conocimiento acerca de las funciones adscritas a esas lenguas y de información sobre las actitudes y comportamientos de los hablantes al respecto. En la misma línea, la tarea real de enseñar y de aprender una lengua extranjera obliga a tener presentes no sólo conocimientos técnicos de *Lingüística* sino también conocimientos de estrategias y principios pedagógicos, que se proyectarán siempre en consonancia con las características psicobiológicas de los discentes (edad, motivación, actitud cognitiva, etc.).

viduo ha desarrollado alguna vía compensatoria que impide comprobar la limitación lingüística esperada. David Crystal (1980, 161) se refiere a pacientes con defectos y alteraciones en los órganos bucofonadores y que, sin embargo, utilizan otras partes del aparato vocal y consiguen emisiones claras. No hay que olvidar que estamos ante fenómenos de naturaleza físico-psíquica, de manera que puede que no se haya encontrado la causa orgánica, pero es probable que se encuentre; y que algunos desarreglos funcionales pueden repercutir en la materia, provocando lesiones. Hay depresiones que provocan un descenso importante de ciertas enzimas, y en estos últimos años se han aportado evidencias genéticas cerebrales sobre las causas de la esquizofrenia, hasta hace poco patología contemplada sólo funcionalmente.

En cuanto a la distinción entre *patologías del habla* y *patologías del lenguaje*, conviene señalar —al margen de su tradición y extensión y si bien descansa en fundamentos lingüísticos— que no responde a la concepción integral y sistémica que los hechos lingüísticos exigen. En efecto, la diferenciación entre déficit de habla (fonéticos), no simbólicos, y déficit de lenguaje (gramaticales, semánticos, ¿fonológicos?), simbólicos, no se compadece con la realidad de las situaciones problemáticas, que hace patentes las repercusiones de deficiencias de pronunciación en la discriminación de fonemas y, por tanto, en la eventual indistinción de pares de palabras. D. Crystal subraya la importancia de los *valores* que corresponden a los sonidos en el sistema de la lengua, de modo que hay que pensar en el carácter simbólico de los sonidos funcionales y no se puede desligar la pronunciación, la realización, de la «función» o «ausencia de función» en el producto emitido:

> La fonología [...] constituye el sistema de sonidos del lenguaje, se encuentra íntimamente ligada a la transmisión de significado: el hecho de que *pala* y *bala* sean diferentes en significado es consecuencia de la oposición fonológica que diferencia las palabras (D. Crystal, 1980, 163).

Aún más, hay ocasiones en que los problemas, retrasos o ausencias en determinados sonidos obedecen a limitaciones en la capacidad discriminatorio-simbólica, como atinadamente ha señalado P. Grunwell (1990) a propósito de niños con «trastorno específico de desarrollo» (SLI, 'Specific Linguistic Impairment'). De ahí que en lugar de la clasificación propuesta, se hayan elaborado alternativas como la construida por David Crystal (1980, 163)

Lenguaje hablado	Trastornos fonéticos	Trastornos fonológicos		
			Trastornos gramaticales	Trastornos semánticos
Lenguaje escrito	Trastornos gráficos	Trastornos grafológicos		

en la que se transparenta que las patologías son siempre «del lenguaje», respetando así su incidencia en los elementos del sistema, independientemente del *nivel* o *componente* estructural en que en mayor medida se manifiesten. Por su parte, la diferencia entre patologías que son «desviación» y las que son «retraso» está limitada a los déficit observados en el período infantil, que por su singularidad precisan de atención autónoma frente a las patologías lingüísticas en edad adulta. Y en esta línea la tipología propuesta resulta ciertamente útil, no tanto como herramienta clasificadora genérica cuanto como instrumento para calibrar el grado relativo de afección lingüística en los distintos casos concretos. El margen de desviación de lo que es el «patrón» o el sistema genuino de la lengua será indicativo del alcance del trastorno; por ejemplo, la pronunciación de [c] como [s] ([kóse] por [kóce]) supone un grado de desviación menor al de la pronunciación de [c] como [l] ([kóle] por [kóce]); asimismo, las construcciones 'niño canta contenta' y 'niño el contento cantas' manifiestan desviaciones de distinto nivel. En cuanto al *retraso*, las deficiencias se ponderan respecto de lo que sería el estadio de adquisición por edad, de forma que no se trata de romper con el patrón normal de la lengua sino que estamos ante situaciones que no han alcanzado el nivel de desarrollo requerido. De cualquier modo, tanto en la evaluación de los *desvíos* como de los *retrasos* se hace necesario trabajar con patrones y moldes de «habitualidad», de «normalidad», construidos sobre fundamentos empíricos a base del estudio de numerosos casos concretos que permitan ir estableciendo perfiles gradativos en distintas escalas, según lo dominante y hacia lo menos frecuente. D. Crystal (1980, 165 y ss.) se refiere a la importancia de manejar puntos de referencia empíricos y no teóricos, y alude a la escasez de datos sobre aspectos como «desarrollo en niños y en niñas», que no permiten llevar a cabo la evaluación rigurosa pretendida. La tarea de establecer patrones y perfiles de tendencias en estadios de adquisición exige la confección de tests y su proyección en casos suficientes para que los resultados sean fiables por su representatividad; pero esta labor no se ha cultivado en igual medida en todas las tradiciones, y, en concreto, entre nosotros son escasos los trabajos al respecto (cfr. Fernández Pérez, 1996c).

La clasificación de las patologías lingüísticas que propone los tipos de *trastornos de la recepción*, *trastornos de la expresión* y *trastornos centrales* —y que se sustenta en el esquema de la comunicación—, parece presentar menos inconvenientes y resulta asumida por buena parte de los especialistas en el campo, independientemente de que los objetivos sean médicos, lingüísticos, psicológicos, o terapéuticos.[27] En este planteamiento cabe situar los tipos particulares de deficiencias, y así el grupo de *limitaciones de la recepción* está integrado por la «sordera» y por los distintos grados de «hipoacusia»; en las *limitaciones de la expresión* se incluyen los «trastornos de fluidez» —diferentes tipos de *disfemia*—, los «trastornos de voz» —nasalidad, ronquera, etc.—, y los «trastornos de articulación» —debidos a la disposición de dientes, paladar, labios, o lengua—; las *limitaciones centrales* afectan a la recepción y a la expresión (si bien se denominan «centrales» porque su origen está en alguna alteración en el sistema nervioso central) y en ellas se incluyen las *afasias*, las *dispraxias*, las *agnosias* y la *disartría*.

Consideración aparte merecen los déficit en edad infantil —*dislalias*, *dislexias*, *disgrafías*—, así como las características especiales de la habilidad en situaciones de enfermedad mental como esquizofrenia, autismo, o demencia, puesto que tanto en edad infantil como en estas circunstancias singulares la disposición y la organización del cerebro son peculiares, ya sea por el mismo proceso de maduración en curso o ya sea por el alcance y el grado de la afección cerebral. En el caso concreto de limitaciones infantiles, las tipologías se vuelven escasamente útiles, ya que la consideración individualizada y el seguimiento particular de cada paciente revela los peligros de la excesiva generalización en un ámbito en el que las particularidades y la diversidad resultan predominantes. Son muchas las voces que reconocen la idoneidad del enfoque «lingüístico» para describir —antes que clasificar— los déficit y para contemplarlos en su evolución de modo sistemático. A. Kamhi (1989, 73) indica explícitamente las ventajas de esta aproximación:

> The descriptive-linguistic approach involves describing children according to the language deficit they demonstrate. Although this approach purportedly emphasises description rather than classification or diagnosis, in practice the distinction between description and classification is difficult to maintain. Unlike the etiological approach, the descriptive-linguistic approach is a developmental one.

Tratándose de niños 'SLI' ('Specific Language Impairment'), en los que están ausentes causas de deficiencia mental, déficit físicos o senso-

---

27. Es la asumida por D. Crystal (1980) y por J. Peña Casanova y Ll. Barraquer Bordas (1983), entre otros.

riales, desarreglos emocionales, factores ambientales, o daños cerebrales, la única vía de acercamiento es la propiamente lingüística, que permitirá detallar las situaciones particulares de limitación en un grupo de por sí heterogéneo (cfr. A. Kamhi, 1989, 75 y ss.).

3.2. LAS *AFASIAS* Y SU IMPORTANCIA NEUROLINGÜÍSTICA Y LINGÜÍSTICA

Del conjunto de patologías, las que han merecido más insistentemente la atención, por motivos comparatistas respecto de situaciones normales y con objeto de lograr evidencias en temas de localización y de lateralidad lingüística, han sido las *afasias*. Hasta tal punto, que han delineado un área a la par de la *Neurolingüística* que se conoce con el nombre de *Afasiología lingüística*. D. Caplan (1987, 402 y ss.) la considera una disciplina autónoma, frente a la *Psicolingüística*, la *Neurolingüística*, y la *Lingüística*, ya que la atención detenida a los síndromes afásicos precisa de aspectos lingüísticos, psicológicos, cognitivos, neuronales, sociales, contemplados desde una perspectiva integradora que, de un lado, mira hacia los procesos cerebrales y, de otro, hacia la actividad cognitiva y lingüística. De ahí que D. Caplan defina su ámbito como

> área independiente de investigación científica, centrada en una materia de estudio, en parte única, y, en parte, compartida por la psicolingüística, la psicología cognitiva y la teoría lingüística. Esta disciplina está provista, además, de un conjunto especial de métodos [...] La afasiología lingüística se ocupa de numerosos temas básicos: la fiabilidad de los datos, la validez de las inferencias basadas en los pacientes afásicos en beneficio del funcionamiento normal y los tipos de modelos que deberían utilizarse para dar cuenta de las actuaciones de los pacientes y de los sujetos normales. El trabajo empírico, la construcción teórica y la «metateoría» [...] han evolucionado de manera muy rápida en los últimos quince años en la afasiología lingüística (D. Caplan, 1987, 404).

Las investigaciones sobre casos particulares de afásicos han puesto de manifiesto la diversidad de las situaciones individuales de modo que se hace difícil continuar hablando de *afasias* en bloque, y parece que lo más conveniente sería empezar a diferenciar tipos de «limitación» que no siempre son englobables bajo el epígrafe de *afasia*. De hecho, las afasias clásicas *de Broca* —o *de expresión*, o *motoras*— y *de Wernicke* —o *de comprensión*, o *sensoriales*— se presentan ahora en mayor medida singularizadas como «afasias *transcorticales*», «afasias *de conducción*», «afasias *globales*», «*sordera pura* de *palabras*», «afasias predominantemente motoras o sensoriales», etc. Por otra parte, el énfasis concedido a las situaciones individuales —a los *afásicos*, con sus necesidades y limitaciones— a lo largo de estos últimos años, ha provocado la aparición de numerosos tests que, de modo general o en alguna de sus vertientes, buscan valorar la disponibilidad lingüístico-comunicativa de los pacientes. Así que más que a clasificar la patología, el objetivo se orienta a caracterizar los rasgos deficitarios en cada caso. Las baterías de pruebas que integran el test de Boston (cfr. H. Goodglass y E. Kaplan (1983), el PALPA ('Psycholinguistic Assessments of Language Processing in Aphasia', cfr. J. Kay, R. Lesser y M. Coltheart [1992]), el PICA ('Porch Index of Communicative Ability', cfr. B. Porch [1971]), o el test de Barcelona (cfr. J. Peña Casanova [1990] y [1991]), incluyen comprobaciones sobre aspectos de expresión, repetición, denominación, comprensión, lectura y escritura, con miras a ponderar no sólo cuantitativamente el grado de limitación sino sobre todo a reconocer sus implicaciones semiológicas —es decir, lingüísticas, comunicativas y cognitivas—. La importancia de la evaluación comunicativa y semiológica en los casos de afasia, que viene siendo reseñada por especialistas en el campo,[28] se pone de manifiesto en pruebas pragmáticas como las perfiladas por C. Prutting y D. Kirchner (1983), o en la ponderación de la habilidad en situaciones de bilingüismo según el test de M. Paradis (cfr. Paradis, 1987). Concretamente, el protocolo pragmático de C. Prutting y D. Kirchner (1983) se organiza alrededor de los siguientes parámetros:

a) acto expresivo, considerando los aspectos verbales, no verbales y paralingüísticos (inteligibilidad, intensidad de la voz, prosodia, gestos, etc.);

b) acto proposicional, incluyendo componentes de léxico, orden de palabras, variación de estilo, etc.;

c) acto perlocutivo, según los efectos del hablante en el interlocutor; y

d) acto ilocutivo, para controlar las intenciones del hablante.

Por su parte, el cuestionario de M. Paradis (1987) gira en torno a tres apartados fundamentales: *a)* medio lingüístico en el seno familiar; *b)* lengua o lenguas utilizadas en la escolarización, y *c)* ocupación y lenguas para las que estaba capacitado el paciente antes de la lesión.

---

28. J. Peña Casanova, F. Diéguez Vide y M. Pérez Pamies (1995, 62) admiten abiertamente que «La reducción de la patología afásica a una cifra no tiene, evidentemente, ningún valor semiológico, ya que toda promediación nos distancia de las funciones discretas constitutivas del lenguaje».

Sin embargo, en donde en mayor medida y de forma más palmaria se hace patente la importancia de la Lingüística para el estudio y la posible rehabilitación de la afasia es en la investigación que en estos últimos años se desarrolla sobre el *agramatismo* en diferentes lenguas. Frente a la consideración habitual de este síndrome —como definitorio de las afasias y caracterizado genéricamente por distorsiones afijales en las palabras y por desviaciones en el orden y en la concordancia sintácticas— se ha venido perfilando su especificidad dependiendo de una serie de factores, entre los que se cuenta la lengua. David Caplan (1987, 338) habla de tres componentes involucrados en las distintas situaciones de *agramatismo*:

> 1) una variación interlingüística debida a los diferentes rasgos estructurales de las diversas lenguas; 2) una variación producto de los diversos grados de complejidad de los diferentes afijos o palabras funcionales de una lengua, y 3) una variación con respecto a cuán grave sea el caso de agramatismo en un paciente.

Precisamente, la relevancia de los dos primeros factores ha sido el motor de la investigación dirigida por Lise Menn y Lorraine Obler (eds.) (1990), cuyo eje radica en comprobar de qué modo las propiedades gramaticales de diferentes lenguas se asocian con las manifestaciones particulares del «agramatismo». Así, adoptando un enfoque general de la cuestión que evite la dependencia de una (o unas) lengua(s) y facilite la comparación entre ellas, abordan la descripción particularizada de rasgos de «agramatismo» en 14 lenguas, a saber, inglés, holandés, alemán, islandés, sueco, francés, italiano, polaco, serbo-croata, hindi, finés, hebreo, chino y japonés.[29] Este planteamiento lingüístico —que tiene presente la variedad de los déficit afásicos en consonancia con la lengua— permitirá profundizar en el conocimiento empírico de la patología, lo que sin duda proporcionará datos contrastadores garantizados, para seleccionar y valorar teorías sobre la *afasia* y el *agramatismo*; con palabras de L. Menn y L. Obler (1990*b*, 1369),

---

29. Como es propio de aproximaciones «comparatistas» e «interlingüísticas», la perspectiva no puede ser etnocéntrica sino que ha de forjarse genérica y transversalmente, de ahí los presupuestos diseñados por L. Menn y L. Obler (1990) para afrontar el estudio del "agramatismo" en esta orientación: «For cross-language studies, the definition of agrammatism must be framed in a fashion which is independent of the morphological and syntactic devices that any particular language may use. As a working basis, we take the features of slow rate and short sentence and phrase lenght as definitional; we also look for some "limited use" of syntactic and morphological devices. Indeed, we may say that one goal of cross-language descriptive comparison is to come to an understanding of what "limited use" of such devices means for particular languages and whether this is in fact an appropriate formulation» (Menn y Obler, 1990*a*, 3).

It is not possible to choose among alternative theoretical explanations of agrammatic aphasia only in the basis of data from the handful of languages (English, French, German, Italian, Russian) that have been the principal objects of aphasiological study until now. This book was created to help in choosing among and considering the alternatives (Menn y Obler, 1990*b*, 1369).

De modo más específico, lo que se pretende —para fundamentar demostrativamente las consideraciones sobre el *agramatismo* y la *afasia*— es hallar principios y proporcionar descripciones sobre *a*) la variación de las estructuras y de los procedimientos gramaticales en diferentes casos y según las lenguas; *b*) las concomitancias y las divergencias entre tipos de afasias, y *c*) la ponderación de las limitaciones —sean gramaticales, léxicas, o fónicas— por su carga de ambigüedad o por su incidencia funcional en las distintas lenguas (cfr. L. Menn y L. Obler, 1990, 8 y ss.). Se ha comprobado, así, que los morfemas no siempre se omiten sino que en muchos casos se sustituyen, dependiendo de su carácter (los morfemas ligados se 'adaptan' pero no desaparecen), y de su número y papel en la lengua (los morfemas cohesivos o focalizadores se mantienen); y se ha evidenciado, asimismo, que la reducción sintáctica o la falta de criterio en la ordenación de los constituyentes obedece a parámetros que tienen que ver con el tipo de lengua (hay casos de organización sistemática aunque no canónica —como evidencian los pacientes finlandeses y polacos—, y casos de distribución sintáctica totalmente aleatoria —en pacientes alemanes y japoneses—). Hay que concluir, pues, que el *agramatismo* debe ser ponderado en sus rasgos y en su incidencia dentro de cada sistema lingüístico, de forma que la visión determinista y homogénea del síndrome —como resultado de una afasia de *Broca* y con repercusión en el procesamiento sintáctico— no proporciona una imagen ajustada de los pormenores reales del déficit (cfr. M. Fernández Pérez, 1998*b*).

Como es natural, esta base empírica amplia se erige en soporte imprescindible de generalizaciones y conclusiones formuladas sobre el *agramatismo* y la *afasia*, que no pueden sino ser relativas a las lenguas en las que se detecten. Una vez más, la orientación «general» de la Lingüística —como se ha definido en el §4 del capítulo 1, sobre la base de su tendencia hacia el conocimiento de «lo general» en las lenguas— se comprueba en toda su rentabilidad para explicar muchos de los planteamientos y avances actuales de las «ramas» de la Lingüística. No sólo es el enfoque comparatista y de tintes generalizadores sobre la diversidad en el campo de la *Psicolingüística* y de la mano de las investigaciones de Dan Slobin sobre el proceso de adquisición teniendo en cuenta diferentes lenguas, sino que a ello hay que sumar ahora la aproximación a la afasia y al agramatismo en el campo de la *Neurolingüística* y que se comprueba en trabajos como los reunidos en el compendio editado por Lise Menn y Lorraine Obler (1990). La relevancia concedida a la heterogeneidad interlingüística a raíz de los enfoques «tipológicos» se traduce en el interés que la Lingüística más reciente manifiesta antes por las lenguas, por su riqueza y variedad, que por el lenguaje, que por elaborar teorías únicas y de base exclusivamente *hipotética y conjetural* sobre fenómenos, los cuales se reconocen —al fin— extremadamente complejos.

En resumen, dada la importancia de las patologías como soporte empírico de propuestas sobre el procesamiento del lenguaje en el cerebro, y habida cuenta de que las limitaciones en la habilidad lingüística se corrigen o se palía su incidencia a través de técnicas conductuales, la convergencia de lo cerebral y lo funcional se hace necesidad ineludible en el campo. La naturaleza neuropsicológica presente en la realidad de las patologías sigue vigente en su investigación teórica y en su investigación aplicada. La vertiente lingüístico-comunicativa que plasma materialmente aquella naturaleza se erige así en el criterio básico para aproximarse a su conocimiento y a su clasificación, y ello sin perder de vista la heterogeneidad consustancial a los déficit. La terminología ya frecuente de «Desórdenes/Trastornos/Déficit de *comunicación*» en lugar de «Patologías de articulación/de habla/del lenguaje» transparenta, en opinión de B. Byers Brown (1989, 25), que el enfoque lingüístico-comunicativo ha calado en el ámbito, como no podía ser menos, habida cuenta de que las limitaciones (al margen de su etiología) lo son en dicha esfera.

Lecturas complementarias

Arsuaga, Juan Luis y Martínez, Ignacio (1998): *La especie elegida. La larga marcha de la evolución humana*, Temas de Hoy, Madrid.
  Amena y cuidada presentación de la evolución de primates a homínidos. El capítulo 16 dedicado al origen del lenguaje es altamente recomendable.

Blanken, Gerhard; Dittmann, Jürgen; Grimm, Hannelore; Marshall, John C., y Wallesch, Claus-W. (eds.) (1993): *Linguistic Disorders and Pathologies. An International Handbook*, Berlín, W. de Gruyter.
  Enciclopedia altamente recomendable sobre el denso y complejo campo de las patologías de la comunicación.

Bohannon, John y Warren-Leubecker, Amye (1985): «Theoretical Approaches to Language Acquisition», en Jean Berko Gleason (ed.) (1985): *The Development of Language*, Columbus, Ch. E. Merrill Pub, 173-226.
  Excelente síntesis de las distintas teorías sobre la adquisición de la lengua por parte del niño.

Bunge, Mario (1980): *El problema mente-cerebro. Un enfoque psicobiológico*, Madrid, Tecnos, 1985.
   Rigurosa y sopesada aproximación a una de las cuestiones filosóficas cruciales para abordar el estudio y perfilar la concepción de las habilidades en los seres animados. Se hace básico e imprescindible en lo concerniente a las bases psicológicas y cognitivas del lenguaje.

Caplan, David (1989): *Introducción a la neurolingüística y al estudio de los trastornos del lenguaje*, Madrid, Visor, 1992.
   Completa y densa introducción al ámbito de la Neurolingüística. Para iniciados.

Crystal, David (1980): *Patología del lenguaje*, Madrid, Cátedra, 1983.
   Aproximación clara y accesible a las distintas dimensiones de las patologías lingüísticas.

Fletcher, Paul (1990): «The breakdown of language: language pathology and therapy», en Neville E. Collinge (ed.), *An Encyclopaedia of Language*, Londres/Nueva York, Routledge, 1990, cap. 12.
   Panorámica muy completa del campo de las patologías del lenguaje y de las orientaciones terapéuticas que se plantean.

Fletcher, Paul y MacWhinney, Brian (eds.) (1995): *The Handbook of Child Language*, Oxford, Blackwell.
   Enciclopedia muy completa sobre todas las cuestiones relacionadas con el lenguaje infantil y con el proceso de su adquisición.

Garman, Michael (1990): *Psicolingüística*, Madrid, Visor, 1996.
   Uno de los manuales de Psicolingüística más recomendables, aunque exige cierto nivel de iniciación.

Gernsbacher, Michael (ed.) (1994): *The Handbook of Psycholinguistics*, Nueva York, Academic Press.
   Enciclopedia de Psicolingüística muy recomendable por su rigor.

Gregory, Richard L. (ed.) (1987): *Diccionario Oxford de la mente*, Madrid, Alianza, 1995.
   Imprescindible en las áreas de la Psicolingüística y de la Neurolingüística.

Halliday, Michael A. K. (1975): *Learning how to mean. Explorations in the Development of Language*, Londres, E. Arnold.
   Excelente estudio del lingüista británico sobre el desarrollo del lenguaje en los niños.

Hernández Sacristán, Carlos (1996): «Patologías del lenguaje», en Carlos Martín Vide (ed.), *Elementos de Lingüística*, Barcelona, Octaedro, cap. 10.
   Síntesis de los principales trastornos de la comunicación.

Hoff-Ginsberg, Erika (1997): *Language Development*, Londres/Nueva York/Bonn, Brooks Cole Pub.
   El estudio más atractivo, completo y actual sobre la emergencia ontogenética del lenguaje. No descuida, sin embargo, la vertiente filogenética.

Hoffmann, Charlotte (1991): *An Introduction to Bilingualism*, Londres, Longman.
   Excelente introducción al bilingüismo (y multilingüismo) individual.

Ingram, David (1989): *First language acquisition. Method, description, and explanation*, Cambridge University Press, 1990.
   El estudio teórico más sólido sobre la adquisición de la lengua.

Jakson, Catherine (1988): «Lingüística y patología del lenguaje y del habla», en Frederick Newmeyer (ed.), *Panorama de la lingüística moderna de la Universidad de Cambridge*, vol. III, Madrid, Visor, 1989, cap. 10.
   Presentación completa y actualizada de las limitaciones en la habilidad comunicativa.

Kent, Ray D. y Hodge, Megan (1991): «The Biogenesis of Speech: Continuity and Process in Early Speech and Language Development», en John F. Miller (ed.), *Research on Child Language Disorders: A Decade of Progress*, Austin, Texas, Pro-ed, cap. 2.
   Ajustada y clara presentación de los fundamentos biológicos y cognitivos asociados al desarrollo de la comunicación, del habla y de la audición en el período infantil.
Kimura, Doreen (1992): «Cerebro de varón y cerebro de mujer», *Investigación y ciencia*, 194, noviembre, 76-84.
   Artículo de divulgación científica sobre las eventuales diferencias funcionales debidas al sexo.
Lesser, Ruth (1990): «Language in the brain: Neurolinguistics», en Neville E. Collinge (ed.), *An Encyclopaedia of Language*, Londres/Nueva York, Routledge, cap. 11.
   Fundamentada panorámica del ámbito de la Neurolingüística.
Liaño, Hugo (1998): *Cerebro de hombre, cerebro de mujer*, Barcelona, Ediciones B.
   Ameno y accesible estudio sobre las diferencias neuro-químicas entre los sexos y acerca de los ¿correlatos? perceptuales y funcionales.
Lieberman, Philip (1991): *Uniquely Human. The Evolution of Speech, Thought, and Selfless Behavior*, Harvard University Press.
   Una sugestiva panorámica de las distintas esferas involucradas en el origen del lenguaje y de la capacidad comunicativa humana.
López García, Ángel (1988): *Psicolingüística*, Madrid, Síntesis.
   Accesible introducción al campo de la Psicolingüística.
— (1996): «El lenguaje infantil», en Carlos Martín Vide (ed.), *Elementos de Lingüística*, Barcelona, Octaedro, cap. 9.
   Panorámica del proceso de adquisición de los distintos componentes de la lengua.
Marina, José Antonio (1993): *Teoría de la inteligencia creadora*, Barcelona, Anagrama, 60-78.
   Brillante y lúcida reflexión acerca del desarrollo del lenguaje en el niño.
Morris, David W. H. (1993): *Dictionary of Communication Disorders*, Londres, Whurr Publishers.
   Diccionario terminológico imprescindible en el ámbito de las patologías lingüísticas.
Ortiz Alonso, Tomás (1995): *Neuropsicología del lenguaje*, Madrid, CEPE.
   Interesante introducción a los fundamentos neuropsicológicos del lenguaje.
Peña Casanova, Jordi (1990): *Manual de Logopedia*, Barcelona, Masson.
   Completo manual en el área de los trastornos comunicativos y de su rehabilitación.
Peña Casanova, Jordi y Diéguez Vide, Faustino (1996): «Lingüística y clínica. Aproximación a la afasiología lingüística», en Milagros Fernández Pérez (coord.), *Avances en Lingüística Aplicada*, Santiago, Universidade de Santiago, cap. 6.
   Visión actual del área de la Afasiología lingüística desde la perspectiva clínica y teórica. Para iniciados.
Smith, Benita R. y Leinonen, Eeva (1992): *Clinical Pragmatics. Unravelling the complexities of communicative failure*, Londres/Nueva York, Chapman & Hall.
   Excelente estudio de la relevancia de herramientas pragmáticas cuando se afrontan los trastornos de comunicación.

Vygotsky, Leo (1934): *Pensamiento y lenguaje*, Barcelona/Buenos Aires, Paidós, 1995.
  Reciente edición en español de esta obra clásica de Vygotsky, y que resulta capital para comprender el proceso de adquisición de la lengua por parte del niño.
Wind, Jan; Chiarelli, Brunetto; Bichakjian, Bernard; Nocentini, Alberto, y Jonker, Abraham (eds.) (1992), *Language Origin: A Multidisciplinary Approach*, Dordrecht/Boston/Londres, Kluwer Pub.
  Reúne las contribuciones al Congreso sobre el tema celebrado en 1988 y bajo los auspicios del Instituto de Estudios Avanzados sobre los Orígenes del lenguaje humano dependiente de la OTAN. Desde un planteamiento integrador figuran rigurosas aportaciones de las vertientes anatómica, neuroanatómica, neuropsicológica, neurofisiológica, paleoantropológica, lingüística, histórica y filosófica, involucradas en la investigación del origen del lenguaje.
Wind, Jan; Jonker, Abraham; Allot, Robin, y Rolfe, Leonard (eds.) (1989-1994): *Studies in language origins*, 3 vols., Amsterdam, J. Benjamins.
  Aproximación multidisciplinar detallada y rigurosa a la cuestión del origen del lenguaje.
Zaidel, Dahlia W. (1984): «Las funciones del hemisferio derecho», *Mundo Científico*, 36, 504-513.
  Llamativo estudio sobre las habilidades lateralizadas en el hemisferio derecho.

PRÁCTICAS Y EJERCICIOS

1. Adúzcanse dos evidencias concretas —con ejemplos de situaciones reales— que demuestren los fundamentos cerebrales del lenguaje. Proporciónense asimismo dos ilustraciones que justifiquen sus bases psicológicas y cognitivas.

2. Los lingüistas pretenden en su conocimiento sobre las lenguas bases unitarias y coincidentes entre ellas: es lo que se conoce como *universales lingüísticos* o *universales del lenguaje*. Proponga cómo concebiría y cómo abordaría el estudio de esos universales un innatista, un conductista y un constructivista.

3. Sobre el texto de Eugenio Coseriu que se transcribe a continuación, resalte los papeles que desempeña el lenguaje en diferentes fases y procesos de cognición, y considere el lugar que ocupa el lenguaje respecto del pensamiento y los saberes técnicos.

El lenguaje puede definirse como el primer a p a r e c e r —como nacimiento— de lo humano y como apertura de las posibilidades propias del hombre. En efecto, el lenguaje es el primer presentarse de la conciencia humana como tal (puesto que no hay conciencia vacía y puesto que sólo mediante su objetivación la conciencia se deslinda a sí misma, al reconocerse como otra cosa que «el mundo») y, en el mismo acto, la primera aprehensión del mundo por parte del hombre. Como actividad libre, es, asimismo, el primer fenómeno de la libertad del hombre. Como actividad intersubjetiva, es la base de lo social y la forma fundamental de la historicidad del hombre, por lo cual es también instrumento de comunicación e instrumento de la vida práctica. Y como aprehensión del mundo, es supuesto y condición de la interpretación del mundo, o sea, del pensamiento en todas sus formas, y, con ello, de la búsqueda de la verdad, que es prerrogativa esencial del hombre en el universo. Pero ningún problema de la vida práctica, de la ciencia o de la filosofía puede resolverse simplemente por el conocimiento adecuado o por el uso coherente del lenguaje. El lenguaje es, sí, instrumento de la vida práctica, pero los problemas de esa vida no son simplemente problemas lingüísticos. Del mismo modo, el lenguaje es, ciertamente, instrumento de la interpretación del mundo; más aún: la interpretación es en primer lugar hablar y, por ello, lenguaje, tanto por su base como por sus medios. La interpretación comienza *en* el lenguaje y *por* el lenguaje. Pero el lenguaje mismo, el lenguaje *como tal*, no es interpretación. Las lenguas contienen, sin duda, mucho, o incluso muchísimo, que es resultado de un pensamiento reflexivo y, por ende, de una interpretación; pero en este caso ya no se trata del lenguaje como tal, sino del lenguaje técnico, es decir, de la expresión lingüística de saberes extralingüísticos. El lenguaje como tal es primario y condicionante y no puede reducirse a lo secundario y condicionado: es apertura de *todas* las posibilidades humanas, no función de esta o aquella actividad humana ya determinada como tal y no otra (Eugenio Coseriu [1966], «El lenguaje y la comprensión de la existencia del hombre actual», en *El hombre y su lenguaje*, Madrid, Gredos, 1977, p. 64).

4. Sobre los hechos narrados en la película de François Truffaut, *L'enfant sauvage*, seleccione justificadamente aquellos aspectos indicadores del lenguaje como *capacidad* y aquellos otros sintomáticos del lenguaje como *habilidad*.
5. Demuestre, con dos ejemplos concretos, que la faceta social y comunicativa del lenguaje resulta imprescindible para, en primer lugar, comprobar las limitaciones lingüísticas en los individuos y para, posteriormente, perfilar las líneas de recuperación convenientes.
6. Sistematice en un patrón las deficiencias lingüísticas que se manifiestan en el siguiente caso (tomado de David Crystal, *Patología del lenguaje*, Madrid, Cátedra, 1983, p. 178):

Cuando el potro nacé en el establo y habia una bolsa que dentro el potro.
Pasa mucho rato el potro sabe muy poco andar y yegua ayuda a potro para andar y beber el leche.
Pasa mas tiempo el potro ya cambiado el caballo y muy fuerte y tiene color marrón.
El caballo come la paja como otros el caballo y es muy alto y tiene 1,80 m de altura y tiene 1,02 m de ancho y tiene 3,30 m de largo y corre 80 km por una hora.
El caballo tiene cuatro herraduras en debajo de pies y tiene un rabo largo.

7. En los tres textos que a continuación se proponen, a) destaque aquellos elementos y consideraciones interesantes para concluir en cada uno sobre la concepción de la naturaleza psicológica del lenguaje, y b) resalte en cada fragmento los eventuales argumentos innatistas, conductistas y constructivistas respecto de la posesión del lenguaje en los seres humanos.

TEXTO 1

La adaptación intelectual es, por tanto, una posición de equilibrio entre la asimilación de la experiencia a las estructuras deductivas y la acomodación de estas estructuras a datos de la experiencia. En términos generales, la adaptación supone una interacción entre el sujeto y el objeto de forma tal que el primero puede hacerse con el segundo teniendo en cuenta sus particularidades; y la adaptación serán tanto más precisa cuanto más diferenciadas y complementarias sean la asimilación y la acomodación.
En consecuencia, lo propio de la infancia consiste precisamente en tener que encon-

trar este equilibrio mediante una serie de ejercicios o conductas *sui generis*, mediante una actividad estructuradora continua, partiendo de un estado de indiferenciación caótica entre sujeto y objeto. En efecto, en el punto de partida de su evolución mental, el niño es arrastrado en sentidos contrarios por dos tendencias aún no armonizadas entre ellas y que siguen siendo relativamente indiferenciadas en la medida en que no han encontrado el equilibrio que las relaciona entre sí. Por una parte, el niño está obligado a acomodar sus órganos sensomotores o intelectuales a la realidad exterior, a las particularidades de las cosas de las que tiene que aprender todo. Y esta continua acomodación —que se prolonga en imitación cuando los movimientos del sujeto se dirigen suficientemente a los caracteres del objeto— constituye una primera necesidad de su acción. Pero, por otra parte —y, en general, esto se ha comprendido peor, salvo precisamente entre los técnicos y teóricos de la escuela nueva—, para acomodar su actividad a las propiedades de las cosas, el niño necesita asimilarlas en su acción e incorporárselas verdaderamente. Al comienzo de la vida mental los objetos sólo tienen interés en la medida en que constituyen alimentos para la propia actividad, y esta continua asimilación del mundo exterior al yo, aunque antitética en su dirección a la acomodación misma, está tan confundida con ella durante los primeros estadios que el niño empieza por no establecer ninguna frontera clara entre su actividad y la realidad exterior, entre el sujeto y el objeto.

Por teóricas que puedan parecer, estas consideraciones son fundamentales para la escuela. En efecto, la asimilación en su forma más pura, es decir, en tanto que no está aún equilibrada con la acomodación a lo real, es precisamente el juego; y el juego, que es una de las actividades infantiles más características, ha encontrado precisamente en las técnicas nuevas de educación de los niños pequeños una utilización que sería inexplicable si no se precisa la significación de esta función en relación al conjunto de la vida mental y la adaptación intelectual.

TEXTO 2

El indebido interés por la estructura del comportamiento verbal ha fomentado la metáfora del desarrollo o crecimiento. La amplitud de exclamación se considera como función de la edad y se observan los rasgos semánticos y gramaticales a medida que se «desarrollan». Con facilidad se compara el crecimiento del lenguaje en el niño con el crecimiento del embrión, y entonces la gramática se puede atribuir a las reglas que posee el niño en el momento del nacimiento. Se dice que hay un programa en forma de un código genético que «inicia y guía el aprendizaje temprano... a medida que el niño adquiere el lenguaje». Pero la especie humana no evolucionó debido a un diseño interior: evolucionó a través de la selección bajo las contingencias de supervivencia, como el comportamiento verbal del niño evoluciona bajo la acción selectiva de las contingencias del refuerzo. Como ya he dicho, el mundo del niño también evoluciona.

Parece que el niño adquiere el repertorio verbal con una sorprendente velocidad, pero no debemos sobreestimar el logro o atribuirlo a capacidades lingüísticas inventadas. Un niño puede «aprender a utilizar una palabra nueva» por efecto de un solo esfuerzo, pero también aprende a hacer cosas no verbales con velocidad comparable. El comportamiento verbal es impresionante, en parte, porque la topografía es prominente y fácilmente identificable, y, en parte, porque sugiere significados ocultos.

Si el estructuralista y el desarrollista no se hubieran limitado tan estrechamente a la topografía del comportamiento a expensas de las otras partes de las contingencias de refuerzo, sabríamos mucho más acerca de cómo aprende a hablar el niño. Conocemos las palabras que el niño utiliza primero y los órdenes característicos en que tiende a utilizarlas. Conocemos la amplitud de exclamaciones en determinadas edades, etc. Si la estructura fuera suficiente, ahí terminaría todo. Pero se necesita complementar el registro de topografía con un registro igualmente detallado de las condiciones en las cuales se adquirió. ¿Qué lenguaje ha oído el niño? ¿En qué circunstancias lo ha oído? ¿Qué efectos ha logrado cuando ha emitido respuestas similares? Sólo cuando tengamos esta clase de información se podrá juzgar el éxito o el fracaso de cualquier análisis de comportamiento verbal.

TEXTO 3

Dentro del ámbito de la capacidad cognitiva, la teoría de la mente tiene un matiz decididamente racionalista. El aprendizaje consiste principalmente en insertar información de detalle dentro de una estructura innata. Nos apartamos de la tradición en varios aspectos, pero principalmente en el sentido de considerar que el «sistema a priori» está determinado biológicamente. Fuera, en cambio, de los confines de dicha capacidad cognitiva, lo que lamentablemente cobra relevancia por necesidad es una teoría del aprendizaje de carácter empirista; como consecuencia, poco es lo que podemos aprender, el alcance de los conocimientos es mínimo y encontramos diversas uniformidades a través de distintos dominios y distintas especies.

La facultad del lenguaje es un elemento particularmente interesante de la capacidad cognitiva. Podemos indagar su naturaleza (específicamente estudiar la gramática universal), su relación con otros dominios y su unicidad. Cabe preguntarse si la doctrina cartesiana tiene razón cuando sostiene que esta facultad es específica de la especie humana, la única criatura pensante, y si, como cree Descartes, la inhabilidad de otras especies para desarrollar lenguas del tipo de las humanas deriva de su carencia de una cualidad específica de la inteligencia y no de una mera limitación en una inteligencia común. Esta última disputa es tradicional. Antoine Le Grand, un importante divulgador de las ideas cartesianas en la Inglaterra del siglo XVII, por ejemplo, rechazó despectivamente la opinión de «cierta *gente* de las *Indias Orientales* que piensa que los monos y los babuinos, de los que hay un gran número entre ellos, están dotados de *comprensión* y que pueden *hablar* pero que no lo hacen por temor de que se los utilice y se los ponga a trabajar». En algunas publicaciones de escasa seriedad destinadas a popularizar la investigación, virtualmente se sostiene que los monos superiores tienen capacidad lingüística pero que nunca la han empleado (lo que constituiría un notable milagro biológico, dada la enorme ventaja de selección que implican aun las más mínimas habilidades lingüísticas. Es como descubrir que un animal tiene alas pero nunca pensó en volar).

Considero razonable suponer que los organismos no humanos carecen de una estructura similar a la gramática universal y que la capacidad para usar el lenguaje en forma libre, apropiada y creativa como expresión del pensamiento, con los medios previstos por la facultad lingüística es también un rasgo distintivo de la especie humana del que no se encuentra en ninguna otra parte un análogo significativo.

8. Extraiga del texto que a continuación se transcribe consideraciones que muestren la conversión de la *capacidad* comunicativa en *habilidad* para expresarse y utilizar la lengua. Señale asimismo aquellas ideas que reflejen la naturaleza social, el carácter representacional y la faceta psicológica del lenguaje.

Hasta aquí he hablado del lenguaje como plano de construcción del Mundo, intercambio con biografías próximas y herencia de biografías remotas. He cargado el acento en el lado objetivo, pues era la fábrica del Mundo la que iba emergiendo con la ayuda del habla.

Tenemos que cambiar la dirección de la mirada, para comprobar que el lenguaje, además de permitir al sujeto construir el mundo, le permite tomar posesión de sí mismo. Ahora es la subjetividad misma la que veremos emerger del lenguaje. Éste fue el descubrimiento de un genio fugaz: Vygotsky, un psicólogo ruso que murió a los treinta y tantos años víctima de una tuberculosis galopante, dejando un grupo de discípulos llenos de devoción y talento, que envolvieron la figura del maestro en un halo legendario, como hicieron con Sócrates sus seguidores.

En su opinión, el lenguaje reestructura todas las funciones mentales. La madre no sólo introduce orden en el mundo objetivo, sino también en la subjetividad sin sujeto del niño. Le ayuda a convertirse en autor, en vez de ser un conjunto de ocurrencias apócrifas. Ya no se trata sólo de transmitirle información heredada, sino de transformar su modo de manejar esa información. Va a tener lugar el gran empujón que liberará al niño del estímulo, reorganizando su atención y enseñándole a dominar sus ocurrencias, en un maravilloso proceso educativo en que el niño aprende a jugar a ser inteligente, o lo que es igual, a ser libre. La capacidad de suscitar, dirigir y controlar los acontecimientos mentales —lo que he llamado inteligencia humana— surge en situación social, fuera de la cual era tan sólo una «propiedad virtual». De ahí la radical integración de los demás hombres en la textura de mi propio ser personal. La radical menesterosidad del ser humano, su inevitable condición de prematuramente nacido, exige elaborar una nueva noción de persona, en la que los demás hombres tienen una función catalizadora. Sólo la presencia de otro permite al niño adueñarse de sus actos y actualizar su posibilidad fundamental, que es ser inteligente y libre. Los casos de niños criados fuera del contacto con los hombres, como los niños lobos, lo confirman: privados de esa herramienta de humanización, el niño se retrotrae a un estadio evolutivo lejanísimo, cuando la humanidad era un mero balbuceo.

El lenguaje, que comienza siendo un medio de comunicación con los demás, se convierte en un medio para que el niño se comunique consigo mismo, sirviéndole para regular sus acciones. Esta función reguladora, de enorme importancia para la construcción de la inteligencia, tiene raíces biológicas. El lenguaje despierta el reflejo de orientación en el bebé, que aprende a subordinar su acción al estímulo verbal procedente del adulto. Desde que nace, el niño está sensibilizado al lenguaje, y por ello, el habla del adulto, un sonido que no entiende, atrae su atención. Usando ampliamente las licencias poéticas me atreveré a decir que el lenguaje resuena en él como la ausente voz de su propia conciencia. Ordeli demostró que cuando la madre comienza a decir algo, el niño deja de mamar. Hay una expectativa anhelante del significado. El niño nace esperando el lenguaje, que, por ello, provoca un reflejo de orientación inespecífico: la voz de alerta de la humanización. El niño nace esperando el lenguaje. Éste sería uno de sus esquemas innatos. Cuando posteriormente la madre enseña al niño la referencia de una palabra a un objeto, el reflejo de orientación adquiere un carácter específico. El bebé, que ya sentía interés por el objeto que su madre contemplaba y por ello seguía su mirada, empieza a atender también su gesto de indicación, y por último se apropia de ese objeto, adornado ahora con un aura maternal que es el ruido confuso con que la voz de la madre lo ha envuelto.

Aparece entonces uno de los comportamientos más paradójicos del ser humano. El niño aprende su libertad obedeciendo la voz de la madre. (José Antonio Marina, *Teoría de la inteligencia creadora*, Barcelona, Anagrama, 1993, pp. 70-71.)

SEGUNDA PARTE

LA LINGÜÍSTICA: SUS BASES EN LA HISTORIA Y SU CONFIGURACIÓN ACTUAL

CAPÍTULO 5

LA LINGÜÍSTICA Y SUS FUNDAMENTOS

Este capítulo se dedica a poner de relieve las bases que cimentan el campo de la Lingüística y cuyo perfil se define a través de la Historia. De manera que hay grandes líneas de continuidad en los modos de abordar el lenguaje, de cuyo depósito y sedimentación se obtiene la caracterización nuclear del fenómeno y el trazado del ámbito; y hay, asimismo, situaciones de cambio y ruptura promovidas por factores internos y por aspectos contextuales que facilitan la progresión en el conocimiento, y que explican la riqueza y la diversidad de planteamientos en la disciplina.

1. **Generalidades. Bases de la Lingüística como campo de saber. Su riqueza de orientaciones, métodos y esferas de interés**

La extensión y profundización en el conocimiento de los fenómenos lingüísticos es un proceso paulatino y dinámico que, en un sentido, obliga a tener presente y a respetar las líneas evolutivas y los trazados en la procura del saber a lo largo de la historia, y, en otro, conduce a una delineación de métodos, enfoques, propósitos y agrupaciones de temas, que van edificando lo que es la estructura del campo disciplinar —el ámbito de la Lingüística— en áreas y subáreas. Las diferentes aportaciones sobre diversos aspectos del lenguaje y de las lenguas, ni surgen espontáneamente ni se sitúan en un único plano o hacia un mismo objetivo. Por el contrario, asientan sus raíces en investigaciones precedentes, y su ubicación en áreas de la Lingüística depende de *cómo* se atienda a *qué* hechos y *con qué* finalidad. Así que los conocimientos acerca del lenguaje y de las lenguas definen el desarrollo de la Lingüística a través de la historia y la determinan en la actualidad, por cuanto aquellos saberes provocan la emergencia de campos particulares, con sus objetos, métodos y pretensiones. Enseñar y aprender Lingüística no equivale sólo a proporcionar información y análisis sobre los fenómenos del lenguaje, enseñar y aprender Lingüística entraña, además, dibujar la organización del campo en parcelas, referirse a su potencial de procedimientos, y plasmar su viveza de alcances: sólo de este modo podremos integrar la comprensión técnica del lenguaje en marcos disciplinares y en corrientes de concepción, y sólo de este modo se hará patente su valor a través de la historia y en la actualidad.

Las bases de progreso y dinamismo que convienen a la investigación y al conocimiento sobre los hechos no se compadecen con la presentación acumulativa y puramente secuencial de información, ni tampoco con la exposición aislada, estática y particular de aportaciones. Antes bien, dichas bases exigen valoración, coordenadas de contextualización y cauces relacionales de los contenidos, por lo que la perspectiva de cimentación histórica y de evolución de la disciplina se vuelve clave en el estudio y en la enseñanza de la Lingüística. Como indicaba en la «Introducción», tiene importancia capital inculcar la idea de que los saberes avanzan y se encabalgan, y que, por ello mismo, no provienen 'de la nada' sino de recorridos selectivos a través de aportaciones previas, o, lo que es lo mismo, tienen su base en la tradición.

En paralelo con ese desarrollo hacia cotas más altas y completas de comprensión de los hechos, los métodos y los enfoques se hacen más complejos, e incluso se pueden plantear nuevas necesidades y fines, razón por la que el campo de estudio general se estructura en áreas y corrientes. En cualquier caso, estaremos ante concepciones basadas en decisiones y cribas meditadas —¿qué se aprovecha, y por qué, de otros enfoques y aportaciones?—, y nos hallaremos ante un trazado disciplinar que descansa, asimismo, en criterios de valoración y adecuación —¿por qué esta área, y no otra, es la más profusamente cultivada y desarrollada?, ¿por qué hay disciplinas que tienen una tradición más dilatada que otras?—.

Sin ir más lejos, en esta *Introducción a la Lingüística*, el modo de acercarse a las lenguas y al lenguaje, y la organización misma del conocimiento derivan de una concepción particular, que ha operado con pautas selectivas, tanto sobre la tradición como teniendo en cuenta la situación de la Lingüística en la actualidad. No se trata, pues, de mera acumulación. Podríamos decir que los criterios que se han hecho pesar son esencialmente dos. De un lado, el <u>principio realista</u> de partir de la materialidad lingüística —contemplando los hechos lingüísticos como hechos sociales, y la actuación lingüística como actividad y procesamiento cerebral—, para, sobre ella, configurar objetos lingüísticos como las unidades simbólicas y las entidades y funciones psicológicas, que permitan análisis y descripciones pormenorizados. Y, de otro lado, el <u>principio de adecuación</u> a lo que se consideran logros y conocimiento afianzado y vigente de la Lingüística de hoy. Combinamos la tradición con la novedad desde el momento en que iniciamos la ruta <u>en los fenómenos reales</u> —como hubieran procedido los primeros curiosos, sin situarse en un nivel teórico determinado—, si bien agotamos la llegada al conocimiento en lo que son estadios teóricos más recientes e interesantes, sin limitarnos a alcances de, por ejemplo, la Lingüística del Renacimiento o del siglo XIX. Asimismo, la sistematización de motivos de estudio por capítulos según las dimensiones —social, representacional, y neuropsicológica— de la naturaleza del lenguaje, obedece a la asunción, relativamente reciente, de la pertinencia de dichas facetas.

Pues bien, este modo de proceder selectivo, característico de toda búsqueda de conocimiento (no olvidemos que «conocer» equivale a «hacerse una imagen, una representación de», y que ello exige «diferenciar», «discriminar», «establecer límites», y «ordenar» de alguna manera mediante filtros y cribas), ha funcionado a lo largo de la Historia, y, como producto de la variedad y riqueza en los estilos y propósitos de indagación, hallamos no sólo aportaciones de contenidos sino también desarrollo de técnicas y áreas en el campo genérico de la Lingüística. El panorama en el interior del ámbito será indicativo de la efervescencia cognitiva sobre el lenguaje y las lenguas en determinados aspectos y vertientes.

La presentación valorada de la Lingüística —sopesada, pues, según las pautas que se estimen convenientes, y aun cuando no se persigan resultados evaluativos concretos sobre grados de consistencia, adecuación o potencia, de las propuestas— exige conducirse desde parámetros de «filosofía de la ciencia lingüística» que permitan contemplar *concepciones* sobre los hechos lingüísticos —debidas a la interpretación de su naturaleza, y como resultado de la *ontología* atribuida a los objetos de interés—, y que, al tiempo, faciliten la consideración de *propósitos* y objetivos como nortes que guían la búsqueda de saber en cada caso, los que, indefectiblemente, incidirán en el diseño de *métodos*, cuya aplicación sobre los objetos de estudio convertirá en realidades los logros pretendidos.

Sin duda, el recurso a prismas epistemológicos se hace ineludible en cualquier tarea de conocimiento (independientemente de que queramos evaluarlo explícitamente o no, y al margen de que queramos defender una propuesta en menoscabo de otras, lo que constituye uno de los objetivos prioritarios de la *Filosofía de la investigación lingüística* actual, vid. *infra*, capítulo 7), tanto si se trata de elaborarlo en una línea de investigación científica original e innovadora (total o parcialmente), como si se trata de filtrarlo y presentarlo ponderadamente en una línea de investigación científica que persigue su sistematización y su ordenación en una esfera y con un determinado fin.

En efecto, enfrentarse al estudio de hechos lingüísticos reales obliga a resaltar aspectos de su naturaleza (sean sociales, fónicos, interaccionales, gramaticales, etc.) y exige delinear una concepción ontológica precisa sobre tales hechos: ¿dónde se asientan, de dónde proceden?, ¿qué los determina?, ¿cuál es su carácter? Además, y dependiendo de la naturaleza ontológica con que se invistan, el lingüista habrá de diseñar los procedimientos idóneos para su indagación, y habrá de plantearse los objetivos de conocimiento según la propia naturaleza de los hechos y en consonancia con los métodos utilizados. Si ha primado su carácter fónico y ha asentado su origen en una base acústica, y por tanto, física, los útiles metodológicos consistirán en instrumentos y técnicas de medición y análisis de la duración, la intensidad, el tono, o el timbre, y sus objetivos habrán de acogerse a aquellos cauces; de manera que no podrán pretenderse, por ejemplo, propósitos de rehabilitación de déficit de habla en pacientes con patologías en los órganos de articulación, pero sí propósitos de profundización en cualidades acústicas de los sonidos que permitan la reproducción automática —mediante ingenios diseñados para ello—, y que, de forma indirecta, puedan ayudar en aquella tarea de rehabilitación.

Por otra parte, cuando nos aproximamos al conocimiento para aprehenderlo, hemos de cribarlo, ordenarlo y relacionarlo (en esto, precisamente, consiste «estudiar»), lo que nos obliga a centrarnos en aspectos como los siguientes: ¿sobre qué versa lo que estudiamos?, ¿cómo se justifica ese saber que se nos ofrece?, ¿de qué modo se han logrado esos contenidos?, ¿con qué miras se proponen? Aspectos todos ellos selectivos y de valoración, relativos a la *filosofía de investigación* asociada a lo que estudiamos; y que están, asimismo, presentes cuando se expone y se enseña conocimiento. Así se agrupan las aportaciones que defienden una *ontología materialista* de los hechos lingüísticos frente a aquellas otras que reconocen una *ontología idealista*; se sistematizan dimensiones del lenguaje según los aspectos primados en su naturaleza; se reconocen logros de *conocimiento teórico* frente a logros de *conocimiento aplicado*, en paralelo con metas de saber como valor intrínseco, o con objetivos de «más que saber» como son los de resolver problemas reales. En fin, se contraponen métodos cuantitativos, experimentales, o de observación directa frente a métodos cualitativos y de interpretación, parejos a las características de los datos —materiales, de observación (fonéticos, psicolingüísticos, neurolingüísticos, sociolingüísticos), en el primer caso, y reconstruidos por generalización, hermenéuticos, abstractos o ideales (datos gramaticales, estructurales, datos generativistas, etc.), en el segundo caso—.

Como es natural, los parámetros esenciales de conformación epistemológica —a saber, ontología sobre el objeto, metodología para abordarlo y objetivos que se pretendan— van a resultar definitorios de las diversas áreas de la Lingüística en la actualidad y a través de la Historia; y por ello mismo, dependiendo de la relevancia o del predominio particular que se les otorgue, serán determinantes del peso y del carácter fructífero y vivo de ciertas orientaciones y tradiciones en el campo. En la Lingüística de hoy, por ejemplo, destaca la importancia de los *objetivos*, directamente «aplicados» y resolutivos, o bien objetivos «teóricos» con miras una posible proyección en «aplicaciones»: está sucediendo en buena parte de las investigaciones recientes en *Gramática*, por tradición un ámbito ceñido a fines «teóricos», pero planteadas en estos momentos sobre la base de posteriores aplicaciones computacionales. En esta misma línea, es reseñable la importancia de las concepciones realistas sobre los hechos de lenguaje en la Lingüística de estos últimos años, lo que explica el desarrollo de no sólo la *Sociolingüística* o de la *Pragmática*, sino también de la *Tipología lingüística*, así como la proliferación de *corpora* lingüísticos que sirven de soporte a investigaciones léxicas, gramaticales, o fónicas.

Así pues, describir el interior de la Lingüística, acercarse a su configuración interna en áreas y subáreas y mostrar su riqueza de planteamientos y enfoques en diversas corrientes, entraña prestar atención a los objetos de estudio, a los métodos y a los objetivos característicos de las disciplinas y escuelas, y sin perder de vista las coordenadas históricas y el contexto intelectual y de progreso —interno y externo a la propia Lingüística— que las envuelve. De este modo, los perfiles que se bosquejen del desarrollo interno de la disciplina serán acordes con el estadio de madurez que corresponde al período cronológico correspondiente, sin que se corra el riesgo de valorar concepciones, enfoques o alcances que se han dado en distintos momentos de la Historia de la Lingüística desde los niveles de conocimiento actuales. Por otra parte, desde estos presupuestos, se comprende de forma natural que las disciplinas no están definidas de una vez y para siempre, sino que pueden variar en su abarque y en sus bases fundacionales —e, incluso, pueden desaparecer—, como resultado de las concepciones sobre la materia de interés y como producto de las pretensiones que guíen los estudios, derivando todo ello del contexto histórico e intelectual en que se hallen enmarcadas (cfr. M. Fernández Pérez, 1986*b*, §1). De ahí la necesidad de calificar áreas disciplinares como *Gramática*: para ser precisos, hay que tildarla de algún modo —sea por razón de etapa histórica, de corriente, de método, o de enfoque—, *Gramática especulativa*, *Gramática* *renacentista*, *Gramática de Port-Royal*, o *Gramática tradicional*, *Gramática generativa*, *Gramática funcional*, o *Gramática de prototipos*. De ahí también la importancia de asumir que algunas disciplinas sólo emergen si dan ciertas condiciones —ha sido el caso de la *Fonología*, ámbito posible una vez que las descripciones fonéticas fueron suficientes y gracias a los presupuestos estructurales—, mientras otras desaparecen porque su objeto de estudio ha perdido relevancia o se ha subsumido en otro objeto más general —ha ocurrido con la *Analogía* clásica, reconvertida posteriormente en *Morfología*—. En fin, de ahí asimismo la importancia de contemplar el campo de la Lingüística como marco variable y no coincidente a lo largo de la Historia: la Lingüística como disciplina en el siglo XIX no es la Lingüística del siglo XVI, lo que se hace patente en su nomenclatura y en su composición en subáreas.

2. **Objetos de estudio y propósitos de la Lingüística. Su historia y su vigencia actual**

El interés por los fenómenos lingüísticos como hechos comunicativos reales, y con objeto de conocerlos y analizarlos para —en ocasiones— enseñar lenguas, traducirlas u organizarlas en reglas y principios, es una constante que podemos rastrear a lo largo de la Historia de la Lingüística. Ya he adelantado que en el progreso del conocimiento sobre los hechos lingüísticos a través de la Historia se asientan la construcción y la delimitación paulatinas de las áreas de la Lingüística. Pero además, y como consecuencia directa de que en la línea evolutiva está el germen de las disciplinas fundamentales, a lo largo de la Historia se trazan los principales objetivos de las investigaciones lingüísticas y se determinan las concepciones básicas que definen los hechos de lenguaje.

La Historia de la Lingüística se concibe no como simple acumulación de propuestas y saber técnico acerca del lenguaje que se suceden en el tiempo, sino en un sentido *historiográfico* como una exposición valorada (= reconstruida) de las distintas aportaciones, que se relacionan, complementan y divergen, avanzando en contenidos sobre el lenguaje y las lenguas. No en vano la distinción entre *crónica* (= historia) e *historiografía* (= reconstrucción valorada de los acontecimientos) se ha asumido en el campo de la Historiografía de la Lingüística desde los primeros trabajos fundacionales de Konrad Koerner (véase, por ejemplo, Koerner, 1978) o de Raffaele Simone (cfr. R. Simone, 1975) hasta los más recientes de Sylvain Auroux (cfr. S. Auroux, 1980) o de Pierre Swiggers (cfr. P. Swiggers, 1983), y como una visión rescatada de la concepción de la Historia de la Ciencia —desde la propia Filosofía de la ciencia— de raigambre kuhniana y lakatosiana. En efecto, la visión de Thomas Kuhn (cfr. Th. Kuhn, 1962 y 1974), dinámica y de progresión antes que de acumulación —a pesar de los problemas planteados por la discontinuidad de las rupturas drásticas de las *revoluciones*—, propició la aparición de una imagen de la Historia de la Ciencia «selectiva» y «racional», justificada sobre sus métodos y aportaciones y representada en sus «reconstrucciones» a base no tanto de *paradigmas* que se sustituyen como de *programas de investigación* que compiten (cfr. Imre Lakatos, 1971). Así que la Historiografía de la Lingüística no es sino, y con palabras de Pierre Swiggers (1983, 59),

> une *description rationnelle et systématique* de l'histoire de la linguistique (ou d'une partie de cette histoire). Ceci impliquera que l'historiographe de la linguistique en pourra se limiter à un catalogue de «petits faits vrais» (noms d'auteurs, de livres, etc.), mais qu'il devra décrire (au lieu d'énumérer) les relations systématiques à l'intérieur de l'immense histoire de la linguistique (et surtout les relations systématiques à l'intérieur des théories et entre les différentes théories.

En síntesis, la Historiografía de la Lingüística no es ni la «historia monumental, acumulativa», ni tampoco la «historia de los antecedentes», sino la «historia crítica y reconstruida» de la evolución progresiva de la disciplina (cfr. K. Koerner, 1978, 64 y ss.). Los niveles que ha de tener en cuenta esa *historia de los cambios* los reduce Raffaele Simone (1975, 361) a tres:

> *a*) le niveau des critères employés pour adopter comme champ des évidences une certaine classe de faits, *b*) les opérations cognitives mises en jeu pour développer, à partir du champ des évidences, un système de propositions capables d'en rendre compte, et *c*) le niveau propre des dites propositions systématisées, formant la 'théorie' au sens strict;

es decir, *a*) la perspectiva que delimita el objeto, *b*) la metodología, los procedimientos que se manejan para estudiar dicho objeto, y que conducen a *c*), la teoría.

Precisamente, desde hace algunos años ya, la Historiografía de la Lingüística se acomoda a la imagen de *tradiciones* y *programas de investigación* que atraviesan los períodos cronológicos y llegan a planteamientos actuales; y se dibuja, asimismo, a base de orientaciones «hacia la teoría» y «hacia los datos» que se extienden hasta la Lingüística de hoy.

Si la noción de *programa de investigación* procede del ámbito de la Filosofía de la Ciencia (en concreto de Imre Lakatos [cfr. sobre todo I. Lakatos, 1971]), el concepto de *tradición* fue propuesto y manejado por Dell Hymes en su extraordinario trabajo de Historiografía de la Lingüística (cfr. D. Hymes, 1974). En ambos casos, el sustento particular de un *programa de investigación* o de una *tradición* específicos reside en la concepción ontológica de los objetos de estudio, de manera que hay *programas*, o hay *tradiciones*, materialistas, idealistas, formales, de carácter natural, de carácter social, que atraviesan la Historia de la disciplina y que permiten establecer continuidades y también rupturas en el progreso del conocimiento sobre el lenguaje y las lenguas.[1] Esas líneas conductoras de los intereses hacia los hechos lingüísticos han sido explicadas por algunos autores, como R. H. Robins (1974), debido a la orientación de los objetivos, sea hacia los datos o sea hacia la teoría; o debido a la interpretación positivista, antipositivista, o neutral en el modo de conseguir el conocimiento, como en el caso de E. Coseriu (1973). Lo importante estriba en que, sean cuales sean los hilos conductores, las tradiciones y las orientaciones se van sucediendo y repitiendo en el tiempo, si bien con los cambios extensionales e intensionales derivados del avance y la profundización en el saber, por lo que al final la imagen que se obtiene muestra un trazado en espiral, tal y como se representa en el §2.2 de este capítulo.

Así que si buscamos —como, sin duda, parece conveniente hacerlo— conexiones y cauces de relación entre la Lingüística del pasado y la Lingüística del presente, que hagan ver el peso de la tradición y el papel de los estadios de conocimiento recorridos a través del tiempo, estamos obligados a un planteamiento historiográfico que gire alrededor de *tradiciones* caracterizadas por los objetivos pretendidos y por la ontología en que se cimenta el objeto de estudio. Las descripciones historiográficas ceñidas a las etapas cronológicas no tienen sentido si queremos conjugar la continuidad hasta el ahora dentro de la diversidad entre programas de investigación y orientaciones, y contando con el factor contextual e histórico.

La importancia —tanto de los propósitos que guían los estudios como de las concepciones que sobre el lenguaje aparecen asociadas a aquellas orientaciones— en la evolución de la Lingüística y en su desa-

---

1. La noción de *programa de investigación* tiene una utilización cada vez más profusa en el ámbito de la Lingüística. Las ventajas de su uso, frente a los inconvenientes del concepto de *paradigma* de Th. Kuhn, se han visto no obstante empañadas por la falta de rigor en lo que a su sentido se refiere. Un *programa de investigación* no es un marco teórico (prueba de ello es que los programas de investigación contienen teorías), sino una *concepción ontológica* de los hechos (con lo que ello entraña de métodos y de potenciales alcances). Así que la gramática generativa no es un programa de investigación, ni tampoco es un programa de investigación la orientación tipológica: en el primer caso se trata de una teoría —junto a otras— dentro de un programa idealista y mentalista, mientras en el segundo caso se trata de una orientación hacia los datos que puede plantearse en distintos programas de investigación y con diferentes teorías guiadas hacia dicha meta.

rrollo interno y disciplinar, viene siendo subrayada, sobre todo desde el trabajo de R. H. Robins (1974), en todos los acercamientos historiográficos. No debe olvidarse que la Historia de la Lingüística corre pareja a la Historia de las Ciencias[2] y en todas ellas el norte se cifra en el objetivo de lograr conocimiento y teoría, siempre sobre la base de los alcances descriptivos previos. Más concretamente, las tendencias *data-orientation* y *theory-orientation* señaladas por R. H. Robins (1974) no son sino fases sucesivas en la búsqueda y en la profundización del conocimiento en general (y no sólo en Lingüística), ya se resuelvan esos estadios dentro de un mismo planteamiento investigador, o dando lugar a líneas de investigación particulares pero complementarias. Tanto en la vertiente histórica, con perspectiva hacia el pasado, como en la vertiente de desarrollo actual de un proceso de indagación, el punto de partida puede ser la «orientación hacia los datos» o la «orientación hacia la teoría». Y es que los logros teóricos piden su proyección descriptiva posterior en datos, y de los análisis y pormenores sobre los datos surgen nuevos interrogantes teóricos, de modo que a partir de la interrelación entre *teoría* y *datos empíricos* —contemplada en los dos sentidos, tal y como insistía E. Coseriu (1973, 58)—, no parece conveniente defender sin más que primero está la «orientación hacia los datos» y después la «orientación hacia la teoría»:

> se entiende que entre teoría y estudio empírico hay, en la práctica de la investigación, una constante relación dialéctica: la teoría constituye fundamento previo de todo estudio empírico, pero los resultados de éste influyen a su vez sobre la teoría, precisándola y/o modificándola.

Por otra parte, la Historia de la Lingüística —como la Historia de las Ciencias— se va dibujando de la mano de las filosofías que revisten el estudio de los fenómenos, de manera que las interpretaciones y las visiones que sobre el lenguaje y los hechos lingüísticos se van haciendo prevalecer, originan la emergencia de áreas de estudio y provocan concepciones variadas acerca del quehacer lingüístico y de las bases en que se asienta el campo. El peso de la FILOSOFÍA —con mayúsculas— es tal a lo largo de la Historia, que hay autores que sólo consideran adecuada una Historia de las ideas y del conocimiento sobre las lenguas ligada a las 'filosofías' que inciden en la concepción del lenguaje. Lia Formigari (1995, 6) dice explícitamente que;

---

2. Según R. Simone (1975, 361-362), en la Historia de la Ciencia en general y en la de la Lingüística en particular hay que contar con la incidencia de factores epistémicos y no-epistémicos; los epistémicos incluyen no sólo el estado de crecimiento de la Lingüística sino su situación y estatus en el conjunto de la ciencia y en el grupo de disciplinas más cercanas; mientras que los factores no-epistémicos alcanzan a aspectos de desarrollo instrumental, económico y social que faciliten o impidan el acceso a parcelas de conocimiento.

Only a profound revision of the theoretical and institutional role of philosophy would be able to bridge the gap between the speculative and the positive approach and lead philosophers back to the study of natural languages, learning processes, procedures of preverbal categorization, behavioural boundaries between man and the other animal species, and other topics and data deriving from the empirical sciences (cfr. también S. Auroux y A. Kouloughli [1993]).

Una esfera capital de la Historiografía de la Lingüística en estos últimos años está dedicada a reconstruir los sustentos en la tradición y los trazados en mayor o menor grado explícitos de las disciplinas que integran el campo genérico. Y ello con objeto de plasmar el depósito existente en la Historia para la demarcación de áreas lingüísticas, muchas de ellas solamente asumidas en su entidad en la Lingüística de nuestros días. Las publicaciones recientes sobre Historia de la Traducción (cfr. R. Copeland [1991], J. Delisle y J. Woodsworth [1996]), acerca de los orígenes de la Pragmática (cfr. B. Nerlich y D. Clarke [1996]) o de la Psicolingüística (cfr. A. Pennisi, 1994), o esbozando el trazado de la tendencia «cognitiva» a través del tiempo (cfr. Th. Meyering, 1989), son excelentes indicadores de los intereses historiográficos en la reconstrucción de las áreas de la Lingüística (véase asimismo el extraordinario trabajo reunido en el compendio editado por L. Formigari y D. Gambarara [eds.] [1995]). Sin duda, una imagen transparente y ágil de la evolución y el crecimiento y la madurez de la Lingüística la obtendremos a partir de los cambios en su configuración interna en áreas y subáreas.

2.1. *Programas de investigación* sobre el lenguaje en la Historia. Pervivencia de *tradiciones* de concepción del lenguaje en la Lingüística de hoy

En suma, si se recurre al parámetro de la ontología atribuida a los hechos, pueden reconocerse *programas de investigación, tradiciones* —que atraviesan las etapas históricas y alcanzan al presente— como las siguientes: *a*) una tradición que reconoce la naturaleza del lenguaje sobre la base de su existencia social; *b*) un segundo programa de investigación que atribuye a los hechos lingüísticos un fundamento natural, biológico, y *c*) una tercera concepción que hace descansar la ontología del lenguaje en su carácter formal, en su función representacional y cognitiva. Las tres interpretaciones ontológicas se traducen en planteamientos variados en las diferentes etapas históricas dependiendo de los métodos de indagación manejados y de los fines pretendidos, y en consonancia con los factores intelectuales, contextuales y de progreso de la Lingüística que correspondan en cada momento. De modo que la continuidad no está reñida con la variedad de teorías y planteamientos a lo largo de la Historia, sobre todo si además resulta factible sistematizar los factores involucrados en la diversificación de enfoques y aproximaciones, con el consiguiente enriquecimiento y progresión del saber, en una línea que, arrancando en el pasado, se mantiene en la actualidad.

Según la distinción ya señalada (*vid*. nota 2 de este capítulo) de Raffaele Simone (1975, 361 y ss.) entre «factores epistémicos» —que definen el contexto interno de la Lingüística, tanto en su madurez como en su relación con otras ciencias—, y «factores no epistémicos» —que caracterizan las coordenadas externas (económicas, políticas, de necesidades sociales, de avances técnicos, etc.) que la envuelven—, parece necesario aislar e interpretar aquellos elementos internos y externos que repercuten en los posibles enfoques ante los hechos, en los métodos disponibles y efectivamente utilizados, y en las finalidades que se pretendan y alcancen, ya que tales elementos actúan a modo de reguladores y como pautas explicativas de la variedad dentro de la unidad. Por ejemplo, la ontología social atribuida al lenguaje en la etapa renacentista —con la confección de gramáticas de las *lenguas vulgares*—, que se sigue defendiendo en el siglo XIX —con la atención centrada en variedades lingüísticas y la correspondiente emergencia de la *dialectología*—, y que continúa en el estructuralismo europeo —con interés en las unidades perfiladas discreta y sistemáticamente—, se aborda y se rentabiliza a través de perspectivas y planteamientos distintos según las circunstancias. En el Renacimiento, las necesidades sociales de normativización de las lenguas obligan a primar metas prescriptivas en la construcción de las Gramáticas, por lo que el enfoque ante los hechos será antes «idealista» que «realista». En el siglo XIX, las cotas teóricas alcanzadas por la Lingüística histórico-comparatista pedían el complemento de la atención a la heterogeneidad manifestada en variedades dialectales, así que la perspectiva ha de ser «realista». En el estructuralismo europeo, lo nuclear es la descripción ordenada de las unidades, de manera que el prisma conductor hacia la abstracción en mayor o menor grado hará surgir aproximaciones realistas e idealistas —el Círculo de Praga y la Glosemática de L. Hjelmslev pueden ilustrar los dos polos de más o menos realismo—. Por otra parte, conviene reseñar que el «idealismo-formalismo» glosemático está condicionado por razones de desarrollo y de coherencia interna del estructuralismo —que mira hacia una teoría general del lenguaje—, y no por propósitos normativizadores y de prescripción —con orientación hacia los datos— como sucedía en el Renacimiento. En esta misma línea de comprobar la repercusión del contexto en la presentación de teorías que, en principio, se incardinan en una misma concepción ontológica, hay que poner de relieve la diversidad de enfoques ante los hechos sonoros, independientemente de su interpretación unitaria como fenómenos materiales y reales. Ahora bien, según los medios técnicos y de observación en cada etapa, los sonidos se abordarán intuitivamente, identificándolos con las grafías —en el período renacentista—, o se describirán como hechos físicos caracterizables por los órganos de articulación que intervienen o por las cualidades acústicas que los definen —sólo factible a partir del siglo XIX, con el desarrollo de instrumentos de observación cada vez más sofisticados—, o se afrontará su estudio como unidades lingüísticas en sentido estricto, por sus peculiaridades dentro del sistema en el que se ordenan —el crecimiento propio de la Lingüística, con la metodología estructural idónea y el acopio previo de datos fonéticos, han sido los cauces naturales para la consideración objetiva y estrictamente lingüística de los sonidos—.[3]

2.2. Orientaciones de los estudios lingüísticos a través de la Historia y en la lingüística actual

Así como se delinean *tradiciones* en Lingüística teniendo en cuenta el parámetro de la ontología atribuida al lenguaje, se trazan también *orientaciones* ligadas a dichos *programas de investigación* teniendo en cuenta el parámetro del objetivo que se persiga. Si nos atenemos al trabajo de R. H. Robins (1974), la orientación hacia la teoría y la orientación hacia los datos constituyen los nortes definitorios de los estudios sobre el lenguaje a través de la Historia y en la actualidad. No obstante, esas metas generales pueden traducirse en propósitos más específicos tratándose del campo de la Lingüística, y, así, E. Coseriu (1973, 20 y ss.), en su esquema evolutivo de la Historiografía de la Lingüística, no sólo integra objetivos «teóricos» y «descriptivos» sino también pretensiones de «comparación» e «historia»:

---

3. El mismo R. Simone en su trabajo de 1975 plasma la importancia del contexto para la consideración ajustada de varias propuestas a lo largo de la Historia de la Lingüística. Se refiere concretamente al desarrollo de la 'filosofía del lenguaje' en el Renacimiento italiano (y como producto del peso de distintos factores epistémicos); a las conexiones que se han establecido entre la propuesta de Port-Royal y la chomskiana, y que deben matizarse por los elementos contextuales que envuelven las dos teorías; y a la visión del estructuralismo saussureano como una «revolución», que no resulta ser tal si prestamos atención al entorno intelectual del momento y a la relación de la Lingüística con otras ciencias próximas.

LA LINGÜÍSTICA Y SUS FUNDAMENTOS   219

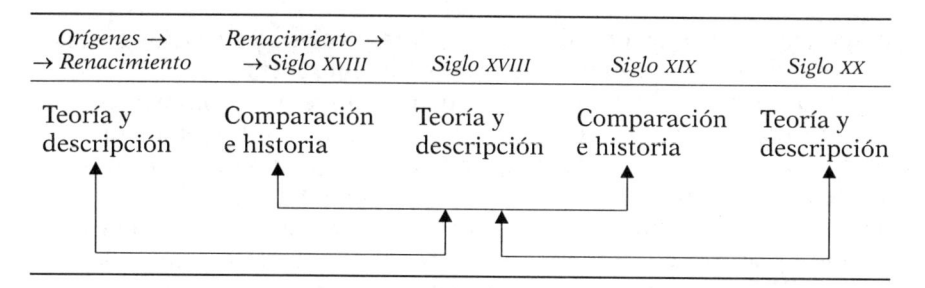

Orígenes → → Renacimiento	Renacimiento → → Siglo XVIII	Siglo XVIII	Siglo XIX	Siglo XX
Teoría y descripción	Comparación e historia	Teoría y descripción	Comparación e historia	Teoría y descripción

Aun cuando E. Coseriu ofrece un diagrama lineal y secuencializado —con indicaciones de conexión y de continuidad entre propósitos idénticos—, la representación más diáfana es la reflejada a modo de espiral, en donde geométricamente se vislumbra la profundidad o la acumulación de conocimiento, por lo que propósitos idénticos no significan alcances equivalentes: hay que contar con el crecimiento interno del campo.

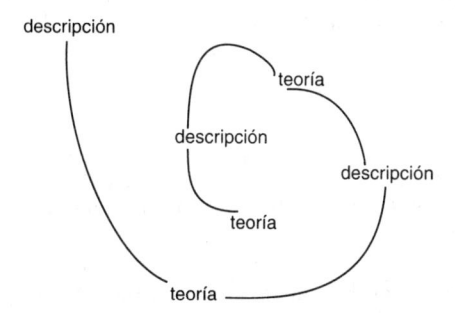

Por otra parte, si combinamos las propuestas surgidas en el seno de las tradiciones ontológicas indicadas con los objetivos específicos plausibles en cada momento y con el enfoque y los métodos adoptados, llegaremos a metas particulares —e incluso, singulares— en el campo de la Lingüística. También mediante este segundo parámetro se conjuga la unidad dentro de la diversidad: la orientación hacia los datos puede plasmarse en metas prescriptivas o en metas descriptivas; asimismo, los objetivos prescriptivos pueden tener una finalidad normativizadora, de planificación, o una finalidad pedagógica, de enseñanza de la lengua. Las gramáticas de las lenguas vulgares en la etapa renacentista tienen una clara voluntad planificadora, prescriptivista, mientras que las gramáticas «empíricas» del inglés en el siglo XVIII cifran su objetivo en la descripción porque su intención es pedagógica. En ambos casos prevalecen la orientación hacia los datos y la ontología social atribuida al lenguaje, pero los propósitos singulares —posibles gracias a «escenarios» distintos— conducen a productos diferentes. La orientación hacia la teoría puede, asimismo, promoverse en la pretensión de formular leyes y principios lógicos sobre el lenguaje; si bien cabe que en ocasiones responda a la convicción de que sólo hay tendencias relativas y coincidencias escasamente generalizables entre las lenguas, de modo que el tema de los *universales* exige su contextualización para ser correctamente planteado. Ya R. H. Robins en su trabajo de 1974 resaltaba las diferencias en el modo de lograr «teoría» y de sustentar «lo general» en el período clásico —con la τεχνη—, en la gramática *especulativa* de la Edad Media, y en el Renacimiento y etapas posteriores de orientación *racionalista* o *generalista*. En efecto, dependerá de si el enfoque es conjetural e hipotético —lo que trae como consecuencia la pretensión de «teoría del lenguaje»—, o de si, por el contrario, se trata de una aproximación a los hechos, recorriendo niveles de generalización inductiva —en cuyo caso no se busca una teoría del lenguaje sino teoría sobre las lenguas sustentada en una base empírica amplia—, para que nos hallemos ante planteamientos diferentes, que en última instancia probablemente remitan la ontología del lenguaje a bases y orígenes también distintos.[4] Las consideraciones de E. Coseriu (1974, 187, n. 61) pueden resultan iluminadoras al respecto:

> Por gramática «universal» entendemos aquí aquella gramática que pretende ser universal en cuanto descripción concreta, adoptando, al menos a cierto nivel, la misma descripción para todas las lenguas, y a la que sería mejor llamar exclusivamente *gramática general*. Pero, naturalmente, toda gramática es universal en cuanto teoría de los conceptos gramaticales y en cuanto modelo de gramática válido para cualquier lengua [...] En otros términos, la gramática es universal en el sentido de la universalidad propiamente dicha (conceptual o esencial), mas no puede serlo en el sentido de la generalidad empírica [...] Así, la gramática de Port-Royal o la de Meiner son perfectamente válidas, en principio, como teorías gramaticales, pero son radicalmente falsas como gramáticas generales; en cambio, la gramática universal de J. Harris (*Hermes: or, a Philosophical Inquiry Concerning Language and Universal Grammar*, Londres, 1751) es casi enteramente válida, puesto que es casi enteramente una teoría del lenguaje y de las funciones gramaticales. En el sentido de la generalidad empírica, la gramática sólo puede ser «universal» en la medida en que se

---

4. El enfoque hipotético y conjetural entraña universales absolutos y comporta una concepción «formalista» e «ideal» de los hechos lingüísticos, tanto que hay principios unitarios en las lenguas y es factible una teoría del lenguaje. El enfoque factual e inductivo provoca la emergencia de datos empíricos sobre variedad de tendencias en las lenguas y se asocia con concepciones «realistas» y «comunicativas» del lenguaje, de modo que en lugar de una teoría de «lo común», el objetivo se cifra antes en hallar moldes y tipos interlingüísticos diferenciales (cfr. M. Fernández Pérez, 1999*a*).

dan efectivamente universales empíricos generales (existentes en todas las lenguas). Pero, en este sentido, es la gramática "universal" (es decir, *general*) la que depende de la investigación concerniente a los universales, no al revés.

Muy frecuentemente, las *teorías del lenguaje* —y con ellas los *universales del lenguaje*— fundamentan sus propuestas en bases mentales y biológicas, mientras que las *teorías de las lenguas* —y a la par los *universales empíricos*— se sustentan en la naturaleza socio-comunicativa y semiótica de los hechos lingüísticos. Como ya señalaba José Hierro S. Pescador hace algunos años,

> admitir la existencia de universales lingüísticos no compromete necesariamente ni con una posición mentalista ni con una posición innatista, pues es compatible con una explicación no innatista de la adquisición del lenguaje y con una metodología no mentalista en la investigación de los procesos lingüísticos (1976, 54).

Tal disposición de objetivos y la correspondiente repercusión en la concepción ontológica del lenguaje, no sólo se rastrea a lo largo de la Historia de la Lingüística, sino que también —y como es natural— se hace patente en la actualidad: el panorama que ofrece la cuestión de los llamados *universales* en la órbita generativista y en la esfera de la tipología lingüística es clara ilustración de la continuidad.

Cabe hallar, como decía, objetivos singulares y exclusivos de la Lingüística —como son los de traducción y normativización de lenguas— en el marco de la orientación hacia los datos, y contemplando la realidad problemática de ciertos fenómenos lingüísticos. Así, ciertas necesidades sociales —como las de unificación administrativa o educativa a través de la lengua, y las de transmisión literaria y cultural de unas comunidades idiomáticas a otras—, y el nivel de conocimiento logrado por la Lingüística en determinados momentos hacen surgir desde muy pronto retos de *Lingüística aplicada*. Los intereses en traducción, por ejemplo, datan de antiguo, no sólo plasmándose en la confección de vocabularios en diferentes lenguas —como los llamados *Mithridates*, elaborados en el Renacimiento (en 1555 se publica el de C. Gesner) y sobre todo en el siglo XVIII (destaca el de J. C. Adelung, publicado entre 1806 y 1817)—, sino provocando la aparición de enfoques y escuelas, que dan lugar a la delineación de la disciplina. El excelente trabajo de Rita Copeland (cfr. R. Copeland, 1991) muestra las diferentes concepciones de la traducción en la Antigüedad y en la Edad Media, incidiendo en la importancia del «trasvase» de *auctores* a los vernáculos como elemento que provoca la interpretación y la libertad en el proceso (sustituyendo al concepto de 'versión literal y servil'); en su opinión, medieval translation cannot be understood without reference to the traditional systems of rhetoric and hermeneutics which so much defined its practice (Copeland, 1991, 3).[5]

También la atención a patologías y déficit lingüísticos se vislumbra en diferentes etapas de la Historia de la Lingüística, de modo que el perfil de áreas como la *Psicolingüística* o la *Neurolingüística* se va trazando en paralelo con las diferentes interpretaciones de las deficiencias y con las distintas aproximaciones a su estudio. Antonino Pennisi (1995) indica dos factores, uno *semiótico* (que prima lo simbólico y lo cognitivo en la comunicación) y otro *lingüístico* (que realza el habla, la vertiente sonoro-articulatoria y expresiva), con incidencia capital en la concepción de las patologías y en el cultivo de la *Psicolingüística* desde finales del siglo XVIII y durante el siglo XIX:

> it is not an *internal* problem of semiotics as a general discipline of signs, but an insuperable antithesis between a *semiotic mode* and a *linguistic mode* of conceiving of discursive-communicative activity, with all that it implies for the philosophy and psychology of mind (A. Pennisi, 1995, 87).

En síntesis, la pertinencia del panorama historiográfico estriba, como recalcaba R. H.Robins (1974, 22), en plasmar la unidad respetando la diversidad de acercamientos:

> History does not repeat itself, but repetitive themes give history its significance.

De manera que, desde la actualidad, es factible y útil comprobar líneas de continuidad sobre las que se ha ido construyendo el conocimiento en su riqueza y diversidad, y en cuya sedimentación se han constituido los posos definitorios del lenguaje y de las lenguas. La imagen a base de *programas de investigación* y de *orientaciones* que atraviesan la Historia de la Lingüística enseña el valor de la tradición y refleja la edificación paulatina del saber, así como el carácter siempre parcial y relativo de las aportaciones —dado que el avance es permanente y los alcances se justifican en términos de adecuación y de capacidad de solvencia (descriptiva o práctica)—.

El mantenimiento en la Lingüística de hoy de *tradiciones* de concepción y enfoque sobre los hechos lingüísticos es un excelente indica-

---

5. Por otra parte, según se mantenga una u otra postura ante el proceso de traslación y respecto de los requisitos que ha de cumplir, la traducción se acercará a la gramática, a la retórica, a la hermenéutica, a la exégesis, etc., situaciones todas ellas que van perfilando el ámbito disciplinar en el tiempo (cfr. R. Copeland, 1991, 222 y ss.).

dor de la prevalencia de algunos aspectos y componentes en los modos de investigación del lenguaje, lo que prueba la conveniencia de aproximarse a la Historiografía de la Lingüística desde la perspectiva de las grandes líneas de «filosofía de estudio del lenguaje» que la atraviesan, y sin que ello suponga desatender la diversidad de escuelas y corrientes en el seno de cada planteamiento epistemológico. Como es natural, en la Lingüística actual se cultivan *programas de investigación* «idealistas» y «realistas», que fundamentan la ontología de los hechos en bases sociales, naturales o formales, pero que en cada caso particular responden a enfoques y objetivos específicos —en los que, con seguridad, han repercutido factores de progreso interno de la disciplina, así como factores externos, de tipo social, económico, político, educativo, etc.—, dando como producto variedad de corrientes que no son equivalentes entre sí, ni tampoco identificables con otras propuestas elaboradas a lo largo de la Historia.

Ciertamente, la riqueza y el progreso del conocimiento radica en la novedad de enfoques y aportaciones que se ofrecen en las distintas escuelas a lo largo del tiempo, de manera que aun reconociéndose *tradiciones* o *programas de investigación* definidos por la ontología que atribuyen a los hechos (sea una ontología material o formal, o sea natural o social), no obstante el prisma de delimitación del *objeto* no será coincidente —a raíz de los propósitos que guían los intereses o debido a los procedimientos disponibles de observación y análisis—. La constatación misma de desarrollos paulatinos a través de la Historia en un determinado *programa de investigación* explica que los sucesivos acercamientos irán más allá, o en otra dirección, respecto de las aproximaciones precedentes. Las consideraciones de David Yngve (1996) sobre la búsqueda de saber en Lingüística subrayan la diversidad ordenada en torno a dos ejes, el de concebir el lenguaje lógica e idealmente y el de interpretarlo física y realísticamente (cfr. D. Yngve [1996, cap. 2]).

Lecturas complementarias

Auroux, Sylvain (ed.) (1989-1992): *Histoire des idées linguistiques*, 2 vols., Bruselas, P. Mardaga.
    Una de las panorámicas más completas y rigurosas de la Historiografía de la Lingüística.
Copeland, Rita (1991): *Rhetoric, hermeneutics and translation in the Middle Ages*, Cambridge University Press.
    Excelente estudio del cultivo de la traducción en la Edad Media.
Coseriu, Eugenio (1973): *Lecciones de lingüística general*, Madrid, Gredos, 1981, caps. I-IV.
    Síntesis epistemológica del desarrollo de la Lingüística a través de la Historia.

Formigari, Lia y Gambarara, Daniele (eds.) (1995): *Historical Roots of Linguistic Theories*, Amsterdam, J. Benjamins.
Presentación ciertamente completa de las raíces históricas de áreas como la Semántica o la Psicolingüística, y de modelos del lenguaje como los mecanicistas y formalistas.

Itkonen, Esa (1991): *Universal History of Linguistics*, Amsterdam, J. Benjamins.
Introducción a la Historiografía de la Lingüística, con atención especial a las tradiciones orientales (india, china y árabe).

Koerner, Konrad y Asher, Robert E. (eds.) (1995): *Concise History of the Language Sciences*, Nueva York, Pergamon.
Útil Enciclopedia de Historiografía de la Lingüística.

Lepschy, Giulio (ed.) (1994-1998): *History of Linguistics. The Eastern Traditions of Linguistics*, vol. 1 (1994). *History of Linguistics II: Classical and Medieval Linguistics*, vol. 2 (1994). *History of Linguistics. Renaissance and Early Modern Linguistics*, vol. 3 (1998), Londres, Longman.
Extraordinaria presentación de la Historiografía de la Lingüística a través de grandes temas que la atraviesan y que han sido contemplados desde diferentes prismas.

Meyering, Theo C. (1989): *Historical Roots of Cognitive Science. The rise of a cognitive theory of perception from Antiquity to the Nineteenth Century*, Dordrecht, Kluwer.
Concepciones cognitivistas del lenguaje y de otras habilidades a través de la Historia.

Nerlich, Brigitte y Clarke, David (1996): *Language, Action and Context. The early history of pragmatics in Europe and America 1780-1930*, Amsterdam, J. Benjamins.
Rigurosa indagación sobre los fundamentos históricos de la Pragmática.

Robins, Robert H. (1967): *A Short History of Linguistics*, Londres, Longman.
Traducción española de E. Alcaraz Varó, *Breve Historia de la Lingüística*, Madrid, Paraninfo, 1974.
Manual imprescindible para una iniciación seria en el campo.

— (1974): «Theory-orientation versus data-orientation», *Historiographia Linguistica*, I/1, 11-26.
Trabajo clave para comprender ciertas constantes en el estudio del lenguaje y de las lenguas.

Simone, Raffaele (1975): «Théorie et histoire de la linguistique», *Historiographia Linguistica*, II/3, 353-378.
Importancia de la Historiografía de la Lingüística en el conjunto de la Lingüística.

Stammerjohann, Harro (ed.) (1996): *Lexicon Grammaticorum. Who's Who in the History of World Linguistics*, Tübingen, Max Niemeyer.
Completo e imprescindible diccionario de autores con aportaciones notables en el campo.

Tusón, Jesús (1982): *Aproximación a la historia de la lingüística*, Barcelona, Teide.
Introducción muy recomendable al ámbito de la Historiografía de la Lingüística.

PRÁCTICAS Y EJERCICIOS

1. Los siguientes fragmentos están extraídos de obras de lingüistas del siglo XIX. No obstante, la concepción del lenguaje que se trasluce, así como el modo de abordar los fenómenos lingüísticos, no resultan coincidentes. Caracterice cada una de las interpretaciones por el *programa de investigación* y por la *orientación* que defienden.

TEXTO 1

Hay una gran ley de la naturaleza que quiere que existan en la lengua anomalías y defectos al lado de reglas reconocibles por nosotros.
La lengua ha sufrido estragos de todas clases y tiene que soportarlos. La verdadera y única compensación saludable reside en la fuerza del espíritu incansablemente creador de la lengua que como un ave nidificante empolla de nuevo cuando le han sido retirados los huevos [...]
Esta perfección primitiva de la lengua no cuadra ni concuerda con lo que nosotros llamamos estadio de perfección del género humano; al contrario, está en franca oposición a él. El desarrollo del lenguaje trata de elevar paulatinamente su naturaleza, esto es, sonar de distinta manera. Como un aspecto asciende, el otro baja. La lengua antigua es corpórea, sensible, llena de candor; la moderna se esfuerza por llegar a ser más espiritual, más decantada, ve en las palabras apariencias y doble sentido, de los cuales desearía apartarse por todos los medios (Jacob Grimm [1819], *Deutsche Grammatik*, I, Gotinga, pp. XII y XXVI. Tomado de Hans Arens [1969], *Sprachwissenschaft. Der gang ihrer Entwicklung von der Antike bis zur Gegenwart*, Freiburg/München, Verlag K. Alber. Traducción de José M.ª Díaz-Regañón, *La Lingüística. Sus textos y su evolución desde la Antigüedad hasta nuestros días*, Madrid, Gredos, 1976, 267-268).

TEXTO 2

El lingüista ha de empeñarse en no exponer falsamente la naturaleza de su parcela de investigación, en no exagerar la importancia de ésta y en no buscarla donde no la hay —como sucede, por ejemplo, cuando se adscribe la investigación lingüística a las Ciencias Naturales, sobre todo en nuestro tiempo, en que éstas arrebatan de admiración por sus resultados y llegan al extremo de pretender para sí solas el nombre de ciencias—. El hecho de que pueda existir entre los corifeos de la investigación lingüística diversidad de opiniones sobre si pertenece a las Ciencias Naturales o a las Históricas es una prueba concluyente de que en la historia de esta disciplina el presente es todavía una época fundacional y de génesis [...] Una investigación en que las acciones, las relaciones y las costumbres del hombre desempeñan no sólo un importante papel, sino que son lo decididamente esencial, no puede ser otra cosa que una rama de la Ciencia Histórica. Ni siquiera un solo constituyente de cualquier lengua viva es pronunciado sin la voluntad del hablante; ninguno se crea, ninguno ha sido creado, aprendido o transformado por otras causas que las que yacen en la voluntad del hombre, consistentes en necesidades, inclinaciones e instituciones humanas. Sólo se puede adjudicar estos fenómenos a la esfera de la Ciencia de la Naturaleza cuando no se comprende bien su naturaleza y se abusa de la semejanza con los hechos naturales para falsas conclusiones (William D. Whitney [1867], *Leben und Wachstum der Sprache*, Leipzig, pp. 402 y ss. Tomado de Hans Arens [1969], *Sprachwissenschaft. Der gang ihrer Entwicklung von der Antike bis zur Gegenwart*, Freiburg/München, Verlag K. Alber. Traducción de José M.ª Díaz-Regañón, *La Lingüística. Sus textos y su evolución desde la Antigüedad hasta nuestros días*, Madrid, Gredos, 1976, 387-388).

2. El capítulo quinto del libro de R. H. Robins (1967), *Breve historia de la lingüística*, se dedica al Renacimiento. Trabaje los contenidos de ese capítulo y ordénelo en apartados y subapartados que giren alrededor de los grandes temas cultivados en dicho período, así como en torno a las concepciones en cada caso defendidas.
3. Las consideraciones que se ofrecen en el texto siguiente proceden de un autor de la Edad Media, Juan de Dacia, en su tratado *Divisio Scientiae. Summa Grammatica*, ca. 1280, parte 54, pp. 30-35, y han sido extraídas del libro de I. Rosier (1983), *La grammaire spéculative des modistes*, Lille, Presses Universitaires de Lille, 1983, 36 y ss. (la traducción es mía):

> La gramática tiene su origen en las cosas, dado que no es una ficción del intelecto. La naturaleza de las cosas es la misma en todos los casos, según la especie y según la esencia; asimismo, sus propiedades son las mismas —que son los modos de ser—, y de ellas se extraen los modos de comprender, y por consiguiente los modos de significar y a continuación los modos de construir.

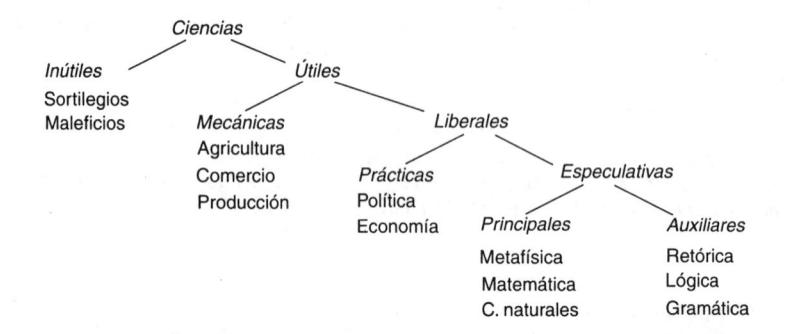

```
                    Ciencias
                   /        \
        Inútiles              Útiles
        Sortilegios          /      \
        Maleficios    Mecánicas      Liberales
                      Agricultura   /         \
                      Comercio   Prácticas    Especulativas
                      Producción Política    /            \
                                 Economía  Principales   Auxiliares
                                           Metafísica    Retórica
                                           Matemática    Lógica
                                           C. naturales  Gramática
```

Justifique la concepción ontológica que se atribuye al lenguaje y las vías metodológicas que se confieren a la Gramática para abordar su estudio. Reflexione acerca de la actualidad de la propuesta.

4. El fragmento que se transcribe procede del trabajo de E. Coseriu (1954), «Forma y sustancia en los sonidos del lenguaje», recogido en su libro *Teoría del lenguaje y lingüística general*, Madrid, Gredos, §3.3, p. 220:

> Una forma lingüística es una abstracción, pero no es «forma vacía», privada de atributos, sino que conserva, justamente, los atributos con los que se presenta concretamente en la sustancia. Una cosa es ignorar la sustancia incognoscible (lo puramente material) y otra cosa es sostener que el fonema, por ejemplo, es «pura forma» y *no* sustancia, porque en la forma la sustancia se mantiene como sustancialidad. Desde este punto de vista, la afirmación de que «la lengua es forma y no sustancia» —si es que debe tener sentido—, o es obvia, o es errónea, o constituye una convención semántica. Es obvia si quiere significar que la «lengua» no es lo totalmente material, no pertenece a lo incognoscible, o que la «lengua» es formalización del hablar y no el hablar mismo (es abstracta y no concreta). Es errónea si pretende significar que la «lengua» *es* forma vacía, sin la

atribución de la sustancialidad. Y es una convención semántica si sólo pretende que *se llame* «lengua» un conjunto de formas como tales, sin referencia a los atributos sustanciales que integran las formas mismas.

Jutífiquese la concepción (sustancialista, materialista, realista, etc.) que el autor parece defender de la noción de *lengua*, así como la visión de los hechos lingüísticos interesantes que trasluce (como heterogéneos, como uniformes, como sociales, etc.). Compárese este planteamiento con los presupuestos del autor considerado en el ejercicio anterior.

5. El fragmento siguiente (tomado del libro de R. Simone [1990], *Fundamentos de Lingüística*, Barcelona, Ariel, 1993, 10-11) alude al carácter peculiar de los fenómenos lingüísticos, y se refiere, concretamente, a su inobservabilidad:

> La primera dificultad que hay que superar consiste en acceder a la idea de que, estudiando el lenguaje, se estudian principalmente fenómenos que 'no se ven', o sea (por usar un término de la epistemología) fenómenos NO OBSERVABLES. El contenido —uno de los planos del lenguaje— es interno por su naturaleza y definición, y escapa a la observación directa. Es más, uno de los problemas técnicos fundamentales de la lingüística moderna consiste precisamente en intentar representar gráfica y visiblemente el contenido, igual que se representan gráficamente, con símbolos no equívocos, otras entidades no observables como los números y las operaciones aritméticas. Ciertamente, la lingüística no es la única disciplina que se ocupa de cosas que, rigurosamente, no se ven, o que AÚN NO SE VEN: la física, la biología, la astrofísica, la economía, están basadas también, en mayor o menor medida, en la investigación de objetos que no se ven. En alguna de estas ciencias, esta limitación es sólo provisional, en cuanto que aquéllas no ven TODAVÍA las cosas de las que se ocupan, pero podrán conseguir verlas antes o después: una mejora de los instrumentos de observación y de medición, o la eventual posibilidad de un acceso directo a fenómenos que actualmente deben ser sólo hipotetizados, permiten tener la esperanza de que la dimensión de lo observable no quedará cerrada definitivamente a estos ámbitos de estudio. La lingüística, en cambio, es una disciplina ESENCIALMENTE no observable: de sus fenómenos sólo algunos se pueden ver, en la medida en que se plasman en forma escrita o están constituidos por comportamientos —que se pueden ver, oír o grabar— de hablantes. Pero incluso así, la variedad de los fenómenos que se pueden observar directamente queda muy limitada. ¿Quién de nosotros ha visto o podrá ver la organización sintáctica de una frase? ¿Quién podrá ver (cualquiera que sea el sentido literal del término) cómo está hecha una regla gramatical? ¿Quién será capaz de ver el significado de un discurso?

a) Las reflexiones de R. Simone sobre la «inobservabilidad» de los fenómenos lingüísticos, ¿son proyectables en todas las esferas de uso de la lengua? Matice el carácter inobservable de los hechos en áreas como la *Fonética*, la *Sociolingüística* y la *Psicolingüística*.

b) ¿Sólo es observable lo que se *ve* o también lo que se percibe y lo que objetivamente se refleja como existente? Valore sus consideraciones según la utilidad específica para perfilar programas de investigación materialistas e idealistas en Lingüística.

Capítulo 6

LA LINGÜÍSTICA EN LA ACTUALIDAD

En este capítulo se proporcionan en panorámica las líneas que definen el desarrollo de las distintas áreas de la Lingüística en estos últimos años. Además de aducir criterios de caracterización y de agrupar ámbitos sobre bases compartidas, se subrayan los aspectos más sobresalientes que orientan el cultivo prioritario de ciertas subdisciplinas en la Lingüística de hoy.

1. **Enfoques y métodos de la Lingüística reciente: *ramas* y *divisiones* de la Lingüística**

Las coordenadas de progreso interno logrado por la Lingüística en las últimas décadas muestran un campo de conocimiento con tal cúmulo de información sobre el lenguaje y de profundización en sus bases, dimensiones y estructura, que la especialización de áreas por temas y tareas de estudio, por métodos, o por metas, se ha hecho indispensable para la adecuación y el control racional de las investigaciones. Muchas de las disciplinas se han venido perfilando a lo largo del tiempo —como sucede con las ocupadas de la organización interna de las lenguas, las llamadas *divisiones de la Lingüística*—, sea con las mismas denominaciones o hayan variado las etiquetas; otras, son áreas de reconocimiento o de edificación más reciente —como ocurre con las interesadas por la situación y los marcos «de existencia» de los hechos lingüísticos, las denominadas *ramas de la Lingüística*—.

La sistematización en *divisiones* y *ramas* de la Lingüística se justifica (véase, por ejemplo, M. Fernández Pérez, 1986b) por centrar sus intereses respectivos en la constitución interna de las lenguas (las «divisiones») o en la situación de los fenómenos lingüísticos en coordenadas externas (las «ramas»). El criterio manejado se aplica, como es natural, al objeto de estudio, y ello explica la prevalencia y la tradición reconocida de las «divisiones» frente a las «ramas»: primero ha de describirse la estructura interna de las lenguas y sólo después será factible atender a la materialidad de los hechos lingüísticos en diferentes coordenadas. Recurriendo, pues, a esas dimensiones —estructural y existencial— de la materia de estudio se delimitan en el campo de la Lingüística teórica en primera instancia áreas que se ocupan del lenguaje en su «esencia» (en terminología de R. Bugarski, 1987), y áreas que se encargan del lenguaje en su «existencia»; o, lo que es lo mismo, se distingue entre *ramas* y *divisiones* de la Lingüística. Por otra parte, en el grupo de las ramas se establecen —por razón de la faceta existencial del lenguaje que en cada caso se resalte— la *Psicolingüística*, la *Neurolingüística*, la *Sociolingüística*, la *Antropología lingüística*, la *Pragmática* y la *F.ª del lenguaje*. Asimismo, en el conjunto de divisiones se determinan —teniendo en cuenta el componente constitutivo y las unidades de la lengua que en cada caso importen— la *Fonética* y la *Fonología*, la *Gramática* (a su vez dividida en *Morfología* y *Sintaxis*), y la *Semántica* (o *Lexicología*).

En cualquier caso, y como es característico de las disciplinas exclusivas de un campo científico particular, «divisiones» y «ramas» cimentan su delimitación en un objeto de estudio definido. Sin duda, el objeto de estudio confiere especificidad a las áreas disciplinares, frente a, por ejemplo, los «objetivos» (que suelen ser comunes a diversos campos), a la «metodología» (que suele ser también compartida), o a las «dimensiones» y a ciertos aspectos de interés (que, asimismo, manifiestan coincidencias). De modo que la individualización de la *Lingüística*, la *Física*, la *Geografía*, o la *Lógica* descansa en sus respectivos objetos, propios y exclusivos en cada caso; por el contrario, las pretensiones «generales», «aplicadas», o «teóricas», son adscribibles a todas ellas (no sólo la Lingüística puede ser «general», «aplicada», «téorica», sino que también la Física o la Geografía plantean lícitamente objetivos «generales», «aplicados», o «teóricos»). La importancia de recurrir al «objeto de estudio» para deslindar con propiedad áreas en una determinada esfera se hace patente si nos acercamos a lo que ha sido el problema de la distinción entre *Morfología* y *Sintaxis* (en la nota 6 del cap.1 adelantaba ya esta cuestión). Sólo una vez que se les han atribuido «unidades» diferenciadas y exclusivas —el *morfema* y la *palabra*, como objetos de la *Morfología*; y la *frase*, la *cláusula* y la *oración*, como objetos de la *Sintaxis*—, se han evaporado las discusiones acerca de la partición o no de la *Gramática*, y, lo que es más importante, sólo entonces se han contemplado como disciplinas genuinamente lingüísticas. Sin duda, las «dimensiones» o «aspectos» de *forma* y de *función* no actúan como pautas efectivas de discriminación, y de ahí que se defendiera la conveniencia de la *Morfosintaxis*, de la *Gramática* en bloque. No hay que olvidar que la *Morfología*, como «estudio de la forma», la encontramos en *Biología*, en *Medicina*, o en *Arquitectura*, y, de igual modo, la *Sintaxis*, como «estudio de las relaciones», la hallamos en *Química*. Todo ello indica la extensionalidad del criterio de la «dimensión»: se hace imprescindible, pues, el recurso a características intensionales para aislar y delimitar la *Morfología* y la *Sintaxis* como áreas propiamente lingüísticas.

En la Lingüística de los últimos treinta años resulta especialmente llamativa —por sobresaliente en su proyección— una filosofía de investigación *realista* que defiende una ontología del lenguaje basada en la experiencia, en el uso; de ahí que las dimensiones más materiales, la social y la psicobiológica, se hayan visto beneficiadas provocando la emergencia y el asentamiento de disciplinas como la *Sociolingüística*, la *Pragmática*, la *Antropología lingüística*, la *Neurolingüística* o la *Psicolingüística*, en perjuicio de otras áreas profusamente cultivadas como la *Gramática*, que se ha visto obligada a replantear sus objetivos (más descriptivos y menos reglados) y su enfoque ante los hechos («de uso» antes que «correctos», y, por tanto, múltiples y diversos antes que ejemplares de «patrones»). Por otra parte, factores contextuales relativos al clima «utilitarista» y «práctico» que nos envuelve, se han conjugado con niveles de progreso teórico y de formalización alcanzados en Lingüística, y con avances tecnológicos que permiten el trabajo con bases ingentes de datos, para que —de este modo— prevalezcan el enfoque *realista*, respetuoso con los fenómenos en su naturalidad, y la pretensión de lograr principios *empíricos* suficientemente contrastados.

Tal epistemología tildada de «realista», moderadamente materialista y con claras intenciones de proyección empírica, no sólo repercute en las disciplinas lingüísticas orientadas hacia la teoría y al conocimiento, sino que además promueve —como veremos en los §2 y §2.1 y §2.2 de este capítulo— el extraordinario desarrollo de trabajos orientados hacia las *aplicaciones* en estos últimos años. Centrándonos por el momento en el conjunto de áreas que integran el campo de la Lingüística *teórica*, y a modo de panorámica, hay una serie de elementos constantes, que, junto a otros variables y específicos, delinean singularmente la situación de las distintas *divisiones* y *ramas* de la Lingüística.

1.1. Panorámica de las *divisiones* de la Lingüística. Presupuestos y grandes corrientes en *Fonología*, *Gramática* y *Lexicología*

En primer lugar, en las áreas de *Fonética* y *Fonología* —ocupadas del componente fónico de la lengua—, si bien se han conseguido alcances importantes en el análisis pormenorizado de los elementos sonoros, no obstante hay todavía aspectos discutibles en ciertas características de su producción, así como vertientes problemáticas concernientes a la organización de las unidades y a su concepción. En efecto, la faceta suprasegmental —en la que desempeña un papel capital la entonación y el *tempo* de producción sonora— se viene notando como imprescindible para enfrentarse con el estudio perceptivo de las cadenas sonoras. Por otra parte, y como resultado de contemplar las líneas suprasegmentales que envuelven las producciones lingüísticas, recientemente se ha otorgado a la sílaba y a los grupos entonativos la función estelar de constituirse en estructuras en cuyo marco se organizan jerárquicamente las unidades: se perfila, así, la Fonología «autosegmental» (= «no-lineal») cimentada en procesos antes que en propiedades consideradas aisladamente. Finalmente, las discrepancias respecto a la «realidad psicológica» o a la «naturaleza social» de las unidades sonoras han derivado estos últimos años en una visión integradora de los procesos de producción y de percepción de los sonidos lingüísticos, muy en la línea de la corriente *natural* de la Lingüística actual y como resultado de los estudios en la órbita de la Tipología lingüística. Desde tales presupuestos se destaca la intervención conjunta de la disponibilidad articulatoria combinada con la relevancia y la generalidad de ciertos rasgos sonoros, lo que explica —desde bases naturales y cognitivas— la funcionalidad, la no-pertinencia e incluso la desaparición —en la realidad social y comunicativa— de algunas unidades fónicas.[1] Así pues, los objetivos de la *Fonología natural* se cifran en: 1) establecer principios de ponderación y relevancia de las unidades fónicas (basados en la 'naturalidad' de sus características conjugada con su generalidad en la lengua); 2) trazar posibles líneas de evolución y de cambio, según la configuración y el propio valor de aquellas unidades, 3) dibujar, en definitiva, tendencias sobre la diversidad fónica y la variedad funcional de las entidades sonoras en las distintas lenguas; principios

---

1. La iconicidad y naturalidad de los elementos fónicos se desprende de su peso cognitivo y comunicativo en la lengua. Por ejemplo, en el caso de la oposición /lateral/: /fricativa/ (/λ/ : /ʝ/) en español, las exigencias de articulación y su escasa proyección en pares mínimos no son sino evidencia de su bajo grado de generalidad, relevancia y, por tanto, iconicidad. No es extraño, pues, que la tendencia sea hacia la desaparición de la oposición.

todos ellos que por otra parte se gradúan por razón de la iconicidad o capacidad de simbolización, por razón de su generalidad, y en relación con una serie de presupuestos semióticos, psicobiológicos, o históricos, que tienden hacia la congruencia, la estabilidad y la productividad de las lenguas.

En el ámbito de la *Gramática* se ha cultivado, tradicional y actualmente, sobre todo la meta teórica del «conocimiento por el conocimiento». No obstante, también en el área gramatical se percibe un cambio de rumbo en las investigaciones (más notable, lógicamente, en los estudios marcadamente descriptivos), que miran hacia metas de proyección práctica —como telón de fondo, se aprecia el procesamiento automático de las lenguas—, y trabajan con datos de uso —cuyo rastreo y sistematización ha exigido técnicas y principios que paulatinamente han delineado la llamada *Lingüística de corpus*—.

Como en otras *divisiones* de la Lingüística, el ámbito de la Gramática centra sus intereses en la determinación metodológica de sus unidades y en lo que haya de ser su marco de actuación y del proceso que las justifica. Las diferentes escuelas y los diversos planteamientos germinan precisamente en torno a estos ejes. Si bien metodológicamente se han establecido unidades gramaticales atribuyéndoles capacidad representativa, simbólica (en definitiva, calidad sígnica) y, por tanto, capacidad de combinatoria estructuralmente relevante, y si bien se ha diferenciado entre unidades morfológicas (*morfema* y *palabra*) y unidades sintácticas (*frase*, *cláusula* y *oración*) —por razón de sus implicaciones de combinatoria y por su misma constitución—, sin embargo hay discrepancias entre las escuelas a la hora de priorizarlas e interrelacionarlas, como resultado de las coordenadas procesuales en que se entrañen, sean «mentales» (en el generativismo), sean «semiótico-sociales» (en el «funcionalismo sistémico» de M. Halliday, y en el estructuralismo en general), o sean puramente «formales» (en gramáticas «lógicas», como las de R. Montague, o J. Katz, o en gramáticas de «estructura de frase» como la de G. Gazdar).

Las aportaciones de conocimiento en mayor medida interesantes en el terreno gramatical provienen en la actualidad de, fundamentalmente, dos frentes. En primer lugar, del enfoque sobre los hechos de construcción y de estructura en las lenguas, según se contemplen en un sentido restrictivo y unitario o según se conciban en su naturaleza amplia y variable. Y, en segundo lugar, de la interpretación específica que se otorgue al cuerpo gramatical y a su organización interna.

Así pues, resultado de los enfoques sobre los hechos gramaticales son las propuestas relativas a la universalidad de principios —en el marco generativo—, aportaciones concernientes a la formalización de reglas y de entidades —no sólo en el generativismo, sino también en corrientes funcionalistas como la de S. Dik—, y novedades respecto a la configuración unitaria y discreta de estadios, de estratos y de unidades, ya que en buena parte de los marcos funcionalistas (y asimismo en otros marcos estructurales y generativistas) se recurre al principio de oposición dicotómica. Pero nos encontramos además con aproximaciones a los hechos que buscan integrar la variedad de tendencias en la organización gramatical de las lenguas —lo que hace patente la orientación *tipológica* en su alternativa de *universales empíricos*—, por lo que se multiplican las descripciones de la compleja, rica y multifacial naturaleza de los hechos gramaticales, que admiten su sistematización y homogeneidad sólo relativamente a través de «patrones», «gradaciones», y «tipos». Los marcos con presupuestos en la lógica difusa que se desenvuelven a base de «prototipos», y «desviaciones» —como los de Th. Givón, W. Foley, o J. Bybee—, así como otros que se integran en la tendencia «natural» y en la orientación «tipológica», constituyen claros ejemplos de logros empíricos respecto a la configuración gramatical de las lenguas, sólo parcialmente unitaria en *tendencias de constitución*.

Por otra parte —y como consecuencia de la esfera en que se ubiquen los procesos gramaticales—, las unidades, su organización en componentes, y su disposición jerárquica, ofrecen un panorama variado en las escuelas de «gramática relacional», de «gramática de dependencias», de «gramática funcional», de «gramática generativa», de «gramática cognitiva», de «gramática sistémica», etc. Tanto es así, que conceptos primitivos —como son las «relaciones» en la gramática relacional— se vuelven escasamente operativos en otras corrientes —como en la gramática de «dependencias», exclusivamente centrada en «recciones» y en combinatorias «valenciales»—; asimismo, nociones y procedimientos exclusivamente gramaticales en unas escuelas, se hacen figurar en otras en un marco integrador que amplía la extensión de la Gramática: las «funciones» y «relaciones» sintácticas de las tendencias estructurales se contemplan en la «teoría funcional» de Simon Dik (o en la «gramática sistémica» de Michael Halliday) junto a las «funciones» y «relaciones» propias de los componentes semántico y pragmático; y de ello se derivan las descripciones gramaticales de las expresiones lingüísticas —cuya estructura formal está íntimamente ligada a los contenidos y a la praxis comunicativa—. Hay, en fin, aproximaciones «cognitivistas» o gramáticas «globales» que recurren a principios de percepción, relevancia, iconicidad, determinismo, o naturalidad inferencial para justificar y explicar las estructuras gramaticales asociadas a las secuencias lingüísticas. Todo lo cual no sólo ilustra disensiones entre planteamientos, sino que ante todo prueba la complejidad de los hechos organizativos en las lenguas, y, sin duda, se convierte en aviso para navegantes empeñados en <u>una</u> teoría de la gramática de las lenguas.

En cuanto al ámbito de la *Semántica* —que hace girar sus intereses en torno a los significados, alrededor de los contenidos que los mensajes comportan—, las pretensiones y los logros efectivos de conocimiento corren muchas veces parejos a lo que son enfoques de la *Gramática*, habida cuenta que los elementos que se combinan en estructuras son unidades con significado individual, y que hay contenidos añadidos producto de su situación y ordenación en tales hormas. Se han diferenciado, así, clases de significado —la del *significado gramatical* y la del *significado léxico* o *significado referencial*— que han dado lugar a cultivos genuinos de la *Gramática*, como las «funciones semánticas», y las «recciones valenciales», y a la precisión de la *Semántica* como propiamente *Lexicología*. En una línea similar de delimitación difuminada del campo hay que situar la relación entre *Semántica* y *Pragmática*, una vez que se ha asumido el peso de factores contextuales y de uso en la carga informativa de los mensajes, y ya que se admite que aspectos como «focos», «presuposiciones», «información conocida», «propósitos», «interlocutores», o «intenciones» constituyen vertientes de interés en la descripción del contenido. Si junto a los significados de las palabras tomadas individualmente hay que contemplar los contenidos derivados de su aparición en determinadas estructuras, y de su uso en ciertos contextos —lo que puede dar lugar a «significados de valor social» en las palabras—, muchas propuestas hacen pasar la frontera entre *Semántica* y *Gramática*, de una parte, y *Semántica* y *Pragmática*, de otra, justamente por aquel límite. De modo que la *Semántica* no sería sino la *Lexicología*, cuya tarea esencial se viene cifrando en la vertiente «lexicográfica» (notablemente atendida en estos últimos años gracias a las facilidades tecnológicas, cuyos útiles permiten acumular y procesar bases ingentes de datos), sea en la orientación descriptiva —rastreando y sistematizando palabras—, o sea en la finalidad práctica de confección de Diccionarios —de consulta y uso común, o como fuentes de información para llevar a cabo tareas computacionales y de procesamiento automático de las lenguas—.

En el conjunto de las *Divisiones* de la Lingüística, y como consecuencia del prisma *tipológico*, que habitualmente se acomoda a planteamientos gradativos en las descripciones de la variación interlingüística, y como resultado, asimismo, de estudios emergentes de *corpora* amplios y de múltiples bases de datos, los enfoques y las concepciones predominantes tienden antes a la descripción de datos reales —con objeto de pormenorizar en la integración de las distintas facetas de estructuración de las expresiones lingüísticas— que a la elaboración de modelos y a la formulación de reglas y de teorías.

1.2. El auge de las *Ramas* de la Lingüística. Entidad y solidez de propuestas en las áreas de la *Sociolingüística*, la *Antropología* lingüística, la *Pragmática*, la *Psicolingüística* y la *Neurolingüística*

La tradición realista, con interés nuclear en hechos materiales y espontáneos, ha incidido de modo contundente en la aparición y asentamiento de *Ramas* de la Lingüística como la *Sociolingüística*, la *Etnolingüística*, la *Pragmática*, la *Psicolingüística* y la *Neurolingüística*. La atención prestada desde estas áreas a aspectos del lenguaje «en su existencia» —según la interpretación de Ranko Bugarski (1987)— casa de forma natural con los presupuestos realistas y empíricos que definen sus marcos.

En el campo de la *Sociolingüística*, la orientación teórica discurre hacia la pretensión de conocimiento sobre la situación real del lenguaje en coordenadas sociales, de modo que el objetivo es establecer principios de sistematización de la variación lingüística en relación con el contexto social y comunicativo. De ahí que lo relevante en el alcance de tal meta sea, de una parte, la determinación de la fuente de variación: ¿la comunidad o el individuo?; y, de otra parte, el método, los procedimientos utilizados para llevar a cabo las medidas de variación. Tanto es así que las corrientes sociolingüísticas y el mismo ámbito disciplinar se edifican y cimentan sobre esos parámetros. La sociolingüística «cuantitativa» o laboviana descansa sobre la concepción de la variación en la comunidad, en el grupo, mientras que la sociolingüística «dinámica» y la «de redes» defienden la variación a partir del individuo, ligando los *lectos* a distintas situaciones socio-comunicativas (cfr. M. Fernández Pérez [1993], E. Figueroa [1994], G. Berruto [1995]). La metodología cuantitativa y las técnicas estadísticas de medición y valoración de correlaciones entre datos lingüísticos y factores sociales se han tomado en muchas ocasiones como definitorias de la singularidad del ámbito sociolingüístico (cfr. M. Fernández Pérez (1993, §2.6). El papel clave de los procedimientos estadísticos para tratar los datos e interrelacionarlos de modo adecuado y fiable, permitiendo así el desarrollo y avance de la *Sociolingüística*, no debe tomarse, sin embargo, como único elemento decisivo y esencial en la definición y determinación del campo, sobre todo si tenemos en cuenta que es factible el recurso a otras metodologías (la estructural, por ejemplo; cfr. M. Fernández Pérez [1997]), y que los resultados obtenidos del tratamiento estadístico de los datos no disfrutan de valor alguno si no se acompañan de una interpretación. Francisco Moreno Fernández (1990, 23) es explícito renegando de la «metodolatría», ya que el culto al método o incluso a la simple técnica de análisis convierte la investigación en un puro ritual inflexible e incapaz de adaptarse a las necesidades concretas de cada uno de los elementos que conforman el objeto.

En esta línea, las valoraciones epistemológicas de Suzanne Romaine sobre el carácter puramente descriptivo e instrumental de las reglas variables (cfr. S. Romaine, 1981) son también coincidentes con las consideraciones de James Milroy (1992, 78) al respecto:

> the act of quantifying is not intended to be predictive, explanatory or theoretical: it is a methodological tool that is used by those who wish to make accountable statements about the distribution of linguistic forms in real speech communities in cases where this is not evident without quantification.

En el campo de la *Etnolingüística*, junto a la línea habitual y ya clásica de estudios sobre categorización conceptual y lingüística, con conclusiones sobre la relación «lengua-visión de mundo» —véanse, entre otros, el compendio de trabajos de D. Hymes (1983) y la actualizada discusión sobre categorización y percepción en J. A. Lucy (1992); y, asimismo, los siempre lúcidos trabajos de A. Wierzbicka (1990) y (1991)—, hay que reseñar los desarrollos en la órbita de la «tipología lingüística», centrados en la generalidad de las lenguas y que alcanzan no sólo a lo que es su constitución (gramatical) interna sino sobre todo a lo que les es propio en selección de usos pragmáticos y en planteamiento y organización del discurso.[2] En el progreso de la disciplina hay que destacar la importancia del enfoque «general» para describir y comparar las lenguas y el papel de la metodología de gradaciones a base de *prototipos* y *desviaciones*; lo que permite reconocer coincidencias *(tipos)* dentro de la diversidad pero no a costa de unificar racional o hipotéticamente sino sobre la base de tendencias comunes dentro de la heterogeneidad: los llamados *universales empíricos* son producto de la perspectiva «etnolingüística», o lo que es lo mismo, del prisma «general» ante las lenguas (véase la completa panorámica trazada por A. Duranti [1997] sobre los intereses y los alcances del campo).

El área de la *Pragmática* todavía refleja en la actualidad —y a pesar de su admisión y reconocimiento históricos a través de la *Retórica*— una situación de indeterminación que no se compadece con la rica realidad de análisis y descripciones del discurso, de la conversación,

---

2. Las cuestiones relativas a la *politeness* en las lenguas han puesto de relieve la importancia de una visión interlingüística de la Pragmática y no sólo de la Gramática (cfr. A. Wierzbicka [1991]).

de los significados sociales e ideológicos de los usos, en los que, indefectiblemente, se ha de contar con elementos de praxis. Si se comparte la visión de que la *Pragmática* es una disciplina pertinente por cuanto se interesa por los aspectos, factores y componentes que intervienen en la efectividad y en el éxito de la interacción comunicativa, sin duda se concluirá en la integración de toda la serie de propuestas analíticas de usos dialógicos, conversacionales, discursivos, o interaccionales en su ámbito. Al lado de las propuestas más característicamente pragmáticas —como las de J. Searle, J. Austin, o H. P. Grice— que han primado los factores de «contexto», «propósitos comunicativos» y «conocimiento compartido» por los intervinientes en el proceso de comunicación, otras corrientes como la de la *etnografía de la comunicación* (cuyo representante máximo es Dell Hymes), la llamada *sociolingüística interaccional* (que tiene a John Gumperz como mentor), y el conjunto de marcos de descripción del discurso y de la conversación, han ido completando la serie de aspectos y dimensiones que resultan claves en la comunicación efectiva. La importancia de elementos —como el «escenario» (el entorno físico) en que se desenvuelva la comunicación, las «intenciones» activas del emisor (de ridiculizar, impresionar, convencer, seducir, etc.) en el momento de modular su mensaje, los «interlocutores» (importa su número y la disposición cualitativa respecto al emisor y al tema de la comunicación), el «género» del discurso (sean mensajes publicitarios, lecciones magistrales, cartas, artículos de investigación, etc.), entre otros— en la organización y estructuración de las expresiones lingüísticas en la actividad comunicativa, ha puesto de manifiesto la necesidad de contemplar los aspectos pragmáticos en todos los componentes de la lengua y en cualquier proceso comunicativo. Frente a la consideración limitada de la *Pragmática* desde la perspectiva gramatical de hace unos años (así la concebía Simon Dik en su modelo de 1978), en la visión actual de la Lingüística general se defiende que la *Pragmática* es, más que un campo de estudio, un punto de vista desde el que abordar los hechos lingüísticos comunicativos.

En los ámbitos de la *Psicolingüística* y de la *Neurolingüística*, la aproximación a los hechos lingüísticos como fenómenos reales —sea a través de la conducta o sea sobre la base de la actividad cerebral— se hace imprescindible si no se quiere correr el riesgo de concepciones dualistas o excesivamente idealistas y mentalistas acerca del lenguaje.[3] Desde presupuestos monistas y relativamente materialistas, en las

---

3. En la actualidad, son las concepciones monistas y con fundamento material las que han facilitado el desarrollo conveniente de las dos disciplinas (cfr. M. Fernández Pérez, 1996*b*).

dos áreas se ha venido prestando atención a las bases filogenética y ontogenética del lenguaje —con importantes aportaciones sobre el paralelo entre evolución fisiológica y evolución de posibilidades funcionales, y con destacables contribuciones respecto del fundamento material (neuronal y social) y del carácter funcional (psicológico) del fenómeno—. Más concretamente, en la órbita de la *Psicolingüística* se viene investigando en el proceso de adquisición del lenguaje (el ámbito de la *Psicolingüística evolutiva*), en una línea eminentemente empírica que contempla numerosos datos relativos a estadios de adquisición de componentes en distintas lenguas (véase Dan Slobin [ed.] [1985], [1992] y [1997]), sobre los que posteriormente se edifican modelos y teorías de la adquisición, y a partir de los cuales se ha comprobado la incidencia de elementos contextuales y cognitivos en el proceso, que, de una parte, relativizan el carácter innato de la función del lenguaje en la especie, y, de otra parte, han puesto sobre el tapete su importancia en la dinámica de aprendizaje de segundas o terceras lenguas.

En lo que concierne a la *Neurolingüística*, la cuestión nuclear es el procesamiento de la actividad lingüística en el cerebro, y en torno a ese eje siguen girando los aspectos de *localización* y *lateralidad* de la función del lenguaje. Los diferentes modelos de procesamiento que se proponen muestran interpretaciones variadas sobre la intervención del cerebro en los mecanismos de expresión y de comprensión lingüísticas: desde los modelos clásicos excesivamente vinculados a áreas cerebrales concretas hasta los modelos conexionistas de la actualidad, pasando por modelos jerárquicos, de proceso, y holistas, hallamos concepciones matizadas en mayor o menor grado sobre la relevancia de las áreas cerebrales y de los procesos bioquímicos y neuronales desencadenados en su interior (cfr. M. Fernández Pérez, 1996*b*). La tendencia que parece dominar en estos últimos años es la que busca congeniar la modelización neurolingüística con la psicolingüística, concediéndole así una importancia extrema al carácter funcional del lenguaje, tanta que incluso los condicionantes pueden provenir del lenguaje sobre el cerebro antes que a la inversa.[4] Por otra parte, la justificación y validación de los modelos parece depositarse más en su adecuación ar-

---

4. D. Caplan (1987, 20 y ss.) resalta la importancia de aclarar cómo las áreas y las teorías se interrelacionan, ya que «existen estudiosos que han afirmado que los temas psicológicos y lingüísticos podrían ser reemplazados por otros neurológicos y fisiológicos simplemente con que supiéramos bastante sobre estos últimos» (1987, 20).

Y, después de rechazar el reduccionismo, señala que «Habría leyes de la lingüística y de la psicología que superpondrían estructuras organizativas adicionales a las leyes físicas relativas al funcionamiento fisiológico del cerebro» (1987, 22).

De ahí el desarrollo de la afasiología *lingüística* de base funcional (antes que *clínica*) en estos últimos años (cfr. D. Caplan, 1987, 389 y ss.).

tificial —con pruebas de tareas de aprendizaje y comprensión— que en su capacidad de correlación cerebral y neuronal. Las representaciones «modular», «de circuitos» y «de redes distribuidas» son buenos ejemplos de distintas formas de fundamentación de las visualizaciones. La concepción «modular» defiende una arquitectura cerebral a base de «unidades» o «módulos independientes», y, aunque se dan diferencias entre las propuestas (N. Chomsky, por ejemplo, reconoce un módulo del lenguaje, donde J. Fodor postula una serie —el sintáctico, el léxico, el de la comprensión— (cfr. N. Chomsky [1986] y J. Fodor [1983]), sin embargo todas ellas reflejan una interpretación extremadamente localista y «cuasi-frenológica» de las funciones en el cerebro. Con palabras de P. Lieberman (1991, 13),

> modular theories of mind retain the phrenological claim for discrete independent devices each of which determines some aspect of human behavior, invoking «logical» design principles to justify their claims. These logical principles presumably lead to the simplest, most logical, and most «economical» description of the neural mechanisms involved in human linguistic ability.

Y es que, con toda probabilidad, en la concepción modular no interese integrar el dinamismo propio de los procesos psicológicos, cognitivos, o lingüísticos, implicados en la actividad del lenguaje, puesto que —como señala S. Kuroda (1987, 5)—,

> transformational grammar is not a model of an information processing mechanism. Instead, it is a theory (of knowledge) that characterizes (or, at least, partially, determines) the type of information that is to be processed in language behavior [...] Grammar itself does not say anything about how the processing of information is done.

Los modelos de «circuitos» y de «redes neuronales distribuidas» descansan en una concepción dinámica de la actividad y de la organización del cerebro, dado que se trata de arquitecturas ligadas a los planteamientos «conexionistas» que admiten —y tratan de integrar— la multiplicidad y la variabilidad en las conexiones neuronales. En concreto, el modelo de circuitos responde a las dos premisas siguientes: *a)* aunque existan mecanismos cerebrales específicos de la habilidad lingüística, de ello no se puede concluir, sin embargo, que *todos* los procesos implicados en el lenguaje constituyan una facultad o un órgano aislado que únicamente cubra la función lingüística, y *b)* si bien el pensamiento y el lenguaje son atributos 'nuevos' y excepcionales en el *homo sapiens*, no obstante, sus bases cerebrales no están limitadas genéticamente a las zonas filogenéticamente más recientes de la corteza cerebral (cfr. P. Lieberman (1991, 15 y ss.). La asunción de circuitos cerebrales (proveniente de la visión de D. Hebb, 1949) está en la base de la propuesta de los modelos de «redes neuronales distribuidas», que reconocen el dinamismo, la variedad (en número y en grado) y la multiplicidad de las sinapsis en diferentes zonas dependiendo de los estímulos de experiencia y dependiendo de las sinapsis acumuladas o truncadas previamente. W. Bechtel y A. Abrahamsen (1991, 21) dicen que

> Connectionist networks are intricate systems of simple units which dynamically adapt to their environments. Some have thousands of units, but even those with a only a few units can behave with surprising complexity and subtlety. This is because processing is occurring in parallel and interactively, in marked contrast with the serial processing to which we are accustomed.

Parece ser que estos modelos están ya dando sus frutos en *Afasiología lingüística* (cfr. D. Caplan [1987, 335 y ss.]) y en inteligencia artificial (cfr. W. Bechtel y A. Abrahamsen [1991, cap. 8]). No en vano se trata de modelos que dan entrada a la «posibilidad de aprender», que consiste en «variación sináptica provocada por el entorno, por las experiencias».

En síntesis, el panorama actual de la Lingüística con orientación teórica ofrece un desarrollo notable en aquellos aspectos derivados de la situación de los fenómenos lingüísticos en sus coordenadas externas, como resultado de la intervención de factores que facilitan o promueven dichos cultivos. En primer lugar, hay que reseñar las cotas de profundidad y detalle en el conocimiento de la estructura interna de las lenguas, lo que permite emprender tareas de estudio y análisis de los fenómenos en sus contextos de uso, aparición y existencia. En segundo lugar, hay que tener presente el papel crucial desempeñado por los procedimientos de cuantificación y computación y por los instrumentos —cada vez más potentes y sofisticados— de observación, que han posibilitado el enfrentarse con datos numerosos y con situaciones antes no reconocidas. Finalmente, las necesidades de orden material que surgen por motivos sociales, económicos, políticos, educativos, condicionan los intereses científicos en una línea de utilidad y rentabilidad práctica, y de ahí la atención a los hechos lingüísticos en su realidad, y de ahí, también, la insistencia en probar las teorías a través de su proyección artificial («automática») en diferentes tareas. Estos mismos factores constituyen el desencadenante básico del crecimiento de la Lingüística *aplicada*.

2. Pretensiones resolutivas y propósitos materiales en la Lingüística de hoy. El campo de la *Lingüística aplicada*

Resulta inaudito —o, cuando menos, extraño y sorprendente— que sólo en los últimos años se haya empezado a reconocer el campo de las *aplicaciones de la Lingüística* —el área denominada *Lingüística aplicada*—, si bien a lo largo de la Historia de la Lingüística ciertamente se han contemplado problemas reales en las lenguas y se han diseñado las correspondientes aplicaciones para resolverlos. Valgan unas cuantas ilustraciones para evidenciar este tipo de cultivos. Los problemas derivados de la necesidad de entendimiento y de comunicación trataron de solventarse desde el Renacimiento mediante los Diccionarios multilingües —los *Mithrídates* a los que se ha hecho referencia en el capítulo 5 §2.2—. En un sentido similar, las exigencias de organización y distribución de variantes lingüísticas con miras a extender los usos derivaron en planteamientos de planificación en el momento de emerger las nacionalidades en Europa, planteamientos que obligaron a estandarizar y a normativizar las lenguas desde el Renacimiento (las Gramáticas de A. Nebrija [1492] —para el castellano—, de P. Bembo [1500] —para el italiano—, o de F. de Oliveira [1536] —para el portugués—, son producto de la planificación) y, sobre todo, con el nacimiento de las Academias en el XVIII. En fin, podemos rastrear incluso en la Antigüedad clásica cómo se utilizaban principios y técnicas lingüísticos para corregir y paliar deficiencias y limitaciones como la tartamudez o ciertos tipos de parálisis (cfr. Ch. Bouton [1991] y A. Pennisi [1994]).

A pesar de la sólida tradición de las *aplicaciones* —y en el marco de la «orientación hacia los datos»— en Lingüística, sin embargo no se ha reconocido explícitamente la relevancia de tales objetivos, a la par de los fines *teóricos*, hasta la década de los años sesenta. En etapas anteriores, siempre que se habla de *Lingüística* el referente es el *conocimiento*, la *teoría* sobre el lenguaje y las lenguas.[5] El cultivo activo de las aplicaciones y la pertinencia atribuida a la dimensión de problemas concretos recientemente es consecuencia de un conjunto de circunstancias favorables a la eclosión de los fines aplicados en estos momentos en Lingüística. De un lado, el ambiente utilitarista que nos envuelve alcanza también a las esferas de conocimiento básico, de modo que «lo

---

5. Aún más, si nos ceñimos a la situación en el contexto hispano, tendríamos que notar el escaso o nulo progreso del campo incluso en la actualidad. Desde luego, en la vertiente académico-administrativa no se contempla un plan de estudios en «Lingüística aplicada» (si bien hay una Licenciatura en «Traducción» y una Diplomatura en «Terapia del lenguaje y de la audición»); ni tampoco hay presencia notable de materias así llamadas (exceptuando la troncal que figura en la Licenciatura de 2.º ciclo de Lingüística; o exceptuando denominaciones más específicas como «Lingüística aplicada a la traducción»).

que se estudia, lo que se busca saber, ha de ser útil», es decir, «ha de servir para algo <u>funcional</u>, o para algo <u>material</u> y <u>práctico</u>». Así que la Lingüística ha de aplicarse si quiere «ser útil» y «servir para algo». De otro lado, está el propio desarrollo interno del campo, que ha alcanzado tal grado de profundidad en la descripción y en la teorización de los hechos, que ha de proyectar y hacer rentables las nociones y el saber logrado. En su evolución y progresión, la Lingüística se ve abocada, por lógica, a las aplicaciones, ya que después de una fase de crecimiento hacia la abstracción y la conceptualización, viene la fase realista de atención a los fenómenos naturales.

Y hay, asimismo, razones que pueden explicar el escaso calado o la falta de definición del ámbito en nuestro país. En cuanto a los motivos de su indeterminación, hay que destacar, en primer lugar, la falta de hábitos prácticos y pragmáticos en nuestras enseñanzas e intereses —los ejemplos de laboratorios «para visitar» y «ver», de herramientas «de vitrina», como los ordenadores e incluso los libros, son muestra de esa actitud de suspicacia y de temor ante el manejo de los útiles—, y que sí abunda en contextos como el británico, cuna de asentamiento de la *Lingüística aplicada*. En segundo lugar, y derivado de lo anterior, está el pobre y limitado entrenamiento en trabajo multidisciplinar —en el campo de las ciencias humanas se hace patente el predominio de la labor individual y ceñida a la vertiente de especialización— y en la labor de corte experimental, que son, por otra parte, cauces exigidos en la aproximación a los hechos concretos y en las aplicaciones correspondientes. Y, en tercer lugar, hay que subrayar la inconveniente, pero extendida, interpretación de en qué consisten las *aplicaciones*. Los dos primeros factores tienen que ver con actitudes, que será necesario cambiar para abordar debida y adecuadamente los fenómenos; ahora bien, previamente se hará imprescindible aclarar qué ha de entenderse por *aplicación*, o lo que es lo mismo, será inexcusable determinar el concepto.

En el campo genérico de la Lingüística *teórica* la pauta fundamental para determinar áreas disciplinares atañe —como hemos comprobado en el §1 de este capítulo 6— al objeto de estudio, sin que resulte pertinente discutir la finalidad que orienta el interés sobre tal objeto: no cabe duda de que si se estudia e investiga es para *conocer*, para saber. Por el contrario, el criterio básico para deslindar disciplinas en el terreno de la Lingüística aplicada es el concerniente a la orientación, valorando las posibilidades de «proyección resolutiva» en consonancia con el peso y con la entidad e importancia de las situaciones problemáticas planteadas. Así, mientras el objetivo de lograr conocimiento no suscita discusión sobre su legitimidad, la meta de llegar a soluciones sobre problemas obliga a, primero, considerar y sopesar la existencia de tales problemas materiales para poder plantear después la consiguiente necesidad de solución. Con otras palabras, todo objeto es de interés para la investigación y el conocimiento, pero no siempre las limitaciones e inconvenientes materiales están suficientemente evaluados como para resolverlos y reconducirlos en una orientación determinada.

La imprecisión y la ausencia de nitidez a la hora de contemplar los problemas desde su posible solvencia ha sido muy probablemente una de las causas que ha impedido la correcta interpretación de las *aplicaciones* y, por ende, del campo de la *Lingüística aplicada*, que comúnmente se ha tomado, sin más, como «área donde se pone en práctica la Lingüística» o «área donde se utiliza la Lingüística teórica».

Ciertamente, la idea más frecuente ha sido la de reconocer la *Lingüística aplicada* a partir de la *teórica* —como la que no es «pura» (sería «mixta»), ni «básica»(es, pues, «secundaria»), ni tiene «teoría» (la aplicación no es sino «práctica»)—; en fin, como la simple puesta en ejercicio del conocimiento. Desde esta perspectiva, la Lingüística *aplicada* se hace derivar —en relación de servidumbre y en un estatus de segundo orden— de la Lingüística *teórica*, de modo que su quehacer se percibe como escasamente importante y sin relevancia científica: basta con el conocimiento teórico para llevar a cabo prácticas, será suficiente con proyectarlo para obtener *aplicaciones*.

En esta lectura inaceptable —aunque extendida— de las *aplicaciones* se hallan entremezcladas diversas vertientes que provocan la confusión. En primer lugar, resulta imprescindible distinguir entre «poner en práctica» o «hacer prácticas» aludiendo a una teoría (por ejemplo, hacer prácticas de análisis manejando técnicas funcionales, generativistas, distribucionales, etc.), y poner en práctica procedimientos variados —hacer «aplicaciones» en sentido estricto— para resolver problemas reales, inconvenientes concretos (no problemas teóricos o descriptivos). Por ejemplo, para resolver un problema de déficit lingüístico en el componente fónico que afecta a sonidos labiales habrá que recurrir a análisis anatómicos, psicológicos, neurológicos, además de a análisis lingüísticos, ya que se ha de comprobar si ese déficit repercute en discriminaciones funcionales, fonológicas. Las aplicaciones han de ser, pues, sobre situaciones problemáticas reales y con miras a resolverlas o a paliarlas.[6]

---

6. Como ha señalado S. Eliasson (1987, 36) son varios los desarrollos *aplicativos*, de modo que son también varios los usos de la noción de *aplicación*: 1) en primer lugar, está el sentido de aplicación como proyección de una teoría general; 2) en segundo lugar, está la aplicación como trabajo con la teoría para estudiar problemas en el mundo real, y 3) finalmente está el concepto de aplicación para aquellos casos en los que «the theory is used to elucidate problems in the real world, with the express aim of formulating a possible modification (usually improvement) of some real world structure, behavior or situation» (S. Eliasson, 1987, 36).

Este último concepto de aplicación es el que conviene al ámbito de la Lingüística apli-

En segundo lugar, y tal y como se ha señalado, lo que define el campo es su orientación hacia propósitos resolutivos, hacia las aplicaciones de solvencia real. El fundamento tiene que ver con lo que se busca, con lo que se pretende (de lo que derivará el quehacer), de manera que mientras la Lingüística *teórica* cifra sus metas en el conocimiento, la Lingüística *aplicada* no se limita a conocer sino que busca resolver problemas reales. Así que lo exclusivo de cada área son sus propósitos y no la presencia o la ausencia de investigación y de teoría en su interior: en la misma medida que hay proyecciones prácticas y descriptivas en la Lingüística *teórica*, se edifica asimismo teoría en la Lingüística *aplicada*.[7] Los calificativos que las diferencian no han de leerse, pues, en un sentido exclusivista sino con un valor de predominio. Quizás la nomenclatura haya sido la fuente principal de ambigüedades e indeterminaciones, al no referirla a los objetivos y tomarla en el sentido de «propiedades internas, inherentes y exclusivas de cada uno de los campos».

Así contempladas, las aplicaciones en Lingüística están por su importancia en parangón con las pretensiones y alcances del conocimiento por el conocimiento. Pero siguen sin disfrutar de un grado de desarrollo comparable a la Lingüística teórica, ya que falta la tradición de que disfruta esta orientación de la Lingüística. En efecto, el trazado histórico explícito de la Lingüística Aplicada es reciente: data de 1964, fecha del Primer Congreso Internacional celebrado en Nancy (Francia). Desde entonces se han venido celebrando Congresos de la Asociación Internacional de Lingüística Aplicada con una cadencia de tres años, lo que, de una parte, ha facilitado la consolidación de los fundamentos del campo y el arraigo de ciertos temas e intereses que lo definen (cfr. M. Fernández Pérez, 1996a, §2.1), y, de otra, ha incidido en la agrupación de especialistas en coordenadas nacionales, rompiendo con la estrechez del área limitada a «Didáctica de lenguas» según el molde británico, y permitiendo así la extensión temática y de escuelas propia de todo terreno de investigación activo.

El campo de la Lingüística aplicada se manifiesta en estos momentos, no obstante, como un terreno efervescente y fructífero en el conjunto de la Lingüística, que sin duda empieza a avanzar un interesante

---

cada, terreno en el que se pretende la resolución de problemas materiales mediante procedimientos rigurosos y desde principios sólidos. De ahí que no quepa equiparar aplicación con aplicabilidad, práctica/uso, o préstamo conceptual (cfr. S. Eliasson, 1987, 37 y ss.).

7. Se habla ya de «*teoría* de la traducción», se reconocen «*modelos* de enseñanza de lenguas» y «*modelos* de planificación»; por otra parte, la *teoría* en el procesamiento computacional de las lenguas resulta clave para hacerlo efectivo, y sin *modelos* y *teorías* terapéuticas no se avanzaría en la Lingüística clínica.

futuro profesional a muchos especialistas.[8] Las vertientes de aplicación cultivadas son suficientes como para atraer un número notable de lingüistas seducidos por la tarea de dar solución a los problemas concretos planteados por las lenguas. Las situaciones problemáticas derivan, en primer lugar, de las facetas más materiales y reales de la naturaleza de las lenguas —las dimensiones social y neuropsicológica—, y surgen, en segundo lugar, de nuevas circunstancias y contextos surgidos a la par del avance tecnológico y científico.

El reconocimiento de problemas interesantes de trasvase de información interlingüística, de aprendizaje de lenguas, o de corrección de deficiencias articulatorias, data de antiguo, ya que se trata de situaciones materiales indisolublemente ligadas a la naturaleza social y neuropsicológica de la lengua, que no precisan, en principio, de instrumental sofisticado para su observación. Hay, sin embargo, enfoques sobre dichos problemas, así como planteamientos y consideraciones de situaciones lingüísticas pertinentes en su resolución, que derivan del progreso tecnológico y del avance en el conocimiento de las lenguas. Es lo que sucede con el área temática de la *Lingüística computacional*, en la que el interés por el procesamiento automático o por el tratamiento de datos lingüísticos sólo pudo ser posible una vez que se alcanzó el nivel necesario de desarrollo tecnológico en la vertiente informática. O es lo que ha ocurrido con la llamada *Lingüística forense*: los procesos de reconocimiento de voz para identificar a los acusados se han convertido en objetos de atención gracias al desarrollo de la Fonética y una vez que los medios técnicos han garantizado la fiabilidad de los análisis. En definitiva, lo que se transparenta no es otra cosa que el devenir de un campo de estudio: primero se valora como interesante el tema o el problema y sólo después se construye la disciplina. Una vez que los asuntos tratados se consideran agotados (o inadecuadamente enfocados), o que los problemas se dan por resueltos, las áreas pueden desaparecer, variar en sus límites o diferir en su concepción, en paralelo con los objetos de estudio que las definen: no hay que olvidar el relativismo de los campos de saber, que no están establecidos de una vez y para siempre (cfr. M. Fernández Pérez, 1986*b*).

En la Lingüística aplicada más actual se valoran en su interés y pertinencia problemas reales surgidos a raíz de la naturaleza social y neuropsicológica de las lenguas, como son los siguientes:[9]

    8. Incluso entre nosotros parece que el panorama empieza a cambiar. Los trabajos recientes de J. Fernández Barrientos y C. Wallhead (eds.) (1995) o de Ll. Payrató (1998), así como la ampliación de temas en los Congresos más recientes de la Asociación Española de Lingüística Aplicada, son excelentes indicadores de que la veta de las *aplicaciones* tratándose de problemas lingüísticos debe desarrollarse con cuidado y rigor.
    9. Un panorama sucinto, pero notablemente completo, de los ámbitos que cubre la

1) Problemas de regulación de usos lingüísticos —que pueden ser de variedades o de lenguas—, de homogeneización o modernización de estructuras y componentes en las lenguas, o de ordenación del manejo de variedades y de lenguas en la educación: es lo que constituye el objeto de interés de la subdisciplina aplicada llamada *Planificación lingüística*. Asimismo, inconvenientes que se plantean a causa de limitaciones en la disponibilidad léxico-técnica en las interacciones médico-paciente, juez-acusado, etc., o problemas centrados en la identificación de voces en el caso de acusados: son los núcleos de interés del área ciertamente novedosa de la *Lingüística forense*.

2) Necesidades y exigencias reales de aprendizaje y enseñanza de primeras y segundas lenguas, lo que ha venido determinando el campo con mayor arraigo y tradición más dilatada de las *aplicaciones*, el correspondiente a la *Didáctica de lenguas*.[10]

3) Problemas de trasvase de información de unas lenguas a otras, respetando el principio de *equivalencia comunicativa* y confiriendo al receptor un papel central, aspectos todos ellos implicados en el proceso de *traducción*, que desde antiguo han venido determinando el campo de la *Traductología*.

4) En cuanto a los déficit lingüísticos provocados por patologías —y como resultado de la naturaleza neuropsicológica del lenguaje—, se han evaluado y estudiado con objeto de diseñar la terapéutica conveniente que pueda corregirlos o paliarlos. Los ámbitos de la *Terapéutica del lenguaje* y de la *Terapéutica del habla*, primero, y de la *Lingüística clínica*, más recientemente, se definen sobre tales cometidos.

Hay además una serie de problemas que se perfilan en su interés a raíz de los avances tecnológicos y de las posibilidades que abren para plantearse la transferencia de las lenguas naturales a lenguajes informáticos, con miras a traducir automáticamente, o a agilizar el tratamiento de los datos lingüísticos. El conjunto de temas relevantes gira alrededor del «procesamiento de las lenguas naturales» y el campo disciplinar que los integra es el de la *Lingüística computacional*.

Lingüística aplicada en la actualidad se puede encontrar en B. Gunnarsson (1995). Una visión más pormenorizada, si bien no se incluyen todas las áreas, se proporciona en M. Fernández Pérez (coord.) (1996).

10. Tanto es así que el área actualmente reconocida genéricamente bajo la denominación *Lingüística aplicada* inició su reconocimiento desde la dimensión de la *Didáctica de lenguas*, entonces etiquetada como «Lingüística aplicada». El uso restringido de la nomenclatura llega incluso hasta la actualidad por la vía de la tradición británica y de la mano de los mismos especialistas en «Didáctica». Sigue siendo frecuente incluso en la actualidad la utilización de la denominación «Lingüística aplicada» para denotar el área de *Didáctica de lenguas* (cfr. P. Corder [1973], Th. van Els *et al.* [1977], J. M. Vez Jeremías [1984] o C. Sanders [1987] entre otros).

2.1. Aplicaciones en problemas lingüísticos de carácter social: enseñanza y aprendizaje de lenguas, traducción y planificación

El futuro prometedor que avanza la *Lingüística aplicada* pide, inexcusablemente, dar cobertura a los siguientes requisitos. En primer lugar, la orientación *aplicada* —sea en la subárea que sea— exige una perspectiva pluridisciplinar, dado que los problemas reales no pueden abordarse acotando zonas o aspectos, sino que han de contemplarse en su complejidad, desde el prisma integrador de su posible solución. Por ejemplo, un problema de normalización de usos de una lengua ha de enfocarse teniendo en cuenta, entre otros, los siguientes parámetros: las actitudes de los hablantes (perspectiva psico-social), la estandarización y normativización de esa lengua (prismas dialectológico, sociolingüístico, y gramatical), su implantación en la enseñanza (objetivos pedagógicos), las acciones para conducir esa normalización en la sociedad (cauces políticos). En el caso de problemas de enseñanza de lenguas extranjeras han de tenerse presentes aspectos psicológicos de los aprendices —memoria, conocimientos, motivación—, aspectos sociales —su proveniencia, su edad, el contexto en que viven—, así como factores pedagógicos y lingüísticos. En fin, si se trata de déficit en la habilidad —y además de la importancia de si el paciente es niño o es adulto—, hay que contar con exploraciones anatómicas, neurológicas y psicológicas, y con datos sociales y pragmáticos que permitan la adecuada valoración de las deficiencias comunicativas.

En segundo lugar, el cauce básico de las labores de aplicación ha de discurrir a través de la experimentación, de la evaluación continua de los principios, técnicas y acciones que se propongan y manejen, con el fin de conseguir resultados cada vez más solventes sobre los casos estudiados, y habida cuenta que las propuestas de adecuación, agilización, reconducción o rehabilitación no son definitivas, o, cuando menos, serán variadas dependiendo de la situación particular. Así, en el campo de la *Terapéutica del lenguaje*, la evaluación continua es obligada para asegurar o variar las técnicas manejadas; en el terreno de la *Planificación* la evaluación debiera ser imprescindible para reconducir o asegurar los procesos y las acciones emprendidas; en el ámbito de la *Traductología*, además de las valoración individual de cada traducción, la misma existencia de traducciones sobre una obra señala la presencia de criterios ponderativos y de adecuación; asimismo, en el terreno de la *Didáctica de lenguas*, la evaluación de los resultados en el aprendizaje no sólo ha de repercutir en la medida del «dominio de la lengua» por parte de los alumnos, sino que además tendrá su incidencia en el ajuste y en el refinamiento de los modelos y de las técnicas empleadas.

Al margen de su menor tradición y del desarrollo todavía incipiente en algunas de sus áreas, la *Lingüística aplicada* ofrece en la actualidad un panorama de solidez y riqueza investigadora parangonable al asumido para la *Lingüística teórica*.[11] Prueba de ello son los diferentes modelos y teorías propuestos en cada una de las subdisciplinas, así como la emergencia de escuelas que, en paralelo, comienza a vislumbrarse. Por otra parte, los fundamentos unitarios de concepción y acercamiento a los problemas de aplicación están, asimismo, perfilados sobre el criterio de la orientación resolutiva: es el objetivo el norte que regula el interés de los objetos y la adecuación de los métodos.[12]

El ámbito de la *Didáctica de lenguas* —con notable tradición en el marco de las *aplicaciones*— se perfila en la actualidad como campo de investigación con entidad y autonomía, en cuyo interior, y desde el prisma integrador conveniente, se establecen relaciones y vínculos con una gama extensa de disciplinas.[13] El peso conferido a los componentes intervinientes en el proceso de enseñanza y aprendizaje de lenguas —y, en paralelo, el valor asignado a las distintas áreas— ha propiciado el desarrollo de *teoría*[14] y la elaboración de diferentes modelos de di-

11. En el estrecho margen de los años transcurridos en esta década sería obligado matizar algunas opiniones que, como la de J. Calvo (1990, 323), consideraban el ámbito de la Lingüística aplicada poco definido y heterogéneo, subordinando su entidad a la de la Lingüística teórica: «la LT equivale a un núcleo más o menos uniforme de doctrina frente a la diversidad que presenta la LA en su distribución en abanico a partir del núcleo mencionado» (subrayado mío).

12. Ya en 1984, T. Slama-Cazacu (cfr. 1984, 96 y ss.) había sistematizado una serie de siete principios epistemológicos que conferían homogeneidad al quehacer aplicado. En general, la unicidad se atribuye a la relación determinante del 'objetivo' (en cualquier caso *resolutivo*) sobre el 'objeto' (los problemas sólo se contemplarán como pertinentes si previamente se ha asumido la necesidad de solventarlos) y sobre la 'metodología' (que estará en consonancia con las exigencias particulares del objeto, pero que inevitablemente se encauzará a través del experimento y responderá al carácter real de los hechos). Así que en todas las dimensiones aplicadas, «il est absolument nécessaire pour le spécialiste en LA d'entrer en contact direct avec la réalité pratique et —dans la mesure où il acquiert les connaissances nécessaires— de recevoir des suggestions, de chercher des données ou de vérifier ses hypothèses ou ses résultats en enseignant lui-même une langue étrangère ou en appliquant un procédé de thérapie de l'aphasie» (Slama-Cazacu, 1984, 25).

13. Las conexiones con la *Gramática*, la *Pedagogía*, o —más recientemente— la *Psicolingüística*, la *Sociolingüística* o *Pragmática*, no privan de independencia y de carácter al quehacer de la *Didáctica de lenguas*. Así, Th. van Els *et al.* (1977, 139) insisten en que «Applied linguistics, the study of teaching and learning of foreign languages, is an autonomous discipline»; y al tiempo que reconocen fuentes diversas de la «Didáctica de lenguas» consideran que se trata de *implicaciones* antes que de *aplicaciones* en sentido estricto.

Por su parte, H. Stern (1983) cifra los fundamentos del área en sus intereses definidos: «*the systematic study of questions or problems related to language teaching and learning*» (H. Stern, 1983, 59).

14. Se refiere H. Stern (1983, 1) a la importancia de convencerse de que «good teaching practice is based on good theoretical understanding».

Pero no todos los especialistas en «Didáctica de lenguas» o en «Lingüística aplicada» confieren esa relevancia a la investigación y a la teoría en el terreno de las aplicaciones.

dáctica de lenguas. Los primeros planteamientos traslucían una fuerte dependencia de propuestas, sobre todo gramaticales (el modelo de «análisis de error» es un ejemplo claro de tal derivación), pero en las dos últimas décadas las aportaciones se asientan en aproximaciones genuinas y globales a las actividades de enseñar y de aprender lenguas, teniendo como telón de fondo el proceso de comunicación y asumiendo que la vertiente de aprendizaje es el foco que ilumina el discurrir didáctico. Antes que aprender y enseñar, sin más, una lengua, lo que se aprende y se enseña es a *comunicarse a través de la lengua*. La agilidad y el dominio en una lengua no se valoran en términos de «corrección» respecto de un patrón, sino en términos de adecuación y efectividad respecto de los interlocutores, según el contexto, y de acuerdo a los propósitos y a las intenciones. De modo que los modelos de enseñanza y las estrategias para conducir el aprendizaje han de contemplar estos aspectos objetivamente y ligándolos a características particulares de los aprendices, como la edad, la motivación, o los marcos lingüístico-comunicativos más habituales.

La presencia de los discentes, con los aspectos psicológicos, motivacionales, sociales, o prácticos, que los acompañan, se ha convertido en elemento clave a la hora de planificar la enseñanza y en el momento de proyectar estrategias, utilizar técnicas o diseñar tareas. Como resultado, buena parte de las propuestas más recientes tratan de modo particularizado cada una de las órbitas —la del aprendizaje y la de la didáctica—, con objeto de plasmar las implicaciones en los dos sentidos y de justificar, así, las bondades y ventajas de los modelos (cfr. I. Palacios y T. Moure, 1996). Por otra parte, la pormenorización en tipos y fases de aprendizaje y de adquisición de lenguas (consecuencia de los trabajos llevados a cabo en *Psicolingüística*), además de enriquecer los planteamientos en la faceta de la enseñanza en general, ha dado sus frutos en la consideración autónoma de la *Didáctica de la primera lengua*[15] (junto a la *Didáctica de lenguas extranjeras*) y en la visión conjunta del complejo campo de la *Glosodidáctica*. Así, H. Stern (1983, 520) concibe el ámbito atribuyéndole una organización interior construida a base de inte-

---

P. Corder (1973) es un ejemplo de este modo de ver el panorama en el campo que nos ocupa; en su opinión (1973, 10), «The application of linguistic knowledge to some object —or applied linguistics, as its name implies— is an *activity*. It is not a theoretical study. It makes use of the findings of theoretical studies. The applied linguist is a consumer, or user, not a producer, of theories [...] Language teaching is also an *activity*» (la cursiva es mía).
   Está claro que consideraciones como las de Corder sitúan la Lingüística aplicada en relación de servidumbre respecto a la Lingüística teórica, pero hay que tener en cuenta que su visión responde a la realidad de la Lingüística en la década de los setenta.
   15. Cfr. M. Fernández Pérez (1998). Cfr. también C. Lomas, A. Osoro y A. Tusón (1993) y C. Lomas y A. Osoro (comp.) (1994).

rrelaciones con otras áreas, lo que ha llevado al extremo de diferenciar entre *educational linguistics* (o *applied linguistics*) y *study of language education*, si bien desde un principio de convergencia y de fundamento común, lo que justifica, al final, la autonomía del campo a pesar del

> multifactor, multidisciplinary, and multilevel character of language teaching theory (H. Stern, 1983, 517).

En una línea similar a la trazada por la *Didáctica de lenguas* en su definición y asentamiento a través de las particularidades atribuidas a los procesos de aprendizaje y enseñanza, también el área de la *Traductología* se ha ido caracterizando y reconociendo alrededor de los aspectos y componentes implicados en el proceso de traducir y en torno a las propiedades de los productos derivados del proceso. Como había sucedido en el campo de la *Didáctica de lenguas*, los primeros modelos en el marco de la *Traductología* —centrados en las traducciones como resultado y obviando la actividad y el proceso de traducir— evidencian su servidumbre respecto de las propuestas teóricas en *Gramática* y *Semántica*. El lema es «mantener los significados y las estructuras de la lengua origen en la lengua término», y el patrón-modelo está orientado hacia la literalidad. No obstante, una vez superadas las constricciones que —en una interpretación pobre— parecía imponer el estructuralismo, la traducción —no sólo en sus productos sino también en su desarrollo como actividad— comenzó a cifrar sus objetivos en «equivalencia de sentido de la lengua origen en la lengua término» (cfr. E. Coseriu, 1977), o en «equivalencia informativa de la lengua origen en la lengua término»,[16] de modo que el patrón-modelo se hace flexible y las traducciones se tildan de 'libres'.

El importante papel que se atribuye al receptor como destinatario de las traducciones-producto obliga, en primer lugar, a tener en cuenta la actividad en sí, en segundo lugar, exige contar con el carácter —especializado, literario, o común— de los mensajes; y, por último, pide tener presente el propósito de la traducción, distinto si se quiere divulgar un trabajo científico,[17] si se pretende una versión para niños de una obra literaria, o si se busca una traducción estricta y técnica de información económica. Para alcanzar determinados resultados se hace imprescindible considerar los requisitos y los cauces de ha de cubrir la actividad en su proceso. Por ejemplo, si se pretende una traducción (li-

---

16. El estudio de R. Rabadán (1991) resulta extraordinariamente clarificador respecto al concepto de «equivalencia» en el ámbito de la traducción.
17. Las traducciones —con finalidad divulgativa— de trabajos científicos vienen siendo objeto de estudio detenido en estos últimos años (véase el riguroso y convincente trabajo de F. J. Fernández Polo, 1999).

teraria o no literaria) cuyos destinatarios sean adultos y con cierto grado de especialización, las exigencias en el desarrollo del trabajo no serán idénticas a las que pediría una versión para niños. De modo que los receptores, o, más apropiadamente, la traducción como producto en sus coordenadas pragmáticas condiciona y dirige el proceso, la actividad de traducir, puesto que la «equivalencia» en el trasvase de información ha de valorarse en relación con los destinatarios. La mirada a la *Retórica* (a cuyo amparo, y en la vertiente literaria, nació el interés por la traducción) trae consigo la necesidad de considerar aspectos culturales, antropológicos, psicológicos, pragmáticos, sociales, o educativos, que entran en juego en toda actividad traductora que busca determinados objetivos con sus productos.

Así que especialistas como P. Newmark (1988, 8 y ss.), B. Hatim y I. Mason (1990), E. Gutt (1991), M. Snell-Hornby (1988) o C. Hernández Sacristán (1994) —entre otros— conciben el ámbito en un sentido integrador, en el que han de caber todos los ingredientes asociados al proceso de traducir y todas las propiedades vinculables a los productos, de modo que la teoría y los modelos que se propongan irán acomodando y ajustando las exigencias de la actividad en consonancia con los resultados pretendidos. Al final, la *Traductología* se considera como un terreno científico,[18] con entidad propia sustentada en su prisma singular de vertebración:

> translation draws on many disciplines, but is no equal to the sum total of their overlapping areas and is not dependent on any one of them. As a discipline in its own right, translation studies needs to develop its own methods based, not on outside models and conventions from other disciplines, but on the complexities of translation (M. Snell-Hornby, 1988, 35).

En cuanto al área de la *Planificación lingüística*, está siendo contemplada, asimismo, en su autonomía y por su rango en el conjunto de la *Lingüística aplicada*. Autores como D. Daoust y J. Maurais (1987) insisten en que, a pesar de la diversidad de planteamientos y propuestas relativos al proceso de «intervención en una lengua», es posible determinar las «bases théoriques de ce domaine essentiellement multidisciplinaire», y se hace, al tiempo, factible

---

18. N. Wilss (1982), reflexiona en su estudio *The* **Science** *of Translation* (negrita mía) sobre las propuestas teóricas en el campo y acerca de las pretensiones que pueden o deben buscarse: «In spite of the danger of simplifying its methodological approach, the modern science of translation first devoted its attention to the development of a valid theory for analysing the process of translation regardless of the two respective languages involved» (N. Wilss, 1982, 14).

développer des cadres méthodologiques adaptés à l'étude du changement linguistique planifié (1987, 7),

de manera que *l'aménagement linguistique* (como denominan al campo) ha de considerarse como una disciplina relativamente independiente, que se distingue

> par son caractère pragmatique, qui se manifeste notamment par la grande attention apportée aux études de cas (D. Daoust y J. Maurais, 1987, 39).

Por otra parte, los intereses de la *Planificación lingüística* por plantear y llevar a cabo procesos de reforma, modernización e intervención general en el discurrir y en el estatus de las lenguas se perciben, en estos momentos, como legítimos por las mismas necesidades y exigencias surgidas de la realidad sociolingüística.[19] Son, pues, habituales y frecuentes las caracterizaciones del campo en términos tan explícitos como los siguientes:

> **Language planning may be defined as deliberate, institutionally** organized attempts at affecting the linguistic or sociolinguistic status or development of language (M. Nahir, 1984, 294).

La proliferación de teorías y modelos de planificación —tanto en lo que concierne a la vertiente de adecuación interna o del *corpus* como en lo que alcanza a la planificación de usos y funciones (o planificación del *estatus*), y en lo que, desde modelos más recientes, atañe a la planificación del prestigio— constituye un excelente indicador de la vitalidad y de la solidez presentes en la investigación en el ámbito. Las propuestas teóricas y de representación de fases que han de recorrerse en el proceso de planificación elaboradas por, entre otros, Einar Haugen (cfr. E. Haugen [1983] y [1987]), Harald Haarmann (cfr. H. Haarman, 1990) y John de Vries (cfr. J. de Vries, 1991), son una buena muestra de sistematización y tratamiento estricto y cuidadoso de los elementos objetivos intervinientes en el proceso, y hacen, por ello mismo, patente

---

19. R. Bartsch (1987, 229) se refiere a la lógica consecuencia de valorar la situación y el estatus de las lenguas desde la óptica sociolingüística, y ello porque el prisma «social» incluye también factores y aspectos éticos: «according to whom language is a social institution, are interested in questions like who determines and influences the norms of this institution in whose favour, and how one can intervene in this institution and its development, not only under systematic and functional aspects but also under ethical and social ones».
   Se matiza, de este modo, la cuestión de la *prescripción* en *Planificación lingüística* (cfr. P. Bruthiaux, 1992) e incluso llega a hacerse explícita una amplia gama de propósitos en las actividades de *planificación* (cfr. M. Nahir, 1984).

su relevancia, diluyendo así las opiniones que negaban propiedad y carácter de rigor al ámbito. Atrás parecen haber quedado las visiones negativas y sesgadas (cfr. R. Cooper, 1989) respecto de la planificación, concebida ahora como proceso objetivo y no en función de sus fines, y caracterizada, según H. Haarmann (1990, 106) por ser

> a continuous activity of controlling language variation under changing societal conditions.

Las intervenciones no se toman como acciones de «control de la lengua para controlar la sociedad», sino que se interpretan como procesos de atención a necesidades comunicativas, sociales, o funcionales, de las lenguas considerando, en paralelo, los cambios en las coordenadas sociales; de ahí la importancia de la *evaluación* de los principios planificadores desde la perspectiva de su acomodo a las expectativas y a las exigencias de comunicación natural y eficaz que envuelven a los hablantes (cfr. M. Fernández Pérez, 1994, §2.1).

2.2. APLICACIONES EN PATOLOGÍAS DEL LENGUAJE Y EN PROBLEMAS LINGÜÍSTICOS DE CARÁCTER FORMAL

La autonomía y capacidad integradora, así como la orientación hacia problemas materiales concretos —que identifican el objeto de interés y guían el desarrollo particular del campo— son rasgos explícitos también en el área de la *Lingüística clínica*. D. Crystal (1984) así lo afirma cuando considera que la *Lingüística clínica* es uno de los campos de la *Lingüística aplicada* (cfr. 1984, 30), y cuando resalta que hay

> psychological and environmental factors which may be contributing to P's handicap (1984, 87);

factores que, sin duda, han de tenerse presentes con miras a la elaboración de modelos y técnicas de terapéutica. De ello se deduce la idea de una concepción amplia de la *Lingüística*,[20] que, de hecho, ha propulsado el avance y ciertos derroteros en la concepción, el estudio y la posible rehabilitación de las patologías lingüísticas. En efecto, los primeros planteamientos «lingüísticos» de los déficit en la habilidad procedían de enfoques exclusivamente fonéticos o únicamente gramaticales, diferenciándose «patologías del habla» y «patologías del lenguaje» (cfr.

---

20. No puede limitarse, pues, a las áreas 'internas' de Gramática, Fonología, Fonética o Lexicología, sino que ha de incluir «a range of interdisciplinary subject areas, such as neurolinguistics and, especially, psycholinguistics» (D. Crystal, 1984, 87).

D. Crystal, 1980, y M. Fernández Pérez, 1996b). Pero los avances teóricos en corrientes lingüísticas como el estructuralismo y la gramática generativa, así como el desarrollo de la *Psicolingüística* y de la *Neurolingüística*, propiciaron aproximaciones lingüísticas más realistas y completas a las patologías, consideradas ya como *patologías del lenguaje* y con repercusión, por tanto, en la dimensión simbólica en mayor o menor grado, y clasificadas mediante parámetros comunicativos («de la recepción», «de la expresión» y «centrales»), o por criterios psicolingüísticos («de la adquisición», «del lenguaje infantil», y «del lenguaje adulto»). Asimismo, las aportaciones de la *Sociolingüística* y, sobre todo, de la *Pragmática* han marcado las líneas maestras de la teoría y los modelos elaborados esta última década en el campo de la *Lingüística clínica*. Los entornos naturales, habituales, con los estímulos comunes y los contextos ordinarios, definen las coordenadas de trabajo tanto en la fase de recogida de datos para evaluar el déficit, como en la fase de rehabilitación para tratar de reconducir la habilidad lingüística afectada. De manera que la perspectiva pragmática, de interacción espontánea del paciente, acompaña los modelos de diagnóstico, evaluación y terapéutica más recientes (cfr. M. Fernández Pérez [1996c], [1998b], [1999b]). Por su parte, la *Sociolingüística* ha permitido reubicar las variedades mediante su tratamiento equiparable, lo que ha sido crucial en la relativización del «patrón de normalidad» en el campo de las patologías; a este respecto, señalan R. Lesser y L. Milroy (1993, 51) que

> it is important to recognize the wide variety of spoken language which may be considered to be normal rather than pathological as shown by sociolinguistic and interactional research, and this more liberal conception of normality is critically important to the aphasia researcher and therapist.

Por último, el área tecnológica de la *Lingüística computacional* centra su interés en la serie de aspectos, factores, procesos, o elementos que intervienen en la *computación* de las lenguas; de lo que se trata es de elaborar modelos y técnicas que permitan procesar el lenguaje natural en lenguaje máquina, con objeto de hacer posible no sólo el reconocimiento sino también la generación y producción lingüística desde la misma computadora. Las investigaciones en este campo son tan variadas como las propias proyecciones computacionales concretas; de manera que si bien se define la *Lingüística computacional* como

> el estudio de los sistemas de computación utilizados para la comprensión y la generación de lenguas naturales (R. Grishman, 1986, 15),

al tiempo se manifiestan objetivos aplicados concretos que conducirán, según los propósitos singulares, la elaboración de modelos, el diseño de formalismos o la edificación de teoría computacional, dependiendo, naturalmente, de las necesidades específicas en cada circunstancia. R. Grishman (1986) se refiere a tres tipos de aplicaciones que han sido cruciales para el fulgurante despegue y crecimiento de la *Lingüística computacional*: la traducción automática, la recuperación de información, y el diseño de *interfaces* hombre-máquina, subrayando las necesidades particulares de computación en cada caso. Mientras la traducción automática exige modelizar *analizadores* y construir *interlinguas*, las otras situaciones recurren a la computación en el sentido más mecánico y formal de elaborar programas que vehiculen la recuperación de información y la interacción hombre-máquina. Por otra parte, la integración de conocimientos procedentes de la *inteligencia artificial*, de la *informática*, o de las contribuciones del programa *cognitivo*, ha desempeñado un papel fundamental para el trazado y la determinación del ámbito de la *Lingüística computacional*, en cuyo marco se hace en mayor medida imprescindible la consideración unitaria y conjunta de aspectos que de alguna forma son reinterpretados desde la órbita del área. R. Grishman (1986, 18) nota la entidad propia del campo en términos como los siguientes:

> no debemos suponer que una 'solución' en un área de la lingüística teórica (por ejemplo, una gramática formal y concisa del inglés) sea *per se* una solución al problema correspondiente en lingüística computacional [...]. Como en otras áreas de la ciencia, se requiere un esfuerzo considerable para pasar de una teoría formal elegante a una teoría computable.

El avance particular del ámbito en su autonomía ha derivado no sólo en la ampliación de intereses y de esferas de aplicación, sino también en la construcción de teorías con distinto grado de aceptación y fortuna dependiendo de su utilidad y de sus posibilidades de proyección. En lo que concierne al progreso en vertientes aplicativas, la labor de diseño de herramientas y útiles automáticos —reconocimiento de voz, identificación de hablantes, conversión de texto a habla, dictado automático, etcétera— ha dado lugar a la delimitación del área de *industrias de la lengua* o *tecnologías del habla*, ocupada de productos; por otra parte, las necesidades de manejo de *corpora* amplios y de bases de datos ingentes han promovido el desarrollo de programas informáticos de análisis, rastreo y sistematización de la información —concordancias, etiquetadores, bases terminológicas, diccionarios automáticos, etc.—, lo que constituye el campo de acción de la *lingüística informática*. En conjunto, las dimensiones *computacional, informática* e *industrial*, configuran el vasto terreno de la *Lingüística tecnológica* en la actualidad (véase J. Llisterri y T. Moure, 1996). El progreso en profundidad del campo viene de la mano de modelos y teorías que se perfilan con distintos objetivos y alcances en lo que a aplicaciones se refiere. Los primeros modelos simbólicos deudores de los formalismos de la gramática generativo-transformacional tienen su complemento en modelos estadísticos —que facilitan aplicaciones con datos heterogéneos y variables— y en modelos enraizados en la Biología genética y cerebral —que permiten la interacción entre componentes—, de modo que la cuestión central de «procesar las lenguas naturales» en lenguajes automáticos parece exigir la conjunción integrada de diferentes aproximaciones teóricas, si es que han de mejorarse las aplicaciones y si no se ha de olvidar el norte de la traducción automática (véase A. Moreno Sandoval, 1998, especialmente capítulos 3, 4, 5 y 6).

En síntesis, la heterogeneidad disciplinar derivada de la variedad de problemas materiales que el lenguaje y las lenguas plantean no debe verse como impedimento para englobar aquellos ámbitos en el marco de la *Lingüística aplicada*. Y ello porque la diversidad resulta de las dimensiones —en mayor o menor grado centrales, esenciales y propiamente lingüísticas— del lenguaje, que en su realidad compleja manifiesta problemas sólo solventables a través de aplicaciones específicas según el inconveniente surgido. El panorama diverso está, pues, en consonancia con las proyecciones aplicativas que permite o que pide el lenguaje, relativa y paulatinamente acotable según el progreso de la ciencia en general, y, desde luego, comparable a cualquier campo de *ciencia aplicada*, en donde lo unitario es la orientación hacia la resolución de circunstancias problemáticas interesantes (en este caso, desajustes, deficiencias o inadecuaciones reales en las lenguas o el lenguaje).

Lecturas complementarias

Baker, Mona (ed.) (1997): *Routledge Encyclopedia of Translation Studies*, Londres, Routledge.
  Enciclopedia muy recomendable para aproximarse al área de la Traducción.
Barnbrook, Geoff (1996): *Language and Computers*, Edinburgh, Edinburgh University Press.
  Iniciación paulatina y cuidadosa al terreno de la Lingüística informática.
Biber, Douglas; Conrad, Susan y Reppen, Randi (1998): *Corpus Linguistics. Investigating Language Structure and Use*, Cambridge, Cambridge University Press.
  Introducción atractiva y clara al ámbito de la «Lingüística de corpus».

Blanken, Gerhard; Dittmann, Jürgen; Grimm, Hannelore; Marshall, John C. y Wallesch, Claus-W. (eds.) (1993): *Linguistic Disorders and Pathologies. An International Handbook*, Berlín, W. de Gruyter.
   Enciclopedia muy detallada de patologías del lenguaje.
Brown, Keith y Miller, Jim (eds.) (1996): *Concise Encyclopedia of Syntactic Theories*, Nueva York, Pergamon.
   Panorámica actual del prolífico campo de la Sintaxis.
Calvo, Julio (1994): *Introducción a la pragmática del español*, Madrid, Cátedra.
   Presentación rigurosa —y densa— del quehacer descriptivo en Pragmática.
Caplan, David (1987): *Introducción a la neurolingüística y al estudio de los trastornos del lenguaje*, Madrid, Visor, 1992.
   Visión rigurosa —y densa— del campo de la Neurolingüística.
Coulmas, Florian (ed.) (1997): *The Handbook of Sociolinguistics*, Oxford, Blackwell.
   Enciclopedia de Sociolingüística muy recomendable.
Crystal, David (1980): *Patología del lenguaje*, Madrid, Cátedra, 1983.
   Sugestiva presentación de las coordenadas y factores que envuelven las patologías del lenguaje.
Duranti, Alessandro (1997): *Antropological Linguistics*, Cambridge, Cambridge University Press.
   Excelente y extenso estudio sobre el campo de la «Lingüística antropológica».
Escandell, M.ª Victoria (1996): *Introducción a la Pragmática*, Barcelona, Ariel.
   Manual de Pragmática altamente recomendable por su claridad y rigor.
Fernández Pérez, Milagros (1986): «Las disciplinas lingüísticas», *Verba*, 13, 15-73.
   Panorámica de las áreas de la Lingüística.
— (1993): «Sociolingüística y Lingüística», *Lingüística Española Actual*, XV/2, 149-248.
   Ubicación de la Sociolingüística en la Lingüística de hoy.
— (coord.) (1996): *Avances en Lingüística Aplicada*, Colec. «Avances en...», n.º 4, Universidade de Santiago de Compostela.
   Las distintas vertientes de la Lingüística aplicada en la actualidad.
Fletcher, Paul y Brian MacWhinney (eds.) (1995): *The Handbook of Psycholinguistics*, Oxford, Blackwell.
   Enciclopedia de Psicolingüística extraordinariamente abarcadora.
Fuchs, Catherine y Le Goffic, Paul (1992): *Les linguistiques contemporaines*, París, Hachette.
   Las principales corrientes en la Lingüística reciente.
Garman, Michael (1990): *Psicolingüística*, Madrid, Visor, 1996.
   Introducción a los temas centrales de la Psicolingüística.
Givón, Thomas (1995): *Functionalism and Grammar*, Amsterdam, J. Benjamins.
   Concepción integral de aspectos para describir y explicar estructuras lingüísticas.
Goldsmith, John (ed.) (1995): *The Handbook of Phonological Theory*, Oxford, Blackwell.
   Enciclopedia de Fonología altamente recomendable.
Hardcastle, William y Laver, John (eds.) (1997): *The Handbook of Phonetic Sciences*, Londres, Routledge.
   Enciclopedia muy completa que acoge las distintas esferas de desarrollo y aplicación de la Fonética.

Hatim, Basil y Mason, Ian (1990): *Teoría de la traducción. Una aproximación al discurso*, Barcelona, Ariel, 1995.
   Excelente introducción al proceso de traducción desde la perspectiva informativa.
Hernández-Sacristán, Carlos (1994): *Aspects of Linguistic Contrast and Translation*, Frankfurt am Main, Peter Lang.
   Interesante y rigurosa visión de algunos aspectos cruciales de la traducción.
Jacobs, Joachim; Stechow, Arnim von; Sternefeld, Wolfgang y Vennemann, Theo (eds.) (1993): *Syntax. An International Handbook of Contemporary Research*, 2 vols., Berlín, Walter de Gruyter.
   La Enciclopedia más completa sobre el ámbito de la Sintaxis en la actualidad.
Lappin, Shalom (ed.) (1996): *The Handbook of Contemporary Semantic Theory*, Oxford, Blackwell.
   Enciclopedia que incluye corrientes y temas nucleares en el campo de la Semántica.
López García, Ángel (1988): *Psicolingüística*, Madrid, Síntesis.
   Manual básico para iniciarse en Psicolingüística.
— (ed.) (1990): *Lingüística general y aplicada*, Valencia, Universitat.
   Introducción a las diferentes disciplinas lingüísticas tratadas en cada uno de los capítulos.
Martín Vide, Carlos (ed.) (1996): *Elementos de Lingüística*, Barcelona, Octaedro.
   Presentación de temas estrella y de áreas de la Lingüística que se tocan en los diferentes capítulos.
Moreno Cabrera, Juan Carlos (1995): *La lingüística teórico-tipológica*, Madrid, Gredos.
   Bases y propósitos de la orientación tipológica en Lingüística.
— (1997): *Introducción a la lingüística. Enfoque tipológico y universalista*, Madrid, Síntesis.
   Conceptos, métodos y procedimientos para cultivar la descripción tipológica en Lingüística. Muy didáctico.
Moreno Fernández, Francisco (1998): *Principios de sociolingüística y sociología del lenguaje*, Barcelona, Ariel.
   Tratamiento extenso y actual de la Sociolingüística.
Moreno Sandoval, Antonio (1998): *Lingüística computacional. Introducción a los modelos simbólicos, estadísticos y biológicos*, Síntesis, Madrid.
   Panorámica muy completa y actual de las vertientes y de los retos de la Lingüística Computacional.
Nagao, Makoto (1986): *Machine Translation. How Far Can It Go?*, Oxford, Oxford University Press.
   Accesible introducción a los problemas, requisitos y alcances de la traducción automática.
Payrató, Lluís (1998): *De profesión, lingüista. Panorama de la lingüística aplicada*, Barcelona, Ariel.
   Amena y útil introducción a la Lingüística aplicada.
Peña Casanova, Jordi (1990): *Manual de Logopedia*, Barcelona, Masson.
   Completa y rigurosa introducción al área logopédica.
Smith, Benita y Leinonen, Eeva (1992): *Clinical Pragmatics. Unravelling the complexities of communicative failure*, Londres-Nueva York, Chapman y Hall.
   Atractiva presentación de las deficiencias lingüísticas desde coordenadas comunicativo-pragmáticas. Excelente ilustración de la perspectiva pragmática implicada en las realidades lingüísticas.

Spencer, Andrew y Zwicky, Arnold (eds.) (1998): *The Handbook of Morphology*, Oxford, Blackwell.
La Enciclopedia más abarcadora en el ámbito de la Morfología.
Stern, Hans H. (1983): *Fundamental Concepts of Language Teaching*, Oxford, Oxford University Press, 1990 (reimpr.).
El estudio más serio y pormenorizado sobre los procesos de enseñanza y aprendizaje de lenguas.
Svejcer, Alexander (1986): *Contemporary Sociolinguistics. Theory, problems, methods*, Amsterdam, J. Benjamins.
Excelente panorámica valorativa de la teoría, los problemas y los métodos de la Sociolingüística. Es de destacar la visión europea del campo.
Toury, Gideon (1995): *Descriptive Translation Studies and beyond*, Amsterdam, J. Benjamins.
El planteamiento más serio y convincente en traducción.
Verschueren, Jeff; Östman, Jan-Ola y Blommaert, Jan (eds.) (1995): *The Handbook of Pragmatics*, Amsterdam, J. Benjamins.
Enciclopedia de Pragmática altamente recomendable.
Wierzbicka, Anna (1991): *Cross-Cultural Pragmatics. The Semantics of Human Interaction*, Berlín-Nueva York, Mouton de Gruyter.
Estudio de Pragmática, de Antropología lingüística, de Tipología lingüística, de Gramática. Excelente perspectiva de integración característica de los trabajos de esta autora.

PRÁCTICAS Y EJERCICIOS

1. Indique, justificándolo, qué disciplinas (de la *Lingüística teórica* o de la *Lingüística aplicada*) atenderían a situaciones como las siguientes:

   a) Impulso y reconocimiento de una lengua a través del *cultivo* y de su consideración oficial.
   b) Terapia reeducativa en casos de dislexia en niños de entre 6 y 10 años.
   c) Comparación del uso de pronombres entre japonés y español.
   d) Materiales y recursos técnicos para que niños de preescolar vayan desarrollando la lengua inglesa a la par que la lengua gallega y la española.
   e) Trasvase de información de unas lenguas a otras, de modo ágil y respetando el principio de *equivalencia comunicativa*.
   f) Actitudes y conciencia de los hablantes respecto de las lenguas o variedades que utilizan.

2. En el siguiente texto de Edward Sapir (1921: *El lenguaje*, México, Fondo de Cultura Económica, 1974, 112) se exponen las ventajas de adoptar una perspectiva de lingüística general en el estudio de los fenómenos lingüísticos, ¿cómo repercute en concreto la asunción de ese prisma en la cuestión de los *universales*?; ¿cómo puede incidir para agrupar lenguas por características comunes?

   Nuestro análisis podrá parecer un tanto forzado, pero esto se debe sólo a que estamos habituados a nuestros trillados carriles de expresión, que hemos llegado a sentirlos como inevitables. Sin embargo, un análisis destructivo de lo familiar es el único método posible para llegar a tener una idea de modos de expresión fundamentalmente diversos. No todo lo que es extraño a la lengua que hablamos es en sí mismo ilógico o descabellado. Muchas veces, una perspectiva más amplia nos viene a revelar que precisamente las cosas más familiares son en realidad excepcionales y extrañas.

Existen ciertos idiomas en que el plural (si acaso llega a expresarse) se concibe de la misma manera sobria, restringida, casi podríamos decir casual, como nosotros sentimos la partícula negativa en *insano*. Para estos idiomas, el concepto de número no tiene la menor importancia sintáctica, no se concibe especialmente como concepto que define una relación, sino que se relega al grupo de los conceptos derivativos, y aun de los conceptos básicos.

Lo que decimos resulta todavía más evidente si tomamos el género como punto de enfoque. En estas dos frases inglesas, *the white woman that comes* ('la mujer blanca que viene') y *the white men that come* ('los hombres blancos que vienen'), no tenemos nada que nos recuerde que el género, al igual que el número, puede ser elevado a la categoría de relación. Y, sin embargo, esto es lo que sucede en latín. Las secuencias *illa alba femina quae venit*, e *illi albi homines qui veniunt* nos obligan a considerar conceptos de relación (género, número, caso, etc.) para establecer adecuadamente las diferencias existentes.

3. Seleccione, según sus preferencias, un campo de la Lingüística y elija —en la relación de obras que se han proporcionado en los distintos capítulos— un manual que se ocupe de ese terreno. Valore la concepción del área que en él se defienda en términos de objeto de estudio, método y finalidad.

4. En el capítulo 1 del volumen IV del *Panorama de la lingüística moderna de la Universidad de Cambridge*, Beatriz Lavandera se lamentaba de la heterogeneidad de perspectivas a la hora de atender a la naturaleza social del lenguaje, lo que imposibilita la distinción nítida de áreas y corrientes. Sobre parte de sus consideraciones (que se transcriben a continuación), trate de delimitar áreas y corrientes sirviéndose de criterios como el *objeto de estudio*, o el *propósito*, de modo que la difuminación entre ámbitos y las dificultades para establecer fronteras se pongan en tela de juicio.

No pueden establecerse nítidas distinciones entre las distintas perspectivas de la lingüística que poseen una orientación social, de manera que cada una de ellas se opusiera a las demás según su materia de estudio, sus objetivos, su metodología, etc. La situación es, de hecho, mucho más compleja: se producen importantes solapamientos de distinto signo; dos tendencias que comparten el mismo objeto básico de investigación pueden no coincidir en su metodología, mientras que investigadores pertenecientes a áreas por completo diferentes quizás empleen idéntica metodología.

Todas las tendencias recogidas en este volumen comparten el propósito común de estudiar el uso del lenguaje. No obstante, al término «uso» se le atribuyen acepciones profundamente diferentes, cada una de las cuales caracteriza, a fin de cuentas, a una disciplina semiindependiente. Por ejemplo, en el área conocida como «etnografía del habla», el término «uso» se refiere al uso del código, o de los códigos, en el desarrollo de la vida social. Los estudios realizados en esta área son dinámicos e interaccionales y, recientemente, han adoptado la teoría de Goffman sobre el orden social. Los datos analizados por la etnografía del habla suelen consistir en enunciados o repertorios de enunciados, en los rasgos que caracterizan al hablante, al oyente y a la situación del habla, así como en las supuestas finalidades del acto comunicativo.

El «paradigma cuantitativo» comparte con la etnografía del habla un importante conjunto de datos que se definen sobre la base de los enunciados producidos. Sin embargo, ya no es un enunciado o un conjunto de enunciados conectados entre sí lo que constituye el *objeto* de análisis en esta área, que se inició con las investigaciones de Labov y de sus colaboradores. En este caso, se trata de «datos estadísticos acumulados» que se recopilan cuantificando diversas variables lingüísticas y correlacionándolas con variables externas en todos los enunciados del *corpus*, el cual, a su vez, se obtiene a partir de una muestra de hablantes socioeconómicamente representativa.

Otros enfoques también se ocupan de los enunciados, pero a un nivel interpersonal, desvinculándolos, en mayor o menor medida, del contexto social. Así ocurre en la mayor parte del análisis del discurso y, en menor grado, en el análisis de la conversación. De entre todas las subdisciplinas recogidas en este volumen, el análisis del discurso es la que comparte mayor número de rasgos, en lo que a metodología y resultados se refiere, con la lingüística chomskyana, de manera que, si bien su objeto de estudio es el habla efectiva empleada en situaciones reales, tiende a considerarlo de manera autónoma, tal y como los generativistas estudian la gramática.

Por último, existe un enfoque del uso lingüístico totalmente distinto de los que acabo de describir. Este enfoque (o, más apropiadamente, este conjunto de enfoques) se agrupa bajo la rúbrica de «macro-sociolingüística». En este caso, los datos objeto de análisis no son los enunciados, sino los sistemas, en particular, las lenguas o las variedades lingüísticas presentes en una misma comunidad. La labor del lingüista consiste, por lo tanto, en analizar la relación que existe entre estos sistemas. Algunas ramas de la macro-sociolingüística representadas en el volumen son la dialectología, la planificación lingüística, las investigaciones sobre el bilingüismo, el estudio del nacimiento de las lenguas y el de su desaparición.

5. Especifique y valore los criterios que se proponen en el siguiente fragmento para distinguir la *Lingüística aplicada* de la *Lingüística teórica*.

En efecto, la LA es una ciencia *para*, desde el momento en que está en función de unos objetivos externos como puedan ser los pedagógicos (enseñanza de lenguas), los tecnológicos (lenguaje computerizado) o los terapéuticos (logopedia, etc.). En este sentido, la LA es una ciencia útil, por cuanto es práctica, frente a la LT que, en principio, se preocupa por la creación de modelos abstractos con los que explicar el lenguaje como totalidad, pero que no incluye entre sus objetivos iniciales el de la aplicación a un campo determinado. Por esto mismo también, la LT equivale a un núcleo más o menos uniforme de doctrina frente a la diversidad que presenta la LA en su distribución en abanico a partir del núcleo mencionado: las mismas especialidades que hemos nombrado más arriba muy poco o nada tienen en común, salvo que su objeto es lingüístico [...].

La frontera que separa ciencia aplicada de ciencia teórica es muy flexible y desde luego abordable desde uno u otro de los respectivos espacios. Queremos decir que, por un lado, no todos los lingüistas estarían de acuerdo ni mucho menos en la acotación del campo teórico, dándose la circunstancia de que éste será más o menos extenso según sus particulares exigencias y, por otro, que la propia frontera se desplaza hacia aspectos teóricos cuando se cimenta una aportación práctica —y no hay investigación aplicada por poco juiciosa que sea que no deje de hacerlo— (Julio Calvo [1990]: «Lingüística aplicada», capítulo 12 de Ángel López *et al.*, *Lingüística general y aplicada*, Universitat de València, 1990, 323).

6. En la Enciclopedia de Joachim Jacobs, Arnim von Stechow, Wolfgang Sternefeld, y Theo Vennemann (eds.) (1993): *Syntax. An International Handbook of Contemporary Research*, 2 vols., Berlín, Walter de Gruyter, seleccione tres corrientes y confróntelas por *a)* el modo de abordar los hechos gramaticales, y *b)* los procedimientos de análisis que manejan.

7. En cada uno de los dos casos problemáticos particulares que se ofrecen a continuación, indique qué aportaciones pluridisciplinares serían imprescindibles para la consideración integral y unitaria exigida con miras a su posible resolución.

a) Traducción-versión de la novela de Jonathan Swift, *Gulliver's Travels* (1726), al español para niños de 10 años.

b) Déficit articulatorios, sobre todo de sonidos dento-alveolares, y con cierta incidencia simbólico-cognitiva, en un niño de 8 años que vive en un área andaluza.

Capítulo 7

VALORACIONES EXPLÍCITAS EN LA LINGÜÍSTICA DE HOY. EPISTEMOLOGÍA DE LA LINGÜÍSTICA

Este capítulo final está destinado a las dimensiones que contribuyen a la objetividad, fiabilidad y garantía de los marcos teóricos en Lingüística. El carácter científico de las aportaciones de conocimiento sobre el lenguaje y las lenguas se hace descansar en requisitos de concordancia entre objeto y métodos, así como en condiciones de demostración y de justificación representacional («modelos de», «imágenes de») y funcional («describen» y «analizan») que han de cumplir los principios teóricos propuestos. En cualquier caso, contemplando siempre las contribuciones en su contexto histórico-social y en las coordenadas convenientes de avance y orientación de la Lingüística.

1. **Evaluación y avance del conocimiento. El papel de la *Epistemología* en el campo de la Lingüística**

Si quisiéramos caracterizar la Lingüística actual desde el prisma de su riqueza y por lo que de asentamiento y solidez tiene su quehacer indagador y el conocimiento logrado, sin duda habría que resaltar su madurez y su clara actitud hacia el rigor y la profundización en el saber, lo que se viene plasmando no sólo en las valoraciones epistemológicas que merecen los marcos teóricos ya diseñados, sino también en las consideraciones explícitas —que los lingüistas vierten en sus trabajos— relativas a las bases y a los requisitos en los que se acomoda su investigación particular. Se hace patente, de este modo, el nivel de crecimiento y el poso de progreso que corresponde a la disciplina; hasta tal extremo que necesita 'mirarse a sí misma', reflexionar en términos evaluativos respecto a 'su interior', con objeto de reconocer los trazos de su Historia y, lo que es más importante, de dibujar las líneas de desarrollo que parecen más convenientes (debido a su objetividad, a su fiabilidad, a su transparencia, a su base empírica, a su aplicabilidad, o a su cientificidad) en el presente y hacia el futuro.

Si bien en toda tarea de investigación y búsqueda de conocimiento han de estar, por fuerza, presentes aquellos elementos que son decisivos para el discurrir de la labor y para el logro efectivo y convincente del saber —ya que la adopción de una perspectiva de estudio, la concepción de los problemas que interesan, y el diseño y uso de procedimientos y técnicas para abordarlos son consustanciales al proceso mismo de indagación—, y aunque estos factores han desempeñado su función a lo largo de la Historia de la Ciencia y, por tanto, en la Historia de la Lingüística (véase el §1.1 del capítulo 6),[1] sin embargo, en ningún momento se tomaron como tema nuclear de atención, y mucho menos existió preocupación consciente por hacerlos explícitos, de manera que la singularidad de la Lingüística actual radica precisamente en su decidida actitud por primar los aspectos epistemológicos que definen sus investigaciones, lo que por otra parte resulta propio una vez alcanzado cierto grado de madurez en el ámbito.

Conviene señalar que la *Epistemología de la Lingüística* en el conjunto de la Lingüística en estos últimos años ha disfrutado de un importante despegue desde su papel inicial en la *Historiografía de la Lingüística* hacia lo que es su función en cualquier actividad investigadora en desarrollo, asumiéndose de esta forma la relevancia de los ingredientes epistemológicos en todo proceso de investigación lingüística. En efecto, los principios y herramientas evaluativas de las aproximaciones a los hechos lingüísticos y del conocimiento alcanzado tienen sentido, además de para sistematizar y ponderar los logros a través de la Historia, para disponer de criterios y de bases de decisión a la hora de enfrentarse con problemas lingüísticos específicos y en el momento de plantear su investigación particular. Al igual que en la vertiente de la *Historiografía*, también en la esfera de la actividad y del proceso de indagación, los parámetros epistemológicos básicos están orientados hacia el objeto (¿cómo se concibe?, ¿qué naturaleza se le atribuye?, ¿cuál es su *ontología*?), hacia el método (¿cómo se aborda

---

1. S. Auroux (1980, 8) dice abiertamente que «L'histoire des sciences peut être considerée comme une partie de l'épistémologie descriptive, caracterisée par une dimension temporelle. Il faut toutefois distinguer entre la pure description d'une théorie passée (temporalité externe) et la tentative de construire des modéles d'èvolution, voire des explications de changement (temporalité interne)».

Asimismo, P. Swiggers (1983, 61) subraya los factores de valoración alrededor del «objeto» imprescindibles en la caracterización de la Historiografía: «c'est la discipline scientifique qui a pour but de *structurer* son objet (les théories linguistiques) dans ses *relations systèmatiques* et dans sa *solidarité* avec d'autres objets étudiés par la méthodologie de la linguistique et par l'histoire des idées et ses branches».

su estudio?, ¿cómo se analiza?, ¿qué procedimientos han de manejarse para profundizar en el objeto?, ¿qué *metodología* es acorde con sus características y fiable en sus resultados de indagación?), y hacia la finalidad (¿qué se pretende: conocer sin más; o conocer para aplicar?, ¿la meta es una teoría o un modelo de representación y análisis?, ¿se busca describir, o también explicar?, ¿qué *gnoseología* marca el norte de la investigación?).

Aunque M. Bunge (1980, 24 y ss.) incluye ocho dimensiones especificadoras del ámbito de interés de la *Epistemología* —a saber, (1) el componente lógico (que regula la «sintaxis» de las teorías; por ejemplo, qué nociones son «primitivas» y cuáles «derivadas» en un marco como el estructural, o cómo se conectan y cuál es la jerarquía entre *articulación, función* y *relación sintagmática* en ese planteamiento); (2) el componente semántico (indicador de los referentes —fenomenológicos, teóricos, metafísicos— de los conceptos; por ejemplo, en la teoría funcionalista de E. Coseriu, la noción de *norma* tiene referente real, mientras que la noción de *sincronía* es teórico-metodológica); (3) el ontológico (define las bases en que asientan los hechos estudiados; por ejemplo, en el generativismo la ontología es mentalista, mientras en el estructuralismo europeo los hechos se interpretan en su naturaleza social y comunicativa); (4) el metodológico (integra las herramientas y procedimientos para abordar la investigación, si son útiles independientes del estudioso, como en Fonética; si son técnicas propias de la corriente, como los principios de análisis estructural; si son procedimientos experimentales, con pruebas o cuestiones a las que someten los hablantes); (5) el componente relativo a las propiedades del conocimiento que se persigue (según que el propósito sea analizar, explicar o resolver una situación problemática concreta —como la de traducir de una lengua a otra—, las propuestas teóricas serán peculiares); (6) el componente axiológico (que integra los valores de demostración, justificación y convicción que funcionan en la comunidad científica); (7) el componente ético (con las reglas morales de, por ejemplo, el respeto a la propiedad intelectual), y (8) el estético (con los indicadores de transparencia, orden, simplicidad, etc., que definen el atractivo aparente de las teorías)—, no obstante podemos reducir a tres frentes los focos de atención epistemológicos: *a)* fundamentos de las teorías, bases en las que descansan sus objetos de estudio (lo que incluye aspectos semánticos y ontológicos); *b)* estructura de las teorías según sus propósitos y sus conceptualizaciones (lo que integra aspectos semánticos, metodológicos, ontológicos y lógicos), y *c)* organización y carácter de las teorías según su constitución y su dinámica (lo que exigirá atender a aspectos ontológicos, semánticos, metodológicos y axiológicos). De estos tres bloques se deducirán, respectivamente, el tipo de «ciencia» (natural, social o formal) cultivada, las cualidades generales, descriptivas, explicativas, o resolutivas del conocimiento propuesto y, finalmente, el carácter empírico, hermenéutico, o el grado de contrastabilidad, de los alcances teóricos.

Sobre esta tripla se asienta, como es natural, el desarrollo actualizado de las investigaciones concretas, de forma que tales criterios son, de un lado, guías de indagación, y, de otro lado, pautas de valoración respecto de propuestas ya diseñadas. O, lo que es lo mismo, los componentes *ontológico*, *metodológico* y *gnoseológico* importan en el denominado «contexto de justificación» —cuando se trata de evaluar un producto teórico—, como resultado de su relevancia en el «contexto de descubrimiento y elaboración» de las teorías —en el discurrir del estudio y en la edificación de un cuerpo de conocimiento—, lo que prueba una vez más su presencia indeleble en cualquier actividad de saber, se haga o no explícita.

Con seguridad, la distinción entre *contexto de justificación* (o «fase de validación») y *contexto de elaboración* (o «fase de descubrimiento»), sólo tiene sentido si, precisamente, atribuimos pertinencia a los parámetros epistemológicos como principios guía y como moldes indicadores de «construcción de teorías». En efecto, en el proceso activo de edificación teórica y de consecución de conocimiento se dan sucesiva o simultáneamente las dos fases, la de descubrir o elaborar y la de justificar y contrastar; ahora bien, la consideración autónoma del «contexto de justificación» tiene su razón de ser porque las pautas valorativas —concernientes a la adecuación, a la proyección, o a la base empírica, de la teoría perfilada— se han contemplado como requisitos en el momento de aproximarse al objeto, y para seleccionar la metodología más apropiada a los objetivos pretendidos. El recurso independiente al «contexto de valoración», limitando a ese estadio el interés epistemológico (lo que era característico de la filosofía de la ciencia de Karl Popper, 1934), no se sostiene, pues, a no ser que se admitan elementos evaluativos en la edificación misma de las teorías. En síntesis, las evaluaciones acerca de garantías, fiabilidad, objetividad o cientificidad de las propuestas teóricas son factibles gracias a que los investigadores han orientado su búsqueda del conocimiento respetando nortes epistemológicos. Y es que el «contexto de descubrimiento» tiene importancia capital en una visión dinámica de los procesos de construcción científica. Como señala N. Hanson (1958, 75): «El problema no es la utilización de teorías, sino el hallazgo de éstas»; aún más, los principios de evaluación de productos teóricos en el llamado «contexto de justificación» sólo se derivan si se atiende a los «contextos de descubrimiento» (cfr. M. Fernández Pérez, 1986*a*, §1.1.2). La *Epistemología* no se limita, pues, a la evaluación según un patrón o un molde determinado de «ciencia al uso», sino que promueve nuevos modos de actividad científica.

2. ¿De qué se ocupa la *Epistemología de la Lingüística*?

La asunción de criterios epistemológicos en Lingüística resulta incontestable en la vertiente valorativa de productos, de cuerpos teóricos ya diseñados, pero no parece haber calado suficientemente en la esfera del proceso investigador en sí, habida cuenta de que no sólo no son todavía habituales las declaraciones explícitas de bases epistemológicas en las propuestas teóricas, sino que además (y esto es lo grave) la faceta de formación en el ámbito se descuida o está claramente abandonada. Frente a lo que ocurre en las especialidades de «ciencias duras» en la mayoría de las universidades europeas y americanas, en las que se imparten materias de «epistemología» (de la Física, de la Biología, de las Matemáticas), en la esfera de las «ciencias sociales» la presencia de materias metodológicas y de «filosofía» y formación en la investigación es escasa o totalmente nula. A este respecto, Esa Itkonen, uno de los lingüistas de prestigio en el ámbito de la Epistemología de la Lingüística, señala:

> The philosophy of natural sciences, especially astronomy and particle physics, enjoys great prestige. So does the philosophy of logic and mathematics, even if to a somewhat lesser extent. But the philosophy of linguistics is sometimes treated with mistrust (E. Itkonen, 1991, 52).

En una línea similar, Mike Dillinger se lamenta del abandono en que se halla esta importante vertiente de formación de lingüistas:

> The development of knowledgeable, critical linguists is a goal to which all of us ascribe as teachers of linguistics (1983, 13),

e insiste en la responsabilidad que a todos nos compete en la preparación de lingüistas epistemólogos:

> until the enterprise becomes self-reflexive and self-critical in a systematic fashion it will not be true science. If one seeks to make of linguistics a real science, then a concentrated effort in the study and teaching of metatheory is urgently needed (M. Dillinger, 1983, 22).

Sin lugar a dudas, los logros de conocimiento que se reciben (o que se pretenden) sin someterlos a crítica y sin valorar su adecuación o su pertinencia y utilidad sólo darán juego en preparar tecnócratas que, de manera mecánica, aceptan modelos —sin cuestionarlos— y los proyectan. La urgencia de introducir materias y programas de formación epistemológica en Lingüística parece, pues, incuestionable.

Los convincentes argumentos reivindicativos de M. Dillinger (1983) y los sólidos y rigurosos trabajos de filósofos como M. Bunge (cfr. Bunge [1980*a*]), [1980*b*]), [1983]) y de lingüistas como R. P. Botha (cfr. Botha [1973], [1981], [1989], [1992]), E. Itkonen (cfr. Itkonen [1978], [1983], [1984]), E. Coseriu (cfr. Coseriu [1973]), P. Carr (cfr. Carr [1990]), T. Pateman (cfr. Pateman [1987]), D. Wunderlich (cfr. Wunderlich [1979]), C. Shütze (1996), o E. Bernárdez (1995), no han actuado como revulsivo suficiente como para que materias de «Filosofía de la investigación lingüística» empiecen a formar parte del paisaje de nuestros planes de estudio.[2] Es de esperar que el panorama empiece a tener relieve, o que, cuando menos, los acercamientos valorativos a las diferentes escuelas y planteamientos comiencen a ser moneda de cambio en la presentación de conocimientos en las distintas áreas, y ello repercuta en los objetivos de formación crítica —y no acumulativa, ni ecléctica— que se pretende.

2.1. ACTIVIDAD INVESTIGADORA Y GARANTÍAS. TEORÍA Y CONOCIMIENTO: ¿DÓNDE DESCANSA SU FIABILIDAD?

La percepción de que el progreso y el avance en general tienen mucho que ver con la «reflexión hacia el interior de los desarrollos» y con la valoración de los enfoques, de los procedimientos y del trazado de los trabajos, ha hecho mella en algunas áreas de la Lingüística y en muchas investigaciones particulares. Por poner algunos ejemplos, son reseñables —por numerosas y por incisivas en cuestiones esenciales— las aportaciones de evaluación epistemológica en el campo de la Sociolingüística, en donde —además de los estudios ya «clásicos» de S. Romaine (1981), de N. Dittmar (1983), de A. Pisani (1987), o de N. Dittmar, P. Schlobinski y Y. Wachs (1989)— destacan recientemente los finos análisis y evaluaciones de E. Figueroa (1994) y de G. Berruto (1995). En concreto, Esther Figueroa (1994, 4) cifra su objetivo en

> two connected metatheoretical problems in sociolinguistics: what defines sociolinguistics as a field either within or apart from linguistics generally, and how does a definition of sociolinguistics relate to the development and application of sociolinguistic theoretical models [...] But in attempting to define sociolinguistics one becomes entangled in prior me-

---

2. A este respecto, la situación derivada de los nuevos planes de estudio en la Universidad de Santiago puede considerarse privilegiada, al ofertar una materia optativa (de 2.º Ciclo) denominada «Epistemología de la Lingüística». Además de figurar como optativa en algunas Licenciaturas, la «Epistemología de la Lingüística» se ha hecho figurar como materia obligatoria en el proyecto de Plan de Estudios de la Licenciatura de «Lingüística» (y con la denominación de «Teoría y Epistemología de la Lingüística»).

tatheoretical questions having to do with larger issues of epistemology, ontology, ideology and historical developments in philosophy, science and the humanities;

para lograr el propósito de una caracterización ponderada de la Sociolingüística, E. Figueroa señala como inexcusable el prisma metateórico de la filosofía de la ciencia:

> In attempting to understand sociolinguistics from a metatheoretical perspective this study places sociolinguistics within a tradition of long-standing discourse on the nature of reality, knowledge, description and explanation (Figueroa, 1994, 4).

Desde presupuestos epistemológicos, E. Figueroa se aproxima a las principales corrientes en el ámbito,[3] evaluando su posición en la Sociolingüística en general y su contribución a la Lingüística, y con miras a obtener un cuadro preciso que permita la ubicación clara de los intereses del campo y que facilite el avance en sus desarrollos.

En la misma línea de E. Figueroa (1994), G. Berruto (1995) dedica los dos primeros capítulos de su libro *(Fondamenti di Sociolinguistica)* a consideraciones epistemológicas esenciales para la adecuada comprensión del ámbito. Dice a este respecto que

> In qualqunque campo, una buona teoria o una buona descrizione sono valide in base ai criteri interni dell'area disciplinare a cui pertengono e all'aporto che recano ad una migliore conoscenza dell'oggetto studiato, e non in base all'impegno sociale e al miglioramento nell'approccio a problemi concreti con cui si possano collegare. Se, ovviamente, la sociolinguistica presenta evidenti prospettive di utile applicazione, ed à tale da interessare, in superficie, il profano, questo non giustifica una valutazione in termini dei risultati applicativi a cui abbia dato luogo (Berruto, 1995, 4);

de ahí la urgencia de prestar atención a aspectos de concepción de los hechos sociolingüísticos, a condiciones que se exigen en la descripción y en la explicación o a requisitos que las teorías han de cumplir para ser fiables (cfr. G. Berruto, 1995, caps. 1 y 2).

El acercamiento epistemológico al quehacer lingüístico no sólo se ha hecho traslúcido en estos últimos años en el campo de la *Sociolingüística*, sino también en corrientes como la denominada *Lingüística del texto* (que sin duda se integraría en el marco de la *Pragmática*), o en

---

3. Se centra, particularmente, en la «etnografía de la comunicación», que tilda de *Sociolinguistic Relativism* (cap. 3), en la «sociolingüística cuantitativa», que califica de *Sociolinguistic Realism* (cap. 4), y en la «sociolingüística interaccional» (cap. 5).

casos particulares de trabajos que valoran algún enfoque o metodología. Por lo que nos alcanza, entre nosotros son reseñables, por ejemplo, los estudios de E. Bernárdez (1995) y de Á. López García (1996): los dos centran su interés en la perspectiva y en los métodos de la llamada «teoría de catástrofes», por la relevancia que tal concepción epistemológica pudiera tener en la investigación y en el conocimiento de los hechos lingüísticos «en su realidad». Y, así, E. Bernárdez se sirve del planteamiento «caológico» para conferir validación científica a la Lingüística textual, mientras que Á. López García considera su rentabilidad en el estudio de la «variación».

En el Prólogo a su estudio, Enrique Bernárdez dice abiertamente que

> Las numerosas críticas que se han venido realizando a la Lingüística Textual y a los modelos cognitivo-funcionales desde el paradigma lingüístico dominante incluyen necesariamente esa cuestión de la validez científica y ciertamente, frente a la precisión a la que nos tienen acostumbrados los trabajos sintácticos, los textuales o cognitivos pueden parecen imprecisos y rara vez llegan a producir resultados de suficiente generalidad como para ser considerados auténticamente científicos (Bernárdez, 1995, 13);

para conseguir la base científica que los estudios del texto exigen, le parece idónea la «teoría del caos»:

> En este libro intento mostrar cómo los nuevos planteamientos que se están haciendo en las ciencias naturales y sociales, y que pueden resumirse bajo el término de «Caología», nos permiten hallar una fundamentación científica para la lingüística textual y las otras disciplinas lingüísticas vecinas a ella, tan firme como la ofrecida por las ciencias naturales clásicas a los modelos que integran el paradigma dominante en lingüística (E. Bernárdez, 1995, 13).

Por su parte, Ángel López García (1996) no sólo le atribuye utilidad representacional a la teoría de catástrofes en el campo de la Lingüística, sino que además le otorga virtudes predictivas por estar en la base misma de los procesos lingüísticos. Con otras palabras, la teoría del caos no es una metodología sin más, sino una concepción que permite aproximarnos a la actividad lingüística en su dinamismo y en su variación, a

> cómo la materia se organiza en morfologías estables (Á. López García, 1996, 33).

La necesidad indiscutible de prismas epistemológicos —que, por otra parte, parecen asumirse en la Lingüística de estos últimos años, sobre todo desde el influjo ejercido por la gramática generativa— se hace patente no sólo en la esfera evaluativa, cuando se trata de enjuiciar y valorar ciertas corrientes o aproximaciones, sino sobre todo en la esfera de ejercitación, en el proceso mismo del quehacer investigador, si es que la pretensión es abordar los problemas con determinación y claridad suficientes sobre qué se busca y qué naturaleza corresponde al objeto estudiado.

Como es natural, las proyecciones epistemológicas en la vertiente crítica desempeñan un papel esencial en la *Historiografía de la Lingüística*, dado que funcionan como criterios de selección y sistematización de aspectos destacables para definir las «tradiciones», y para, posteriormente, valorarlas y compararlas. Si no se dispusiera de pautas relativas a los componentes *ontológico, metodológico y gnoseológico*, no sería posible una Historia <u>interpretada</u> de la Lingüística, y todo lo más conseguiríamos una crónica sobre las distintas aportaciones a lo largo de los siglos. No es extraño, pues, que los primeros pasos de la *Filosofía de la ciencia* en el campo de la Lingüística se hayan dado en el dominio de la Historia de la disciplina, en cuyo marco el reconocimiento de propuestas exige su comparación y evaluación. Pero además de en coordenadas históricas en sentido estricto, la valoración crítica es también indispensable ante teorías que proporcionan interpretaciones diversas o ante planteamientos metodológicos que facilitan vías y procedimientos de análisis y descripción distintos, lo que pide un decantamiento justificado o, cuando menos, una decisión tomada sobre la base de juicios rigurosos, frente a, ya sean adopciones «de escuela» puramente mecánicas que revistan labor de tecnócratas o de apostolado de presupuestos o principios que no se han puesto en tela de juicio, o ya sean enfoques «eclécticos» cómodos, alejados del compromiso y del rigor, que no tienen en cuenta la importancia de la conjunción entre propósitos y concepción particular del objeto, conjunción que impide la mezcla indiscriminada de interpretaciones y acercamientos. A este respecto, las consideraciones de Rudolph Botha (1992, 255 y ss.) sobre el «pluralismo ontológico» resultan ciertamente atinadas, porque diferencian la *ontología seleccionada* sobre el objeto como una elección determinada según los objetivos (en cuyo caso no tiene sentido el «pluralismo secuencial y ecléctico») y la *ontología global* compleja y diversa de los hechos lingüísticos, asociada a sus diferentes dimensiones de experiencia y plasmada en las escuelas y corrientes de la Lingüística actual y a través de la Historia. Con sus palabras:

What is being rejected here is not the idea of ontological pluralism as such, but an aprioristic form of pluralism based on traditional dichotomies not substantiated with recourse to the pertinent ontological considerations (R. Botha, 1992, 257).

Así que frente a una «position of ontological pluralism» —que no está regida por criterios precisos sino gobernada por el eclecticismo (representada, por ejemplo, por J. Lyons)—, según la cual,

a linguist is free —or even obliged— to hold two or more different conceptions of language at one and the same time (R. Botha, 1992, 254),

Rudolph Botha entiende que el planteamiento integrador de una concepción ontológica compleja ha de derivar de, entre otros aspectos, los siguientes:

(M1) Postulate different ('kinds of') realities.
(M2) Provide for different ontological systems within one and the same ('kind of') reality.
(M3) Characterize each single ('kind of') reality at various levels (1992, 257);

de ahí que no sea equivalente a la simple superposición de prismas de escuelas:

Setting up a pluralist linguistic ontology, it should also be noted, is not to be equated with studying language(s) or other linguistic entities from a variety of viewpoints or perspectives (Botha, 1992, 257).

En otras palabras, el lingüista ha de decidir racionalmente y ha de decantarse por una o por varias opciones ontológicas, integrándolas e incluso perfilando una nueva concepción, todo ello en consonancia con los objetivos que pretenda. Lo que, naturalmente, no congenia con la secuenciación indiscriminada de planteamientos ni con la selección arbitraria de una interpretación ontológica, posturas estas a todas luces inadmisibles en un modo de proceder científico.

2.2. Productos teóricos y validación. Valor representacional y valor analítico de las teorías

El papel de la *Epistemología de la Lingüística* es, por consiguiente, crucial en la fase de indagación de los hechos y en la elaboración y construcción de la teoría, y no sólo en la fase de validación, en el «contexto de justificación», cuando las propuestas de conocimiento se ofrecen como productos. Precisamente, en la línea de conceder pertinencia a la actividad investigadora podemos reducir a tres las órbitas en las que las cuestiones epistemológicas tienen incidencia en la Lingüística actual. En primer lugar, hay que resaltar los aspectos concernientes a los fines que pueden perseguirse en el saber sobre el lenguaje y las lenguas, en concreto: *a)* ¿es posible una teoría global?; *b)* ¿caben leyes explicativas y predictivas sobre los hechos lingüísticos?; *c)* ¿todo el conocimiento teórico que se proponga ha de ser en el mismo grado contrastable empíricamente?, y *d)* ¿las pretensiones resolutivas, de lingüística aplicada, cómo se justifican y valoran?

En segundo lugar figuran los aspectos relativos a procedimientos y método, siempre importantes no sólo por lo que facilitan desde el prisma analítico y descriptivo, o por las garantías que confieren a los resultados, sino sobre todo por el carácter «representacional» y de «modelos de proceso» que en muchas ocasiones se les ha otorgado: *a)* ¿las reglas que se proponen simbolizan una «realidad»?; *b)* ¿qué indican los modelos sustentados en la estadística?, y *c)* ¿qué valor tienen las representaciones a base de moldes «prototípicos»?

Finalmente, en tercer lugar, se sitúa la cuestión esencial que en toda investigación —y también en una investigación lingüística— ha de plantearse el estudioso: ¿cómo se conciben los hechos objeto de atención?, ¿qué fundamento los determina?, ¿cómo se define el *objeto de estudio*?

La aceptación generalizada de la complejidad material de los fenómenos lingüísticos, y la correspondiente asunción de la necesidad de perfilar *objetos* de interés —según los propósitos que se persigan o en consonancia con los presupuestos acerca de las coordenadas de «realidad» de los hechos, o con el «patrón» de quehacer científico que se maneje—, no han traído, sin embargo, unanimidad respecto de las pretensiones posibles de las teorías en Lingüística, ni en relación con el carácter de las investigaciones para que sean fiables y convincentes, ni tan siquiera en lo que alcanza al «modo» de hacer ciencia en el ámbito. R. Botha (1992, xi) describe la situación como un «mercado» en el que todo investigador ha de decidir por qué concepción optar:

> On The Market, you will find language on sale as something material, something behavioural, something mental, something biological, something abstract, something social or something cultural —to mention some of the stuffs language has been supposed to consist of. As for shapes, language is thrust down one's throat as a thing, pushed as a process, promoted as a procedure, auctioned as action, flogged as form, sold as system and marketed as means. Which brings us to diversity in design, conceptions of language being available in many a mode: nominalist,

conceptualist, realist, obscurantist, eclecticist and so on. And each conception of language has its own finish.

En una línea similar, Marcelo Dascal y José Borges Neto (1991), después de señalar que

> não há um «objeto natural» delimitado anteriormente a qualquer opção ou trabalho teórico —«prontinho» para ser investigado (1991, 45),

y además de reconocer que

> Toda teoria delimita uma certa «região» da realidade como seu objeto de estudos» (1991, 18),

porque

> O mundo das *aparências* (o mundo das coisas tal como se apresentam) é um mundo de diversidade [...] As ciências, assim como outras espécies de saber, fazem *reduções* parciais da diversidade (1991, 17),

distinguen entre «objeto observacional» y «objeto teórico», e indican una serie de parámetros que, en Lingüística, parecen regular la delimitación del «objeto observacional»: *a*) si se contemplan los hechos exclusivamente en su constitución (sea fónica, gramatical, léxica); *b*) si se consideran en sus coordenadas de producción, de situación histórica, etc., y *c*) si se tratan en su diversidad o en su homogeneidad; además, están otros factores que repercuten en aquellas decisiones: si el objetivo es «normativo», el objeto ha de ser homogéneo; si el propósito es explicativo, el conocimiento no puede limitarse a la diversidad, de manera que se hace imprescindible delinear el «objeto teórico» sustentado en una determinada ontología y modelizado gracias a una metodología que permita su formalización y abstracción (cfr. M. Dascal y J. Borges Neto, 1991, 45 y ss.).

En efecto, al lado de la búsqueda de «*una* teoría del lenguaje» (al modo chomskiano) se plantean *teorías* diversas para la descripción de las lenguas. En paralelo, junto a enfoques hipotéticos, que basan el conocimiento en la pura elaboración teórica y en reglas formales, se desarrollan aproximaciones de corte inductivo (o, más bien, «retroductivo»), que construyen los principios de funcionamiento y el saber sobre las lenguas a partir de observaciones y de comprobaciones sobre datos representativos. Las aportaciones de estos acercamientos a la realidad diversa de las lenguas, con soporte empírico suficiente, pueden ser un revulsivo interesante en el planteamiento de «teorías globales», como parece que lo están siendo en el modo de abordar la cuestión de los «universales». En definitiva, de esta confrontación entre el *programa* del lenguaje (como capacidad, como posesión humana) y el *programa* de las lenguas (como realidades de comunicación, a la vez diversas y con coincidencias importantes en su estructura y en su uso), derivará —o está ya teniendo lugar— el realce de lo que es más rico e interesante en la investigación y el saber sobre el lenguaje y las lenguas: ¿su unidad o su diversidad?

En la dimensión metodológica viene primándose en la Lingüística más reciente la atención a la heterogeneidad. Las técnicas estadísticas facilitan la organización y la sistemática de gran cantidad de datos; los avances tecnológicos han hecho posible el rastreo y la recopilación de material lingüístico procedente de fuentes variadas; hay incluso planteamientos metodológicos de corte cualitativo —como es el caso del enfoque de «prototipos»— que permiten establecer «grados» de variación dentro de la homogeneidad; y hasta interpretaciones de la heterogeneidad y la diversidad caótica en el seno de principios de «orden» que la hacen comprensible. Todo parece indicar que la Lingüística de nuestros días vuelve la mirada a la variedad que realmente define los fenómenos lingüísticos, como si las veleidades de elaborar una teoría del lenguaje explicativa y predictiva hubieran de quedar a la espera de los resultados de conocimiento descriptivo detallado sobre la diversidad de realidades lingüísticas. La cuestión esencial continúa, pues, centrándose alrededor de la naturaleza y del carácter que cabe atribuir a los hechos, y, consecuentemente, en torno a la metodología más apropiada para abordarlos y respecto a lo que reflejan los productos modelados, formalizados y reglados: ¿son representaciones procesuales, o son pinturas, cuadros descriptivos?

3. **La *Epistemología de la Lingüística* no es prescriptiva. Algunas filosofías de investigación en el campo de la Lingüística**

Precisamente, es la concepción de los fenómenos lingüísticos y son los procedimientos para acceder a su conocimiento y diseñar su modelización y arquitectura, los dos componentes que constituyen asignatura pendiente en el ámbito de la Lingüística y, más específicamente, en el marco de su Epistemología. Y es que lo problemático no es tanto la discordancia en la interpretación de los hechos (como materiales, como ideales, como sociales, o como naturales) cuanto el trazado de vías y estrategias para abordarlos (todavía hoy son notables las discrepancias entre los lingüistas a la hora de objetificar el *conocimiento de agente* —asociado a los hechos comunicativos como «acciones» que son del propio estudioso—, y convertirlo en *conocimiento de observa-*

dor —dispuesto para ser tratado técnica y rigurosamente—),[4] lo que se traduce en buena parte de los casos en un acoplamiento del «quehacer científico al uso», o, lo que es lo mismo, en un amoldarse a los métodos y procedimientos preponderantes en otras ciencias (comúnmente las «naturales»). Así que la Epistemología (en general, y la de la Lingüística en particular) se interpreta en un sentido *normativo* que en absoluto cuadra con la libertad y la riqueza propias de los procederes en ciencia; por otra parte, tratándose de ciencias sociales, el riesgo de acomodarse a un «patrón» perfilado desde las ciencias naturales es doble, ya que además de aceptar la debilidad de cultivo y desarrollo, no se respetan las cualidades que —por naturaleza— son consustanciales a los hechos sociales. En esta línea, Dieter Wunderlich (1974) y Esa Itkonen (1978) consideran el diferente carácter de los hechos naturales —*eventos* que suceden en coordenadas espacio-temporales— y de los hechos sociales —*acciones* que se definen por ser valores interindividualmente reglados—, en lo que se fundamenta la clasificación de los tipos de «ciencia» habitualmente reconocidos. No cabe, en su opinión, la orientación reduccionista, puesto que la «experiencia» a la que se alude es bien distinta: en los fenómenos naturales (*eventos* en la terminología de E. Itkonen) la existencia se comprueba por su desarrollo en coordenadas delimitadas de espacio y de tiempo; en los hechos sociales (*acciones* para E. Itkonen y *disposiciones* para D. Wunderlich) la justificación de su presencia se obtiene de los valores compartidos que los soportan y que los indican. En un palabra, las «normas» son valores interindividuales que permiten reconocer secuencias lingüísticas como interesantes —por el hecho de ser comunicativas—.

Las llamadas de atención respecto a hormas y técnicas de investigación peculiares y diversas empiezan ya a ser frecuentes cuando se consideran en general las ciencias sociales (cfr. E. Alonso [1997], F. Ovejero [1997] e I. Sánchez-Cuenca [1997]),[5] y debieran ser habituales en el

---

4. La distinción procede de E. Itkonen (1978), que la maneja para traslucir —una vez más— las diferencias en los datos iniciales entre ciencias sociales y ciencias naturales. No obstante, al margen de tales divergencias en las fases primeras de aproximación a los hechos, el «conocimiento de observador» es factible también en el ámbito de las ciencias humanas. En la Lingüística más reciente se viene haciendo patente la objetivación del «conocimiento de agente» al recurrir a expresiones espontáneas y a usos múltiples, que permitan trabajar con datos objetivos («de observación») y no limitados a las intuiciones o al conocimiento que el propio estudioso posee de su lengua.

5. En estos estudios se alerta, asimismo, de otro riesgo que acecha a las ciencias sociales, el de la 'charlatanería' (y que se ha hecho patente en el reciente «caso Sokal»): «Por encima de todo, es la mezcla de pretenciosidad y jerga ininteligible lo que compromete los estudios culturales. La desfachatez con que hablan de ciencia o de epistemología sin haber estudiado estos saberes con un mínimo de profundidad, así como la oscuridad de la que tiñen sus escritos, destruye cualquier vestigio de unos criterios públicos de rigor» (I. Sánchez-Cuenca, 1997, 66).

campo de la Lingüística. En concreto, R. Botha (1992, 312, n. 20) es explícito respecto a los peligros que se corren:

> A third, potential, problem concerns the way in which Chomsky's conception of language is interconnected with his epistemology. Recall that he is driven to his mentalism by, amongst other things, his faith in 'normal scientific practice' or the 'standard practice of the natural sciences'. Recall, moreover, that Bloomfield was driven to his physicalist conception of language by his belief in what scientific practice should entail in order to be respectable [...] as well. But [...] it was Bloomfield's empiricist epistemology that caused his conception of language to be fundamentally flawed. This would seem to indicate that if, in the course of time, Chomsky's faith in what he calls 'normal scientific practice' turned out to be unfounded, his conception of language could suffer the same fate as Bloomfield's.

En definitiva, se hace inexcusable un concepto de *ciencia* suficientemente genérico que facilite riqueza de marcos y de planteamientos, de modo que la actividad indagadora no haya de sujetarse a un «patrón al uso» y la Epistemología deje de ser normativa. Noción de *ciencia* que, cimentada en las demostraciones y en la objetividad que se atribuyen al conocimiento, se particulariza de diferentes maneras dependiendo no sólo de los datos que se investiguen sino también del contexto histórico-social y del grado de avance que en el saber se haya alcanzado. La *ciencia* social no es la *ciencia* natural, pero la ciencia lingüística del siglo XV tampoco es la ciencia lingüística del siglo XIX. Así como no es lícito valorar los alcances de la Lingüística del XV o de la Lingüística del XIX recurriendo a logros de la Lingüística actual, tampoco es apropiado pretender niveles «científicos» y «leyes» sobre el lenguaje amoldando la pesquisa lingüística a la investigación en ciencias naturales —de las que habitualmente procede el «modelo» de actividad indagadora— (cfr. M. Fernández Pérez, 1986a, cap. 1).

Lecturas complementarias

Bernárdez, Enrique (1995): *Teoría y epistemología del texto*, Madrid, Cátedra.
  Aproximación teórica y descriptiva al «texto» desde presupuestos «caológicos». Excelente ilustración de cómo una teoría se valora paulatinamente a través de sus alcances.
Bernardo, José M.ª (1995): *La construcción de la Lingüística. Un debate epistemológico*, LynX, Annexa 9, Universitat de València.
  Visión general de las cuestiones centrales en la Epistemología de la Lingüística.
Botha, Rudolph P. (1981): *The Conduct of Linguistic Inquiry. A Systematic*

Introduction to the Methodology of Generative Grammar, The Hague, Mouton.
   Excelente introducción a los componentes y factores que orientan las investigaciones sobre el lenguaje y las lenguas.
Bunge, Mario (1967): *La investigación científica. Su estrategia y su filosofía*, Esplugas de Llobregat, Ariel, 1983.
   El tratado más completo sobre el proceso de investigación que pretende ser «científico».
— (1972): *Teoría y realidad*, Esplugues de Llobregat, Ariel, 1975.
   Compendio de estudios ciertamente sugestivos y accesibles sobre temas nucleares en Epistemología.
— (1980): *Epistemología*, Barcelona, Ariel, sobre todo caps. 1 y 2.
   Introducción al campo de la Epistemología en general, con capítulos centrados en la Epistemología de áreas particulares.
Coseriu, Eugenio (1973): *Lecciones de lingüística general*, Madrid, Gredos, 1981, caps. I-VI.
   Orientaciones «positivistas», «antipositivistas» y «neutras» en las filosofías de investigación en Lingüística.
Dascal, Marcelo y Borges Neto, José (1991): «De que trata a Lingüística, afinal?», *Histoire, Épistemologie, Langage*, 13/1, 13-50.
   Ajustada visión de lo que pide la investigación de los hechos lingüísticos según las características que en cada caso se primen.
Fernández Pérez, Milagros (1986): *La investigación lingüística desde la filosofía de la ciencia (A propósito de la lingüística chomskiana)*, Anexo 28 de «Verba», Santiago de Compostela.
   La investigación lingüística contemplada como actividad en proceso, y valorada en uno de sus productos —la gramática generativa—.
Ferrater Mora, José (1979): *Diccionario de Filosofía*, Madrid, Alianza.
   Indispensable como fuente de información y clarificación de conceptos epistemológicos.
Itkonen, Esa (1978): *Grammatical Theory and Metascience. A Critical Investigation into the Methodological and Philosophical Foundations of 'Autonomous' Linguistics*, Amsterdam, Benjamins.
   Uno de los estudios más rigurosos sobre las dimensiones de la Filosofía de la investigación en Lingüística.
— (1983): *Causality in Linguistic Theory*, Croom Helm, Nueva York.
   Lúcido trabajo sobre el espinoso y manido tema de «leyes», «causas», «explicaciones» y «predicciones» en Lingüística.
Lakatos, Imre (1971): *Historia de la ciencia y sus reconstrucciones racionales*, Madrid, Tecnos, 1974.
   Concepción dinámica e integradora de «programas de investigación» que se suceden y conviven a través de la Historia.
Shütze, C. T. (1996): *The Empirical Base of Linguistics: Grammaticality, Judgements and Linguistic Methodology*, Chicago-Londres, University of Chicago Press.
   Interesante estudio acerca del discutido carácter empírico de las investigaciones en Lingüística.

PRÁCTICAS Y EJERCICIOS

1. Sobre una escuela, corriente o disciplina de la Lingüística proyecte —de modo específico y particularizándolos— los ocho aspectos definitorios del perfil epistemológico de un campo o de una propuesta de conocimiento (a saber, *lógicos, semánticos, tipo de conocimiento, metodológicos, ontológicos, axiológicos, éticos* y *estéticos*, tal y como los define Mario Bunge en el capítulo 1 de *Epistemología*, Barcelona, Ariel, 1980).

2. José Antonio Marina considera en las páginas 334-338 de su libro *Teoría de la inteligencia creadora* (Barcelona, Anagrama, 1993) los procesos de *proyectar, planificar* y *diseñar* como fases imprescindibles en las actividades de indagación científica y de creación artística. Comente sus reflexiones *a*) respecto al modo de proceder en la procura del conocimiento; *b*) respecto a los paralelismos que establece entre creación artística e investigación científica, y *c*) en relación con el desarrollo mismo de los procesos (¿son mecánicos, automáticos?), y con los fines de las actividades de indagación (¿se crean «irrealidades»?).

3. A partir de las opiniones generales de Jesús Mosterín sobre «Las revoluciones científicas» (que se proporcionan en el texto 1), extienda en el texto 2 algunas ideas nucleares sobre la ciencia y su evolución tal y como defendió Thomas S. Kuhn en su libro *La estructura de las revoluciones científicas* (México, F.C.E., 1975), del que precisamente se ha extraído ese texto 2.

TEXTO 1

Thomas S. Kuhn nos ha legado una visión dramática del desarrollo de la ciencia. La empresa científica se articula en torno a comunidades de especialistas que comparten un mismo paradigma (unos presupuestos, conceptos y métodos comunes). Los problemas (o rompecabezas) que van surgiendo se van resolviendo desde los supuestos del paradigma compartido, contribuyendo así al progreso de la ciencia normal. Cuando los problemas sin solución posible (las anomalías) se acumulan, el paradigma entra en crisis y el desasosiego invade a la comunidad. Lo que se requiere y se produce es un cambio de paradigma, un cambio radical de estilos, conceptos y supuestos, una revolución científica. Los revolucionarios verán el mundo de modo inédito e incomparable con el antiguo, y formarán una comunidad nueva, que sustituirá a la antigua conforme se vayan muriendo los componentes de esta última, incapaces de convertirse o adaptarse al cambio de paradigma. En estos procesos de ciencia revolucionaria, de cambio conceptual radical, no se puede hablar de progreso, pues ambos paradigmas representan esquemas y lenguajes intraducibles e inconmensurables.

La consolidación inicial de diversas ciencias ha pasado por cambios como los descritos por Kuhn: el paso de la astronomía geocéntrica al sistema copernicano, el paso de la física cualitativa y verbal de Aristóteles a la física matemática y experimental de Galileo, el paso de la química del flogisto de Sthal a la química del oxígeno de Lavoisier. Estos episodios heroicos de cambio de paradigmas inconmensurables fueron acompañados de convulsiones sociales y escenas patéticas, como la quema pública de Bruno o la abjuración y cárcel de Galileo.

Lo que no está tan claro es que el modelo kuhniano de las revoluciones científicas sea aplicable a la ciencia de nuestro siglo. Sin duda, tanto la relatividad especial como la general, por ejemplo, han introducido cambios revolucionarios en la físicas e incluso en nuestra concepción del mundo. Sin embargo, esos cambios son perfectamente conmensurables y constituyen casos claros de progreso científico. La relatividad general explica y predice todo lo que explica y predice la especial, y además más cosas (como las lentes gravitacionales), y la relatividad especial explica y predice los efectos newtonianos y además otros (como el aumento de masa de las partículas en los aceleradores). Las tres teorías son conmensurables entre sí, y hay progreso evidente entre ellas. Además, multitud de físicos entienden las tres y trabajan en todas ellas (según el problema a mano).

En nuestro tiempo se han multiplicado las revoluciones científicas, pero ya no tienen el carácter estridente y dramático de las renacentistas. De hecho, es frecuente que el mismo científico trabaje al mismo tiempo en diversas teorías alternativas, sin casarse definitivamente con ninguna.

Kuhn nos ha abierto los ojos al aspecto dinámico de la empresa científica, sobre todo en *La estructura de las revoluciones científicas*, publicado en 1962. Sin embargo, Kuhn mismo tenía cada vez más reservas respecto a su famoso libro y a la terminología allí introducida. Quería evitar nociones tan vagas como la de paradigma (usada en 22 sentidos distintos) y había cambiado de ideas respecto a la inconmensurabilidad. Llevaba años tratando de reorganizar sus propias ideas sobre el desarrollo de la ciencia, y no quería que nada le distrajera de la tarea que lo obsesionaba. Por eso rechazaba las invitaciones e incluso los nombramientos de *doctor honoris causa*, como el que le ofrecieron varias universidades españolas en 1992. «Ya no me queda tanto tiempo», decía Kuhn en Boston con su voz grave. «Por eso me he castigado a mí mismo a no salir de casa hasta que acabe el libro donde expongo lo que ahora pienso.» Murió en julio de 1996 sin haberlo acabado.

TEXTO 2

Por supuesto, la ciencia (o alguna otra empresa, quizá menos efectiva) podría haberse desarrollado en esa forma totalmente acumulativa. Mucha gente ha creído que eso es lo que ha sucedido y muchos parecen suponer todavía que la acumulación es, al menos, el ideal que mostraría el desarrollo histórico si no hubiera sido distorsionado tan a menudo por la idiosincrasia humana. Hay razones importantes para esta creencia. En la Sección X descubriremos lo estrechamente que se confunde la visión de la ciencia como acumulación con una epistemología predominante que considera que el conocimiento es una construcción hecha por la mente directamente sobre datos sensoriales no elaborados. Y en la Sección XI examinaremos el fuerte apoyo proporcionado al mismo esquema historiográfico por las técnicas de pedagogía efectiva de la ciencia. Sin embargo, a pesar de la enorme plausibilidad de esta imagen ideal, hay cada vez más razones para preguntarse si es posible que sea una imagen de la *ciencia*. Después del período anterior al paradigma, la asimilación de todas las nuevas teorías de todos los tipos nuevos de fenómenos ha exigido, en realidad, la destrucción de un paradigma anterior y un conflicto consiguiente entre escuelas competitivas de pensamiento científico. La adquisición acumulativa de novedades no previstas resulta una excepción casi inexistente a la regla del desarrollo científico. El hombre que se tome en serio los hechos históricos deberá sospechar que la ciencia no tiende al ideal que ha forjado nuestra imagen de su acumulación. Quizá sea otro tipo de empresa.

Sin embargo, si los hechos que se oponen pueden llevarnos tan lejos, una segunda mirada al terreno que ya hemos recorrido puede sugerir que la adquisición acumulativa de novedades no sólo es en realidad rara, sino también, en principio, improbable. La investigación normal, que *es* acumulativa, debe su éxito a la habilidad de los científicos para seleccionar regularmente problemas que pueden resolverse con técnicas conceptuales e instrumentales vecinas a las ya existentes. (Por eso, una preocupación excesiva por los problemas útiles sin tener en cuenta su relación con el conocimiento y las técnicas existentes puede con tanta facilidad inhibir el desarrollo científico). Sin embargo, el hombre que se esfuerza en resolver un problema definido por los conocimientos y las técnicas existentes, no se limita a mirar en torno suyo. Sabe qué es lo que desea lograr y diseña sus instrumentos y dirige sus pensamientos en consecuencia. La novedad inesperada, el nuevo descubrimiento, pueden surgir sólo en la medida en que sus anticipaciones sobre la naturaleza y sus instrumentos resulten erróneos. Con frecuencia, la importancia del descubrimiento resultante será proporcional a la amplitud y a la tenacidad de la anomalía que lo provocó. Así pues, es evidente que debe haber un conflicto entre el paradigma que descubre una anomalía y el que, más tarde, hace que la anomalía resulte normal dentro de nuevas reglas. Los ejemplos de descubrimientos por medio de la destrucción de un paradigma que mencionamos en la Sección VI no nos enfrentan a un simple accidente histórico. No existe ningún otro modo efectivo en que pudieran generarse los descubrimientos.

4. Teniendo en cuenta la presentación de Jorge Wagensberg sobre «El "caso Sokal"» que a continuación se transcribe (tomado de su libro, *Ideas para la imaginación impura. 53 reflexiones en su propia sustancia*, Barcelona, Tusquets «Metatemas», 1998, 243-245), valore las implicaciones éticas y axiológicas de tal situación en la sociología de la ciencia. Para ayudarse, puede consultar el trabajo de Ignacio Sánchez-Cuenca, «El "caso Sokal" y la charlatanería académica», *Claves de Razón Práctica*, 74 (julio-agosto 1997), 62-67.

Creo que fue Jorge Luis Borges quien un día soltó de repente, en una entrevista, que la mejor versión del *Don Quijote* era una en lengua inglesa. La respuesta indignada de los humanistas de todo signo casi mata de risa al anciano escritor. Creo que fue un británico quien organizó una vez una exposición de una joven promesa de la pintura. El mismo día de la inauguración se vendieron, en ausencia del misterioso autor, la mitad de los cuadros. La crítica celebró unánimemente el nacimiento de un nuevo genio. Casi al mismo tiempo, el galerista confesaba, entre sollozos de risa, que el artista era una cría de chimpancé particularmente interesada en los plátanos que se le daban a cambio de manchar el lienzo. La risa no es sólo una buena terapia para el cuerpo. Algunas formas de provocarla sirven también para poner a prueba la salud de las instituciones. Alan D. Sokal, profesor de física de la Universidad de Nueva York, es el último usuario de este brillante revulsivo.

La ciencia pasa por ser, y sin duda lo es, la forma más objetiva, más inteligible, más dialéctica, más rigurosa y, por tanto, más universal de conocimiento. Confiamos en la ciencia en muchos dominios de su aplicación. Para volar sobre el Atlántico, por ejemplo, son pocos los que dudarían entre el avión diseñado por un científico y otras alternativas ideadas, digámoslo con todo respeto, por un místico o por un artista.

Sin embargo, ¿qué ocurre cuando el conocimiento científico necesita impregnarse de ideología? La biología contiene más ideología que la física, la economía más que la biología y la sociología más que la economía... ¿Cómo funcionan entonces las instituciones que validan y prestigian un conocimiento científico? Aparentemente, las garantías son las mismas: revistas serias, consejos editoriales de primerísimas figuras, especialistas que examinan los artículos con lupa, etcétera.

Pues bien, Alan Sokal, un físico tímido y de suaves maneras, o así me lo pareció cuando lo conocí fugazmente a principios de los ochenta, se ha hecho la misma pregunta, pero formulada en los siguientes términos: ¿publicaría una revista, líder mundial en estudios culturales, un ensayo deliberadamente repleto de absurdos, con tal de que *a)* suene bien y *b)* adule los presupuestos ideológicos de los editores? La respuesta a esta afortunada idea es, desafortunadamente, sí. Sokal envió a la revista *Social Text* un espesísimo manuscrito de 48 páginas (!) y 235 referencias bibliográficas (!!), en las que aparece toda la intelectualidad del pensamiento científico de los últimos años, profusa y fantasiosamente citada en desmesurados pies de página. El artículo «Transgressing the boundaries: towards a transformative hermeneutics of quantum gravity» aparece cargado de hilarantes animaladas, en el último número de primavera-verano de la revista del tema que más estrellas luce en su consejo editorial.

Las reacciones son ya un mar de tinta en el que burbujea de todo: inocencia seguida de rubor, rubor seguido de desesperación, indignación seguida de despecho, rabia seguida de sorpresa, y viceversa, curiosidad seguida de admiración, reflexión, crítica, pero, sobre todo, risa, mucha risa, seguida de más risa, una risa muy sana porque, a la postre, se trata, ni más ni menos, que de la risa de la ciencia riéndose de sí misma, una risa que tanto ha faltado ¡y sigue faltando! en tantas ideologías y tantísimas creencias de la historia de la civilización. En ciencia por lo menos, ya nada volverá a ser exactamente igual que antes del *caso Sokal*.

5. Los dos textos siguientes están tomados, el primero, de Paul Feyerabend, *Contra el método*, Barcelona, Ariel, 1974, p. 136, y el segundo, de Enrique Bernárdez, *Teoría y epistemología del texto*, Madrid, Cátedra, 1995, p. 23. En los dos se vierten opiniones acerca de la ciencia. Comente y compare tales consideraciones.

TEXTO 1

La idea de que la ciencia puede y debe regirse según unas reglas fijas y de que su racionalidad consiste en un acuerdo con tales reglas no es realista y está viciada. *No es realista*, puesto que tiene una visión demasiado simple del talento de los hombres y de las circunstancias que animan, o causan, su desarrollo. Y está *viciada*, puesto que el intento de fortalecer las reglas levantará indudablemente barreras a lo que los hombres podrían haber sido, y reducirá nuestra humanidad incrementando nuestras cualificaciones profesionales. Podemos librarnos de la idea y del poder que pueda poseer sobre nosotros a) mediante un detallado estudio de la obra de revolucionarios como Galileo, Lutero, Marx, o Lenin, b) mediante alguna familiaridad con la filosofía hegeliana y con la alternativa que provee Kierkegaard, y c) recordando que la separación existente entre las ciencias y las artes es artificial, que es el efecto lateral de una idea de profesionalismo que deberíamos eliminar, que un poema o una pieza teatral pueden ser inteligentes a la vez que informativas (Aristófanes, Hochhuth, Brecht), y una teoría científica agradable de contemplar (Galileo, Dirac), y que podemos cambiar la ciencia y hacer que esté de acuerdo con nuestros deseos. Podemos hacer que la ciencia pase, de ser una matrona inflexible y exigente, a ser una atractiva y condescendiente cortesana que intente anticiparse a cada deseo de su amante. Desde luego, es asunto nuestro elegir un dragón o una gatita como compañía. Hasta ahora la humanidad parece haber preferido la segunda alternativa: «Cuanto más sólido, bien definido y espléndido es el edificio erigido por el entendimiento, más imperioso es el deseo de la vida por escapar de él hacia la libertad.» Debemos procurar no perder nuestra capacidad de hacer tal elección.

TEXTO 2

De manera que resulta peligroso afirmar que una determinada forma de estudiar el lenguaje *es científica*, porque parece una desautorización de todo lo demás. De manera que, para evitar susceptibilidades, aquí utilizaré *científico* en el sentido de «de acuerdo con el concepto estándar de ciencia (exacta, dura, etc.)», sin querer implicar, en sentido despectivo, que cualquier otra cosa sea no científica.

Resumiendo: la GG es el estudio CIENTÍFICO del lenguaje, si tenemos en cuenta que:

   a) se adoptan los principios epistemológicos de la ciencia estándar, que habremos de analizar con más detenimiento;
   b) se realiza una reducción del objeto para poderlo estudiar más adecuadamente con esos principios, de acuerdo con los conceptos habituales de la ciencia estándar, y
   c) se utiliza una modelización formal, dentro del método axiomático-deductivo propio de esa ciencia estándar.

El tema fundamental que consideraré en estas páginas es el siguiente: ¿es posible estudiar otros aspectos del lenguaje sin apartarse del concepto de ciencia estándar? (O dicho de otro modo: ¿es posible una lingüística del texto CIENTÍFICA?).

Pero antes de intentar responder a esta pregunta es necesario considerar algunas de las principales características CIENTÍFICAS de la GG, aquellas que la aproximan a la ciencia estándar para, a continuación, comprobar las dificultades con que se encuentra una LT (y otras formas actuales de lingüística) y que pueden hacer pensar que no es posible un estudio CIENTÍFICO del texto.

Dicho de otro modo: la GG es un estudio CIENTÍFICO del lenguaje. Pero si en vez de «competencia lingüística» en el sentido tradicional de la GG estudiamos el texto o la «competencia textual» (o el «conocimiento del uso del lenguaje») parece imposible mantener esas características que han conseguido aproximar tanto la lingüística a la ciencia estándar. ¿Estará el problema en el «objeto de estudio»? ¿O en que no hemos aplicado adecuadamente la metodología estándar a nuestro objeto de estudio? ¿O en que es necesaria una *metodología nueva*, una «ciencia estándar nueva» para estudiar precisamente ese objeto?

6. Las opiniones sobre las bases empíricas del conocimiento no son coincidentes, en paralelo muchas veces con las discrepancias respecto de los fundamentos —materiales e inmateriales— que han de corresponder a los objetos de interés. Valore las consideraciones que al respecto se muestran en los dos fragmentos. Reflexione acerca de las repercusiones de la ontología en la elección de método y en sus posibilidades.

TEXTO 1

Objeto de la ciencia siguen siendo las «esencias», pero son «esencias» que hay que comprobar ahí donde se dan, es decir, en la realidad fenoménica del lenguaje, en aquella misma *parole* a la que Hjelmslev excluye de la lingüística (estructural) «por no corresponder a la definición» que ésta da de su objeto. En otras palabras, no hay que eludir las «cosas», sino que, al contrario, hay que «ir hacia las cosas», porque las esencias no se hallan «más allá» o «detrás» de los fenómenos, sino *en* los fenómenos mismos: los fenómenos *las* manifiestan. En este plano, justamente, *lo mórfico se comprueba en lo hilético*, la «forma» es manifestada por y en una «sustancia», así como, por otra parte, lo hilético alcanza cognoscibilidad sólo gracias a lo mórfico.

Asimismo, «partir de lo fenoménico» no significa partir de lo totalmente heterogéneo y amorfo, porque se parte necesariamente con un «conocimiento previo» del sistema; ni significa excluir los conceptos de «estructura» y «funcionalidad», porque el funcionar en una estructura pertenece a la esencia de las «cosas» observadas y estas mismas cosas se deslindan sólo porque se les reconoce tal esencia. En otras palabras, *se parte al mismo tiempo del «hablar» y de la «lengua»*, porque ya el reconocer el hablar como hablar implica el reconocerlo como «hablar una lengua», implica intuir en cada porción de sustancia observada la «forma lingüística» (Coseriu, «Forma y sustancia en los sonidos del lenguaje», en *Teoría del lenguaje y lingüística general*, Madrid, Gredos, 1967, p. 219).

TEXTO 2

A pesar de que el lingüista dispone de una extensa fuente, directa y de acceso instantáneo para su estudio —los hablantes de una lengua dada—, en la práctica, los análisis y las pruebas de aceptabilidad correspondientes son realizados sobre un sujeto único, con frecuencia el mismo investigador. Aunque esto causa varios problemas, como la falta de reproductividad entre hablantes, se considera como un pequeño precio que hay que pagar por todo lo que se logra saber sobre la estructura lingüística. Como un lingüista dado será sistemático internamente, no habrá variabilidad en sus datos y por lo tanto éstos no necesitarán de ningún tratamiento estadístico. Por el contrario, la naturaleza invariable y discreta de un juicio individual sobre gramaticalidad se opone a la noción de medición cuantitativa de ensayos repetidos. Esta situación, sin embargo, es del todo insuficiente para rechazar los conceptos estadísticos pues es bien sabido y reconocido por todos la existencia de variación interindividual, dialectal e histórica existente en las lenguas. A pesar de esto, y de que una gran parte de los estudios actuales sobre variación se ocupan precisamente de ello, muchos estudiosos se niegan a integrar la probabilidad en sus teorías y prefieren continuar produciendo análisis discretos y determinísticos que expliquen más o menos bien los fenómenos que estudian (López Morales, H., «Lingüística estadística», en *Introducción a la lingüística actual*, Madrid, Playor, 1983, p. 221).

7. Considere las exigencias ontológicas y metodológicas prioritarias para estudiar los siguientes casos:

   a) sonidos sordos y sonoros en las lenguas;
   b) organización de discursos en temas científicos de carácter divulgativo;
   c) deficiencias de pronunciación de sonidos vibrantes en niños de 7 años;
   d) traducción automática.

8. Defina en términos epistemológicos el concepto de *norma* en los siguientes casos: *a)* gramáticas de orientación prescriptiva; *b)* gramáticas estructurales, funcionales, con pretensiones descriptivas; y *c)* gramáticas de la variación, sustentadas en la estadística, y con orientación descriptiva y predictivo-probabilística.

Anexo

OBRAS BÁSICAS Y DE CONSULTA EN LINGÜÍSTICA

1. Introducciones a la Lingüística

Alonso-Cortés, Ángel y Pinto, Ana (1994): *Ejercicios de Lingüística*, Madrid, Universidad Complutense.
Atkinson, Michael; Kilby, David, y Roca, Iggy (1982): *Foundations of General Linguistics*, Londres, G. Allen.
Clark, Herbert (1996): *Using language*, Cambridge, Cambridge University Press.
Coseriu, Eugenio (1986): *Introducción a la Lingüística*, Madrid, Gredos.
Crane, L. Ben; Yeager, Edward, y Whitman, Randal (1981): *An Introduction to Linguistics*, Boston, Brown.
Demers, Richard y Farmer, Ann K. (1986): *A Linguistics Workbook*, Cambridge, Massachusetts, The MIT Press.
Hartmann, Reinhard (ed.) (1996): *Solving language problems. From General to Applied Linguistics*, Exeter, University of Exeter Press.
López García, Ángel (comp.) (1990): *Lingüística general y aplicada*, Valencia, Publicaciones de la Universidad.
López Morales, Humberto (coord.) (1983): *Introducción a la lingüística actual*, Madrid, Playor.
Lyons, John (1981): *Introducción al lenguaje y a la lingüística*, Barcelona, Teide, 1984.
Lyons, John; Coates, Richard; Deutchar, Margaret, y Gazdar, Gerald (1987): *New Horizons in Linguistics*, vol. 2, Londres, Penguin.
Marcos Marín, Francisco (1990): *Introducción a la Lingüística. Historia y métodos*, Madrid, Síntesis.
Martín Vide, Carlos (1996) (ed): *Elementos de Lingüística*, Barcelona, Octaedro.
O'Grady, William; Dobrovolsky, Michael, y Aronoff, Mark (1989): *Contemporary Linguistics. An Introduction*, Nueva York, St. Martin's Press.
O'Grady, William; Dobrovolsky, Michael, y Katamba, Francis (1997): *Contemporary Linguistics. An Introduction*, Londres, Longman.

Parker, Frank y Riley, Kathryn (1990): *Exercices in linguistics*, Needham Heights, Allyn & Bacon.
Payrató, Lluís (1998): *De profesión, lingüista. Panorama de la lingüística aplicada*, Barcelona, Ariel.
Simone, Raffaele (1991): *Fundamentos de Lingüística*, Barcelona, Ariel, 1993.
Trask, Larry (1998a): *Language: the basics*, Londres, Routledge.
— (1998b): *Key concepts in language and linguistics*, Londres, Routledge.
Tusón, Jesús (1984): *Lingüística. Una introducción al estudio del lenguaje con textos comentados y ejercicios*, Barcelona, Barcanova.
Wardhaugh, Ronald (1993): *Investigating Language. Central problems in linguistics*, Oxford, Blackwell.
Widdowson, Henry G. (1996): *Linguistics*, Oxford, Oxford University Press.
Yule, George (1996^2): *The study of language*, Cambridge, Cambridge University Press.

2. Atlas de lenguas y Enciclopedias y panorámicas de la Lingüística

Ammon, Ulrich; Dittmar, Norbert, y Mattheier, Karl (eds.) (1987-1988): *Sociolinguistics. An International Handbook of the Science of Language and Society*, Berlín-Nueva York, W. de Gruyter, 2 vols.
Asher, Robert E. (ed.) (1994): *The Encyclopedia of Language and Linguistics*, Oxford-Nueva York, Pergamon Press, 10 vols.
Baker, Mona (ed.) (1997): *Routledge Encyclopedia of Translation Studies*, Londres, Routledge.
Blanken, Gerhard; Dittmann, Jürgen; Grimm, Hannelore; Marshall, John C., y Wallesch, Claus-W. (eds.) (1993): *Linguistic Disorders and Pathologies. An International Handbook*, Berlín, W. de Gruyter.
Bright, William (ed.) (1992): *International Encyclopedia of Linguistics*, Oxford, Oxford University Press, 4 vols.
Brown, Keith y Miller, John (eds.) (1996): *Concise Encyclopedia of Syntactic Theories*, Nueva York, Pergamon.
Collinge, Neville (ed.) (1990): *An Encyclopaedia of Language*, Londres/Nueva York, Routledge.
Coulmas, Florian (ed.) (1997): *The Handbook of Sociolinguistics*, Oxford, Blackwell.
Crystal, David, (1991): *The Cambridge Encyclopedia of Language*, Cambridge, Cambridge University Press, 1997. Hay traducción al español (basada en la primera edición), *Enciclopedia del lenguaje de la Universidad de Cambridge*, Madrid, Taurus, 1994.
Derbyshire, Desmond C. y Pullum, Geoffrey K. (eds.) (1991): *Handbook of Amazonian Languages*, 4 vols., Berlín, Mouton de Gruyter.
Fletcher, Paul y MacWhinney, Brian (eds.) (1995): *The Handbook of Child Language*, Oxford, Blackwell.
Gernsbacher, Michael (ed.) (1994): *The Handbook of Psycholinguistics*, Nueva York, Academic Press.

Goldsmith, John A. (ed.) (1995): *The Handbook of Phonological Theory*, Oxford, Blackwell.
Hardcastle, William J. y Laver, John (eds.) (1997): *The Handbook of Phonetic Sciences*, Londres, Croom Helm.
Jacobs, Joachim; Stechow, Arnim von; Sternefeld, Wolfgang, y Vennemann, Theo (eds.) (1993): *Syntax. An International Handbook of Contemporary Research*, 2 vols., Berlín, Walter de Gruyter.
Kasher, Asa (ed.) (1998): *Pragmatics. Critical Concepts*, 6 vols., Londres, Routledge.
Lappin, Shalom (ed.) (1996): *The Handbook of Contemporary Semantic Theory*, Oxford, Blackwell.
Malmkjaer, Kirsten (1991): *The Linguistics Encyclopedia*, Londres-Nueva York, Routledge.
Moeschler, Jacques y Reboul, Anne (1994): *Dictionnaire encyclopédique de pragmatique*, París, Seuil.
Moseley, Cristopher y Asher, Robert E. (eds.) (1994): *Atlas of the World's Languages*, Londres-Nueva York, Routledge.
Newmeyer, Frederick (coord.) (1987-1988): *Panorama de la Lingüística moderna de la Universidad de Cambridge*, Madrid, Visor, 4 vols., 1993.
Posner, Roland; Robering, Klaus, y Sebeok, Thomas (eds.) (1997): *Semiotik/Semiotics. Ein Handbuch zu den Zeichentheoretischen Grundlagen von Natur und Kultur*, Berlín, de Gruyter.
Spencer, Andrew y Zwicky, Arnold M. (eds.) (1998): *The Handbook of Morphology*, Oxford, Blackwell.
Spolsky, Bernard (1999): *Concise Encyclopedia of Educational Linguistics*, Amsterdam-Nueva York, Elsevier.
Stammerjohann, Harro (1996): *Lexicon Grammaticorum. Who's Who in the History of World Linguistics*, Tübingen, Max Niemeyer.
Stechow, Arnim von y Wunderlich, Dieter (eds.) (1991): *Semantics. An International Handbook of Contemporary Research*, Berlín, W. de Gruyter.
Verschueren, Jef; Östman, Jan-Ola, y Blommaert, Jan (eds.) (1995): *The Handbook of Pragmatics*, Amsterdam, J. Benjamins.
Wurm, Stephen A.; Mühlhaüsler, Peter, y Tryon, Darrell T. (1996): *Atlas of Languages of Intercultural Communication in the Pacific, Asia, and the Americas*, 2 vols. (vol. I: Maps; vol. II/1-2: Texts), Berlín, Mouton de Gruyter.

3. **Diccionarios especializados**

Abraham, Werner (1974): *Terminologie zur neuen Linguistik*, Tübingen, Max Niemeyer. Traducción española *Diccionario de terminología lingüística actual*, Madrid, Gredos, 1981.
Alcaraz Varó, Enrique y Martínez Linares, M.ª Antonia (1997): *Diccionario de lingüística moderna*, Barcelona, Ariel.
Bense, Max y Walter, Elisabeth (dir.) (1973): *Wörterbuch der Semiotik*, Köln. Traducción española, *La semiótica. Guía alfabética*, Barcelona, Anagrama, 1975.

Bussmann, Hadumod (1990): *Lexikon der Sprachwissenschaft*, Sttugart, Kröner Verlag. Traduc. inglesa, *Routledge Dictionary of Language and Linguistics*, Londres-Nueva York, Routledge, 1996.

Cardona, Giorgio R. (1988): *Dizionario de linguistica*, Roma, Armando Armando. Traducción española, *Diccionario de lingüística*, Barcelona, Ariel, 1991.

Dubois, Jean; Giacomo, Mathée; Guespin, Louis; Marcellesi, Christiane; Marcellesi, Jean-Baptiste, y Mével, Jean-Pierre (1973): *Dictionnaire de Linguistique*, París, Larousse. Traducción española *Diccionario de Lingüística*, Madrid, Alianza, 1979.

Ducrot, Oswald y Todorov, Tzvetan (1972): *Dictionnaire enciclopedique des sciece du langage*, París, Éditions du Seuil. Traducción española, *Diccionario enciclopédico de las ciencias del lenguaje*, Buenos Aires, Siglo XXI, 1974.

Ferrater Mora, José (1979): *Diccionario de Filosofía*, Madrid, Alianza, 4 vols.

Gregory, Richard L. (1987): *The Oxford Companion to the Mind*, Oxford, Oxford University Press. Traducción española, *Diccionario Oxford de la mente*, Madrid, Alianza, 1995.

Hartman, Reinard y Stork, F. C. (1972): *Dictionary of language and linguistics*, Londres.

Helbig, Norbert (1971): *Kleines Wörterbuch linguistische Termini*, Frankfurt-Hamburg.

Johnson, Keith y Johnson, Helen (eds.) (1998): *Encyclopedic Dictionary of Applied Linguistics. A Handbook for Language Teaching*, Oxford, Blackwell.

Lázaro Carreter, Fernando (1960): *Diccionario de términos filológicos*, Madrid, Gredos, 1987, 3.ª ed. correg.

Lewandowski, Theodor (ed.) (1973): *Linguistisches Wörterbuch*, Quelle & Meyer. Traducción española, *Diccionario de Lingüística*, Madrid, Cátedra, 1982.

Marciszewski, Witold (ed.) (1981): *Dictionary of logic. As applied in the study of language. Concepts/methods/theories*, The Hague, Martinus Nijhoff.

Marouzeau, Jean (1951): *Lexique de la terminologie linguistique. Français, allemand, anglais, italien*, París, Paul Genthuer, 1961³.

Martinet, André (dir.) (1969): *La Linguistique. Guide Alphabétique*, París, Éditions Denoël. Traducción española, *La lingüística. Guía alfabética*, Barcelona, Anagrama, 1972.

Mel'cuk, Igor A. (1982): *Towards a language of linguistics*, Munich, Wilhem Fink Verlag.

Moeschler, Jacques y Reboul, Anne (1994): *Dictionnaire encyclopédique de pragmatique*, París, Seuil.

Moreno Cabrera, Juan Carlos (1998): *Diccionario de Lingüística neológico y multilingüe*, Madrid, Síntesis.

Morris, David W. H. (1993): *Dictionary of Communication Disorders*, Londres, Whurr Publishers.

Mounin, Georges (1974): *Dictionnaire de la linguistique*, París, Presses Universitaires de France.

Nash, Rose (1968): *Multilingual lexicon of linguistics and philology: English, Russian, German, French*, University of Miami Press.

Nicolosi, Lucille; Harryman, Elisabeth, y Kresheck, Janet (1978): *Terminology*

of Communication Disorders. Speech, Language, Hearing, Baltimore, Williams & Wilkins[4].
Palmatier, Robert A. (1973): *A glossary for English transformational grammar*, Nueva York.
Pei, Mario y Gaynor, Frank (1965): *A dictionary of linguistics*, Londres, Peter Owen.
Phelizon, Jean F. (1976): *Vocabulaire de la linguistique*, París, Roudil.
Pottier, Bernard (dir.) (1973): *Le Langage. Dictionaire de Linguistique*, París, Centre d'Étude et de promotion de la Lecture. Traducción española, *El lenguaje (Diccionario de Lingüística)*, Bilbao, Mensajero, 1985.
Richards, Jack; Platt, John, y Weber, Heidi (1985): *Longman Dictionary of Applied Linguistics*, Halow, Longman, 1992. Traducción española, *Diccionario de Lingüística Aplicada y Enseñanza de Lenguas*, Barcelona, Ariel, 1997.
Sebeok, Thomas A. (1986): *Encyclopedic Dictionary of Semiotics*, 3 vols., Berlín, Mouton/de Gruyter.
Trask, Larry (1996): *Dictionary of Phonetics and Phonology*, Londres, Longman.
— (1997): *Student's Dictionary of Language and Linguistics*, Londres-Nueva York, Routledge.
Ulrich, William (1972): *Wörterbuch linguistischer Grundbegriffe*, Kiel.
Vachek, Josef y Dubsky, Josef (1959): *Dictionaire de linguistique de l'école de Prague*, Utrecht, Spectrum, 1970.
Venev, Yvan (1990): *Elsevier's Dictionary of Mathematical and Computational Linguistics. English-French-Russian*, Amsterdam-Oxford, Elsevier.
Welte, Werner (1971): *Moderne Linguistik: Terminologie/Bibliographie 1-2. Ein Handbuch und Nachschlagewerk auf der Basis der Generativ-Transformationellen Sprachtheorie*, Munich, Max Hueber Verlag. Traducción castellana corregida y aumentada, *Lingüística moderna: Terminología y bibliografía*, Madrid, Gredos, 1985.
Xavier, M. Francisca y Mateus, M. Helena (coords.) (1990): *Dicionário de Termos Linguísticos*, 2 vols., Associaçao Portuguesa de Linguística Teórica e Computacional, Lisboa, Cosmos.

REFERENCIAS BIBLIOGRÁFICAS

Alarcos, Emilio (1978): «Unités distinctives et unités distinctes», *La Linguistique*, 14/2, 39-53.
Albert, Ethel (1964): «Culture patterning of speech behaviour in Burundi», en Gumperz, John y Hymes, Dell (eds.) (1972), *Directions in Sociolinguistics: The Ethnography of Communication*, Nueva York, Rinehart & Winston, 72-105.
Alonso, Enrique (1997): «Al cuidado de la ciencia», *Claves de razón práctica*, 70 (abril), 62-67.
Álvarez, Miriam (1993): *Tipos de escrito. I: Narración y descripción*, Madrid, Arco.
— (1994): *Tipos de escrito. II: Exposición y argumentación*, Madrid, Arco.
— (1995): *Tipos de escrito. III: Epistolar, administrativo y jurídico*, Madrid, Arco.
— (1997): *Tipos de escrito. IV: Escritos comerciales*, Madrid, Arco.
Ammon, Ulrich (1987): «Language-Variety/Standard Variety-Dialect», en Ammon, Ulrich; Dittmar, Norbert, y Mattheier, Karl (eds.) (1987-1988), *Sociolinguistics. An International Handbook of the Science of Language and Society*, Berlín-Nueva York, Gruyter.
— (1989): «Towards a Descriptive Framework for the Status/Function (Social Position) of a Language within a country», en Ammon, Ulrich (ed.) (1989), 21-107.
Ammon, Ulrich (ed.) (1989): *Status and Function of Languages and Language Variation*, Berlín, Gruyter.
Arlman-Rupp, Anjo J. L.; Van Niekerk de Haan, Dorian, y van de Sandt-Koenderman, Mieke (1976): «Brown's early stages: some evidence from Ducht», *Journal of Child Language*, 3/2, 267-274.
Asher, Robert E. (ed.) (1994): *The Encyclopedia of Language and Linguistics*, Oxford-Nueva York, Pergamon Press, 10 vols.
Auroux, Sylvain (1980): «L'histoire de la linguistique», *Langue Française*, 48, 7-5.
Auroux, Sylvain y Kouloughli, Djamel (1993): «Why is there no 'true' philosophy of linguistics?», en Harré, Rom y Harris, Roy (eds.) (1993), *Linguistics and Philosophy. The controversial interface*, Oxford-Nueva York, Pergamon, 21-41.
Austin, John (1962): *How to do things with words*, Cambridge, The M.I.T. Press.

Manejo la versión en español, *Cómo hacer cosas con palabras*, Barcelona, Paidós, 1982.
Azaustre, Antonio y Casas, Juan (1997): *Manual de retórica española*, Barcelona, Ariel.
Baetens-Beardsmore, Hugo (1982): *Bilingualism: Basic Principles*, Cleveland, Multilingual Matters.
Bartsch, Renate (1987): *Norms of Language*, Londres, Longman.
Bates, Elisabeth (1979): *The emergence of symbols: Cognition and communication in infancy*, Nueva York, Academic Press.
Bechtel, William y Abrahamsen, Adele (1991): *Connectionism and the Mind. An Introduction to Parallel Processing in Networks*, Londres, B. Blackwell.
Benveniste, Émile (1939): «La nature du signe linguistique», *Acta Linguistica*, 1. Traducción al español de J. Almela en *Problemas de Lingüística General*, México, Siglo XXI, 1971, 49-51 (de *Problèmes de linguistique général*, París, Gallimard, 1966).
Berko Gleason, Jean (ed.) (1985): *The Development of Language*, Columbus, Ch. E. Merrill Pub.
Berlin, Brent y Kay, Paul (1969): *Basic color terms: their universality and evolution*, Berkeley, University of California Press.
Bernárdez, Enrique (1995): *Teoría y epistemología del texto*, Madrid, Cátedra.
Bernstein, Basil (1966): «Elaborated and Restricted Codes: An Outline», en Lieberson, Stanley (ed.) (1974), *Explorations in Sociolinguistics*, Bloomington, Indiana University Press, 126-133.
Berruto, Gaetano (1989): «On the Typology of Linguistic Repertoires», en Ammon, Ulrich (ed.) (1989), 552-569.
— (1995): *Fondamenti di sociolinguistica*, Bari, Laterza.
Besse, Henri (1995): «F. Brunot, méthodologue de l'enseignement de la langue française», *Histoire, Épistemologie, Langage*, XVII/1, 41-74.
Bickerton, Derek (1981): *Roots of language*, Karoma, Ann Arbor.
— (1984): «The language bioprogram hypothesis», *Behavioral and Brain Sciences*, 7, 173-221.
Bohannon, John y Warren-Leubecker, Amye (1985): «Theoretical Approaches to Language Acquisition», en Berko Gleason, Jean (ed.) (1985), 173-226.
Botha, Rudolph P. (1973): *The Justification of Linguistic Hypotheses. A Study of Non-demonstrative Inference in Transformational Grammar*, The Hague, Mouton.
— (1981): *The Conduct of Linguistic Inquiry. A Systematic Introduction to the Methodology of Generative Grammar*, The Hague, Mouton.
— (1989): *Challenging Chomsky. The Generative Garden Game*, Oxford, B. Blackwell.
— (1992): *Twentieth Century Conceptions of Language. Mastering the Metaphysics Market*, Oxford, Blackwell.
Bouton, Charles (1991): *Neurolinguistics. Historical and Theoretical Foundations*, Nueva York, Plenum.
Boysson-Bardies, Bénédicte (1982): «¿Balbucean los bebés en su lengua materna?», *Mundo Científico*, 12, 332-334.

Breton, Roland (1991): *Geolinguistics: language dynamics and ethnolinguistic geography*, Ottawa, University of Ottawa Press.
Breva-Claramonte, Manuel (1994): *La didáctica de las lenguas en el Renacimiento: J. L. Vives y P. Simón Abril*, Bilbao, Universidad de Deusto.
Brodmann, Korbinian (1909): *Vergleichende histologische Lokalisation der Grosshirnrinde in iheren Prinzipen Dargestellt auf Grund des Zellenbaues*, Leipzig, Barth.
Brown, Gillian y Yule, George (1983): *Discourse Analysis*, Cambridge, Cambridge University Press. Manejo la versión en español, *Análisis del discurso*, Madrid, Visor, 1993.
Brown, Penelope y Levinson, Samuel (1987): *Politeness. Some Universals in Language Use*, Cambridge, Cambridge University Press.
Brown, Jason W. (1980): «Brain structure and language production: a dynamic view», en Caplan, David (ed.) (1980), *Biological Studies of Mental Processes*, Cambridge, Massachusetts, The MIT Press.
Brown, Jason W. y Jaffe, John (1975): «Hypothesis on cerebral dominance», *Neuropsychologia*, 13, 107-110.
Brown, Roger W. (1973): *A first language*, Cambridge, Massachusetts, Harvard University Press.
Brown, Roger W. y Lennenberg, Eric H. (1954): «A study in language and cognition», *Journal of Abnormal and Social Psychology*, 49, 454-462.
Brutiaux, Paul (1992): «Language Description, Language Prescription and Language Planning», *Language Problems and Language Planning*, 16/3, 221-234.
Bugarski, Ranko (1987): «Applied Linguistics as Linguistics Applied», en Olga Tomic y Shuy, Robert (eds.) (1987), 3-19.
Bühler, Karl (1934): *Sprachtheorie*, Sttugart, G. Fischer Verlag. Manejo la traducción de Julián Marías, *Teoría del lenguaje*, Madrid, Alianza, 1979.
Bunge, Mario (1980a): *The Mind-Body Problem. A Psychobiological Approach*, Oxford, Pergamon. Manejo la traducción de B. García Noriega, *El problema mente-cerebro. Un enfoque psicobiológico*, Madrid, Tecnos, 1985.
— (1980b): *Epistemología*, Barcelona, Ariel.
— (1983): *Lingüística y filosofía*, Barcelona, Ariel.
— (1989): *Mente y sociedad. Ensayos irritantes*, Madrid, Alianza.
Burton-Roberts, Noël y Carr, Philip (1997), «Où se situe la phonologie? La linguistique et la conjecture représentationnelle», *Histoire, Épistemologie, Langage*, XIX/2, 73-103.
Bybee, Joan L. (1985): *Morphology. A study of the relation between meaning and form*, Amsterdam, J. Benjamins.
Byers Brown, Bethy (1989): «The Classification of Communication Disorders», en Leahy, Margaret (ed.) (1989), 25-38.
Calvo, Julio (1990): «Lingüística aplicada», en López García, Ángel (ed.) (1990), 321-346.
— (1994): *Introducción a la pragmática del español*, Madrid, Cátedra.
Caplan, David (1987): *Neurolinguistics and linguistic aphasiology. An introduction*, Cambridge, Cambridge University Press. Traducción de L. Eguren, *Introducción a la neurolingüística y al estudio de los trastornos del lenguaje*, Madrid, Visor, 1992.

— (1988): «The biological basis for language», en Newmeyer, Frederick (ed.) (1988), vol. 3, cap. 9.
Carr, Philip (1990): *Linguistic Realities. An Autonomist Metatheory for the Generative Enterprise*, Cambridge, Cambridge University Press.
Carstairs, Andrew (1987): *Allomorphy in Inflection*, Londres, Croom Helm.
Cavarolas, Jean (1995): «Apprendre à parler une langue étrangère à la Renaissance», *Historiographia Linguistica*, XXII/3, 275-319.
Chambers, Jack K. (1995): *Sociolinguistic Theory. Linguistic Variation and its Social Significance*, Oxford, Blackwell.
Chiss, Jean-Louis y Coste, Daniel (1995): «Option pour une recherche d'articulations historiques entre sciences du langage, conceptions de l'acquisition et didactique des langues», *Histoire, Épistemologie, Langage*, XVII/1, 7-17.
Chomsky, Noam (1957): *Syntactic Structures*, The Hague, Mouton. Manejo la traducción de C. P. Otero, *Estructuras sintácticas*, Madrid, Siglo XXI, 1975'.
— (1965): *Aspects of the Theory of Syntax*, Cambridge, The MIT Press. Manejo la traducción de C. P. Otero, *Aspectos de la teoría de la sintaxis*, Madrid, Aguilar, 1970.
— (1980): *Rules and Representations*, Oxford, Basil Blackwell.
— (1986): *Knowledge of language: Its nature, origin, and use*, Nueva York, Praeger.
— (1988): *El lenguaje y los problemas del conocimiento. Conferencias de Managua 1*. Traduc. de Claribel Alegría y D. J. Flakoll, Madrid, Visor, 1989.
— (1995): *The Minimalist Program*, Cambridge, Mass., The MIT Press, 1996.
Churchland, Patricia S. (1986): *Neurophilosophy. Toward a Unified Science of the Mind-Brain*, Cambridge, Massachusetts, The MIT Press.
Code, Chris (1987): *Language, Aphasia, and the Right Hemisphere*, Chichester-Nueva York, J. Wiley & Sons.
Comrie, Bernard (1981): *Language Universals and Linguistic Typology. Syntax and Morphology*, Chicago, University of Chicago Press. Manejo la traducción al español de A. Ayuso, *Universales del lenguaje y tipología lingüística. Sintaxis y Morfología*, Madrid, Gredos, 1988.
— (1990): «Word Order in the Germanic Languages. Subject-Verb or Verb-Second?: Evidence from Aphasia in Scandinavian Languages», en Menn, Lise y Lorraine Obler (eds.) (1990), cap. 18, 1357-1364.
Cooper, Robert (1989): *Language planning and social change*, Cambridge, Cambridge University Press.
Copeland, Rita (1991): *Rhetoric, hermeneutics and translation in the Middle Ages*, Cambridge University Press.
Corder, Peter (1973): *Introducing Applied Linguistics*, Harmondsworth, Middlesex, Penguin Books, 1987.
Cortés Rodríguez, Luis y Bañón, Antonio-M. (1997): *Comentario lingüístico de textos orales. I. Teoría y práctica (La tertulia)*, Madrid, Arco.
— (1998): *Comentario lingüístico de textos orales. II. El debate y la entrevista*, Madrid, Arco.
Coseriu, Eugenio (1952): «Sistema, norma y habla», *Revista de la Facultad de Humanidades y Ciencias* (Montevideo), 10, 113-177. Manejo la publicación en *Teoría del lenguaje y lingüística general*, Madrid, Gredos, 1969, 11-113.

— (1954): «Forma y sustancia en los sonidos del lenguaje», *Revista de la Facultad de Humanidades y Ciencias* (Montevideo), 12, 143-217. Manejo la publicación en *Teoría del lenguaje y lingüística general*, Madrid, Gredos, 1969, 115-234.
— (1957): «Sincronía, diacronía e historia», *Revista de la Facultad de Humanidades y Ciencias* (Montevideo), 15, 201-355. Manejo la publicación, *Sincronía, diacronía e historia. El problema del cambio lingüístico*, Madrid, Gredos, 1978.
— (1966a): «El hombre y su lenguaje», en *El hombre y su lenguaje. Estudios de teoría y metodología lingüística*, Madrid, Gredos, 1977, 13-33.
— (1966b): «El lenguaje y la comprensión de la existencia del hombre actual», en *El hombre y su lenguaje. Estudios de teoría y metodología lingüística*, Madrid, Gredos, 1977, 34-65.
— (1968): «Sincronía, diacronía y tipología», en *Actas del XI Congreso Internacional de Lingüística y Filología Románicas*, Madrid, 269-281. Manejo la publicación en *El hombre y su lenguaje. Estudios de teoría y metodología lingüística*, Madrid, Gredos, 1977, 186-200.
— (1973): *Lezioni di linguistica generale*, Boringhieri. Manejo la versión española, *Lecciones de lingüística general*, Madrid, Gredos, 1981.
— (1974): «Los universales del lenguaje (y los otros)», en *Gramática, semántica, universales*, Madrid, Gredos, 1978, 148-205 (es una traducción del francés del trabajo publicado en *Proceedings of the Eleventh International Congress of Linguists*, Bolonia, 1974, 47-73).
— (1977): «Lo erróneo y lo acertado en teoría de la traducción», en *El hombre y su lenguaje. Estudios de teoría y de metodología lingüística*, Madrid, Gredos, 214-239.
— (1978): «Nota preliminar», en *Gramática, semántica, universales*, Madrid, Gredos, 9-12.
Croft, William (1990): *Typology and universals*, Cambridge, Cambridge University Press.
Crystal, David (1980): *Introduction to Language Pathology*, Londres, E. Arnold. Manejo la traducción de M.ª L. Sánchez Bernardos, *Patología del lenguaje*, Madrid, Cátedra, 1983.
— (1984): *Linguistic encounters with language handicap*, Oxford, Basil Blackwell.
— (1991): *The Cambridge Encyclopedia of Language*, Cambridge, Cambridge University Press. Traducción de J. C. Moreno Cabrera en Madrid, Taurus, 1994.
Curtiss, Susan (1977): *Genie: a psycholinguistic study of a modern-day 'wild child'*, Nueva York, Academic Press.
Daneš, Frantisec (1987): «Values and Attitudes in Language Standardization», en Chloupek, Jan y Nekvapil, Jíry (eds.) (1987), *Reader in Czech Sociolinguistics*, Amsterdam, J. Benjamins, 206-245.
— (1994): «Involvement with language and in language», *Journal of Pragmatics*, 22, 251-264.
Darwin, Charles (1859): *On the origin of species*, Cambridge, Massachusetts, Harvard University Press, 1964.

Daoust, Denise y Maurais, Jacques (1987): «L'aménagement linguistique», en J. Maurais (ed.) (1987), *Politique et aménagement linguistiques*, París, Conseil de la Langue Française, 5-46.

Dascal, Marcelo y Borges Neto, Jose (1991): «De que trata a Lingüística, afinal?», *Histoire, Épistemologie, Langage*, 13/1, 13-50.

Delisle, Jean y Woodsworth, Judith (eds.) (1996): *Translators through History*, Amsterdam, J. Benjamins.

Demers, Richard (1988): «Linguistics and animal communication», Newmeyer, Frederick (ed.) (1988), vol. III, cap. 12.

Dik, Simon C. (1978): *Functional Grammar*, Amsterdam, North Holland.

Dillinger, Mike (1983), «Linguistic Metatheory: The Neglected Half of the Linguist's Training», *Innovations in Linguistics Education*, 3/1, 13-25.

Dingwall, William Orr (1988): «The evolution of human communicative behavior», en Newmeyer, Frederick (ed.) (1988), vol. III, cap. 13.

Dittmar, Norbert (1983): «Descriptive and Explanatory Power of Rules in Sociolinguistics», en Bain, Bruce (ed.), *The Sociogenesis of Language*, Londres, Plenum Press, 225-255. Hay versión italiana en Alberto Sobrero (comp.), *Variatio Delectat. Le basi della Sociolinguistica*, Galatina, Congedo edt., 1989, cap. 4.

Dittmar, Norbert; Schlobinski, Peter, y Wachs, Inge (1989): «Components for an overarching theoretical perspective in sociolinguistics», en Dittmar, Norbert y Schlobinski, Peter (eds.) (1989), *The Sociolinguistics of Urban Vernaculars: Case Studies and their Evaluation*, Berlín, De Gruyter, 114-144.

Dressler, Wolfgang (1990): «The cognitive perspective of "naturalist" linguistic models», *Cognitive Linguistics*, 1/1, 75-98.

— (1995): «Interactions between Iconicity and Other Semiotics Parameters in Language», en Simone, Raffaele (ed.) (1995), 21-37.

Droste, Flip G. y Fought, John (1993): «Arbitrariness, iconicity, and conceptuality», *Semiotica*, 94/3-4, 185-199.

Duranti, Alessandro (1997): *Antropological Linguistics*, Cambridge, Cambridge University Press.

Eco, Umberto (1968): *La struttura assente*, Milán, Bompiani. Manejo la traducción de F. Serra, *La estructura ausente*, Barcelona, Lumen, 1972.

— (1976): *A Theory of Semiotics*, Milán, Bompiani. Manejo la traducción de C. Manzano, *Tratado de semiótica general*, Barcelona, Lumen, 1988.

Eliasson, Stig (1987): «The interrelation between Theoretical and Applied Linguistics», en Tomic, Olga y Shuy, Roger (eds.) (1987), 21-49.

Els, Theo van; Bongaerts, Theo, y Extra, Guus (1977): *Applied Linguistics and the Learning and Teaching of Foreign Languages*, Londres, E. Arnold, 1984.

Engler, Rudolf (1995): «Iconicity and/or Arbitrariness», en Simone, Raffaele (ed.) (1995), 39-45.

Ervin, Susan y Osgood, Charles (1954): «Second Language Learning and Bilingualism», *Journal of Abnormal and Social Psychology Supplement*, 139-146.

Escandell, M.ª Victoria (1996): *Introducción a la Pragmática*, Barcelona, Ariel.

Fasold, Ralph (1984): *The Sociolinguistics of Society*, Oxford, Blackwell, 1987.

Fernández Barrientos, Jorge y Wallhead, Celia (eds.) (1995): *Temas de Lingüística Aplicada*, Granada, Universidad.
Fernández Pérez, Milagros (1986a): La investigación lingüística desde la filosofía de la ciencia (A propósito de la lingüística chomskiana), Anejo 28 de *Verba*, Universidad de Santiago de Compostela.
— (1986b): «Las disciplinas lingüísticas», *Verba*, 13, 15-73.
— (1993): «Sociolingüística y Lingüística», *Lingüística Española Actual*, XV/2, 149-248.
— (1994): «*Teoría y aplicación*. El estatuto de la *Planificación lingüística*», *Anuario de Lingüística Hispánica*, X, 63-101.
— (1996a): «El campo de la Lingüística Aplicada», en M. Fernández Pérez (1996) (coord.), 11-45.
— (1996b): «El papel de la *teoría* y de la *aplicación* en la construcción de disciplinas lingüísticas. El caso de la 'Lingüística clínica' y áreas conexas», *Teoría/Crítica* (Universidad de Alicante), 3, 223-250.
— (1996c): «Confección de un test lingüístico para detectar limitaciones comunicativas en edad infantil. Parámetros, criterios y bases de elaboración», en Martín Vide, Carlos (ed.) (1996), *XII Congreso de Lenguajes Naturales y Lenguajes Formales*, Universitat Rovira i Virgili, Tarragona, 207-222.
— (1996) (coord.): *Avances en Lingüística Aplicada*, Santiago, Universidad, Col. «Avances en...»/4.
— (1997): «Sobre las nociones de *sociolecto*, *sinstratía*, *variación sociolingüística*, *diastratía*, y cuestiones colindantes», en *Homenaje al Prof. A. Roldán*, Escavy, Ricardo, José Manuel Hernández Terrés *et al.* (eds.), Universidad de Murcia, 157-173.
— (1998a): «Tendencias recientes en Lingüística para el aprendizaje y la enseñanza de la lengua desde un enfoque comunicativo», en *Actas del VII Simposio de profesores de español*, Lugo, Diputación Provincial (en prensa).
— (1998b): «Patologías del lenguaje y su reflejo psicosomático», en *Lenguaje, cuerpo y cultura*, Valencia, Universitat (en prensa).
— (1999a): «El interés por la *variación* en la lingüística actual» (en prensa), Barcelona, Empúries.
— (1999b): «El enfoque pragmático en el diseño y proyección de pruebas de evaluación lingüística en edad infantil», *Actas del XVIII Congreso de la Asociación Española de Lingüística Aplicada* (Alcalá, abril de 1999), en prensa.
Fernández Polo, F. Javier (1999): *Traducción y retórica contrastiva. A propósito de la traducción de textos de divulgación científica del inglés al español*, Anexo 6 de «Moenia», Lugo.
Figueroa, Esther (1994): *Sociolinguistic Metatheory*, Nueva York, Pergamon.
Fischbach, Gerald D. (1992): «Mente y cerebro», *Investigación y Ciencia*, 194, 6-15.
Fodor, Jerry (1983): *Modularity of mind*, Cambridge, Massachusetts, The MIT Press.
Foley, William A. (1988): «Language birth: the processes of pidginization and creolization», en Newmeyer, Frederick (ed.) (1988), vol. IV, cap. 9.
Formigari, Lia (1995): «Linguistic Historiography between Linguistics and

Philosophy of Language», en Formigari, Lia y Gambarara, Daniele (eds.) (1995), 1-10.
Formigari, Lia y Gambarara, Daniele (eds.) (1995): *Historical Roots of Linguistic Theories*, Amsterdam, J. Benjamins.
Fromkin, Victoria (ed.) (1973): *Speech errors as linguistic evidence*, The Hague, Mouton.
García Marcos, Francisco J. (1993): *Nociones de Sociolingüística*, Barcelona, Octaedro.
— (1995): «Política lingüística implícita en Andalucía», en García Marcos, Francisco J. (ed.) (1995), *Actas de las Primeras Jornadas Almerienses sobre Política Lingüística* (Almería, 1990), Universidad de Almería, 29-48.
Garman, Michael (1990): *Psycholinguistics*, Cambridge, Cambridge University Press. Manejo la traducción de S. Iglesias Recuerdo, *Psicolingüística*, Madrid, Visor, 1995.
Gazzaniga, Michael S. (1983): «Right hemisphere language following brain bisection: a 20-year perspective», *American Psychologist*, 38, 525-537.
Geschwind, Norman (1979): «Specialization of the human brain», *Scientific American*, 241, 180-199.
Givón, Thomas (1995): «Isomorphism in the Grammatical Code: Cognitive and Biological Considerations», en Simone, Raffaele (ed.) (1995), 47-76.
Gilson, Etienne (1982): *Linguistique et Philosophie. Essai sur les constantes philosophiques du langage*, París, Vrin.
Goldfield, Beverly y Snow, Catherine (1985): «Individual Differences in Language Acquisition», en Berko Gleason, Jean (ed.) (1985), 307-330.
Goldman-Eisler, Frieda (1968): *Psycholinguistics: experiments in spontaneous speech*, Londres, Academic Press.
Goodglass, Harold y Baker, Eric (1976): «Semantic field, naming and auditory comprehension in aphasia», *Brain and Language*, 3, 359-374.
Goodglass, Harold y Kaplan, Edith (1983): *The assessment of aphasia and related disorders*, Filadelfia, Lea & Febiquer.
Greenberg, Joseph H. (1974): *Language Typology: An Historical and Analytical Overview*, The Hague, Mouton.
Grimes, Barbara (1992): *Ethnologue. Languages of the World*, Dallas, Summer Institute of Linguistics, 12.ª ed.
Grishman, Ralph (1986): *Computational Linguistics*, Cambridge, Cambridge University Press. Traducción al español de A. Moreno Sandoval, *Introducción a la lingüística computacional*, Madrid, Visor, 1991.
Grunwell, Pamela (1990): «Introduction», en Grunwell, Pamela (ed.) (1990), *Developmental Speech Disorders. Clinical Issues and Practical Implications*, Londres, Churchill Livingstone.
Gumperz, John (1971): *Language in social groups*, Stanford, Stanford University Press.
Gunnarsson, Britt-Louise (1995): «Applied Linguistics», en Jef Verschueren *et al.* (eds.) (1995), 45-54.
Gutiérrez, Salvador (1981): *Lingüística y Semántica*, Oviedo, Publicaciones de la Universidad.

Gutt, Ernst (1991): *Translation and Relevance: Cognition and Context*, Oxford, Blackwell.
Haarmann, Harald (1989): *Symbolic Values of Foreign Language Use: From the Japanese Case to a General Sociolinguistic Perspective*, Berlín, Mouton/De Gruyter.
— (1990a): *Language in Its Cultural Embedding. Explorations in the Relativity of Signs and Sign Systems*, Berlín-Nueva York, Mouton de Gruyter.
— (1990b): «Language planning in the light of a general theory of language: a methodological framework», *International Journal of Sociology of Language*, 86, 103-126.
— (1991): *Basic Aspects of Language in Human Relations. Toward a General Theoretical Framework*, Berlín-Nueva York, Mouton de Gruyter.
Hagège, Claude (1985): «Pour une typologie des statuts et des fonctions des langues humaines», *Bulletin de la Société de Linguistique de París*, 80/1, 1-13.
Haiman, John (1985): *Natural Syntax*, Cambridge, Cambridge University Press.
Halliday, Michael A. K. (1974): «The place of "functional sentence perspective" in the system of linguistic description», en Daneš, Frantisek (ed.) (1974), *Papers on Functional Sentence Perspective*, The Hague, Mouton, 43-53.
— (1978): *Language as Social Semiotic. The Social Interpretation of Language and Meaning*, Londres, E. Arnold.
— (1985): *An Introduction to Functional Grammar*, Londres, E. Arnold.
Hanson, Norwood, R. (1958): *Patterns of Discovery. An Inquiry into the Conceptual Foundations of Science*, Cambridge, Cambridge University Press. Versión al español de E. G.ª Camarero, *Patrones de descubrimiento. Investigación de las bases conceptuales de la ciencia*, Madrid, Alianza, 1977, 71-291.
— (1971): *Observation and Explanation. A Guide to Philosophy of Science*, Harper & Row Pub., 1971. Versión al español de A. Montesinos, *Observación y explicación: guía de la filosofía de la ciencia*, Alianza, 1997, 9-60.
Hardyck, Curtis y Petrinovitch, Lewis F. (1977): «Left-handedness», *Psychological Bulletin*, 44, 385-404.
Hatim, Basil y Mason, Ian (1990): *Discourse and the Translator*, Londres, Longman. Manejo la traducción al español de S. Peña, *Teoría de la traducción. Una aproximación al discurso*, Barcelona, Ariel, 1995.
Haugen, Einar (1966): *Language Planning and Language Conflict: The Case of Modern Norwegian*, Cambridge, Harvard University Press.
— (1983): «The implementation of language planning. Theory and practice», en Cobarrubias, John y Fishman, Joshua A. (eds.) (1983), *Progress in Language Planning. International Perspectives*, The Hague, Mouton, 269-290.
— (1987): *Blessings of Babel. Bilingualism and Language Planning*, Berlín-Nueva York, De Gruyter.
Havránek, Bohuslav (1932): «Úkoly spisovného jacyka a jeho kultura», en Havránek, Bohuslav y Weingart, Milos (eds.) (1932), *Spisovná ceština a jazyková kultura*, Praga, Melantrich, 32-84. Traducción al inglés, «The functional differentiation of the standard language», en Vachek, Josef (ed.) (1983), *Praguiana*, Amsterdam, J. Benjamins, 143-164.

— (1938): «Zum Problem der Norm in der heutigen Sprachwissenschaft und Sprachkultur», en Vachek, Josef (1964), *A Prague School Reader in Linguistics*, Bloomington, Indiana University Press, 413-420.

Hawkins, John A. (1988): «On explaining some left-right asymmetries in syntactic and morphological universals», en Hammond, Michael; Moravcsik, Edith A., y Wirth, Jessica R. (eds.) (1988), *Studies in Syntactic Typology*, Amsterdam, J. Benjamins, 321-357.

Head, Henry (1926): *Aphasia and Kindred Disorders of Speech*, Cambridge, Cambridge University Press.

Hebb, Donald O. (1949): *The Organization of Behavior: A Neurophysiological Theory*, Nueva York, J. Wiley.

— (1968): «Concerning imagery», *Psychological Review*, 75, 466-477.

Hécaen, Henry; DeAgostini, Mauro, y Monzón-Montes, Antonio (1981): «Cerebral organization in left-handers», *Brain and Language*, 12, 261-284.

Hernández Sacristán, Carlos (1994): *Aspects of Linguistic Contrast and Translation*, Frankfurt am Main, Peter Lang.

Hierro S. Pescador, José (1976): *La teoría de las ideas innatas en Chomsky*, Barcelona, Labor.

Hindley, Reg (1990): *The death of Irish: A Qualified Obituary*, Londres, Routledge.

Hjelmslev, Louis (1928): *Principes de grammaire générale*, París. Manejo la traducción al español de F. Piñero Torre, *Principios de gramática general*, Madrid, Gredos, 1976.

— (1943): «Langue et parole», *Cahiers de Ferdinand de Saussure*, 2, 1943, 29-44. Manejo la traducción de Bombín, E. y Piñero, F., en *Ensayos lingüísticos*, Madrid, Gredos, 1972, 90-106.

Hockett, Charles F. (1958): *A Course in Modern Linguistics*, Nueva York, MacMillan.

Hockett, Charles F. y Altmann, S. (1968): «A note on design features», en Sebeok, Thomas (ed.) (1968), *Animal communication: techniques of study and results of research*, Bloomington, IULC

Hoffmann, Charlotte (1991): *An Introduction to Bilingualism*, Londres, Longman.

Hökfelt, Thomas (1981): «Los mensajeros químicos del cerebro», *Mundo Científico*, 5, 504-514.

Hubel, David H. y Weisel, Torsten (1962): «Receptive fields, binocular interaction and functional architecture in the cat's visual cortex», *Journal of Phisiology*, 160, 106-154.

Hurch, Bernhard y Rhodes, Richard (eds.) (1991): *Natural Phonology: The state of the art*, Berlín, W. de Gruyter.

Hymes, Dell (1974): «Introduction: Traditions and Paradigms», en Hymes, Dell (ed.) (1974), *Studies in the History of Linguistics. Traditions and Paradigms*, Bloomington, IULC, 1-38.

— (1983): *Essays in the History of Linguistic Anthropology*, Amsterdam, J. Benjamins.

Ingram, David (1989): *First Language Acquisition. Method, Description, and Explanation*, Cambridge, Cambridge University Press.

Itkonen, Esa (1978): *Grammatical Theory and Metascience*, Amsterdam, J. Benjamins.

— (1983): *Causality in Linguistic Theory*, Londres, Croom Helm.
— (1984): «Concerning the ontological question in linguistics», *Language & Communication*, 4/4, 241-246.
— (1991): «What is methodology (and history) of linguistics good for, epistemologically speaking?», *Histoire, Épistémologie, Langage*, 13/1, 47-74.
Jackson, Catherine A. (1988): «Linguistics and speech-language pathology», en Newmeyer, Frederick (ed.) (1988), vol. 3, cap 10.
Jakobson, Roman (1941): *Kindersprache, Aphasie und Allgemeine Lautgesetze*, Uppsala, Universitets Arsskrift. Manejo la traducción de E. Benítez (sobre la versión francesa), *Lenguaje infantil y afasia*, Madrid, Ayuso, 1974.
— (1960): «Linguistics and poetics», en Sebeok, Thomas A. (ed.) (1960), *Style in Language*, Cambridge, The M.I.T. Press. Manejo la traducción de J. Cabanes, «Lingüística y poética», en Jakobson, Roman, *Ensayos de lingüística general*, Barcelona, Planeta Agostini, 1985, 347-395.
Jaworski, Adam (ed.) (1997): *Silence. Interdisciplinary Perspectives*, Berlín, W. De Gruyter.
Jerison, Harry (1973): *Evolution of the brain and intelligence*, Nueva York, Academic Press.
Jiménez Juliá, Tomás (1986): *Aproximación a las funciones informativas*, Málaga, Ágora.
Jorques Jiménez, Daniel (1998): «Lingüística aplicada y teoría de la información», aportación al *III Congreso de Lingüística General*, Salamanca (marzo), en prensa.
Kagan, Jerome (1987): «Perspectives on human infancy», en Osofsky, Joy (ed.) (1987), *Handbook of infant development*, Nueva York, J. Wiley.
Kakehi, Hisao; Tamori, Ikuhiro, y Schourup, Lawrence (1996): *Dictionary of Iconic Expressions in Japanese*, Berlín, De Gruyter.
Kamhi, Alan G. (1989): «Language Disorders in Children», en Leahy, Margaret (ed.) (1989), 69-102.
Kay, Janice; Lesser, Ruth, y Coltheart, Max (1992): *PALPA. Psycholinguistic Assessment of Language Processing in Aphasia*, Hove, LEA.
Kean, M.-Louise (1988): «Brain structures and linguistic capacity», en Newmeyer, Frederick (ed.) (1988), vol. 2, cap. 5.
Keller, Eric (1985): *Introduction aux systèmes psycholinguistiques*, Quebec, Gaëtan Morin.
Kloss, Heinz (1967): «'Abstand' languages and 'Ausbau' languages», *Antropological Linguistics*, 9, 7, 1967, 29-41.
Koerner, E. F. Konrad (1978): «The importance of Linguistic Historiography and the place of History of Linguistic Science», en Koerner, E. F. Konrad, *Toward a Historiography of Linguistics. Selected Essays*, Amsterdam, J. Benjamins, 63-69.
Kozulin, Alexander (1986): «Vygotsky en contexto», Introducción a la edición manejada de Vygotsky (1934), 9-40.
Kuhn, Thomas S. (1962): *The Structure of Scientific Revolutions*, Chicago, The University of Chicago Press. Traducción de A. Contín, *La estructura de las revoluciones científicas*, México, Siglo XXI, 1975.
— (1974): «Second Thoughts on Paradigms», en Suppe, Frederic (ed.) (1974),

The Structure of Scientific Theories, University of Illinois Press, 459-482. Traducción de D. Ribes, *Segundos pensamientos sobre paradigmas*, Madrid, Tecnos, 1978.
Kuroda, Shigeyuki (1987): «Where is Chomsky's bottleneck?», *Center for Research in Language Newsletter*, University of California, San Diego, 1/7, 4-11.
Laitman, Jeffrey F. (1986): «El origen del lenguaje», *Mundo Científico*, 64, 1182-1191.
Lakatos, Imre (1971): «History of Science and Its Rational Reconstructions», en Buck, Roger y Cohen, Robert (eds.) (1971): *Boston Studies in the Philosophy of Science*, vol. VIII, Dordrecht, Reidel, 92-182. Traducción de D. Ribes, *Historia de la ciencia y sus reconstrucciones racionales*, Madrid, Tecnos, 1974.
Leahy, Margaret (ed.) (1989): *Disorders of Communication: The Science of Intervention*, Londres-Nueva York, Taylor & Francis.
Lemke, Jay (1993): *Talking science: language, learning, and values*, Norwood (N.J.), Ablex Pub. Traducción al español, *Aprender a hablar ciencia. Lenguaje, aprendizaje y valores*, Barcelona, Paidós, 1997.
Lenneberg, Eric H. (1967): *Biological Foundations of Language*, Nueva York, J. Wiley. Manejo la traducción española de Sánchez, N. y Montesinos, A., *Fundamentos biológicos del lenguaje*, Madrid, Alianza, 1975.
Lesser, Ruth y Milroy, Leslie (1993): *Linguistics and Aphasia. Psycholinguistic and Pragmatic Aspects of Intervention*, Londres-Nueva York, Longman.
Levy, Jerre (1974): «Psychobiological implications of bilateral asymmetry», en Dimond, Stuart J. y Beaumont, J. Graham (eds.) (1974), *Hemisphere Function in the Human Brain*, Londres, Elek Science.
Lieberman, Peter (1991): *Uniquely Human. The Evolution of Speech, Thought, and Selfless Behavior*, Cambridge, Harvard University Press.
Lomas, Carlos y Osoro, Andrés (1994): «Enseñar lengua», en Lomas, Carlos et al. (comps.), 17-30.
Lomas, Carlos y Osoro, Andrés (comps.) (1994): *El enfoque comunicativo de la enseñanza de la lengua*, Barcelona-Buenos Aires-México, Paidós.
Lomas, Carlos; Osoro, Andrés y Tusón, Amparo (1993): *Ciencias del lenguaje, competencia comunicativa y enseñanza de la lengua*, Barcelona-Buenos Aires-México, Paidós.
López García, Ángel (1996): «Teoría de catástrofes y variación lingüística», *Revista Española de Lingüística*, 26/1, 15-42.
— (ed.) (1990): *Lingüística general y aplicada*, València, Universitat.
López Morales, Humberto (1979): *Sociolingüística*, Madrid, Gredos.
López Ornat, Susana (1994): *La adquisición de la lengua española*, Madrid, Siglo XXI.
Lucy, John A. (1992): *Language diversity and thought. A reformulation of the linguistic relativity hypothesis*, Cambridge, Cambridge University Press.
Luria, Alexander R. (1947): *Traumatic Aphasia*, The Hague, Mouton, 1970.
Lyons, John (1981): *Language and Linguistics*, Cambridge, Cambridge University Press. Manejo la traducción de Ramón Cerdá, *Introducción al lenguaje y a la Lingüística*, Barcelona, Teide, 1984.
— (1991): *Natural language and universal grammar. Essays in linguistic theory. Vol. I*, Cambridge, Cambridge University Press.

Lyovin, Anatole V. (1997): *An Introduction to the Languages of the World*, Nueva York, The Oxford University Press.
Llisterri, Joaquim y Moure, Teresa (1996): «Lenguaje y nuevas tecnologías. El campo de la lingüística computacional», en Fernández Pérez, Milagros (coord.) (1996), cap. 4.
Mackey, William F. (1989): «Determining the Status and Function of Languages in Multinational Societies», en Ammon, Ulrich (ed.) (1989), 3-21.
Malson, Lucien (1964): *Les enfants sauvages: Mythe et réalité*, París, Union Générale d'éditions. Manejo la versión española (con comentarios de Rafael Sánchez Ferlosio), *Los niños selváticos* (que incluye la «Memoria e informe sobre Víctor de l'Aveyron» de J. Itard), Madrid, Alianza, 1973.
Manning, Lilianne (1988): *Neurolingüística*, Madrid, UNED.
Marin, Oscar (1982): «Brain and Language: The Rules of the Game», en Arbib, Michael A.; Caplan, David, y Marshall, John C. (eds.) (1982): *Neural Models of Language Processes*, Nueva York, Academic Press, 45-69.
Marina, José Antonio (1993): *Teoría de la inteligencia creadora*, Barcelona, Anagrama.
— (1998): *La selva del lenguaje. Introducción a un diccionario de los sentimientos*, Barcelona, Anagrama.
Martinet, André (1949): «La double articulation linguistique», *Recherches structurales* (TCLC, V), Copenhague, 30-37. Manejo la versión de F. Marcos en *La lingüística sincrónica*, Madrid, Gredos, 1968, 19-28.
McNeill, David (1970): *The acquisition of language*, Nueva York, Harper & Row.
Meyering, Theo C. (1989): *Historical Roots of Cognitive Science. The rise of a cognitive theory of perception from Antiquity to the Nineteenth Century*, Dordrecht, Kluwer.
Menn, Lise y Obler, Lorraine K. (1990*a*): «Theoretical Motivations for the Cross-Language Study of Agrammatism», en Menn, Lise y Obler, Lorraine (eds.) (1990), cap. 1, 3-12.
— (1990*b*): «Cross-Language Data and Theories of Agrammatism», en Menn, Lise y Obler, Lorraine (eds.) (1990), cap. 20, 1369-1389.
Menn, Lise y Obler, Lorraine K. (eds.) (1990): *Agrammatic Aphasia. A Cross-Language Narrative Sourcebook*, 3 vols., Amsterdam, J. Benjamins.
Messer, David J. y Turner, Geoffrey J. (eds.) (1993): *Critical Influences on Child Language Acquisition and Development*, Nueva York, St. Martin's Press.
Mesulam, M. Marsel (1985): «Patterns in behavioral anatomy: Association areas, the limbic system, and hemispheric specialization», en Mesulan, Marsel (ed.) (1985), *Principles of behavioral neurology*, Filadelfia, Davis, 1-70.
Milroy, James (1992): *Linguistic variation and change. On the historical sociolinguistics of English*, Oxford, Blackwell.
Milroy, Leslie (1980): *Language and social networks*, Oxford, Blackwell, 1987.
Millán, José Antonio (1996): *Húmeda cavidad seguido de rosas y puerros*, Salamanca, Universidad.
Molina, José Andrés de (1979): *Enseñanza de la lengua y política lingüística*, Granada, Universidad.

Montaño Harmon, M.ª Rosario (1991): «Discourse features of written Mexican Spanish: Current research in contrastive rethoric and its implications», *Hispania*, 74, 417-425.
Moreno Cabrera, Juan Carlos (1989): *Fundamentos de Sintaxis General*, Madrid, Síntesis.
— (1991): *Curso Universitario de Lingüística General. I-Sintaxis*, Madrid, Síntesis.
— (1995): *La Lingüística teórico-tipológica*, Madrid, Gredos.
— (1997): *Introducción a la lingüística. Enfoque tipológico y universalista*, Madrid, Síntesis.
Moreno Fernández, Francisco (1990): *Metodología sociolingüística*, Madrid, Gredos.
— (1992): «Theoretical and methodological aspects of stylistic variation», *Lynx*, 3, 55-63.
Moreno Sandoval, Antonio (1998): *Lingüística computacional. Introducción a los modelos simbólicos, estadísticos y biológicos*, Madrid, Síntesis.
Morris, Charles (1938): *Signs, Language and Behavior*, Nueva York, Prentice-Hall, 1946. Traducción al español de J. Rovira, *Signos, lenguaje y conducta*, Buenos Aires, Losada, 1962.
Morris, David W. H. (1993): *Dictionary of Communication Disorders*, Londres, Whurr Pub.
Mühlhäusler, Peter (1986): *Pidgin and Creole Linguistics*, Oxford, Blackwell.
Murray, Stephen O. (1993): *Theory groups and the study of language in North America. A social history*, Amsterdam, J. Benjamins.
Nahir, Moshe (1984): «Language planning goals: a classification», *Language Problems and Language Planning*, 8/3, 294-327.
Nerlich, Brigitte y Clarke, David D. (1996): *Language, Action and Context. The early history of pragmatics in Europe and America 1780-1930*, Amsterdam, J. Benjamins.
Newmark, Peter (1988): *A Textbook of Translation*, Nueva York, Prentice-Hall. Traducción al gallego de F. Javier Fernández Polo, *Manual de Traducción*, Santiago, Universidade, Col. «Lingua Franca»/2, 1993.
Newmeyer, Frederick (ed.) (1988): *Linguistics: The Cambridge Survey*, Cambridge, Cambridge University Press. Manejo la versión española, *Panorama de la lingüística moderna de la Universidad de Cambridge*, 4 vols., Madrid, Visor, 1992.
Nieto Sampedro, Manuel (1988): «Plasticidad sináptica», *Función cerebral* (Libros de Investigación y Ciencia), Barcelona, Prensa Científica, 1991.
Nottebohm, Fernando (1984): «Vocal learning and its possible relation to replaceable synapses and neurons», en Caplan, David (ed.) (1984), *Biological Perspectives on Language*, Cambridge, Massachusetts, Harvard University Press.
Ovejero, Félix (1997): «T. S. Kuhn y las ciencias deshonestas», *Claves de Razón Práctica*, 70 (abril), 58-61.
Palacios, Ignacio y Moure, Teresa (1996): «La didáctica de las lenguas extranjeras: lingüística aplicada en el ámbito académico», en Fernández Pérez, Milagros (coord.) (1996), cap. 2.

Paradis, Michael (1987): *The assessment of bilingual aphasia*, Hillsdale, LEA. Hay traducción al español, *Evaluación de la afasia en los bilingües*, Barcelona, Masson, 1993.
Pateman, Trevor (1987): *Language in Mind and Language in Society. Studies in Linguistic Reproduction*, Oxford, Clarendon.
Payrató, Lluís (1998): *De profesión, lingüista. Panorama de la lingüística aplicada*, Barcelona, Ariel.
Penfield, Wilder G. y Roberts, Lamar (1959): *Speech and brain mechanisms*, Princenton, University of Princenton Press.
Pennisi, Antonino (1992): «Pathologies et philosophies du langage», *Histoire, Épistemologie, Langage*, 14/2, 175-201.
— (1994): *Patologia e biologia del linguaggio fra teoria e storia (1600-1800)*, Roma, La Nuova Italia Scientifica.
— (1995): «The Beginnings of Psycholinguistics. Natural and artificial signs in the treatment of language disorders», en Formigari, Lia y Gambarara, Daniele (eds.) (1995), pp. 85-113.
— (1996): «Le rôle théorique de la psychopathologie du langage dans l'historiographie linguistique», *Historiographia Linguistica*, XXIII/3, 405-434.
Peña Casanova, Jordi (1990): *Programa Integrado de Exploración Neuropsicológica «Test Barcelona». Manual*, Barcelona, Masson.
— (1991): *Programa Integrado de Exploración Neuropsicológica «Test Barcelona». Normalidad, Semiología y Patología Neuropsicológicas*, Barcelona, Masson.
— (1995): «Afasias y zonas del lenguaje: fundamentos», en Peña Casanova, Jordi y Pérez Pamies, Montserrat (eds.) (1995), cap. 5.
Peña Casanova, Jordi y Barraquer Bordas, Lluís (1983), *Neuropsicología*, Barcelona, Toray.
Peña Casanova, Jordi; Diéguez Vide, Faustino, y Pérez Pamies, Montserrat (1995a): «El lenguaje y las afasias», en Peña Casanova, Jordi y Pérez Pamies, Montserrat (eds.) (1995), cap. 1.
— (1995b): «Exploración de base en el lenguaje para una orientación terapéutica», en Peña Casanova, Jordi y Pérez Pamies, Montserrat (eds.) (1995), cap. 2.
Peña Casanova, Jordi y Pérez Pamies, Montserrat (eds.) (1995): *Rehabilitación de la afasia y trastornos asociados*, Barcelona, Masson. La primera edición es de 1984.
Pisani, Alessandro E. (1987): *La variazione linguistica. Causalismo e probabilismo in sociolinguistica*, Milán, Franco Angeli.
Popper, Karl R. (1934): *Logik der Forschung*, Viena. Traducción al español de Víctor Sánchez de Zavala, *La lógica de la investigación científica*, Tecnos, Madrid, 1977, 4.ª reimp. (la versión castellana procede de la inglesa, *The Logic of Scientific Discovery*, Londres, Hutchinson, 1958).
Porch, Bruce E. (1971): *Porch Index of Communicative Ability. Vol. I: Theory and Development. Vol. II: Administration, Scoring and Interpretation*, Palo Alto, Consulting Psychologists Press, 1973.
Prutting, Carol y Kirchner, Diane (1983): «Applied Pragmatics», en Gallagher,

Tanya y Prutting, Carol (eds.) (1983): *Pragmatic assessment and intervention issues in language*, Nueva York, Academic Press, 29-68.
Rabadán, Rosa (1991): *Equivalencia y traducción*, León, Universidad.
Rabadán, Rosa y Fernández Polo, F. Javier (1996): «Lingüística aplicada a la traducción», en Fernández Pérez, Milagros (coord.) (1996), cap. 3.
Robins, Robert H. (1974): «Theory-orientation versus data-orientation», *Historiographia Linguistica*, I/1, 11-26.
Rojo, Guillermo (1982): «En torno al concepto de articulación», *Verba*, 9, 5-40.
Romaine, Suzanne (1981): «The status of variable rules», *Linguistics*, 17, 93-119.
— (1982): *Socio-Historical Linguistics. Its status and methodology*, Cambridge, Cambridge University Press.
— (1988): *Pidgin and Creole Languages*, Harlow, Longman.
— (1989): *Bilingualism*, Oxford, Blackwell.
— (1994): *Language in Society*, Oxford, Oxford University Press. Traducción de Julio Borrego, *El lenguaje en la sociedad. Una introducción a la Sociolingüística*, Barcelona, Ariel, 1996.
Sachs, Jacqueline (1985): «Prelinguistic Development», en Berko Gleason, Jean (ed.) (1985), 37-60.
Sampson, Geoffrey (1980): *Schools of Linguistics. Competition and Evolution*, Londres, Hutchinson.
Sánchez-Cuenca, Ignacio (1997): «El "caso Sokal" y la charlatanería académica», *Claves de Razón Práctica*, 74 (julio-agosto), 62-67.
Sanders, Carol S. (1987): «Applied linguistics», en Lyons, John; Richard Coates, Margaret Deuchar, y Gazdar, Gerald (eds.) (1987), *New Horizons in Linguistics 2*, Londres, Penguin Books, cap. 9.
Sapir, Edward (1921): *Language. An Introduction to the Study of Speech*, Nueva York, Harcourt, Brace & Co. Manejo la traducción de Alatorre, M. y A., *El lenguaje. Introducción al estudio del habla*, México, F.C.E, 1974.
Saussure, Ferdinand de (1916): *Cours de linguistique générale*, París, Payot. Manejo la traducción de A. Alonso, *Curso de lingüística general*, reeditada en Madrid, Alianza, 1983 (con las anotaciones críticas de T. de Mauro).
Savic, Svenka (1980): *How twins learn to talk*, Londres, Academic Press.
Saville-Troike, Muriel (1982): *The Ethnography of Communication. An Introduction*, Oxford, Basil Blackwell, 1989.
Schütze, Carson T. (1996): *The Empirical Base of Linguistics: Grammaticality, Judgements and Linguistic Methodology*, Chicago-Londres, University of Chicago Press.
Sebeok, Thomas A. (1977): «Zoosemiotic Components of Human Communication», en Sebeok, Thomas (ed.) (1977), cap. 38.
— (ed.) (1977): *How Animals Communicate*, Bloomington, Indiana University Press.
Segalowitz, Sidney J. y Bryden, M. Philip (1983): «Individual differences in hemispheric representation of language», en Segalowitz, Sidney J. (ed.) (1983), *Language Functions and Brain Organization*, Londres, Academic Press.
Simone, Raffaele (1975): «Théorie et histoire de la linguistique», *Historiographia Linguistica*, II/3, 353-378.

— (1990): *Fondamenti di Linguistica*, Bari, Laterza. Manejo la traducción de M.ª P. Rodríguez Reina, *Fundamentos de Lingüística*, Barcelona, Ariel, 1993.
— (1995a): «Foreword: Under the Sign of Cratylus», en Simone, Raffaele (ed.) (1995), vii-xi.
— (1995b): «Iconic Aspects of Syntax: A Pragmatic Approach», en Simone, Raffaele (ed.) (1995), 153-169.
— (ed.) (1995): *Iconicity in Language*, Amsterdam, J. Benjamins.
Slama-Cazacu, Tatiana (1984): *Linguistique appliquée: une introduction*, Brescia, La Scuola.
Slobin, Dan (ed.) (1985): *The crosslinguistic study of language acquisition*, Hillsdale, N.J., Erlbaum.
— (ed.) (1992): *The Crosslinguistic Study of Language Acquisition*, vol. 3, Hillsdale, Lawrence Erlbaum.
— (ed.) (1997): *The Crosslinguistic Study of Language Acquisiton*, vols. 4 y 5, Hillsdale, Lawrence Erlbaum.
Snell-Hornby, Mary (1988): *Translation Studies. An Integrated Approach*, Amsterdam, J. Benjamins, 1990.
Sokal, Alan (1996): «Transgressing the Boundaries: Towards a Transformative Hermeneutics of Quantum Gravity», *Social Text*, 46/47.
Sperber, Neil y Wilson, Deirdre (1986): *Relevance. Communication and Cognition*, Oxford, Blackwell, 1995.
Stemberger, Joseph P. (1985): «An interactive activation model of language production», en Ellis, Andrew (ed.) (1985), *Progress in the Psychology of Language*, Londres, Erlbaum. Hay versión española en *Lecturas de Psicolingüística*, vol. 1, Madrid, Alianza, 1990.
Stern, Hans H. (1983): *Fundamental Concepts of Language Teaching*, Oxford, Oxford University Press, 1996.
Stewart, William A. (1968): «A sociolinguistic typology for describing national multilingualism», en Fishman, Joshua (ed.) (1968), *Readings in the Sociology of Language*, The Hague, Mouton, 531-545.
Svejcer, Alexander D. (1986): *Contemporary Sociolinguistics. Theory, problems, methods*, Amsterdam, J. Benjamins.
Swiggers, Pierre (1983): «La méthodologie de l'historiographie de la linguistique», *Folia Linguistica Historica*, IV/1, 55-81.
Tomic, Olga y Shuy, Roger (eds.) (1987): *The Relation of Theoretical and Applied Linguistics*, Nueva York-Londres, Plenum.
Trnka, Bohumil (1940): «Jazykozpyt a myšlenková struktura doby», *SaS*, 10, 73-80. Traducción al inglés, «Linguistics and the ideological structure of the period», en Vachek, Josef (ed.) (1983), *Praguiana*, Amsterdam, J. Benjamins, 211-229.
Trudgill, Peter (1983): *On Dialect (Social and Geographical Perspectives)*, Oxford, Blackwell.
Trujillo, Ramón (1970): *El campo semántico de la valoración intelectual en español*, Las Palmas, Universidad de La Laguna.
— (1996): *Principios de semántica textual*, Madrid, Arco.
Tusón, Amparo (1994): «Aportaciones de la sociolingüística a la enseñanza de la lengua», en Lomas, Carlos *et al.* (comp.), 55-68.

Vázquez Ayora, Gerardo (1977): *Introducción a la traductología*, Washington, Georgetown University Press.
Verschueren, Jef; Östman, Jan-Ola, y Blommaert, Jan (eds.) (1995): *Handbook of Pragmatics*, Amsterdam, J. Benjamins.
Vez Jeremías, José Manuel (1984): *Claves para la lingüística aplicada*, Málaga, Ágora.
Villiers, Peter A. de y Villiers, Jill G. de (1979): «Form and function in the development of sentence negation», *Papers and Reports on Child Language Development*, 17, 56-64.
Vries, John de (1991): «Towards a Sociology of Language Planning», en Marshall, David (ed.) (1991), *Language Planning. Focuschrift in honor of Joshua A. Fishman on the occasion of his 65th birthday*, vol. III, Amsterdam, J. Benjamins, 1991, 37-52.
Vygotsky, Leo (1934): *Myshlenie i rech*, Mockba. Manejo la traducción de P. Tosaus Abadía (sobre la edición inglesa a cargo de A. Kozulin, *Thought and language*, Cambridge Massachusetts, The MIT Press, 1986), *Pensamiento y lenguaje*, Barcelona-Buenos Aires, Paidós, 1995.
Weinreich, Uriel (1953): *Languages in Contact*, The Hague, Mouton.
Weinreich, Uriel; Labov, William, y Herzog, Marvin (1968): «Empirical Foundations for a Theory of Language Change», en Lehmann, William P., y Malkiel, Yakov (eds.) (1968), *Directions for Historical Linguistics*, Austin, University of Texas Press, 95-189.
Wierzbicka, Anna (1990): «The meaning color terms: semantics, culture, and cognition», *Cognitive Linguistics*, 1/1, 99-150.
— (1991): *Cross-Cultural Pragmatics*, Berlín, De Gruyter.
Williams, Colin H. (ed.) (1988): *Language in Geographic Context*, Filadelfia, Clevedon, Multilingual Matters.
Wilss, Wolfram (1977): *The Science of Translation. Problems and Methods*, Tübingen, Gunter Narr, 1982.
Wunderlich, Dieter (1974): *Grudlagen der Linguistik*, Rowohlt Taschenbuch Verlag. Traducción al inglés de Roger Lass, *Foundations of Linguistics*, Cambridge, Cambridge University Press, 1979.
Wurzel, Wolfgang (1989): *Inflectional Morphology and Naturalness*, Berlín-Dordrecht, Akademie-Verlag-Kluwer Academic Publishers.
Yngve, David (1996): *From Grammar to Science. New Foundations for General Linguistics*, Amsterdam, J. Benjamins.
Zaidel, Dahlia W. (1984): «Las funciones del hemisferio derecho», *Mundo Científico*, 36, 504-513.

ÍNDICE TEMÁTICO

Acciones: 278.
Actitudes lingüísticas: 125, 131.
Acto comunicativo: 129.
Adquisición del lenguaje
   Conductismo: 153 y ss.
   Constructivismo: 153 y ss.
   Innatismo: 75, 144, 153 y ss.
Adquisición del lenguaje. Fases
   Fase avanzada: 160.
   Fase holofrástica: 158.
   Fase prelingüística: 157.
   Progreso de estructuras: 159.
Afasias: 172, 177, 193 y ss.
Afasiología lingüística: 172-173, 175, 195 y ss.
Agramatismo: 195 y ss.
Antropología lingüística: 230, 237-238, 241.
Aplicación y teoría: 242-245.
Aproximación cognitiva-interaccionista: 153 y ss.
Aproximación social-interaccionista: 153 y ss.
Arbitrariedad. Carácter arbitrario: 102 y ss.
Área de Broca: 167.
Área de Wernicke: 167.
Articulación lingüística: 118.
Asiento biológico del lenguaje: 167.

Bilingüismo (individual)
   Bilingüismo compuesto: 162 y ss.
   Bilingüismo coordinado: 162 y ss.
   Bilingüismo natural: 162 y ss.
   Bilingüismo productivo: 162 y ss.
   Bilingüismo receptivo: 162 y ss.
   Bilingüismo secundario: 162 y ss.
Biohipótesis: 74 y ss., 156.

Capacidad lingüística (*vid.* «Habilidad»): 137, 142 y ss., 151 y ss., 157.
Capacidad del lenguaje: 137, 142 y ss., 157.
Ciencia: 267 y ss., 279.
Ciencias naturales: 279.
Ciencias sociales: 279.
Círculo Lingüístico de Praga: 105, 109, 122, 217.
Codificación: 50, 78, 91 y ss.
Códigos
   auditivos: 97 y ss., 100 y ss.
   directos: 97 y ss., 100 y ss.
   orales: 97 y ss., 100 y ss.
   sustitutivos: 97 y ss., 100 y ss.
   táctiles: 97 y ss., 100 y ss.
   tipos de códigos: 97 y ss.
   visuales: 97 y ss., 100 y ss.
Cognición: 32, 89 y ss., 92 y ss, 162 y ss.
Combinatoria de las unidades: 112 y ss.
Comisurotomía: 184.
Comportamientos: 131.
Comunicación: 90 y ss.

sistemas de comunicación: 97 y ss.
Comunicarse a través de la lengua: 250.
Comunidad de habla: 57, 67.
Comunidad idiomática: 57, 67.
Conceptualización: 92 y ss., 164.
Conmutación: 111.
Conocimiento de agente: 277-278.
Conocimiento de observador: 277-278.
Contexto: 121, 126.
Contexto de descubrimiento o de elaboración: 268.
Contexto de justificación o de validación: 268.
Corriente «natural»: 231-232 y ss.
Criollas (lenguas): 73 y ss.

Datos empíricos: 79 y ss., 215.
Dialecto: 61 y ss.
Dialectología: 62
Didáctica de lenguas (*vid.* «Aprendizaje y enseñanza de lenguas», «Glosodidáctica»: 249 y ss.
Diglosia: 22, 71.
Dilalia: 22, 71.
Dimensiones del lenguaje
 Dimensión antropológico-cultural: 32.
 Dimensión neuronal: 33.
 Dimensión psicológica: 33.
 Dimensión simbólica: 33.
 Dimensión sociológica: 33.
Disciplina: 21, 32, 229 y ss.
Distribución de las unidades: 30, 115-116 y ss.
Dualidad de estructuración (*vid.* «Articulación lingüística»): 98, 118.
Dualismo: 140.

Ecología lingüística: 22.
Efectividad informativa: 127 y ss.
Enseñanza y aprendizaje de lenguas: 249 y ss.
Epistemología de la Lingüística: 269, 277 y ss.

Equivalencia comunicativa: 251.
Estatuto y función (de las lenguas): 69 y ss.
Estructuralismo: 109.
 Análisis estructural. Constitución
  Articulación: 98, 118.
  Forma lingüística: 104, 110, 120.
  Plano del contenido: 112, 120.
  Plano de la expresión: 112, 120.
  Sustancia: 104, 110, 120.
 Análisis estructural. Principios
  principio de funcionalidad: 111.
  principio de neutralización: 112.
  principio de oposición: 110
  principio de sistematicidad: 111.
 Análisis estructural. Relaciones
  relación paradigmática: 111 y ss.
  relación sintagmática: 112 y ss.
 Análisis estructural. Unidades
  unidades biplanas o signos: 113 y ss., 120.
  unidades de contenido: 111 y ss., 120.
  unidades de expresión: 111 y ss., 120.
  unidades monoplanas o figuras: 111 y ss., 120.
Estructuralismo europeo: 109 y ss.
Estructuralismo «realista»: 109, 217.
Estructuralismo saussureano: 109.
Etnografía de la comunicación: 127, 238.
Etnolingüística o Antropología lingüística: 237-238.
Evaluación de lenguas y de variedades (*vid.* «Valores de las lenguas»): 131 y ss.
Eventos: 278.
Evolución filogenética: 139, 146 y ss.
Evolución ontogenética: 139, 151 y ss.

Factores epistémicos: 215, 217.
Factores no epistémicos: 215, 217.
Fines comunicativos: 129.
Filosofía de la ciencia lingüística: 273.